Wenn durch die Hölle, dann auf einem guten Pferd

Johannes H. von Hohenstätten

Mein Dank geht an Peter Windsheimer für das Design des Titelbildes, des Weiteren an Ariane, Arianus und Michael Sauter.

Für Schäden, die durch falsches Herangehen an die Übungen an Körper, Seele und Geist entstehen könnten, übernehmen Verlag und Autor keine Haftung.

Copyright © 2017 by Christof Uiberreiter Verlag
Waltrop-Germany

Herstellung und Verlag:
BoD – Books on Demand, Norderstedt
ISBN 9783743179752

Alle Rechte, auch die fotomechanische Wiedergabe (einschließlich Fotokopie) oder der Speicherung auf elektronischen Systemen, vorbehalten.
All rights reserved

Vorwort:

Wer hätte gedacht, dass ich Ende 2015 schon damit beginne, meine dritte magische Autobiografie zu schreiben. Ich sicherlich nicht. Aber noch weniger hätte ich gedacht, dass sich so viel in meinem Leben ereignen würde, sodass ich schon nach so kurzer Zeit an einem weiteren Werk der Reihe der hermetischen Lebensgeschichten schreiben würde. Denn die Dinge und Begebenheiten, die sich nach dem Abscheiden der großen Ariane ergaben, sind so ungeheuerlich, dass man sie nicht verschweigen kann. Zum Teil habe ich schon Hinweise im „Der hermetische Bund teilt mit" oder in einer „Sonderausgabe" gegeben, die manch einem Leser seltsam anmuteten. Wenn einer nachfragte, so musste ich ausweichend antworten. Denn geglaubt hätte mir keiner. Doch schreibt Seila Orienta nicht in seiner Autobiografie auf Seite 111: *„Nur mein Tod könnte mich aufhalten, aber nur in bedingter Weise, denn astral werden dann die Führungen zum Licht der Erkenntnis meinerseits nicht beendet sein."*
Doch wer konnte ahnen, dass Seila Orienta nur das Sprachrohr von Ariane war, die sich im Hintergrund zurückhalten musste. Ich wusste das erst ein Jahr vor ihrem Tode. Auch glauben konnte ich es schwer, aber nachdem sie gestorben war, sah ich die Wahrheit. Und ich war über alle Maßen erstaunt. Noch mehr war ich überrascht, was sich nach kürzester Zeit ergeben hatte und alle meine Sinne sprengte. Ariane war tot, wie jeder Hermetiker weiß, und meine Frau und ich waren der materiellen Welt alleine überlassen. Doch das meinten wir nur, eine Woche lang, denn langsam aber sicher spielte sich das ein, was wir nie für möglich gehalten hätten.
Diese „Erlebnisse" werde ich alle der Wahrheit gemäß offen und ehrlich beschreiben, sodass der Schüler der Hermetik seinen praktischen Nutzen und auch seine theoretischen Erkenntnisse daraus ziehen kann. Ich muss nur noch anmerken, dass sich viele Begebenheiten in ihrer Ausführung stark ähneln, sodass ich sie der Spannung wegen etwas umschreiben musste. Aber alles, jede Begebenheit in ihrer ursprünglichen Form, das möchte ich ausdrücklich betonen, hat sich wirklich so abgespielt, ist wirklich passiert, und nicht nur uns, sondern manch einem meiner Freunde ist das Unglaubliche auch zugetragen worden.
Obwohl, und so wurde es mir berichtet, wie ich bereits in meinem Buch „Auf der Suche nach Meister Arion" schrieb, eine Loge der 99er vernichtet wurde, damit die Meister ihre hermetische Aufgabe tätigen konnten, gibt es

noch weitere Logen, die den Gesetzen des Herrn der Erde – Baphomet – getreu dienen und seinen Anweisungen Folge leisten. Ich schreibe bewusst in der Gegenwartsform, weil wir diese Wirkungen, da wir uns noch am Anfang unserer Entwicklung befinden, also weder in der Lage sind, hellzusehen noch -zuhören oder geistig zu reisen, sodass wir selbst nichts dagegen unternehmen können. Am eigenen Leibe müssen und mussten wir diese ertragen. Folgen, die sich so unmöglich beweisen lassen, wofür es aber nur eine Ursache geben kann. Wir bekamen zwar Hilfe von der „geistigen Welt", doch die Auswirkungen verspürten wir nur allzu deutlich! Aber jede Medaille hat zwei Seiten. Dadurch konnten wir magische Dinge in Erfahrung bringen, die die gesamten Aufzeichnungen der bisherigen magischen Logenarbeit bei Weitem übersteigen, weil uns Einblicke in Ereignisse gestattet wurden, worüber in den okkulten Schriften fast nichts berichtet wurde und wird. Nur Wilhelm Quintscher gab hie und da ein paar kleine Hinweise, denn er berief sich auf sein Recht zu schweigen. Wie ja bekannt ist, wollte er ja Einlass in einem weiteren Orden des FOGC erlangen. Aber um die Heiligkeit des Ordens zu wahren, werde ich deren *geweihten Namen* immer umschreiben, um ihnen den nötigen Respekt zu zollen!

Somit wird diese dritte hermetische Lebensgeschichte alle bisherigen magischen Werke sprengen, der Leser wird überflutet mit okkulten Neuigkeiten, mit mystischen Erkenntnissen, die er nie für möglich hätte halten können und wird. Die Spannung und die magische Handlung in diesem Buch übersteigt seinen Verstand bei Weitem und beflügelt ihn auf höhere Ebenen. Der Leser wird Schlag auf Schlag mit geistigen Gesetzen konfrontiert, die ihm vom Kern an neu sind, aber dennoch hermetisch ihren sichern Grund vorweisen können. Es werden die Gesetze der Materie und der geistigen Ebene geschildert, die polaren Strömungen aufgezeigt, in dem der Unterschied zwischen Vollkommenheit und Einseitigkeit liegt. Denn das Positive + ist aus zwei Strichen, senk- und waagerecht, zusammengesetzt, im Gegensatz zum Negativen –, welches nur aus einem waagerechten Strich besteht und auf den mystisch-einseitigen Weg der Heiligkeit hinweist.

So sage ich nun zum Abschluss des Vorwortes: Ob man mir glaub oder nicht, bleibt jedem selbst überlassen. Aber man sollte niemals den Spruch des Meister Joschuah vergessen, dass der Glaube Berge versetzen kann!

Zur Einleitung:

Bevor ich jedoch zum eigentlichen Inhalt komme, bin ich gezwungen, eine Stellungnahme zu meinem Werk zu geben, damit der Leser/in den Sinn des Geschriebenen richtig verstehen kann. Denn die Handlung dürfte für den einen oder anderen ungewöhnlich sein. Im Buch „Zu Ehren von Franz Bardon" schrieb ich im zweiten Kapitel „Der Geist bestimmt die Materie" unter anderem eine passende Erklärung zu meiner dritten Autobiografie:
„Ich beginne bei diesem Kapitel ganz am Anfang, so dass der Leser meine Argumentation leicht begreift. Ich nehme dazu nicht meine Worte, sondern lass den Ariosophen und Hermetiker Dr. G. Lomer zu Wort kommen. In seinem 2. „Lehrbrief" (S. 32) schreibt er:
„Der Gedanke – ein Kraftsystem im Kleinen. Präge dir ein, dass Gedanken wirkliche Dinge sind, geformt aus einer ätherischen, äußerst plastischen Feinsubstanz. Aus ihr sind alle Vorstellungen, Ideen, Begriffe gebildet. Sie sind die Ur-Bilder aller Dinge. Alles was sichtbar ist, hat in ihnen seinen Ursprung. Betrachte die Werke von Menschenhand: Häuser, Maschinen, Flugzeuge, Dampfschiffe, Eisenbahnen, Erfindungen aller Art, ganz Städte, ja Staaten – ehe sie äußerlich in Erscheinung traten, mussten sie innerlich, in Gedanken geschaffen werden. **Erst wird ein Ding gedacht, dann gemacht!** *Der Gedanke ist also die Ur-Tat, das erste Gestaltete, nach dem alles Weitere wird. Welche gewaltige schöpferische Kraft wohnt also dem Denken inne! Denn: Denken heißt schaffen!"*
Wenn das schon der weise und allwissende Dr. Lomer sagt, dann muss da was dran sein. Und das ist es auch, denn wenn wir seine Idee weiterverfolgen, kommen wir darauf, dass die Gedanken der geistigen Ebene analog sind, das heißt, dass sie aus der Mentalebene abstammen und ihren Weg in die Materie suchen. Sie auf den Weg schicken kann natürlich nur ein hohes mächtiges Wesen, wer immer dies auch sein mag. Seine Macht muss ausreichen, um im irdischen Gestalt anzunehmen. Das ist gleichzusetzen mit der Schöpfung des geistigen Planes, aus welchem später die materiellen Welt entstand. Vom Feinen zum Groben!
Dass diese geistigen Dinge hinter verschlossenen Logentüren bzw. im Astralen von Wesenheiten oder im Shamballa, wie es im „Frabato" und auch von Annie Besant („Der Stammbaum des Menschen") beschrieben wurde, getätigt werden, ist für jeden logisch denkenden Okkultisten eine Selbstverständlichkeit. Okkulte, sprich geheime Tatsachen, haben immer

einen geistigen Ursprung und können materiell nie erforscht und bewiesen werden. Wir haben schon des Öfteren darauf hingewiesen, dass nur ein Hellseher oder wahrer Magier an die Quelle all dessen gelangen kann. Für manch einen Autor gibt es nicht einmal die historische Gestalt des Christian Rosenkreuz, nur weil sie nicht belegt werden kann! Aber dennoch konnte die „Fantasie-Gestalt" den gesamten Kult der Rosenkreuzer mit seiner reinen Lehre ins Leben rufen, welche heutzutage noch Auswirkungen zeigt. Wir gehen noch einen Schritt weiter. Um solch eine Tat reifen zu lassen, braucht man jede Menge Kraft und Potenzial, d. h., dass das Wesenheiten durchführen müssen, die über eine gewisse magische Schulung verfügen, wie es Franz Bardon in der „Evokation" bestätigt, dass wenn man aus dem Geistigen ins Materielle etwas verdichten, etwas verwirklichen will, muss man zumindest das elektromagnetische Fluid vollkommen beherrschen. Und so was kann nur ein reiner, ethisch hochstehender Magier, der seinen Astral- und Mentalkörper bis zu einem Höchstmaß veredelt hat. Wir wissen von den Theosophen und anderen Strömungen, dass diese Wesen die Entwicklung der Menschheit im Auge haben und sich nach den göttlichen Gesetzen vollkommen richten und sich an alle Regeln halten. Deshalb spielt das Motiv der Handlung eine große Rolle, welche bei den Eingeweihten immer der ausschlaggebende Faktor ist. Die Qualitäten, die ich in mir habe, kann ich bei meinen Schöpfungen einfließen lassen, ihnen sozusagen meinen persönlichen Stempel aufdrücken, an denen man den Schöpfer erkennt. Wenn die Dämonengottheit der Templer auf der ganzen Welt 99 Logen mit jeweils 99 Mitglieder ins Leben gerufen hat, sie von höchster Stelle aus verwaltet, so, wie es nur ihr dienlich ist, dann kann man sich ja vorstellen, welchen Fingerabdruck dieses allmächtige Wesen, der wahre Gott der materiellen Welt, hinterlässt. Sein Zeichen ist Blut und Leid, Pein und Schmerz!

Selbst die Scholastik als Hauptströmung der mittelalterlichen Philosophie sagt, dass einer Handlung ein Gegenstand (Grund) vorliegt und das Worum-willen die Absicht einer Handlung ist. Zum Beispiel lügt jemand – Tatbestand (Grund) – um sich entweder einen Vorteil zu verschaffen (das Motiv) oder z. B. einen Juden vor der Gestapo versteckt zu halten (ebenfalls Motiv). Die Motive geben das Worum-willen der Handlung an und was in dem Vorgang getan wird, erweist sich als Mittel, sie, die Ziele zu erreichen.

Die Ethik, als philosophisches Fach, bedenkt alles Handeln nach einem letzten absoluten Zweck. So fragt die Ethik z. B., ob und unter welchen

Bedingungen Konflikte vernünftig und welche Arten von Handlungen moralisch erlaubt sind. Dabei reflektiert sie drei Handlungs-Struktur-Elemente:
1. *den Tatbestand einer Handlung.*
2. *die Handlungsfolgen (Güterabwägungstheorie): Ob oder unter welchen Bedingungen die schlechten Folgen einer Handlung in Kauf zu nehmen sind, damit ein guter Handlungszweck überhaupt erfüllt werden kann. Die Theorie der Güterabwägung bildet das Kernstück einer jeden Ethik.*
3. *das höchste Ziel von Handlungen, das mögliche gute Handlungszwecke als gut erscheinen lässt, da jeder moralische Wert nämlich erfordert, dass es ein Gut geben muss, das anderen „Gütern als Maßstab der Abwägung gelten kann", weil anders ohne ein höchstes Gut moralische Werte nicht allgemein einsichtig dargestellt werden können. Somit ist außer der Wertetheorie die Begründung des Höchsten Gutes eine wesentliche Aufgabe der Ethik, um einen Maßstab zu haben. Für die menschliche Person bedeutet das ethisch höchste Gut zugleich auch das Lebensziel, das allem Sinn gibt.*

*

Das Motiv, welches auf den Grundcharakter, auf die Verteilung und Polarität der 4 Temperamente (Elemente) zurückzuführen ist, ist immer das Entscheidende. Somit haben wir mit Hilfe von logischen Schlüssen nachgewiesen, dass an allen Schöpfungen die geistige Seite das Grundlegende ist, welches die wahren Tatsachen bildet!

*

Diese obige Aussage war gang und gäbe in der Zeitschrift „Die Weiße Fahne" und der bekannte Theosoph und Könner Dr. Franz Hartmann vertrat sie auch. Die Symbolik des Jenseits gleicht in gewisser Weise der Traumwelt, worauf Dr. Lomer immer wieder in seinen Büchern hinwies, weshalb es verständlich ist, dass der geeignete Schüler über dieses „Medium" seine Informationen bekommt, die die geistige Welt vermittelt. Man sieht, dass ich nicht im Trüben fische, wenn man bedenkt, dass selbst der dreimal große Meister Arion aus dem Jenseits, von Shamballa aus, inspiriert wurde (siehe *Frabato*)!

Meine dritte Autobiografie wurde deshalb in diesem hermetisch-traditionellen Sinne verfasst, wie es auch die klassischen griechischen Sagen wiederum bestätigen, welche vor Jahrtausenden auf dieselbe Art und

Weise ihre Mysterien niedergeschrieben haben – inspiriert von der geistigen Welt! Dies bestätigt auch Woldemar von Uxkull in seinem Werk „Die Einweihung im alten Ägypten". Ich aber zitiere nun aus Schwabs „Klassischen Sagen" eine interessante Geschichte, welches meine obige Aussage untermauert:

Fünftes Buch
Bellerophontes

„Sisyphos, der Sohn des Aiolos, der listigste aller Sterblichen, baute und beherrschte die herrliche Stadt Korinth auf der schmalen Erdzunge zwischen zwei Meeren und zwei Ländern. Für allerlei Betrug traf ihn in der Unterwelt die Strafe, dass er einen schweren Marmorstein, mit Händen und Füßen angestemmt, von der Ebene eine Anhöhe hinaufwälzen musste. Wenn er aber schon glaubte, ihn auf den Gipfel gedreht zu haben, so wandte sich die Last um, und der tückische Stein rollte wieder in die Tiefe hinunter. So musste der gepeinigte Verbrecher das Felsstück wieder von Neuem und immer von Neuem emporwälzen, dass der Angstschweiß von seinen Gliedern floss. Sein Enkel war Bellerophontes, der Sohn des Korintherkönigs Glaukos. Wegen eines unvorsätzlichen Mordes flüchtig, wandte sich der Jüngling nach Tiryns, wo der König Prötos regierte. Bei diesem wurde er gütig aufgenommen und von seinem Morde gereinigt. Aber Bellerophontes hatte von den Unsterblichen schöne Gestalt und männliche Tugenden empfangen. Deswegen entbrannte die Gemahlin des Königes Prötos, Anteia, in unreiner Liebe zu ihm und wollte ihn zum Bösen verführen. Aber der edelgesinnte Bellerophontes gehorchte ihr nicht. Da verwandelte sich ihre Liebe in Hass; sie sann auf Lüge, ihn zu verderben, erschien vor ihrem Gemahl und sprach zu ihm: „Erschlage den Bellerophontes, o Gemahl, wenn dich nicht selbst unrühmlicher Tod treffen soll, denn der Treulose hat mir seine strafbare Neigung bekannt und mich zur Untreue gegen dich verleiten wollen." Als der König solches vernommen, bemächtigte sich seiner ein blinder Eifer. Weil er jedoch den verständigen Jüngling so liebgehabt hatte, vermied er den Gedanken, ihn zu ermorden, denn er machte ihm Grauen. Aber dennoch sann er auf sein Verderben. Er schickte daher den Unschuldigen zu seinem Schwiegervater Iobates, dem Könige von Lykien, und gab ihm ein zusammengefaltetes Täfelchen mit, das er dem letzteren bei seiner Ankunft in Lykien gleichsam als einen Empfehlungsbrief vorweisen sollte; auf dieses waren gewisse

Zeichen eingeritzt, die den Wink enthielten, den Überbringer hinrichten zu lassen. *Arglos wandelte Bellerophontes dahin, aber die allwaltenden Götter nahmen ihn in ihren Schutz. Als er, übers Meer nach Asien gefahren, am schönen Strome Xanthos angekommen war und also Lykien erreicht hatte, trat er vor den König Iobates. Dieser aber, ein gütiger, gastfreundlicher Fürst nach der alten Sitte, nahm den edlen Fremdling auf, ohne zu fragen, wer er sei, noch, woher er komme. Seine würdige Gestalt und sein fürstliches Benehmen genügten ihm zur Überzeugung, dass er keinen gemeinen Gast beherberge. Er ehrte den Jüngling auf jede Weise, gab ihm alle Tage ein neues Fest und brachte den Göttern von Morgen zu Morgen ein neues Stieropfer. Neun Tage waren so vorübergegangen, und erst als die zehnte Morgenröte am Himmel aufstieg, fragte er den Gast nach seiner Herkunft und seinen Absichten. Da sagte ihm Bellerophontes, dass er von seinem Eidam Prötos komme, und wies ihm als Beglaubigungsschreiben das Täfelchen vor. Als der König Iobates den Sinn der mörderischen Zeichen erkannte, erschrak er in tiefster Seele; denn er hatte den edlen Jüngling sehr liebgewonnen. Doch mochte er nicht denken, dass sein Schwiegersohn ohne gewichtige Ursache die Todesstrafe über den Unglücklichen verhänge; glaubte also, dieser müsse durchaus ein todeswürdiges Verbrechen verübt haben. Aber auch er konnte sich nicht entschließen, den Menschen, der so lange sein Gast gewesen war und durch sein ganzes Benehmen sich seine Zuneigung zu erwerben gewusst hatte, geradezu umzubringen. Er gedachte ihm deswegen nur Kämpfe aufzutragen, in denen er notwendig zugrunde gehen müsste. Zuerst ließ er ihn das Ungeheuer Chimära erlegen, das Lykien verwüstete und das göttlicher, nicht menschlicher Art emporgewachsen war. Der grässliche Typhon hatte es mit der riesigen Schlange Echidna gezeugt. Vorn war es ein Löwe, hinten ein Drache, in der Mitte eine Ziege; aus seinem Rachen ging Feuer und entsetzlicher Gluthauch. Die Götter selbst trugen Mitleid mit dem schuldlosen Jüngling, als sie sahen, welcher Gefahr er ausgesetzt wurde. Sie schickten ihm auf seinem Wege zu dem Ungeheuer das unsterbliche Flügelross Pegasus* (der astrale Fuhrmann), *das Poseidon mit der Medusa gezeugt hatte. Wie konnte ihm aber dieses helfen? Das göttliche Pferd hatte nie einen **sterblichen** Reiter getragen. Es ließ sich nicht einfangen und nicht zähmen. Müde von seinen vergeblichen Anstrengungen war der Jüngling am Quell Pirene, wo er das Ross gefunden hatte, eingeschlafen. Da erschien ihm im Traume* (mental) *seine Beschirmerin Athene; sie stand vor ihm, einen köstlichen Zaum mit* *goldenen Buckeln in der Hand, und sprach: „Was schläfst du, Abkömmling des Aiolos? Nimm dieses rossebändigende Werkzeug; opfre dem Poseidon einen schönen Stier und brauche des Zaums." So schien sie dem Helden im Traume (=Vision) zuzusprechen, schüttelte ihren dunklen Ägisschild und verschwand. Er aber erwachte aus dem Schlafe, sprang auf und fasste mit der Hand nach dem Zaume. Und, o Wunder, der Zaum, nach dem er im Traume gegriffen, der Wachende hielt ihn wirklich und leibhaft in der Hand. Bellerophontes suchte nun den Seher Polyidos auf und erzählte ihm seinen **Traum** sowie das Wunder, das sich in demselben zugetragen. Der Seher riet ihm, das Begehren der Göttin ungesäumt zu erfüllen, dem Poseidon den Stier zu schlachten und seiner Schutzgöttin Athene einen Altar zu bauen. Als dies alles geschehen war, fing und bändigte Bellerophontes das Flügelross ohne alle Mühe, legte ihm den goldenen Zaum an und bestieg es in eherner Rüstung. Nun schoss er aus den Lüften herab und tötete die Chimära mit seinen Pfeilen. Hierauf schickte ihn Iobates gegen das Volk der Solymer aus, ein streitbares Männergeschlecht, das an den Grenzen von Lykien wohnte, und nachdem er wider Erwarten den härtesten Kampf mit diesen glücklich bestanden, so wurde er von dem Könige gegen die männergleiche Schar der Amazonen gesandt. Auch aus diesem Streite kam er unverletzt und siegreich zurück. Nun legte ihm der König, um dem Verlangen seines Eidams doch endlich nachzukommen, eben auf diesem Rückwege einen Hinterhalt, wozu er die tapfersten Männer des lykischen Landes ausersehen hatte. Aber keiner von ihnen kehrte zurück, denn Bellerophontes vertilgte alle, die ihn überfallen hatten, bis auf den letzten. Nunmehr erkannte der König, dass der Gast, den er beherbergt, kein Verbrecher, sondern ein Liebling der Götter sei. Statt ihn zu verfolgen, hielt er ihn in seinem Königreiche zurück, teilte den Thron mit ihm und gab ihm seine blühende Tochter Philonoe zur Gemahlin. Die Lykier überließen ihm die schönsten Äcker und Pflanzungen zum Bebauen. Seine Gemahlin gebar ihm drei Kinder, zwei Söhne und eine Tochter. Aber jetzt hatte das Glück des Bellerophontes ein Ende. Sein ältester Sohn Isander wuchs zwar auch zu einem gewaltigen Helden auf, aber er fiel in einer Schlacht gegen die Solymer. Seine Tochter Laodameia wurde, nachdem sie dem Zeus den Helden Sarpedon geboren, durch einen Pfeil der Artemis erschossen. Nur sein jüngerer Sohn Hippolochos gelangte zu ruhmvollem Alter und schickte im Kampfe der Trojaner einen heldenmütigen Sohn, Glaukos, den auch sein Vetter Sarpedon begleitete, mit einer stattlichen Schar von Lykiern den Troern zu Hilfe. Bellerophontes* *selbst, durch den Besitz des unsterblichen Flügelrosses übermütig gemacht, wollte sich auf demselben zum Olymp (=Shamballa) emporschwingen und, der Sterbliche, sich in die Versammlung der Unsterblichen eindrängen. Aber das göttliche Ross selbst widersetzte sich dem kühnen Unterfangen, bäumte sich in der Luft und schleuderte den irdischen Reiter hinunter auf den Boden. Bellerophontes erholte sich zwar von diesem Fall, aber den Himmlischen seitdem verhasst und vor den Menschen sich schämend, irrte er einsam umher, vermied die Pfade der Sterblichen und verzehrte sich in einem ruhmlosen und kummervollen Alter."* (S. 30)

*

Wie man klar aus dem Gesagten ersehen kann, lief die Einweihung nie ohne astrale Erlebnisse ab. Auch im Film „Kampf der Titanen" aus dem Jahre 1981 mit Harry Hamlin in der Hauptrolle kann man das schön anhand der gezeigten Bilder erkennen. Somit reiht sich meine dritte Lebensgeschichte in die hermetischen Überlieferungen ein und ist begründet in der Mystik der Religionen, welche eine Koppelung zwischen der sichtbaren und unsichtbaren Welt darstellt. Denn alle Religionen sind Jenseitsreligionen, die eine Rückkehr in unsere wahre Heimat vermitteln.

Motto:

Gelobet sei der Herr täglich!
Gott leget uns eine Last auf,
aber er hilft uns auch!

AUM

*

Ich hielt ihn in meinen Händen. Ich wusste, dass er das Wertvollste auf der ganzen Welt war. Er war eine okkulte Rarität, ein Einzelstück, hervorragend geeignet für Sammler, er war ein Relikt aus alten hermetischen Zeiten, eine Brücke zur geistigen Welt. Denn er war auf höchst-magische Art und Weise geladen. Ich trug den magischen Spiegel von Anion, den Ariane mit Hilfe des Schöpferwortes geladen hatte, in meinen Händen nach Hause. Er war ein Geschenk von ihr.
„Hier, das ist für dich", sagte sie vor 15 Jahren zu mir, einem Jahr nach Anions Tod. „Er ist für dich bestimmt."
Sie lächelte mich dabei süß an, und ich wusste nicht, warum ich ihn erhalten hatte. Das kam mir nicht in den Sinn. Fragend guckte ich sie an. Sie nickte nur.
„Wäre er nicht besser für Rose, denn sie ist ja die Lieblingsschülerin von Anion, so sagte es mir Jean. Sie soll ja ausgeglichen gewesen sein."
„Nein, nein, dem ist nicht so. Vieles ist nur Schein, ganz anders als in Wirklichkeit", schallte mir ihr letzter Satz noch heutzutage in den Ohren.
Doch jetzt verstehe ich die Zusammenhänge viel besser als vor 15 Jahren. Mein geistiger Name, den ich erfahren durfte, sagt alles über meine Aufgabe und damit über mein innerstes Wesen aus. Darin liegt der Grund meines Erschaffens, der Kern meines Daseins. Doch dazu später.
Als ich mir den Spiegel in meiner Wohnung ansah, spürte ich seine starke Ausstrahlung, die mein Bewusstsein verschob. Mir wurde ganz wirr in meinen Kopf.
„Mann, strahlt der stark", sagte ich zu Mona. Sie wischte sich auch den Schweiß von der Stirn, denn ertragen konnte man diese Schwingung nicht.
„Wie sieht denn dieser Spiegel aus", war das Nächste, was ihren Mund verließ. „Der ist ja völlig zerbrochen!"
Ich musste ihr recht geben. Ganze Bestandteile des Spiegels, der magischen

sieben Metalle, waren herausgebrochen. Er sah dadurch sehr schäbig aus. Aber wirken, das tat er immer noch.

„Was ist denn das für eine Schwingung hier im Zimmer", bemerkte meine Frau.

„Ja, dass ist echt krass."

Der gesamte Raum zitterte in einer für uns unangenehmen Vibration. Deshalb hing ich ein Seidentuch darüber und augenblicklich später trat Stille ein!

Erst kurz vor ihrem Tode sagte Ariane, dass wir den Spiegel im Übungszimmer aufhängen sollten, denn ich hatte ihn aus für sie unerklärlichen Gründen im Keller verstaut, ja, besser gesagt, versteckt. Denn er war mir zu heilig und ich zu viel unreif, ihn aufzuhängen, um seine Schwingung des Akashas zu ertragen.

„Jetzt ist die Zeit gekommen, wo ihr ihn nützen könnt. Richtet ihn wieder her und befestigt ihn auf einer Wand. Sein Einfluss wird euch helfen", meinte die große Magiern.

Wir taten, was sie uns geheißen hat. Dazu besorgten wir schwarze und silberne Lackfarbe, zwei Pinsel und einen Flüssigkleber, der die aufgewellte schwarze Fläche wieder in Form bringen sollte. Denn die Oberfläche des Spiegels löste sich in seine Bestandteile auf. Der „Herr der Erde" hasst solch magische Dinge und setzt seinen zerstörerischen Einfluss unter Beweis. Nichts hält ewig in der materiellen Welt, denn wenn man etwas nicht pflegt und hegt, nimmt er es mit in den Abgrund.

Er wurde soweit wie möglich wieder hergestellt, er bekam sein schönes Aussehen wieder, und die Wirkung brach vollends durch. Ich hing ihn rechts über mein Kopfende am Bett auf, aber ich konnte weder schlafen noch konnte ich üben. Der Einfluss vom Spiegel, die Schwingung des Akashas, war für mich zu disharmonisch. Ich war dem Akasha nicht *angeglichen.* Das war der Grund! Klingt eigenartig, ist aber wahr. So verdeckte ich ihn erneut mit einem blauen Seidentuch und konnte friedlich schlummern.

Ein Bild des magisch-geladenen Spiegel von Franz Bardon.

Auch meine Frau fand wieder ihren Schlaf. Aber es stellten sich des Nachts merkwürdige Dinge ein, die ich nun beschreiben will. Die geistige Welt tat sich kund und meldete sich in Form von Träumen bzw. Visionen. Dr. Lomer schrieb ja immer wiederholend in seinen Büchern, dass dem Schüler der Magie auf diese Art und Weise Botschaften zukommen. Auch in der Bibel steht, dass manch ein Prophet von der anderen Seite des Nachts, sodass er keine Zeit verliert, ganze Aufträge erteilt wurden. Es ist nämlich nicht so, dass die Wesen bei einem einfach so erscheinen, wenn man selbst nicht die nötige Reife besitzt. Auch wenn man eine „Brücke" durch einen

Spiegel ins Astrale errichtet hatte, tritt dies nicht ein! Ernst Quintscher bemerkt dies in rechter Weise in einem Brief an Ariane bereits in den 1980ern. Wir waren nämlich keine Propheten oder weise Männer, wie in der Bibel, aber dennoch schickte man uns nächtliche Anweisungen. Das hat seinen Grund in unserem Auftrag, den wir erfüllen sollten. Dadurch wurden wir gefördert, wie ich nun berichten werde.

Eines Nachts ereignete sich das Nachstehende: Vor meiner Frau stand plötzlich Ariane – seltsamerweise – im Trainingsanzug, den sie immer trug, und entschuldigte sich, dass sie uns nicht vorher über ihren Tod Bescheid gesagt hätte. Für uns verstarb sie ganz unerwartet an einem Mittwoch. Sie hätte sprichwörtlich den Schmerz der Trennung nicht überwunden, denn wir wären bei ihr gewesen, bis in den Tod. Sie merkte unsere Liebe und Wohlwollen ihr gegenüber und das tat ihr so gut, in einer Welt der Lüge und Falschheit. Es hatten sich ja alle von ihr abgewandt! Alle Schüler und die gesamte Familie! Ariane teilte uns mit, dass sie sich nicht verabschieden konnte, weil sie uns zu sehr mochte, weswegen sie furchtbar geweint hätte. Deshalb schickte sie meiner Partnerin diese Vision!

Mona erwacht schreiend mit einem Ruck. Sie saß plötzlich im Bett, mitten in der Nacht, und war absolut wach!

„Was ist denn los?", fragte ich geschockt, denn der Schrei hatte mich trotz Ohrstöpsel geweckt, die ich aufgrund meines schlechten Schlafes nehmen musste, damit ich überhaupt zur Ruhe kam. Mona saß mit weit aufgerissenen Augen auf der Matratze und starrte mich an.

„Ich hatte einen Traum, der war so realistisch, die Bilder waren so plastisch, das kann man gar nicht beschreiben. Ich sehe sie immer noch vor meinen Augen. Es ist so, als hätte ich das Gesehene selbst und direkt miterlebt."

„Das ist kein Traum, Mona, das sind Visionen!"

„Echt? Das kann durchaus sein, denn der Unterschied ist gravierend. Die normalen Träume sind blass, ohne „Farbe", rein irdisch, und bleiben nicht so lebendig im Kopf hängen."

„Ja, deshalb sind diese Träume ja Schäume!"

Sie erzählte mir dann, was genau vorgefallen ist, aber ich begriff es nicht.

„Ich verstehe das nicht. Sie ist so hoch über uns, ist ein blauer Mönch und gibt sich mit uns Würmern ab und übermittelt uns solche Dinge. Wieso?"

„Das kann ich dir auch nicht sagen", antwortete unsicher meine Frau, „aber ich glaube, wir sollten mal abwarten, was noch so alles passieren wird. Ich hab so ein eigentümliches Gefühl!"

Und sie hatte recht.
Ich hingegen schrieb weiter an den Büchern und probiert mal ein Ritual aus, welches meiner Meinung nach Sinn machte. Davon gibt es ja nicht viele. Ich bekam es von einem Freund, der sich sehr für Schamanismus interessierte und veröffentlichte es in der 2. Ausgabe der Zeitschrift „Der hermetische Bund teilt mit". Hier nochmals kurz zur Erinnerung:
Zur Verbesserung des Schlafes *„stellt man sich ein Glas mit frischem Wasser, eine weiße Serviette, auf der man gutes Salz – Stein- oder Meersalz – legt, auf sein Nachtkästchen und das war's schon. Doch so etwas konnte ich nicht glauben. Das war mir zu „einfach"! Aber ich täuschte mich! Ich war umso mehr erstaunt, dass sich mein Schlaf verbessert hatte. Dieses einfache „Ritual" wehrt schlecht Träume ab und bringt guten Schlaf. Mein Freund hatte recht!*
Die hermetische Erklärung dafür: Das Glas Wasser und Salz sind magnetisch und die weiße Serviette steht auf Grund ihrer Farbe für das Element Wasser – wie es in Tibet gesehen wird, denn Schnee hat die Farbe weiß!"
In diesem Ritual wird die Passivität angerufen, man kann sagen „evoziert", und das macht müde. Ich stellte die ganzen Utensilien auf das Nachtkästchen, welches bei mir eine schöne griechische Säule war. Meiner Frau gefiel dies. Das Ganze stand dann schräg unterhalb des mit Seide verhangenen Spiegels, wobei ich mir nichts dachte. Doch Pustekuchen! Wieder einmal komplett falsch gedacht. Man muss nämlich in der Magie immer mit beiden Seiten der Medaille rechnen, was ich nicht tat. Ich merkte nur, dass ich zwar besser schlafen konnte, aber ich war gleichzeitig sehr ausgelaugt und auch mein Sexualtrieb verstärkte sich wieder, den ich an und für sich unter Kontrolle hätte halten müssen. In mir kamen vermehrt wieder erotische Bilder auf, hatte auch des Öfteren sinnliche Träume und war immer sehr träge und ohne Elan. Einen Rat dafür hatte ich nicht. Doch eines Nachts schreckte meine Frau auf, sah zu mir rüber, und nahm um mich schwimmende Gestalten war, die irgendeine Ähnlichkeit mit Fischen hatten. Sie waren länglich, und schwänzelten vor sich hin. Sie „flossen" im Kreis um mich herum, saugten an mir, das sah man an den goldenen Fäden, die von meinen Körper aus in den Mund dieser Wesen flossen. Sie waren davon entzückt, gestärkt, das tat ihnen gut. Als sie bemerkten, dass meine Frau sie sah, sie schrie deswegen leicht auf, veränderten diese Wesen daraufhin ihr Aussehen. Sie wurden fies und böse, ihr Kiefer verbreiteten sich, man sah ihre spitzen Zähne, zischten auf, und waren verschwunden.

Ich erwachte und nahm nur kurz einen Schatten wahr, der schnell wieder davon huschte.
„Was war denn das?", fragte ich ganz erstaunt.
„Ich weiß es nicht. Ich sah nur, dass sie an dir saugten."
„Ich fühle mich auch ziemlich matt", bekräftigte ich ihre Aussage.
„Sie sahen wie negative Undinen aus."
„Was?", fragte ich verwundert. Doch plötzlich schoss es mir. „Das ist durchaus möglich", führte ich weiter aus. „Denn ich mache ja das Schlafritual, wobei ich nur Materialien des Wasser-Elementes auf meinem Nachtkästchen liegen hatte. Aber der Spiegel ist ja verhangen. Wieso kommen die dann?", wunderte ich mich.
„Ich glaube, dieser Spiegel ist etwas besonders. Immerhin hat ihn einer der höchsten Eingeweihten geladen. Und diese Kraft, diese Stauung zieht an, und wenn nur ein kleiner Schlitz der Seide den Spiegel nicht verdeckt, dann werden die Wesen gerufen, dessen Element sich direkt darunter befindet."
„Das kann durchaus sein. Das klingt logisch. Dann ist der magische Spiegel ein gefährliches Instrument und man muss höllisch aufpassen, welche „Utensilien" man darunter stellt. Ein falsches Siegelzeichen, und wir haben Dämonen im Haus!"
„O, nein danke, da passen wir ab heute besser auf", sagte sie leicht geängstigt zu mir und ich entfernte die Ritualgegenstände.
Glücklich und zufrieden, das Problem gelöst zu haben, gingen wir schlafen. Ich wurde früh wach, legte mich zum Fernsehen ins Wohnzimmer, und schlief nochmals ein. Als ich aufwachte, war ich frisch und belebt, die Wasserwesen ließen mich in Ruhe. Jedoch als ich ins Schlafzimmer ging, saß meine Frau auf dem Bett und guckte mich ganz verwirrt an.
„Was hast du denn?", fragte ich
„Ich muss dir etwas erzählen. Bitte setz´ dich!"
Ich tat es.
„Du weißt ja, dass wir ausschließlich schlimme Probleme mit unserem Nachbarn haben, da er immer so laut Musik hört, an jedem Wochenende Partys feiert, und nicht mit sich reden lässt. Das alles geht mir aufs Gemüt und macht mich absolut ängstlich und depressiv."
Dabei fielen mir die vielen Streitereien ein und auch unser Vermieter half uns nicht, da er sein Onkel war. Seine gesamte Familie hatte uns auf dem Kieker und übte vermehrt Druck auf uns aus. Der Vermieter meinte sogar, wenn wir nochmals die Polizei rufen würden, was wir mehrmals wegen krasser Lärmstörungen machen mussten, würde er uns kurzerhand

rausschmeißen.
„So einfach ist das nicht," entgegnete ich dem Vermieter.
„Doch, wenn ich die Wohnung für familiäre Zwecke nutzen muss, geht das ganz schnell!", drohte er uns.
Keiner half uns. Selbst die Polizei und das Ordnungsamt, die wir um Hilfe ansuchten, sagten, wir sollten ausziehen. Das wäre die einzige und beste Lösung. Doch wir waren finanziell noch nicht so gut betucht, dass wir uns ein Haus hätten kaufen können. Da hätten wir dann Ruhe. Die Bank lehnte einen Kredit ab, da wir nicht die nötigen Rücklagen aufweisen konnten. Und wenn wir eine neue Wohnung gefunden hätten, wer hätte uns sagen können, dass dann Ruhe ist. Keiner! Wir schauten uns schon mehrere Wohnungen an, aber es war keine dabei, die uns gefallen hätte. So verzweifelten wir immer mehr und mehr. Selbst die Antidepressiva von meiner Frau schlugen nicht mehr an, und sie zitterte den ganzen Tag.
„Und genau darum geht's," sagte sie. „Um eine neue Wohnung."
„Wie meinst du das? Wir finden doch keine!"
„Doch, denn Ariane ist mir wieder im „Traum" erschienen. Erneut stand sie vor mir in ihrem Anzug, lächelte mich lieb an und sagte: Mona, die nächste Wohnung, die ihr finden werdet, ist die, in die ihr einziehen müsst. Sie kostet zwar mehr, ist aber umso größer. Sie liegt in einem 6 Parteien-Haus, im vierten Stock. Ihr habt ein riesiges Wohnzimmer, eine tolle Küche, einen großen Balkon und Johannes hat sein eigenes Arbeitszimmer. Aber was sage ich, sieh dir das neue Zuhause selbst an.
Ariane machte eine einladende Geste und plötzlich befanden wir uns in der Wohnung. Alles, was sie sagte, sah ich mit meinen eigenen Augen. Ich hab das alles richtig gesehen, Johannes! Sie war so, wie sie sie beschrieb – einfach wunderschön. Wir haben auch eine Garage, einen sauberen Keller und eine Waschküche, wo man Wäsche waschen und aufhängen kann. Nicht so schmutzig wie bei uns. Ein Aufzug führt in den vierten Stock, nur ein paar Treppen muss man gehen und die Nachbarn sind ruhig, da sie alle älteren Baujahres sind", berichtete wahrheitsgetreu mein Frau. Es war gut, dass ich Platz genommen hatte, denn diese Nachricht aus der „anderen Welt", so möchte ich sie benennen, überraschte mich ordentlich. Denn ich hatte Angst, auszuziehen, weil ich befürchtet, wir kommen vom Regen in die Traufe.
„Mona, bist du dir sicher, dass das wirklich Ariane war und nicht einer der vielen Angst- oder Wunschträume, die den Menschen in der Nacht so oft „verfolgen" und plagen!"

„Er war so plastisch, so real, so echt, als wie wenn Ariane neben mir gestanden hätte. Auch das Geschaute war reine Realität! Nach dem Gesehenen musste mich erst Mal sammeln, um in der materiellen Welt klarzukommen, denn ich kam aus einer anderen Ebene zurück. Deshalb blieb ich eine halbe Stunde am Bettrand sitzen," erklärte mir Mona. „Ich verstehe deine Bedenken. Wir können das ja so machen, dass wir nun nach einer Wohnung suchen, und wenn das alles zutrifft, dann sehen wir ja, ob das ein Wahr-Traum war oder nicht."
Damit war ich einverstanden. Da jeden Mittwoch der Stadtanzeiger kam, guckten wir sogleich nach. Und siehe da, wir fanden eine Wohnung die unseren Anforderungen entsprachen. Ruhige Lage, fünf Zimmer, riesiger Balkon. Ich war erstaunt, dass das schon in der Anzeige alles zutraf. Sofort und freudig rief Mona an. Eine nette Stimme meldete sich und beschrieb die Wohnung noch näher. Auch eine Internetseite gab sie uns, wo wir uns Bilder ansehen konnten.
„Wau, das ist die Wohnung!", sagte meine Frau. „Die hab ich gesehen!"
„Warte, nicht so schnell. Wir müssen sie uns erst richtig ansehen. Ruf nochmals an, und frag nach einem Termin."
Nochmals rief mein Frau die Vermieterin an und bat um den nächstbesten Termin. Nach Ariane sollten wir so schnell wie möglich ausziehen, denn unser Vermieter in Castrop hat mit seiner Wohnung in Kürze etwas anderes vor. Wir vermuteten, dass er uns rauswirft. Damit hatten wir recht, wie wir später noch sehen werden.
„Morgen um 11 Uhr können sie die Wohnung besichtigen. Ist ihnen das recht?"
„Ja, sehr."
Nächsten Tag waren wir schon frühzeitig unterwegs, weil wir uns noch die Umgebung ansehen wollten. Es war eine kleine Stadt, aber dafür sehr ruhig und gemütlich. Sie hatte auch eine kleine Innenstadt, aber man bekam alles, was man brauchte.
Als wir vor dem Haus standen, nickte ununterbrochen meine Frau und sagte dabei: „Das ist das Haus. Das ist es! Wahnsinn, wie genau mir Ariane die Bilder des Gebäudes zeigte. Wahrlich erstaunlich."
Alles Weitere traf exakt zu, bis aufs i-Pünktchen. Das große Wohnzimmer, der Balkon, die anderen Zimmer, der Keller mit Waschküche. Alles traf ein. Wir sagten in unserer großen Freude gleich zu. Wir wollten sie nehmen und bekamen sie auch. Der Vermieter war zufrieden mit uns, wir mussten nur noch einen Nachweis erbringen, dass wir auch das nötige Geld für die

gesamten Kosten hatten. Aber die Unterlagen dafür konnten wir vorweisen. Ich erzählte von dieser Vision meinem Freund und Mitarbeiter Pagan, und selbst er konnte es nicht glauben. Er fiel förmlich aus den Latschen, so erstaunt war er über die Präzision dieser Vision. Alle Details, die wir im erzählten, alles erfüllte sich haargenau! Deshalb half er uns viel lieber, weil er das alles „live" mitansehen konnte und das freute ihn ungemein! Alles ereignete sich so, wie Ariane es vorhersagte. Bis in alle Einzelheiten! Das war unbeschreiblich! Endlich konnten wir raus aus dem Zweifamilienhaus in Castrop. Dort war es nicht mehr zu ertragen. Aber unser alter Vermieter war geschockt, dass wir so schnell eine neue und bessere Wohnung fanden. Das war uns aber egal!
Doch bei diesem einen Traum blieb es nicht. Es wurden Mona Visionen über die neue Wohnung geschickt, wie wir sie einrichten sollten, welche Möbel schön wären und wo wir sie günstig kaufen konnten. Ihr wurden Bilder geschickt, damit sie beruhigt war, denn sie war wegen den Lärmstörungen das reinste Nervenbündel. Mona eignete sich für diese Form der geistigen Übertragung, denn sie hatte eine gute Verbindung zu Ariane aus verschiedenen Vorleben. Dass sie in Ägypten mit ihr zusammen war, ist ja bekannt. Aber wie ich hörte, war sie in Indien auch mit ihr verkörpert. Sie half ihr, gewisse Symbole auf Tempeldächer zu malen, damit diese Gotteshäuser erhalten blieben. Der Herr der Erde hasste diese Tempel und versuchte alles, um sie zu vernichten. Außerdem hatte sie als Frau eine bessere Beziehung zu den passiven Fähigkeiten wie Träume, Vision, Gesichte und mentalem Wandern. Das Weibliche, das Wasser-Element, welches bei den Frauen verstärkt vorhanden ist, zieht solche Fähigkeiten förmlich an.
Auf jeden Fall sollten wir so schnell wie möglich ausziehen, denn er wirft uns sonst raus, hieß es. Wie wir später erfuhren, wäre es genauso gekommen, denn er ging mit seinen 65 Jahren fremd, schlief mit seiner jungen Putzfrau, welche ihn aber nur ausnehmen wollte. Sie wusste, dass er drei Häuser besaß! Als seine behinderte Frau davon erfuhr, trennte sie sich von ihm. Deshalb brauchte er die Wohnung für den eigenen Bedarf. So konnte er uns nicht rausschmeißen, und wir waren sicher in einer neuen Behausung!

*

Dann war es soweit, wir übersiedelten in die neue Wohnung, in eine neue Stadt. Der Umzug kostete unser gesamtes Erspartes, uns blieb kein einziger Cent mehr. Wir wussten schon nicht mehr, wie wir an Essen oder andere wichtige Dinge kommen sollten wie Medikamente, Einrichtungsgegenstände für die Wohnung, Benzin, um mal wegzufahren usw. Auch Bücher konnte ich mir keine mehr leisten, die so wichtig für meinem Verlag waren. Nichts hatten wir zum Leben und zum Vergnügen, denn auch DVD-Filme konnten wir uns nicht kaufen oder mal meiner Tochter eine Kleinigkeit, die sie aufgemuntert hätte. Ich musste immer meine beiden Frauen vertrösten. Dies schlug vor allem meiner Ehefrau auf ihr ohnehin schon angeschlagenes Gemüt.

„Jetzt sind wir schon umgezogen, haben alles gemacht, was uns Ariane mitteilte, haben die ganzen Strapazen auf uns genommen, und wie leben wir jetzt? Im völligen Mist!", meckerte meine Partnerin den ganzen Tag vor sich hin. Wenn ich mal im Zimmer war, um meine Arbeit zu verrichten oder meine Übungen absolvieren wollte, schimpfte sie vor meiner Tochter immer über die geistige Welt, weil sie uns kein Geld zum Leben gab.

„Mona, wir haben gerade noch so viel, dass wir genügend zum Essen und Trinken kaufen können. Das muss doch reichen?"

„Nein, Johannes, das reicht eben nicht. Wir haben 3500 Euro Schulden, wenn jetzt noch eine Zahlung kommt, dann kündigt die Bank uns das Konto und wir sind aufgeschmissen. Dann könnten wir sogar aus der Wohnung fliegen."

„Aber soweit kommt es doch nicht."

„Wir müssen was machen, Johannes, sonst sehe ich schwarz!"

Zum Glück hatten wir noch einen Freund, der uns manchmal finanziell unterstützt hatte, wenn es gar nicht mehr anders ging. Er gab uns auch dieses Mal etwas, so dass wir mit unseren Einnahmen vom Verlag das Konto ausgleichen konnten. Als kleine Gegenleistung bekam er immer sehr seltene Schriften, die ihn mehr freuten, als Geld oder andere Wertgegenstände.

Aber eine Woche später ging das Gemecker meiner Frau wieder los.

„Trotz Zuschuss von Gunter können wir uns dennoch nichts leisten, nicht einmal einen Döner, wenn man mal darauf Lust bekommt. Das ist kein Leben, Johannes, das ist ein vor sich hin sterben. Das ist der materielle Wahnsinn!"

„Mona, sag so etwas nicht. Ariane hat so viel für uns getan, damit beleidigst du sie. Das macht man nicht, denn sie hätte das alles gar nicht machen dürfen. Das nimmt sie alles auf sich, weil sie für uns und unsere Entwicklung bürgt. Wenn wir darauf nun so reagieren, wird sie dafür gerade stehen müssen, und das ist nicht angenehm."

Sie schüttelte nur den Kopf.

„Unser Schicksal läuft durch ihre Hilfe ganz anders ab. Das weißt du ja", meinte ich nachdrücklich.

„Ach, das ist doch Quatsch."

„Mona!"

„Ach, hör auf. Ich kann das schon nicht mehr hören", sagte sie voll gefrustet.

Ich wusste schon nichts mehr zu erwidern und schwieg.

Als ich nächsten Morgen wach wurde, war meine Gemahlin schon aufgestanden und versorgte unsere behinderte Tochter, die gegen 7.15 zur Arbeit in der Behindertenwerkstatt mit einem Bus abgeholt wurde. Sie machte ihr Frühstück und half ihr dabei, sich zu wachsen. Kaum war sie über die Türschwelle getreten, als Mona plötzlich loslegte. Ich glaubte, sie schimpft erneut über die geistige Welt, so möchte ich das erstmals benennen.

„Johannes, ich glaub, ich habe Krebs," schlug sie mir mit dieser Aussage um die Ohren.

„Was? Wie kommst du denn darauf?"

„Ich habe ein faustgroßes Ei am inneren Oberschenkel. Das ist sicher ein Krebsgeschwür. Das sieht ganz schlimm aus. Guck dir das mal an."

Ich schaute sie an und meinte: „Das glaub ich dir nicht. Das kann doch gar nicht so schnell wachsen?"

„Doch!", und sie zog die Hose runter und streckte mir das Bein entgegen. Ich war geschockt!

„Das kann nicht sein. Das ist ja ein Riesending! Das verstehe ich nicht. Wie kann denn das so schnell groß werden?"

Ich guckte mir dieses „Geschwür" in Ruhe an. Es war wirklich so groß wie eine Babyfaust, also knapp so groß wie ein Tischtennisball. Und es war rot und pulsierte.

„Was ist denn das?"

„Johannes, das ist Krebs!", behauptete sie steif und fest. Wie die Tierkreiszeichen Widder eben so sind.

„Nein, nein, das sieht mir nicht so aus. Aber ein Geschwür ist es. Ein echt seltsames Ding aus einer anderen Welt," sagte ich so scherzhaft.

„Was soll das heißen?"

„Das ist nur so ein Gedanke."

„Sprich ihn aus", verlangte Mona.

7.3.1941 m.k. sg. Krakful

Reichsbund der Deutschen Beamten (RDB)
Kreis Troppau
Möglichst genau ausfüllen!   Fachschaft **1**

Fragebogen

A Personalangaben

Familienname: *Barcson*   Vorname: *Georg*
Dienstbezeichnung: *Beamtenanwärter*
Geburtstag: *1. Dezember 1909*   Geburtsort: *Katherein*
Familienstand: *verh.*   Kinder (Geburtstag): *1 Sohn * 4/1.37*
Glaubensbekenntnis (auch früheres): *r. k.*
Staatsangehörigkeit (auch frühere): *Reichsdeutscher*
Kann Arier-Nachweis erbracht werden? *Ja*
Desgleichen bei der Ehefrau? *Ja*

Wohnort: *Gilschwitz b. Troppau*   Straße: *Hauptstr.*
Ortsansässig seit: *1932*
Früherer Wohnort und Straße (ab 1. 1. 1933): *Gilschwitz*

Schulbildung: *Bürgerschule*
Hochschulbildung:
Erlernter Beruf: *Maurer, Bademeister*
Zeit ausgeübter Beruf:
Dienstbehörde: *G. d. Troppau*   Dienstort: *Troppau*
Bei welchen Dienststellen seit dem 1. 1. 1933 tätig gewesen: *Selbständig als Schriftsteller, graphologisch tätig. ab 1. IV. 1938 – 15.11.1938 tätig als Maurer, Bademeister in Kurheilanstalt Wenig b. Jägerndorf*

B Zugehörigkeit zu

a) früheren Parteien (außer DNSAP und SdP)
(Zeitdauer, Ämter)

b) früheren Verbänden (außer Schutzverbänden)
(Zeitdauer, Ämter)

c) früheren Gewerkschaften, Beamtenorganisationen usw.
(Zeitdauer, Ämter)

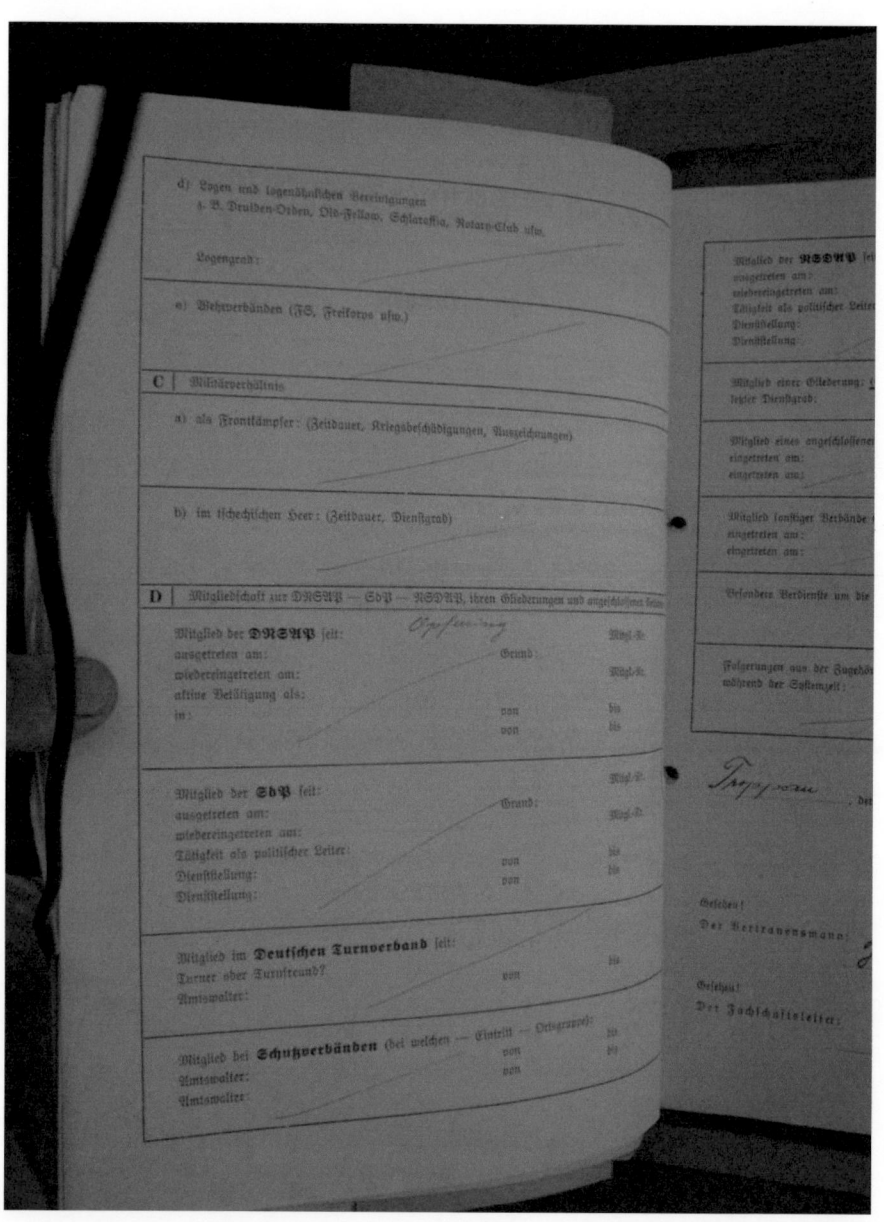

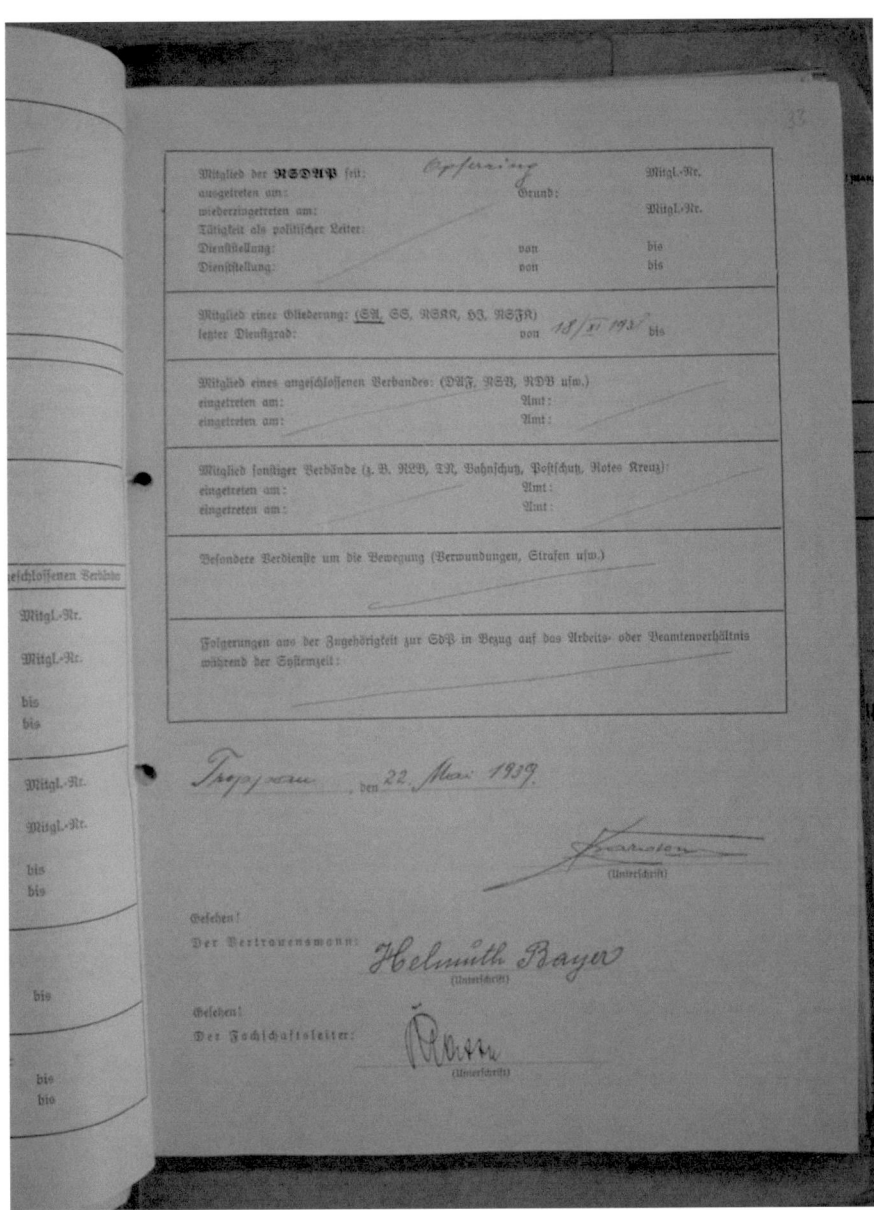

Rovněž v ohledu mravním nestávají zde proti Františku Bardonovi žádné závady.

Týž pojal za manželku Marii Slavíkovou, která je národnosti české.

Legitimaci vracím nepotvrzenu, jelikož není zdejšímu úřadu nic známo, že by Bardon pracoval pro některou redakci a sám o podobnou legitimaci nežádal.

Policejní ředitel:

Policejní ředitelství v Opavě.

V OPAVĚ dne 17.ledna 1936.

Čís. Res.- 195/1
Při odpovědi budiž toto číslo jednací uvedeno. O každé věci pište samostatně.
Věc: Bardon František z Opavy, informace.

K čís. 54 d.v. ze dne 14.XII.1935.
Přílohy: 1.

D ů v ě r n é !

Policejní ředitelství
/presidium/
v
P r a z e .

K hornímu přípisu sděluji toto:
František B a r d o n, grafolog, nar. 1.12.1909 v Kateřinkách, okr. Opavě, přísl. tamtéž, ženat, řím. kat., bytem v Kylešovicích, ul. Dr. Stratula č. 312, je národnosti německé. Politicky se zde dosud neexponoval a je po této stránce jakož i v ohledu státoobčanském považován za spolehlivého.

Týž byl dříve zaměstnán jako mechanik v továrně na výrobu juty v Opavě, kteréžto zaměstnání zanechal a zabývá se již delší dobu grafologií, kterýžto obor studoval v Německu. Dále měl již také pracovati v cirkusech jako ruční manipulatér a fakir.

Jmenovaný má živnostenský list vystavený okres. úřadem v Opavě ku provozování grafologie a bylo jemu také v prosinci 1935 uděleno povolení ku provozování ekvilibristiky, eskamotáže a artistických produkcí v zemi Mor. slezské vyjma Brno a lázeňská místa.

./.

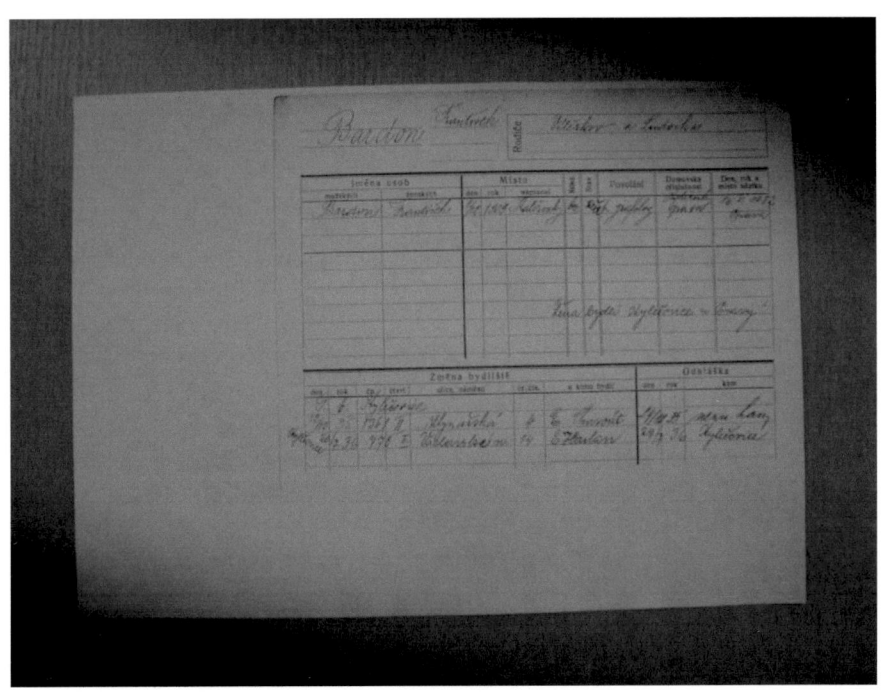

Registrierungsdokument
*

Die obigen Dokumente sind der schriftliche Beweis, dass Franz Bardon auch Mitglied bei der NSDAP war. Das musste er, um parteilich abgesichert zu sein, damit er weiterhin Kontakt zu den verschiedenen Logen aufnehmen konnte. Die damalige Zeit war so schlimm und zwang jeden Bürger, bei der Partei sich eintragen zu lassen. Das heißt aber nicht, dass er die Nazi-Ideologie als gut empfand. Das trifft natürlich auch auf seine Mitgliedschaft in den verschiedensten Orden wie den Pansophen, Thelema und Fraternitas Saturni usw. zu. Das gehörte alles zu seinem Auftrag, wie man im Vorwort seines „Adepten" lesen kann.

Hohenstätten

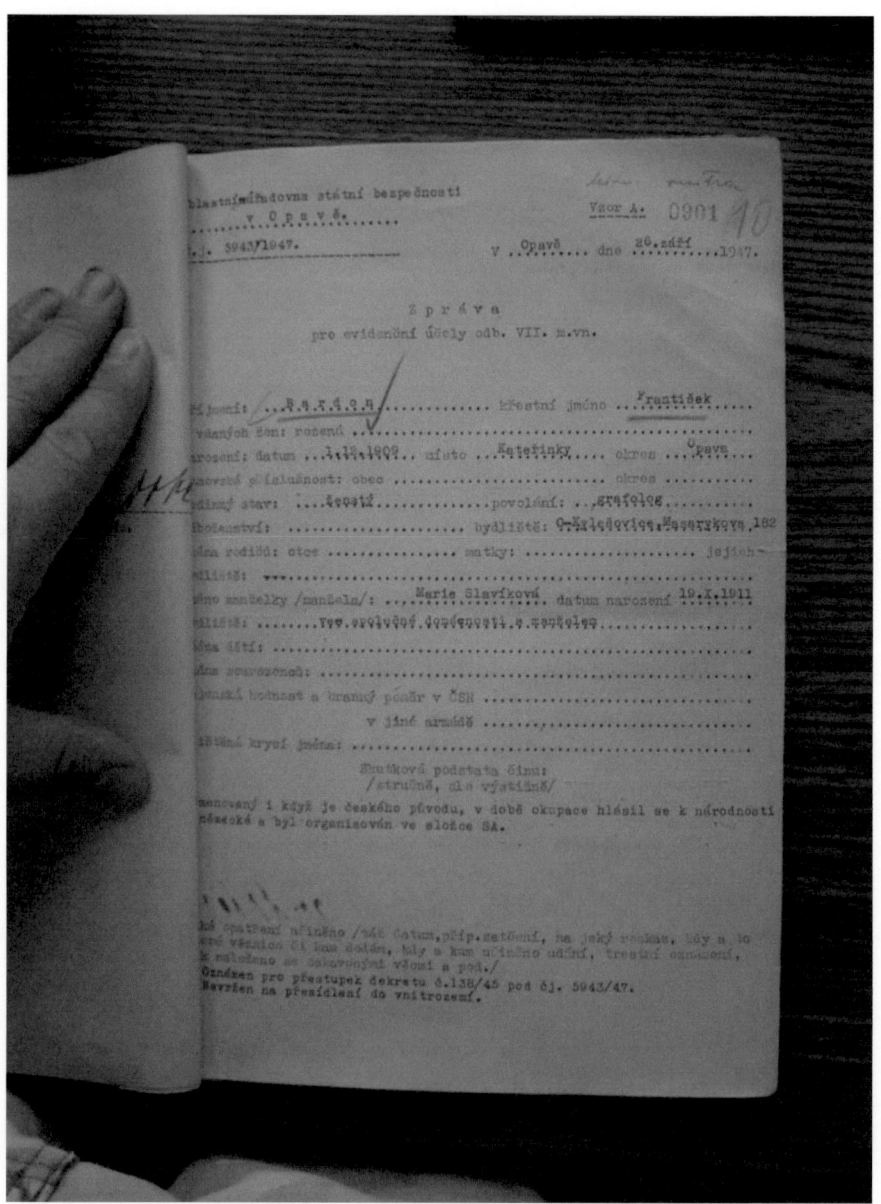

„Weil du dauernd und so lange über die geistige Welt geschimpft hast, und dies, wie du ja weißt, nicht gerecht ist, hat dir diese Ebene als Denkzettel ein kleines Geschenk gemacht. Ein Geschwür!"
„Hört auf, ich kann das nicht hören. Meine Gottheit würde das nie zulassen."
„Sie meint das nicht böse, nur du musst dich ändern, sonst wächst das weiter und wir müssen dann wirklich ins Krankenhaus fahren, das Ding wegoperieren lassen."
„Mach mir doch nicht solch eine Angst!"
„Ich mach dir doch keine Panik, ich will dich doch nur aufklären."
„Hör auf!" schrie sie wieder und ich wandte mich kopfschüttelnd ab.
Nächsten Morgen wurde ich durch einen Schrei geweckt.
„Was ist los?", fragte ich noch müde.
„Das Ding ist größer geworden. O mein Gott, wie sieht das aus! Wir müssen zum Arzt. Das Geschwür ist noch dazu dunkler geworden."
Und tatsächlich. Es war jetzt dunkelrot. Das sah vielleicht bedrohlich aus. Jetzt hatte es die Größe meiner Faust!
„Nein", schrie Mona, „das wird immer schlimmer. Was soll ich nur machen?", und da erkannte ich meine Chance, die ich ihr vorsichtig nochmals mitteilte.
„Glaubst du wirklich, dass wenn ich das Schimpfen über die geistige Welt einstelle, dass es dann verschwindet?", sagte sie.
„Auf jeden Fall. Denn du siehst ja, dass es nur schlimmer geworden ist, wenn du weiterhin schimpfst. Lass es sein und es geht zurück. Die Wesen der Astralebene sehen deine Änderung und können dann eingreifen. Probiere es aus und du wirst es selber an dir bemerken."
Sie tat es, zum Glück, denn ich hatte jetzt auch schon Angst, dass sich das zu etwas Schlimmen entwickeln hätte können. Und tatsächlich, innerhalb von drei Tagen war es verschwunden. Nichts war mehr zu sehen.
„Das ist ja noch seltsamer, als wie es gekommen ist. Es ist keine Spur mehr festzustellen. Dein Oberschenkel sieht aus wie immer, ohne dass wir irgendetwas gemacht hätten. Das ist einfach von alleine verheilt!"
„Das finde ich auch ganz toll", erwiderte Mona. „Ich werde kein böses Wort mehr über die „Brüder des Lichts" sagen, auch wenn wir im Moment nicht viel Geld haben. Wir können uns zwar nichts kaufen, aber das wird sich schon ändern."
Ein Monat später bekam ich die Quartalsabrechnung und sah, dass wir wieder genügend Geld hatten. Jetzt konnten wir aufatmen.

Nachdem wir das wussten, konnten wir weiter die Wohnung einrichten. Wir machten uns einen kleinen Tempel im Arbeitszimmer, den wir so herrichteten, wie es das Bild der 2. Tarotkarte vorschrieb. Anstatt Säulen nahmen wir kleine Kerzen, aber ansonsten sah er so aus, wie auf dem Bild in Bardons zweitem Werk. Noch dazu hingen wie den Spiegel zwischen die beiden ägyptischen Gottheiten Isis und Nephthys, denn Mona hatte dreimal den gleichen Traum, der uns dazu riet. Nur ich hatte Angst, das Seidentuch abzunehmen, denn dann war sofort eine starke Schwingung spürbar. Aber nach einer gewissen Zeit konnte ich sie ertragen und konnte auch meine Übungen absolvieren, ohne durch die Ausstrahlung irgendwie beeinträchtigt zu werden. Ariane hatte auch einen leichteren gesetzmäßigen Zugang zu uns, denn der Spiegel bildete den Übergang ins Astrale. Sie konnte uns leichter Informationen aus dieser Ebene übermitteln, welche nicht nur für unsere Entwicklung von Bedeutung waren. Wenn man den Raum betrat, spürten wir, wie stark der Einfluss war. Der ganze Raum dröhnte in einem seltsamen Ton, eine seltsame Schwingung konnte wahrgenommen werden. Man merkte, dass das Tor in die geistige Welt offen war, dessen Größe unergründlich ist.

Nach dem wir ihn auf der Wand befestigt hatten, begannen, wie Ariane uns bereits hingewiesen hat, verschiedene geistige Wesen sich anzukündigen. Die Vorsteher hatten einen direkten Durchgang, der immer offen war, Tag und Nacht. Mahasiah, der 5. Merkur-Genius war der erste, der sich ankündigte, da wir auch das geladene Siegelzeichen von ihm besaßen. Er kam des Nachts, wenn das Unterbewusstsein vermehrt arbeitet. Dieses ist der astralen Welt, dem Jenseits oder der „geistigen Welt" analog, wodurch die Wesen ihren Einfluss leichter geltend machen konnten. Drei Tage später hatte meine Frau wieder einen ihrer „Träume": Ein großer Mann stand vor ihr. Er hatte einem brauen Hut mit weißer Feder, braunen Anzug, ungefähr so wie Old Shatterhand in den Karl May-Filmen, und eine Art Inka-Nase zierte sein ebenmäßiges Gesicht. Er legte die Hand aufs Herz und dann zum Gruß streckte er sie aus, Handfläche nach vorne, und sprach: „Es freut mich, euch kennenzulernen!", und einen Augenblick später war verschwunden und Mona saß im Bett. Putzmunter! Ich wurde wie immer wach, wenn sie solche Träume hatte, wie, als wenn man die gewonnenen Informationen sofort übermitteln sollte. Die Uhrzeit spielt hierbei keine Rolle. Ob zwei oder drei Uhr morgens, das war egal! Wir unterhielten uns dann meistens im Arbeitszimmer, wo wir die Neuigkeiten immer in ein Tagebuch eintrugen, damit sie nicht verloren gingen. Noch dazu

diskutierten wir lange Zeit darüber, um sie richtig und angemessen zu verarbeiten. So bekamen wir auch genügend Material, um die dritte Autobiografie zu schreiben.
Hinzu kam noch, dass uns Ariane ihre Wünsche äußerte, welche Bücher wir schreiben bzw. welche wir veröffentlichen sollten. Wir bekamen nämlich von allen Richtungen Bücher, die Seltenheitswert besaßen und unbedingt herausgegeben werden mussten. Sogar manch ein Antiquariat ließ uns ein Gratisbuch zukommen, nur weil das der Wille der großen Ariane war. Sie setzte zwar keinem die Klinge an die Kehle, aber ihr Wunsch genügte, um uns das Buch zugänglich zu machen. Und die Bücher die wir bekamen, passten hervorragend zu unserem Verlagsprogramm.

*

Doch nicht nur davon kann ich berichten, sondern auch, dass sie uns bei Lebzeiten das geladene Bild der Maha Lakshmi schenkte, welches von Franz Bardon auf quabbalistische Art und Weise gemalt wurde. Mona stellte dieses wunderschöne Gemälde ins Schlafzimmer, umwickelte es mit weißer Seide, wie es in Indien üblich ist. Auch opferte sie ihr täglich eine Kleinigkeit, wie z. B. ein Rippe Schokolade oder sonst etwas Süßes. Wenn man davor betete, merkte man, wie der positive Einfluss des Bildes auf einem überging und einen stärkte. Ein angenehmes Kribbeln tat sich kund, das harmonisierend wirkte. Man merkte sozusagen, dass das Gebet erhört wurde! Mona hatte im Schlafzimmer ihren Übungsplatz, weil sie sich auf Grund ihrer Behinderung niederlegen musste. Plötzlich hörte ich sie schreien, als sie sich vor 10 Minuten zum Üben ins Zimmer begab. Ich lief zu ihr und kaum war ich im Raum, nahm ich ein dermaßen helles Licht wahr, das mich augenblicklich im Kopf klar und rein werden lies. Ich konnte glasklar Denken! Das kannte ich bisher überhaupt nicht. Dieses „Gefühl" war völlig neu für mich. Ich schaute Mona erstaunt an.
„Ich hörte plötzlich einen Ton: Ting – Ting – Ting, und die Tür begann zu vibrieren, alles wackelte, bewegte sich so eigenartig, dass ich es mit der Angst zu tun bekam."
Ich stand immer noch in diesem Licht und konnte vor Überraschung gar nichts sagen.
„Ahm", brachte ich nur heraus. Denn das war für mich alles Neuland, in solch einem Licht gebadet zu werden. Langsam verebbte das goldene Strahlen und man sah die normale Helligkeit wieder. Aber mein Kopf war klar wie ein Bergsee auf 2000 Meter Höhe. Ich konnte einige Zeit kristallklare Gedanken aufnehmen, bevor diese Lichterscheinung in

meinem Kopf wieder verschwand. Seit dem machte ich meine rituellen Gebete – dazu später mehr – immer vor dem Bild, aber solch ein Erlebnis hatte ich leider nicht mehr.

*

Ich war sehr frustriert, weil alle, auch die sogenannte „Familie" im Endeffekt gegen uns waren. Für mich eine sehr traurige Sache. Aber zum Glück hatten wir eine geistige Freundin, welche eines Nachts, als ich nicht schlafen konnte und so vor mich grübelte, mir einen Kuss auf die Wange gab und aus dem Nichts der Nacht heraus vernahm ich: „Ich hab euch lieb!"

„Oh; hab ich mich vielleicht erschrocken". Der Kuss fühlte sich wie ein Windhauch aus dem Astralen an, wenn ich das mal so bezeichnen darf. Aber als der Schreck verflogen war, überkam mich ein Gefühl des Glücks, denn ich wusste, dass ich auf sie zählen konnte. Denn sie ist die beste Freundin auf der ganzen weiten Welt!

Weil ich vorhin von Schlafstörungen gesprochen habe, die immer schlimmer wurden, wollte ich mal gelegentlich wieder eine Schlaftablette nehmen, um mich mit Kraft für den Tag in der Nacht zu stärken. Ich hätte dann mehr Leistungskraft, und könnte die Bücher besser und schneller bearbeiten. So meinte ich. Doch alles hat zwei Seiten in dieser materiellen Welt. Die Schlafmittel machten mich passiv im Denken und aggressiv im Handeln. Ariane sagte daraufhin zu mir, ich sollte nie und nimmer welche nehmen, denn sie beeinträchtigen meinen Geist, mein Bewusstsein und mein Denken. Deshalb sollte ich des Nachts arbeiten, welche der geistigen Welt analog ist, d. h., dass ich vermehrt Intuition bekomme und gute Ideen aus dem Akasha aufschnappen könnte. Das tat ich auch. Doch der Gegendruck erfolgte sogleich. Auch wenn ich dadurch gute Gedanken aufschnappen konnte, fühlte ich mich den Tag über sehr schlapp. Auch Mona klagte darüber.

„Das muss damit zusammenhängen, dass wir für die geistige Welt arbeiten, welche als Gegenpart zu der materiellen zu sehen ist. Die negative Seite hätte es gar niemals zugelassen, dass wir diese Bücher herausbringen. Deshalb der Gegendruck", argumentierte ich gegenüber meiner Frau.

Aber damit traf ich knapp neben das Schwarze. Die Richtung stimmte zwar, aber meine Aussage war nicht ganz die richtige. Denn eines Nachts bekam meine Frau wieder einen dieser seltsamen Visionen, die ihr Ariane zukommen ließ:

„Johannes, ich hatte solch einen merkwürdigen Traum, der so plastisch war,

so echt war, dass ich die Bilder nicht mehr aus meinen Kopf bekomme."
„Um was ging es denn?"
„Ich habe eine Schwarze Messe gesehen, die gegen uns zelebriert wurde!"
„Was?", konnte ich vor Verwunderung nur von mir geben. „Das war eher ein Alptraum als ein Wahrtraum!"
„Das war ja das Seltsame. Das entsprach genau den Gesetzen, die die Zauberer anwandten, um Schaden zu bringen. Wir haben ja so viel gelesen und wissen, dass sie selbst die kosmischen Analogien bzw. Gesetze einhalten müssen. Sie trugen Mäntel in den verschiedensten Farben, hatten Gürtel um den Lenden, der Raum war in Rot ausgeschlagen, sie trugen auch Masken verschiedener „Tiere", mit denen sie zusammengearbeitet haben."
„Ja, das stimmt schon, die Masken entsprechen den Dämonen, die je nach Erscheinung und Mentalität gewisse Tiere verkörpern. Durch die Maske wird die Verbundenheit angedeutet. Das Tierische dieser Wesen sieht man ja schon bei den Zeichnungen von Doktor Faustus."
„Der ganze Raum war für solche eine Messe vorbereitet worden. Ein Altar in Schwarz mit weißem Antependium, einem Vorhang mit Symbolen, stand im Mittelpunkt des wunderschönen Zimmers, auf dem sie die Messe vollzogen hatten. Rote Kerzen des Planeten Mars befanden sich im Raum, in den Ecken und auf einem fünfarmigen Leuchter. Das war ein „Gerammel", das glaubt man kaum. Ich spürte förmlich die ganze tierische Leidenschaft, die Perversität, die durch ein versautes Gestöhne noch unterstrichen wurde. An den Wänden befanden sich die verschiedensten Symbole und Sigille der Gegengenien und magische Quadrate sah ich auch. Diese leuchteten so eigenartig."
„Sie müssen mit den entsprechenden dämonischen Qualitäten geladen gewesen sein, mit denen die dunklen Fraters arbeiten. Jedes Wesen hat sein eigenes Gesetz. Es schwingt darin wie der Uhrzeiger einer Uhr tickt. Aus der Gestalt seiner Signatur lässt sich sein Inneres ermitteln."
„Es wurde auch geräuchert. Das stank ziemlich pervers."
„Frater Daniel schreibt, dass es durch das Menstrualblut, geladen mit frisch abgespritzten Vaginalsekret und Sperma, vermischt mit Drogen, zur leichteren Ausschüttung der menschlichen Kräfte kommen kann. Alles sehr sehr tierisch!"
„Als sie fertig mit ihren Ritualen waren, opferten sie ihrer Gottheit die geladenen Sekrete zur Vernichtung unserer Körper! Dazu verwandten sie die Symbole der Gottheit und das Blut eines unschuldigen Tieres."

Dieses Erlebnis meiner Frau musste ich erstmals verarbeiten. Ich konnte mir nämlich keinen Reim darauf machen, ich verstand einfach den Zusammenhang nicht. Warum sollte man uns schaden wollen. Wir sind doch nur kleine Würmer, und keine Magier oder Könner und Kenner der Mysterien.
Während ich tagelang daran herumrätselte, wurden die Visionen meiner Zwillingsseele immer realer und durchdringender. Sie kristallisierten sich heraus, wir erhielten Informationen, die wir hier auf Erden niemals gefunden hätten. Auch Ariane veränderte ganz langsam ihr Aussehen. Sie erschien immer mehr wie eine Ägypterin, aber wie eine von hohem Rang. Nur konnten wir das nicht sofort registrieren, weil es unser Fassungsvermögen übertraf. Mittlerweile wurde meine Frau von Ariane regelrecht mentalisch „abgeholt" und ihr wurden in der geistigen Welt Dinge in wahrer plastischer Form gezeigt, die man auf Erden vergebens gesucht hätte. Die Wahrheit ist in Wirklichkeit unfassbar berauschend! Das, was der blinde Mensch auf Erden sieht, sind nur die Wirkungen, nicht aber die Ursachen, wie es Dr. Franz Hartmann in seinen „Lotusblüten" schon vor einem Jahrhundert beschrieb. Zuerst kommt die Idee. Diese stammt aus der geistigen Welt, so will ich das mal ausdrücken. Dann entstehen die Wirkungen in der materiellen Welt. Dies alles wurde uns auf eine unmissverständliche Art und Weise gezeigt. Nur verstand ich den Grund nicht, warum es ausgerechnet mit dieser drastischen Methode durchgeführt wurde. Dann fiel mir ein:
„Schreibt nicht Waldemar von Uxkull, dass die wahre Einweihung so vonstatten geht?"
„Ja, er schrieb in seinem Buch „Die Einweihung im alten Ägypten", dass die Neophyten geistig aus dem Körper gezogen wurden, um sie im Astralen einzuweihen."
„Deutlicher wird er dagegen im Buch „Die Eleusinischen Mysterien", wo er im Kapitel „Das Wesen der Einweihungen im Altertum" folgendes bekanntgibt: *„Ich bin oft, wenn ich das Wort Einweihung gebrauchte, gefragt worden, was dieser Ausdruck eigentlich bedeute. Ich habe daraufhin geantwortet, dass die Einweihungen im Altertum etwas ganz anderes waren als die Zeremonie, die heutzutage vollzogen wird, wenn Kirchen oder Museen ihrer Bestimmung übergeben werden oder wenn ein Kriegerdenkmal enthüllt wird. Die Einweihungen im Altertum waren etwas ganz ganz anderes. Sie waren für den gewöhnlichen Menschen etwas Übersinnliches, etwas Übernatürliches. Es war etwas, das der Mensch in*

einem Trancezustand erlebte. Sein Geist wurde von Priestern, die magische Kräfte in sich entwickelt hatten, vom Leibe gelöst und bei vollem Bewusstsein in die übersinnlichen, das heißt in die mit unseren fünf Sinnen nicht wahrnehmbaren geistigen Welten eingeführt. Wenn Dantes unsterbliches Werk nicht eine Dichtung, sondern ein wirkliches Erlebnis gewesen wäre, dann hätten wir in der Göttlichen Komödie die für unsere Zeit vielleicht etwas zu ausführliche Schilderung einer Einweihung. Die Einweihungen waren also gerade das Gegenteil von dem, was die heutigen spiritistischen Seancen sein sollen. In den spiritistischen Seancen kommen Bewohner einer anderen, nicht immer höheren, stets aber unsichtbaren Welt zu uns in die grobstoffliche Welt zu Besuch. Der Grieche oder Ägypter hingegen, der eine Einweihung erleben durfte, verließ die grobstoffliche Welt und bereiste sozusagen die geistigen Welten, und zwar tat er es bei vollem Bewusstsein. Er konnte sich nachher dessen erinnern, was er gesehen und erlebt hatte. Er brauchte nach einer Einweihung nicht mehr an eine unsichtbare Welt zu glauben; er wusste, dass es eine gab; er brauchte nicht mehr auf ein Fortleben nach dem Tode zu hoffen; er hatte sich selber davon überzeugen können, dass den Geistern nach dem Ablegen ihrer irdischen Hüllen andere Existenzen gewährt wurden. Er wusste mithin, dass ihm ewiges Leben beschieden sei, und für ihn war der Tod nur ein Übergang zu einer anderen Daseinsstufe; er war ihm kein Ende, sondern ein Anfang."

„Ja, ein Anfang in der Lehre eines neuen Wissens", bemerkte meine Frau und so war es wirklich. So wurde ihr z. B. gezeigt, dass die negative Welt, die Dämonen, maßlos böse auf uns sind und uns ganz besonders hassen. Auch ihre „Verbündeten" haben ein Auge auf uns geworfen, weil wir ihrem Herrn und Meister entgegen seinem Auftrag in die Suppe spucken wollten. Denn unsere Bücher bilden einen geistigen Schatz, der mit nichts aufgewogen werden kann. Der Gott der Templer hatte ein ganz anderes Schicksal für die Erdenmenschen bestimmt, wenn man bedenkt, dass Saturn gleichzusetzen ist mit der Dämonengottheit Satan. Er ist der Herr des Schicksals!

Als meine Partnerin des Nachts, meistens so in der Geisterstunde zwischen 24-2 Uhr erwachte, ging dies überaus abrupt vor sich. Das Eigenartige war, dass sie nach solch einem „Ausflug" keine Schmerzen mehr hatte. Sie konnte 15 Minuten laufen, alle Bewegungen machen, so einen starken Einfluss hatte die *geistige Welt* auf den Menschen! Sie wurde mit ihrem Mentalkörper rübergeholt und aufgeklärt. Aber nach der Erholung ging es

ihr so schlecht, wie vorher, ziemlich dreckig, denn ihr Schicksal wurde nicht abgewandt. Sie musste es ertragen, was ja ihrer Entwicklung zugute kam. Und ich, ich hatte natürlich jede Menge Fragen, als sie plötzlich des Nachts an meine Arbeitstür klopfte:
„Wie siehst du denn aus?", war meine erste Bemerkung, als sie mich im Arbeitszimmer um zwei Uhr morgens besuchte.
„Johannes, ich kann das nicht beschreiben, aber die Visionen, die ich während meines Schlafes geschickt bekomme, sind Wirklichkeit geworden."
„Was meinst du damit?"
„Ich träume nicht mehr, denn Ariane steht vor mir, zieht mich irgendwie aus meinem Körper, ich stehe plötzlich neben ihr und lausche ihren Worten. Ich fühle die Umgebung, sehe alles, kann alles wahrnehmen und angreifen. Das ist eine Welt, die viel wirklicher, realer und viel eindringender ist, als bei uns auf Erden. Die Strahlkraft, die Ausstrahlung jedes Raumes, jedes Dinges ist das lebendige Leben. Das funkelt alles, alles ist in Bewegung!"
„Was? Verstehe ich nicht!"
„Ich bin mit Ariane in der Mentalebene."
„Ahm...!?"
„Das kann es nur sein, denn wenn du wach bist, dann siehst du meinen Körper atmen, d. h., mein Astralkörper befindet sich noch in meinem Körper, sonst würdest du durch eine unabsichtliche Berührung eine Leiche im Bett vorfinden."
„Ja, das leuchtet ein. So schreibt es der Meister im „Adepten"!
„Und weil ich auf dieser Ebene stehen, gehen und mich bewegen kann, muss es förmlich der Mentalkörper sein. Denn mit meinem Stofflichen geht das nicht."
„Ja, Logisch! Aber woher willst du das wissen, dass das die geistige Ebene ist?"
„Ariane hat mir das bestätigt."
„Und warum holt sie dich rüber?"
„Das liegt daran, dass ich so schwer krank bin. Außerdem wurde ich von meinem Vater sehr oft und stark auf den Kopf geschlagen, dass ich Probleme mit meinem Gedächtnis habe und nicht in der Lage bin, verstandesmäßig die hermetischen Lehren zu verarbeiten, wie du es kannst. Ariane weiht mich sozusagen ein. Ich muss mich zwar stark konzentrieren, dass ich das alles behalte, denn die Flut des Gesehenen ist überwältigend. Die Bilder sind so plastisch in meinem Kopf verankert, dass ich sie gar

nicht mehr herausbekomme. Sie arbeiten von alleine und so kann ich das Wissen am besten umsetzen. Aber das Verarbeiten strengt sehr an. Glaub mir bitte! Das ist auch ihr Dank, weil ich mich so sehr um sie gekümmert habe, als es ihr so schlecht ging."
„Das ist ja irre!", konnte ich vor Freude von mir geben. „Und die Informationen, die sie uns gibt…?"
„Dienen dem Verlag, denn wir sollen diese in unseren Büchern verarbeiten. Somit arbeitet die geistige Welt aus dem goldenen Tempel mit der materiellen zusammen, um diese Informationen an Tageslicht zu bringen! Sie wird uns noch ganze Mysterien enthüllen und uns jede Menge okkultes Material zukommen lassen. Du kannst dich auf Großes freuen!"
Das tat ich, denn meine Frau legte gleich los.
„Wir sollen nämlich nun die fünf adonistischen Bände, welche Ernst Quintscher zusammengestellt hatte, veröffentlichen."
„Uh, das ist jetzt ein Schock, denn es befinden sich rituelle Gebet aus dem alten Ägypten darin. Diese hatte Hermes Trismegistos für seine damaligen Schüler verfasst."
„Richtig, und du sollst sie auch ihm zu Ehren unter seinem ägyptischen Namen – Hermes Trismegistos – herausgeben."
„Oh, das mache ich gerne. Wir haben nur ein Problem. Wir besitzen nur die ersten beiden Bände im Original."
„Das macht nichts, denn sie gab mir schon einen Hinweis, wo wir die restlichen finden könnten."
„Und wo?"
„Wir müssen den Dämon anschreiben, der Ernst Quintscher getötet hatte!"
„Was?"
„Ja, das meinte sie."
„Aber das Wesen macht uns platt!"
„Nein, denn Ariane hilft uns. Du weißt ja, welch eine Macht sie besitzt!"
„Ja, das hab ich selber erlebt. Nun gut, dann fang ich an zu schreiben."
Die Adresse des verkörperten Genius hatte ich, da ich im Besitz von Briefen zwischen ihm und Ariane bin. In einem schrieb er, dass der Tod von Ernst Quintscher unausweichlich war. Dieses Wesen war eiskalt!
Ich suchte den Brief, schrieb mir die Adresse auf und legte los. Ich musste bewusst ein bisschen schleimen, denn ich wollte ja etwas von ihm haben:

Sehr geehrter Herr …,

bitte entschuldigen Sie mein unerwartetes Schreiben an Sie, aber bevor ich zu meinen Anliegen komme, möchte ich mich gerne bei ihnen vorstellen. Ich, Johannes von Hohenstätten, bin der Schwager von Anion und Ariane, heiratete die Schwester von Anion und arbeite selbstständig als Autor. Die beiden obigen Eheleute besuchten sie in den 80ern (im November 1983), durften bei Ihnen übernachten, und haben mir von dem harmonischen Treffen mit Ihnen erzählt. Sie bzw. Ernst Quintscher gaben den beiden die ersten Bände der „Enthüllte Archive geheimer Wissenschaften" von Rah Omir (siehe beigefügte Kopie), wovon insgesamt 5 Bände existieren:

- Die Bibel des Adonis
- Die ägyptischen Mysterien
- Die Magie der Priester der Ur-Religion
- Die Welt-Energien
- Astro- und Erd-Magie

Da aber beide Eheleute verstarben, Ariane knapp vor einem Jahr, habe ich als Verwalter sämtliche Schriften von ihnen gerbt.
Nun zu meinem Anliegen: Da ich Autor bin, würde ich mich riesig freuen, wenn Sie mir gegen Bezahlung die Bände zum Erwerb zur Verfügung stellen könnten. Wir besitzen leider nicht so viel Bargeld, aber 1000 Euro Anzahlung könnte ich ohne Weiteres aufbringen. Den Rest, wenn es ihnen Recht wäre, könnte ich bei Ihnen in Raten abzahlen. Doch darüber können wir uns später detaillierter unterhalten.
Da das Treffen sehr ergiebig war, gab Ernst Quintscher den beiden noch einige Kopien von seinen eigenen Schriften – „Die Grundlage der neuen Metaphysik" in 10 Bänden (siehe Anhang), die ich ebenfalls gerne von Ihnen erwerben würde, welcher ja der Sohn des bekannten Rah Omir geschrieben hat. Sie können mir glauben, dass diese Schriften bei mir in guten Händen sind und ich sie wahrheitsgetreu und in Ihrem Sinne veröffentlichen werde, was Ihnen finanziell sehr zum Vorteil gereichen würde. Über alles Weitere können wir, wie bereits gesagt, uns noch ausgiebig unterhalten.

Lieber Herr ..., in der Hoffnung von Ihnen eine positive Antwort zu erhalten, freue ich mich schon jetzt auf Ihr Schreiben.

Mit freundlichen Grüßen und besten Wünschen für ein frohes neues Jahr verbleibe ich

Ihr Johannes von Hohenstätten

*

Doch dass Dämonen immer mit dem Akasha verbunden sind und hellsichtig darin Einblick nehmen können, das bemerkten wir eine Woche nach dem Verschicken des Briefes. Wir wussten ja, wem wir da geschrieben haben. Ariane sagte uns ihre Hilfe zu, sodass es nicht allzu schlimm für uns werden würde. Da Mona *medial* veranlagt war, erfuhr sie, dass dieser Herr im höchsten Maße verärgert über unser Schreiben war.
Eines Nachts, als sie in der Toilette war, hörte sie plötzlich solch schmatzende Geräusche, als wollte uns ein Wassertier beißen. Anders konnte sie es nicht beschreiben. Dann hörte sie die Worte: „Johannes…, Johannes…, Johannes", und schrie mir zu, um mir zu helfen, weil sie der Ansicht war, dass das Wesen es auf mich abgesehen hatte. Ich hörte ihre Warnrufe nicht. Ich war im Arbeitszimmer, es war 2.35, und hatte die Tür geschlossen, als ich komplett unerwartet in die Schulter gebissen wurde und selbst vor Schmerzen aufschrie. Mona eilte zu mir, während ich mir krampfhaft die Schulter hielt. Ich war blass vor Schreck.
„Ist alles in Ordnung", fragte sie mich besorgt.
„Ich…., ich weiß es nicht. Mir scheint, als hätte mich etwas gebissen. In der Schulter spürte ich solch einen starken Schmerz."
Als sie mir den Sachverhalt schilderte, wusste ich bescheid. Doch das war nicht alles. Als sie endete, wurde mir obendrein schwindlig, eine seltsame Schwäche befiel mich, so als ob dieses Wesen aus meiner Schulter astrales Blut, die lebensnotwendige Kraft, gesaugt hätte; so, als ob ich vampirisiert worden wäre.
„Mona, ich glaube, ich muss mich hinlegen. Mir ist so eigenartig," und wackelig ging ich ins Schlafzimmer. Meine Gemahlin begleitete mich. Sie hatte Angst, dass mir etwas passieren würde. Kaum war ich im Bett, schlief ich schon ein und meine schriftstellerische Tätigkeit wurde auf später verschoben.
In der kommenden Woche konnte ich an den Hermes-Bänden weiterarbeiten. So lange dauerte es, bis ich mich wieder vollständig erholt hatte. Von einem Biss? Zum Glück hatten wir zu den Titelbildern die dazugehörigen Inhaltsangaben von Ernst Quintscher. Die einzelnen Themen hatten wir alle in unserer Sammlung, so dass ich das Buch perfekt

– so wie es Hermes haben wollte – zusammenstellen konnte. Es ergab somit gleich einen ganz anderen Sinn, als Wilhelm Quintscher – der nachweisliche Chaotiker – die hermetischen Lehren in seinen Ausgaben darstellte. Auch etwaige Fehler besserte bereits sein Sohn aus. Wir bekamen sogar von einem in der Schweiz lebenden Freund noch weiteres schriftliches Material. Ariane machte uns auf diesen jungen Mann aufmerksam, den wir dann unverzüglich anschrieben. Ich kannte ihn zum Glück und so war es nicht schwer, von meiner Seite einen erneuten Kontakt herzustellen. Ich hoffte nur, dass auch er dazu geneigt war. Und siehe da, dieser war gerne bereit, mir mit interessanten okkulten Büchern auszuhelfen.

„Das ist wirklich der Wahnsinn! Ariane sagt uns, was wir machen sollen, und alles bewahrheitet sich bis aufs kleinste Detail! Erstaunlich!"

*

Da wir oben kurz die Inkarnation eines Gegengenius erwähnten, möchte ich nur noch anmerken, dass diese Wesen im Auftrag der Göttlichen Vorsehung arbeiten und ihre Wünsche bis aufs Kleinste erfüllen. Nicht nur Caligula war solch ein Wesen, wie wir es bereits im Buch „Allzu Unmenschliches" beschrieben haben, sondern – man höre und staune – Marquise de Sade war es auch. Denn sein ganzen Wesen, seine ganzen Taten und Handlungen zeugen von seinem dämonischen Charakter. Man bedenke, dass das Wort „Sadismus" (=quälen) von seinem Namen „Sade" abstammt. Über ihn erfuhren wir von Ariane, welche uns ausführlich darüber berichtete:

„Du musst dir das so vorstellen, Johannes, dass die Menschen nicht in der Lage sind, schöpferisch zu arbeiten, auch wenn das rein negativ ausfallen müsste. Die schaffen das nicht! Deshalb müssen das Dämonen übernehmen. Die Menschheit soll und muss ja aus Allem etwas lernen. Am besten klappt das nun Mal aus negativen Schicksalsschlägen."

„Und dazu sendet die Vorsehung gleich mächtige Dämonen, die so etwas bewerkstelligen?"

„Ja, denn auf diese ist Verlass und sie verrichten ihr Werk genauso, wie es die Göttliche Vorsehung haben will."

Ich konnte mich nur wundern.

„Und solch einer war Marquise de Sade, der den Sadismus prägte!"

„Oh Mann, das wird ja immer besser!"

„Ich erzähle dir nun seine bekannte Lebensgeschichte, damit du das gesamte System der Vorsehung besser durchschauen kannst."

Sie legte sogleich los:

„Das Geschlecht der de Sades waren ein altes, wenn auch nicht mehr reiches Adelsgeschlecht der Provence, das ursprünglich den Grafentitel führte. Deshalb nannte er sich mit Anspielung auf seinen geistigen Rang auch meist „Marquise" (=Marktgraf) de Sade. Durch seinen materiellen Stand war es ihm ein leichtes Unterfangen, unzählige Frauen zu verführen, bezahlte noch mehr Prostituierte, machte viele Frauen hörig. Er heiratete aber nur wegen Geld und Besitz. Sein durch die Heirat erworbener Reichtum ermöglichte es Sade, ein skandalöses Leben zu führen, das bald selbst den Rahmen dessen sprengen sollte, was man damals bei der adeligen Gesellschaft bereit war hinzunehmen. Er schaffte es innerhalb weniger Jahre sein gesamtes Vermögen zu verschleudern. Er verprasste sein Geld in Spielsalons und gab Unsummen für seine Geliebten, besser sexuelle Gespielinnen aus. Selbst der Sodomie, dem Sex mit Tieren, gab er sich ihn!
Wie zu jener Zeit unter Angehörigen seines Standes durchaus üblich war, behandelte er die Frauen und Männer richtig grausam, den er war ein Herr, ein Adeliger, ein Despot, dem gedient werden muss! Er bediente sich aber auch der Frauen aus dem einfachen Volk, die er ganz und gar nicht so schicklich behandelte wie die Vertreterinnen der Aristokratie der Prostitution. Er war ja die Ausgeburt des Sadismus!
Er forderte neben Sex offenbar auch gotteslästerliche Handlungen und feierte Schwarze Messen. Für einen Dämon eine verlockende Sache, wenn man bedenkt, dass diese Form der Messen gegen geistige Reinheit und der Gottheit zuwider sind.
Sein Aussehen sei nach Augenzeugen „von durchschnittlicher Größe" gewesen, habe „blaue Augen und dunkelblondes Haar" gehabt, sein Gesicht war „oval und hübsch" und seine Figur schlank. Eine schöne Erscheinung, die manch eine Frau fesseln konnte. Sade bezahlte auch – manchmal unter Zwang – das weibliche Geschlecht zum Gruppensex und Analverkehr, machte sie gefügig, denn er schändete alles, was im unter seinen Fingern kam. Jedoch musste er für seine Schandtaten ins Gefängnis. Seine Familie erreichte im April 1803 eine Unterbringung in einer Irrenanstalt, die er bis zu seinem Tod nicht wieder verließ. Die offizielle Begründung lautete: „Wahnhaft vom Laster besessen". Er war für die sterblichen Ärzte geisteskrank, weil er manch eine Frau bis aufs Blut auspeitschte, nur damit er sexuell erregt wurde. Sade war eine widersprüchliche Erscheinung, der nicht an den Gebrechen des Alters litt. In seinen philosophischen Werken bezieht er sich immer wieder auf die Diskrepanz von Tugend und Laster,

deren letztere er sehr frönte. Das beständige Unglück, dass die Tugend mit Naturnotwendigkeit zu erleiden hat, und das Glück, das dem Laster ebenso naturgemäß erblüht, ist das Hauptthema, das durch alle seine Werke zieht, die sich im Guten und Bösen, im Gottfreundlichen und Gottfeindlichen widerspiegeln.

Ein Jahr vor seinem Tode erlebt der Marquise sein letztes Liebesabenteuer mit einem sechzehnjährigen Mädchen, welches durch seine widersprüchliche Erscheinung – dem schönem weißen Haar – sexuell erregt war! Er zeigte selbst im Alter kein hässliches Aussehen! Am 2. Dezember 1814 starb er im Alter von 74 Jahren in der Irrenanstalt Charenton-Saint-Maurice. Im Totenschein wird Sades Beruf mit Schriftsteller angegeben. Er litt an Gicht, die Krankheit der Lebemänner und starb an Asthma, was aber nicht seinen Tatendrang beeinflusste.

Sein Auftrag war, die höllischen Praktiken auf Erden zu etablieren, denn in den astralen Sphären werden die Sünder ausgepeitscht und gepeinigt. Das ist ein satanisches Treiben. Das eigene Ich, der reine Egoismus zählte nur bei ihm! Das ist sein ganzes Gesetz! Sein Tun ist nach manch einem Biografen die „aus dem Urquell des Bösen schöpfende antimoralische Kraft". Eine Kombination von Wollust und Grausamkeit, ein immenser Hass gegen die Religion!

Er schrieb schon mit 23 Jahren seinen ersten Sadisten-Roman und legte damit den Grundstein für den Sadismus, Pornografie und alle weiteren Sexspielchen, welche jetzt von **allen** Menschen als ganz normal angenommen werden, weil jeder Mensch ein „blinder" Stern ist, dem es an wahrer Einsicht fehlt!

Er gab in seinen Romanen zu, dass er ein „fanatischer Anhänger des Satanskultes" sei und beschrieb auch einige Schwarze Messen in seinen Büchern. Zu seiner Zeit war die Sexualität allgemein Gut, jeder übte sie aus, adelige Frauen gingen ins Bordell, um Spaß zu haben, Zofen machten mit, weil ihnen langweilig war, vornehme Frauen riefen sich Männer zum sexuellen Vergnügen. Ganze Nonnenklöster wurden geschlossen, weil sie lesbische Oral-Orgien feierten und überall traf man Huren und Dirnen an. Die Zustände, wie sie der Marquise beschrieb, waren Wirklichkeit, alles und jeder wollte und hatte Sex. Selbst die Onanie war am Erblühen, denn *„diese wollüstige Erregung, sich jeden Augenblick ohne einen anderen verschaffen könne, sei der beste Trost über alles Leid, da die Onanie mit Sicherheit alle Schmerzempfindungen zu verschwinden bringe"*, sagt er in seinem Roman „Justine". Auch der Dildo, das berüchtigte weibliche

Onaniewerkzeug, kam zu seiner vollen Blüte. Von den Damen der Gesellschaft wurde er „Samthanse" genannt! Sämtliche Sinne dienen bei Sade der sexuellen Erregung, auch das Kotessen ist solch ein Akt! Seine Philosophie war die des Lasters, welche er förmlich vergötterte! Er ist der erste und einzige Philosoph, welcher das tat! Er war der Materialist par excellence und stellt sie der für ihn verabscheuungswürdigen Tugend gegenüber. *„Die beständige Bewegung der Materie erklärt alles. Wozu brauchen wir einen Beweger für das, was immer in Bewegung ist",* sagt er in einem Roman.

Seine Philosophie ist: *„Die Laster muss eine Tugend werden! Und die Tugend ein Laster! Dann wird sich ein neues Weltall vor deinen Blicken auftun!"* Jeder logisch denkende Hermetiker erkennt darin einen Grundsatz der Schwarzen Magie, gegeben durch einen Dämon!", beendete Ariane ihre Ausführungen.

Nun schwieg sie. Ich war vielleicht baff, als ich all das hörte. Das war ja die Perversion in Reinform, welche heutzutage von jedem irdischen Menschen ausgeübt wird. Jeder Sterbliche untersteht diesem Dämon, der diese Anschauung im 19. Jahrhundert verstofflicht hat und glaubt auch noch, durch die Medien und durch die moderne Psychologie im Recht zu sein.

„Wann wird die Menschheit endlich einmal aufwachen und sich dem Wahren zubewegen?", fragte ich Ariane.

„Das dauert, Johannes, aber nicht mehr lange, denn die Vorbereitungen laufen schon."

Dann war ich wieder beruhigt. Die Evolution ging also ihren gesetzmäßigen Lauf in die rechte Richtung!

*

Aber nicht alle wollten und wollen sich ändern. Die Inkarnation von Rah Omir Quintscher, die ich bewusst in meiner ersten Biografie sterben ließ, will sich nicht wandeln. Franz Bardon, der mit ihm im alten Ägypten war, hatte das alles schon so eingefädelt, dass er ihn als Meister in den 1930ern wieder trifft, und sogar später mit Anion und Ariane zusammenkommt. Aber das hat aufgrund der charakterlichen „Besessenheit" von Quintscher nichts gebracht! Deshalb bekommt er in der nächsten Verkörperung wieder schlimme Eltern, die ihn wachrütteln sollen. Auch dass er mit seiner Zwillingsseele zusammen gekommen ist, ist für ihn das Höchste auf Erden. Deshalb ist er der Meinung, seine Entwicklung sei beendet. Er ist nämlich der Ansicht, dass er sich deswegen nicht mehr verkörpern müsste. Auch seiner Frau ergeht es so wie ihm im nächsten Leben, wobei beide dasselbe Schicksal erleiden müssen, wie in jedem ihrer bisherigen Leben! Sie will sich auch nicht ändern. Das liegt alles in ihrem geistigen Namen und obendrein sind sie Zwillingsseelen, die sich gegenseitig mit ihrer irrigen Ansicht noch hochputschen.

Aber warum sollte ich über andere *schimpfen*, wenn es bei uns auch nicht besser aussah. Deshalb kehre ich vor meiner eigenen Türe: Wir – meine Frau und ich – ließen alles hängen, die hermetischen Übungen vernachlässigten wir, weil der Erfolg zu wünschen übrig ließ. Ariane teilte uns deshalb mit, dass es am besten wäre, wenn wir in der neuen Wohnung ab nun jeden Tag um 18.00 Uhr ins Zimmer gehen und zum Zeitpunkt des Planeten Sonne üben sollten. Bei den Sinnesübungen sollten wir die entsprechenden Himmelrichtungen einhalten, blaues oder angenehmes Licht verwenden und den Raum dazu verdunkeln. Die anderen Übungen können wir gegen Osten machen, wo die Sonne aufgeht, die Kraft des Lebens liegt. Dadurch hatten wir wieder ein wenig Erfolg. Aber nur einen Millimeter weit! Des Weiteren richteten wir uns – wie bereits gesagt – einen kleinen Tempel ein mit den vier ägyptischen Zeichen des JHVH, so wie man das am Bild von Arianes Tempel im Buch „Allzu Unmenschliches" sehen kann. Wir taten alles, was uns mitgeteilt wurde. Alles dient dem Zweck der Verehrung der Gottheit und somit der Erleichterung der Übungen, damit endlich mal Erfolg eintritt. Dieser ließ nämlich seit ca. 30 Jahren auf sich warten. Das Interessante daran war, dass wir diese Informationen „mündlich" bekamen, in Form von Visionen. Manch ein Erlebnis trug sich folgendermaßen zu: Es war ein Uhr nachts, an einem Dienstag. Mona wurde wach und wunderte sich darüber, denn jemand rüttelte an ihrem Körper. Aber sie sah keinen. Sie stand auf und lief in der Wohnung umher. Plötzlich nahm sie eine Bewegung im Badezimmer wahr.

Da steht doch wer, fragte sie sich und ging auf die Person zu.

„Sie hatte schwarze Haare", erzählte sie mir, „war sehr schlank, und sah fast so aus wie Ariane."

Mona wurde neugierig und streckte ihre Hand aus und berührte die mit dem Rücken zugewandte Person. Unerwartet wabbelte die Erscheinung, sie bewegte sich wie Wasser in Wellenform, wie, wenn man einen Stein hineinwarf. Nur liegt das Wasser am Boden, die Gestalt stand aber aufrecht vor ihr. Meine Frau wich zurück, die Form vor ihr dehnte sich aus, wellte weiter vor sich hin und war verschwunden.

„Das verstehe ich nicht", sagte ich zu meiner Frau, nachdem sie mir dieses Erlebnis berichtet hatte. „Wieso wabbelte sie?"
„Deine Frage kann ich dir nicht beantworten."
Aber die Antwort kam eine Woche später, zur selben Zeit. Nur stand sie dieses Mal vorm Bett.
„Ariane, was machst du denn hier?"
„Ich wollte dich sprechen."
„Warte, ich wecke Johannes, er freut sich sicher sehr, dich zu sehen."
„Nein, lass ihn schlafen."
Sie tat, wie ihr geheißen wurde.
„Mona, du darfst mich nicht berühren, wenn ich dir erscheine, denn ich bin nicht verklärt."
„Was heißt das?"
„Ich bin nicht richtig verstofflicht, denn der Herr der Erde will das nicht. Jede Erscheinung, die sich hier aus dem Geistigen auf Erden materialisiert, muss durch seine Hände gehen, denn er schöpfte die Materie, den Stoff. Er weiß über all diese Dinge bescheid! Diese Form der unverklärten Teilverdichtung könnte dir gefährlich werden, denn die Energie könnte auf dich überfließen und du könntest einen Herzinfarkt von dieser enormen Kraft bekommen. Deshalb warnte Meister Bardon die Tochter auf der Bühne, ihre Mutter zu nicht berühren, wie im „Frabato" beschrieben steht."
„Ah, ich verstehe. Deshalb hatte ich nach dem ich dich berührte, immer solche Lichtblitze in meinem Kopf, die gar nicht mehr verschwanden."
„Ich werde dich gelegentlich nachts besuchen, um dir Aufschluss über gewisse Gesetze zu geben, die Johannes in seinen Büchern veröffentlichen kann. Das mache ich nur bei dir, weil ich dir so dankbar bin und dich so sehr liebe. Die Liebe zu dir stellt die Verbindung aus der geistigen Welt dar, sie ist die Begründung für mein Tun, denn es gab schon Beschwerden von der negativen Seite, dass ich die Gesetze übertrete. Und an die Gesetze muss man sich halten!"
„Das verstehe ich nicht!", und diesen Worten pflichtete ich meiner Frau bei.
„Ich auch nicht", stimmte ich zu. „Ist das wahr, dass sie dann durch die Wohnung schwebte, wie ein Nachtgespenst?"
„Ja, das sah so merkwürdig aus, das glaubt man kaum. Als Angelique sie sah, bekam unsere Tochter solch einen Schock, dass sie schreiend in ihr Zimmer lief."
„Was, die Angie sah sie auch? Und ich nicht! Oh, echt schade", gab ich traurig von mir.

Aber das war genau der Grund, warum sie sich so selten zeigte, denn sie wusste, dass wenn Angie das mitbekam, hätte sie furchtbare Ängste. Denn unsere Kleine wurde des Nachts von den dämonischen Wesen geweckt, damit sie Ariane, ihre tote Tante, sieht und Panik bekommt. Denn dann konnte der Herr der Erde mit Recht sagen, dass diese Handlung den Gesetzen widersprach. Wie es immer so ist, spielt die Gegenseite auch eine entscheidende Rolle. Baphomet vertrat die irdischen Gesetze und hatte den Rang eines Elohim, also eines Schöpfergottes. Ihm untersteht auch eine Tarotkarte, die 15., das sollte man niemals vergessen. Die einfachere Form ist ohnehin die, entweder Visionen zu schicken oder Mona mental aus ihren Körper zu holen und ihr dann Anweisungen zu geben. Aber selbst dies muss unter größten Vorsichtsmaßnahmen geschehen, denn Mona bekam eine solche Sehnsucht nach Ariane, die mentale Freiheit wurde so groß, dass sie schon an Selbstmord dachte, um für immer in der geistigen Welt zu verbleiben. Ohne Schmerzen! Deshalb wurden verschiedene Formen der Übermittlung eingehalten, die eine Bindung an die Welt der Reinheit verhinderten.

*

„Was sollen wir machen?"
„Elementeübungen!"
„Und das sagte Ariane zu dir? Aber wir sind so schwach, dass wir kaum die fünf Sinnesübungen schaffen. Wie dann die Elemente?"
„Weißt du, Johannes, behalten wir das einfach mal im Kopf und schauen, was noch so alles passiert. Vielleicht tut sich da eine unerwartete Tür auf."
„Das klingt logisch", pflichtete ich ihr bei.
„Aber das war noch nicht alles. Sie meinte auch, dass wir uns schon mal langsam Vorräte für den Notfall zulegen sollten."
„Welchen Notfall?"
„Für die Wirtschaftskrise."
„Ah, alles klar", und wir begannen, immer ein klein Wenig mehr einzukaufen, um uns langsam aber sicher einen Vorrat für schlechtere Zeiten anzuschaffen, denn die Zeiten werden extrem schlecht. Wenn man noch bedenkt, dass CETA und TTIP kommen könnte, wo die Konzerne machen können, was sie wollen, dann hat der kleine Mensch nichts mehr zu sagen. Auch vor Gericht nicht. Dann sind wir wieder im Mittelalter angekommen, wo nur die Grafen, Fürsten und Könige das Sagen haben, und der einfache Bauer kann froh sein, wenn er noch genügend Essen am Tisch hat. Aber selbst dieses Essen schafft keine Genugtuung, sondern

mehr Krankheiten und Mutationen. Nur eines darf man nicht vergessen: Wir verließen uns dabei bloß auf „Träume", auf Visionen und Gesichte. Auf das, was uns Ariane aus der geistigen Welt mitteilte. Wir machten das alles im guten Glauben, alles völlig ins Blaue hinein, denn wie es wirklich kommen wird, das wussten wir nicht. Das war sozusagen eine bloße Spekulation von uns nicht hellsehenden Schülern. Aber lassen wir das Schwarzsehen. Wollen wir die dahinter leuchtende Sonne erblicken, die den Menschen Wärme spendet.

*

Eine weitere Schau zeigte uns, dass wir alle drei – Ariane, Mona und ich – in Indien in einer Verkörperung zusammen waren.

„Ariane war eine schöne Tempeltänzerin, und wurde sehr verehrt. Man bemerkte und bezeichnete sie als eine Manifestation der Göttin Maha Lakshmi, welche für die Hindu-Priester magische Tänze auführte, die sich immer sofort und so, wie sie es sagte, verwirklichten. Die Bilder, die sie mir zeigte, waren so etwas von atemberaubend, das glaub man kaum. Wir beide hatten schöne seidene Saris an und tanzten in den verschiedenen Tempeln."

„Du auch, Mona?"

„Ja, denn ich tanzte mit ihr. Sie zeigte mir die nötigen Gesten und Stellungen, die sich durch meinen Tanz in die Wirklichkeit verwandelten. Bei jeder Stellung musste ich gewisse Töne summen."

„Und was geschah dann?"

„Das ist ja das tolle. Alles um uns herum begann zu leben."

„Wie?"

„Alles bewegte sich. Die Stauten der Götter, du weißt ja, in einem Tempel befinden sich viele, fingen an mitzutanzen. Sie gingen ihm Rhythmus der Schritte mit, glichen ihre Bewegungen den unseren an. Ein großer Ganesha, der Elefantengott, tanzt in einer wunderbaren Weise im Rhythmus der Sterne."

„Was?"

„Ich weiß, das hört sich unglaublich an, aber so habe ich es gesehen. Du kannst dir nicht vorstellen, wie die anwesenden Menschen vor Ehrfurcht in die Knie gingen. Sie konnten ihren Augen nicht trauen. Völlig aufgelöst knieten sie am Boden und verehrten die Götter."

Ich war wie immer sprachlos.

„An den Fingern, Daumen, Zeige- und Mittelfinger hatten wir so kleine Zimbeln, das sind aus kreisrunden aufgebogenen Metallplatten bestehende

Scheiben, die wir im Gleichklang mit unseren Tanz harmonisch anschlugen. Diese drei Finger versinnbildlichen die Dreiheit von Akasha, dem Plus und dem Minus. Der Klang, der dabei hervorgebracht wurde, war berauschend. Das waren keine normalen Töne, das waren Schöpferlaute."

So sah Ariane in einer indischen Inkarnation aus.

Ich konnte wieder nichts sagen.
„Aber das war nur eine Aufgabe von ihr. Sie hatte mehrere", ergänzte meine Partnerin.
„Also das ist mir alles völlig neu. Das wusste ich gar nicht."
„Du warst erneut mit ihr verheiratet und die Ehe war sehr harmonisch."
„Ach, daran kann ich mich überhaupt nicht erinnern."
„Glaubst du ich, aber als ich diese Bilder sah, merkte ich, dass das der Wahrheit entsprach. Ariane ging außerdem mit mir auf verschiedene hinduistische Tempel der verschiedenen Gottheiten und wir sollten Symbole und Sigille in den Stein, in das Dach ritzen, welche die Magierin lud, damit die Gebetshäuser die Zeiten überdauern konnten. Die negative Seite der Welt will solche Tempel am liebsten zerstören, damit die Menschheit keine Anhaltspunkt für die Verehrung der Gottheiten hat. Dann kann einzig und allein das Schicksal des Planeten Saturn (Satan!) uns zu Gott führen, welches sehr schmerzhaft und lange an uns zehrt."
*
„Johannes, wir müssen jetzt vermehrt achtgeben, dass uns nichts passiert. Wir müssen uns immer an die Gesetze halten, dürfen keinen Fehler machen, müssen so gut wie möglich rein und charakterlich mittig bleiben,

denn sonst hat uns die Loge am Genick, dort, wo sich das Todes-Chakra befindet", platzte ganz unerwartet meine Frau eines Morgens heraus.
„Was redest du da?", fragte ich ganz verwundert. „Wie kommst du auf diesen Schwachsinn? Welche Loge? Wir sind doch bloße Schüler der Magie und keine Könner?!"
„Aber dennoch haben sie uns aufs Korn genommen. Sie hassen uns derart, dass man dafür keine Worte findet."
„Wie kommst du darauf?", fragte ich schon erbost über diese für mich unsinnige Aussage.
„Johannes, ich hab´s genau gesehen."
„Was?", fragte ich verärgert.
„Warte mal, bis ich dir das erzählt habe. Dann kannst du urteilen."
Das tat ich und sie berichtete mir.
„Ich war mitten im Logensaal der Dunkelmänner in Berlin. Dort sah ich die 21 Kampftelepathen in eigenartiger Form stehen. Ariane sagte zu mir, dass das die Ur-Rune in materieller Form sei."
„Ich kapiere gar nichts mehr."
„Das machen sie, um sich im Ur, im Aksaha, ganz tief zu verstecken, damit kein Hellseher Einblick in ihr unlauteres Treiben nehmen kann."
„Aber du hast das doch gesehen?"
„Nur weil Ariane mir dies zeigte, Johannes! Sie stand neben mir und kommentierte das Gesehene."
„Ich verstehe. Sie hat dich sozusagen mit Aksaha umhüllt, so dass du für die Brüder unsichtbar bist, und du dann durch ihre Hilfe dir das ansehen kannst, was die vorhaben."
Sie nickte.
„Alle hatten ihre Logentracht an, Frack mit Schärpe und heruntergeklapptes Dreieck. Der Großmeister, von dem ich dir schon bei der Schwarzen Messe berichtet habe, trug einen goldenen Mantel, was seine Würde auszeichnete."
„Ah, der war da auch dabei. Aber....," ich wollte schon Weiteres hinzufügen, aber sie bat mich zu warten, bis sie fertig sei.
„Er sah sehr wütend aus. Seine Augen glühten richtig tiefrot. Dadurch kam seine kahler Kopf und seine kleine dicke Gestalt noch mehr zum Vorschein. Ein sehr unheimlicher Anblick. Dann sagte er: „Wenn dieser Hohenstätten nicht bald aufhört, seine verfickten Bücher zu schreiben, dann stampfe ich ihn mit meinem Fuß in den Boden und zermahle ihn wie einen Wurm." Dabei stapfte er mit seiner dämonischen Wut auf den Boden, welches ein

seltsames Dröhnen hinterließ. Ein leichtes Zittern war in den Wänden zu spüren. Kurze Zeit später summten sie ein Lied und machten rituelle Bewegungen. Sie wippten rhythmisch nach links und rechts. Nach fünf Minuten war das Logentreffen der Nekromanten beendet."
Ich hingegen war sprachlos. Ich wusste nicht, was das alles sollte. Mir wurden diese Nachrichten von Logentreffen und angeblichen Schwarzen Messen zu viel. Das sagte ich auch meiner Frau. Die Informationen die wir über die gefallenen Freimaurer bekamen, so dachte ich mir, wären nur gut, um aufzuzeigen, wo und wie die Loge so arbeitet. Aber dass wir an ihren Operationen als Opfer – noch immer – beteiligt sind, hätte ich nie und nimmer für möglich gehalten.
„Mona, ich glaube dir, dass du das gesehen hast, aber glaubst du nicht auch, dass wenn sie uns töten wollten, dann wären wir schon längst über den Jordan gegangen?"
„Ja, das kann schon sein, aber warte erst Mal ab, was in nächster Zeit so alles passieren wird."
„Also du machst mir richtig Angst, Mona!"
„Nein, das nicht, nur wir müssen anfangen, vorsichtig zu sein."
„Okay, das mache ich. Hat Ariane nichts dazu gesagt?"
„Nein."
„Eigenartig", konnte ich nur darauf erwidern. Ich musste die ganze Zeit darüber nachdenken, warum das alles so ist. Das ging mir irgendwie nicht aus dem Kopf!
Am nächsten Morgen dachte ich mir nichts dabei. Die Nacht haben wir gut überstanden, ohne irgendwelche mysteriösen Zwischenfälle. Auch die weiteren zwei Tage passierte immer noch nichts, so dass ich der Meinung war, Mona hätte sich vertan.
„Siehst´e," sagte ich zu ihr, als wir gerade runtergingen zur Garage, um mit dem Auto wegzufahren. „Es ist nichts vorgefallen! Wir leben noch."
„Das verstehe ich auch nicht, Johannes", gab meine Frau reumütig zu und wollte sich schon für ihren Fehler entschuldigen. Aber, ich als Mann, als der vermeintlichen *Krone der Schöpfung*, tat das mit einem Lächeln ab …
Ich stieg ins Auto, startete und der Wagen hörte sich an, als hätte der Motor einen Totalschaden. Er krächzte und gurgelte.
„Was ist das denn wieder?", fragte ich mich und meine Frau.
Ich schaltete den Motor aus, öffnete die Haube und sah mir das an. Doch feststellen konnte ich nichts. Blass vor Schreck guckte ich meine Frau an.
„Jetzt verstehe ich, warum Ariane sagte, wir sollten ein rituelles

Schutzgebet jeden Tag 10 Minuten sprechen, welches das Schlimmste verhindern konnte. Hätten wir das nicht gemacht, dann hätte noch viel Gravierenderes passieren können. Sonst würde der Einfluss der negativen Seite noch viel schwerwiegender ausfallen. So langsam glaube ich auch, dass wir in diesem Orden auf der Abschussliste stehen!"

Wir fuhren mit unserer Klapperkiste – sie hörte sich wirklich so an – gleich zur Nissan-Werkstatt, um sie reparieren zu lassen. Der Keilriemen und der Luftfilter waren kaputt, aber so ganz ohne Voranmeldung. Aus dem Nichts heraus. Das machte mich schon sehr nachdenklich. Aber wir hatten Glück, denn es hätte noch viel gefährlicher kommen können. Immer wenn die Mitglieder der Loge grausam böse Dinge taten, einen schadeten, töteten oder Unheil stifteten wollten, bekamen sie dafür von ihrem verbündeten Dämon Macht, Fähigkeiten oder einen Wunsch erfüllt. Andere bekamen Geld, Reichtum oder mehr Erkenntnis. Je nach Mentalität, denn der Gegengenius war genauso auf seine Schützlinge angewiesen, wie die Pflanze auf das Wasser. Manchmal muss man durch einen Kraftaufwand etwas bewerkstelligen, was eben nur ein Könner der linken Seite vollbringen kann. Ein Dämon aus der Astralebene müsste sich dazu verkörpern, wofür ihm die nötige Zeit fehlt. Der Logen-Frater ist noch dazu vierpolig und hat somit viel mehr Möglichkeiten, etwas auf Erden zu vollbringen als der höchste Genius. Darauf wies schon Franz Bardon in seiner „Evokation" hin. Deshalb die Geschenke vom Wesen an seine Verbündeten. Diese sind wiederum froh, wenn sie Erkenntnis bekommen, für etwas, das sie aufgrund ihrer extrem verschobenen Mentalität ohnehin mit *reiner Hingabe* ausführen. Man erkennt darin den Teufelskreislauf, aus dem der Zauberer schwer ausbrechen kann. Um da herauszukommen, müsste er seinen Charakter ändern, was ihm aber zu viel Kraft kosten würde. Sein wahrer geistiger Name drückt schon die negative Seite aus, die ihn zu dem macht, was er ist. Und das gefällt ihm. Warum sollte er sich dann ändern? Eine berichtigte Frage aus seiner persönlichen Sicht, aber aus universeller Anschauung liegt er völlig falsch, denn die Menschheit sollte der Sonne entgegen streben! Jedoch gibt es Menschen, die ihren negativen Namen mit der Tat bis zu ihrer geistigen Auflösung repräsentieren, egal was auf sie zukommt. Sie verkörpern das, wozu erschaffen wurden und gehen mit ihm zugrunde!

Doch dieses kleine Erlebnis war noch lange nicht alles. Ariane holte Mona aus ihrem Körper. Sie standen im Meer aus Sternen und die große Magierin sagte zu ihr: „Ihr müsst ab heute damit rechnen, dass ihr in allen Dingen

beobachtet werdet und immer auf der Abschussliste der satanistischen Bruderschaft seid, denn die Bücher, die ihr herausbringt, sind den Brüdern des Ordens ein Dorn im Auge. Der Herr der Erde hasst euch so sehr, dass, wenn er könnte, würde er euch in tausend Stück zerreißen. Fahrt deswegen immer vorsichtig mit dem Auto und bedenkt den Spruch: Vorsicht ist die Mutter der Porzellankiste. Macht ihr irgendeinen Fehler, bemerkt das dieser Dämonengott und hat dadurch eine Angriffsfläche. Er packt euch am Genick und fügt euch großen Schaden zu."
„O mein Gott," konnte Mona nur antworten. „Und was sollen wir dagegen machen?"
„Macht euch keine Sorgen, ich stehe euch immer bei. Ihr wollt dieses Wochenende nach Düsseldorf fahren. Macht das nicht, denn dafür wurde der Krakengott beauftragt, euch Steine in den Weg zu legen."
„Der Krakengott? Wer ist denn das?"
„Sein Name wird in der Bibel genannt – Leviathan – und er ist ein furchtbarer Gesell. Mona, ich muss dir das alles sagen und zeigen, damit du das genau betrachten und deine Erkenntnis daraus ziehen kannst. Aber mach dir keine Sorgen, dir wird nichts geschehen. Dreh dich um und lauf", sagte sie plötzlich.
„Ich tat, wie sie mir sagte und sah, wie ein mächtiger Dämon auf mich lauerte. Er war eine riesige Krake, enorm groß und seine kleinen Augen starrten mich an, wie, als wenn er mich fressen wollte. Dann öffnete er sein Maul, schmatzte unheimlich und fing an, auf mich zuzulaufen. Mit seinen acht Tentakeln lief er so schnell, dass ich Panik bekam. Ich lief fluchtartig, schreiend, sah nur noch diese hässliche Riesenkrake böse guckend, die mich in einem rasantem Tempo verfolgte. Ihren Gestank nach faulem Meerwasser hatte ich förmlich in meiner Nase. Ich schrie und lief noch schneller und war plötzlich in meinem Körper. Zum Glück für mich. Der Schweiß stand mir auf der Stirn und ich musste erst Mal tief Luft holen, um mich von diesem Schock zu erholen. Dann fielen mir die letzten Worte von Ariane ein: „Ihr müsst alles besprechen, über alles reden, tauscht euch über alles aus, denn dann könnt ihr weniger falsch machen. Schreibt alle Gedanken auf, das ist nicht nur gut für den Seelenspiegel, sondern auch für eure Entwicklung. So lernt ihr die Elemente besser kennen und euch selber. Jeder Gedanke und jedes Gefühl untersteht einem der vier Elemente. Du siehst, dass alles zwei Seiten hat, alles ist polar und wir Hermetiker nutzen beides für die Mitte!"
Im Geiste dankte Mona Ariane, weckte mich und erzählte mir das Erlebnis.

Wir blieben dann zuhause, und gucken fern, auch wenn ich noch so gerne nach Düsseldorf gefahren wäre.
Aber als Ausgleich zum Obigen bekamen wir dafür folgende Nachricht, die mich sehr erfreute:
„Hat Ariane gesagt, wie sie uns helfen will? Das würde mich sehr interessieren", fragte ich meine Frau beim Fernsehen.
„Ja, sie sagte, dass sie schon mehrmals in Möbeln, Wänden und anderen Dingen geklopft oder andere Geräusche gemacht hatte, aber darauf hätten wir nicht reagiert."
„Ach, Anion sagte mir auch, dass diese Zeichen aus der geistigen Welt sind, wenn plötzlich solch eigenartige Geräusche auftauchen. Ich hab das aber als Esoterik-Gequatsche abgetan."
„Nein, Johannes, das stimmt wirklich! Das ist eine geistige Realität!"

*

Das hört sich jetzt sehr merkwürdig an, entspricht aber der Wahrheit. Wir bekamen in den Visionen immer wieder Tipps, welche Bücher wir kaufen sollten, welche Leute wir kontaktieren müssten, um an gutes Material zu kommen. Es wurden uns Schriften zugespielt, die mehr als Seltenheitswert hatten. Man kann dazu das *Gespür* von Herrn Dr. Hemberger vergleichen, welche auch an seltene Exemplare – vermittelt durch seine Dämonen – herankam. Manch eine Schrift wurde uns von einem Privatmann zugespielt, welche gar nicht veröffentlicht wurde, z. B. die Schrift „Wandlung" von Wilhelm Quintscher und so einiges mehr.

Weil wir gerade über Bücher sprechen, möchte ich eine ganz besondere Begebenheit erwähnen. Wir wussten durch einen Freund, dass Hans Albert Müller, der mit Bardon bekannt war, noch weitere Bücher geschrieben hat. Doch als wir bei der Bibliothek nachfragten, ob sie uns diese zukommen ließen bzw. ob sie sie uns kopieren würden, wurden wir zweimal zurückgewiesen mit der Begründung: „Die Bücher sind zu alt, man kann sie nicht kopieren!" Ich als Sammler war darüber sehr traurig. Aber ich musste nicht lange warten, dann kam schon ein bedeutender Hinweis.

„Johannes!", sagte meine Frau in einem ernsten Tonfall. „Ich hab heute, wo ich wach wurde, dreimal den Namen „Hans Albert Müller" gehört. Eine feine Stimme sagt es mir. Dreimal! Seltsam, was! Weißt du, was das heißen kann?"

„Ja! Interessant! Ja, auf jeden Fall. Ich hab doch schon mehrmals probiert, von Herrn Müller ein Buch zu bekommen. Das soll für uns ein Hinweis sein, es nochmals zu versuchen."

„Meinst du?"
„Ja!"
Und das taten wir. Schnurstracks fuhren wir nach Castrop zur Stadtbibliothek, wo die nette Leiterin mir immer per Fernleihe die besten Bücher zukommen ließ, wie z. B. das verschollene Buch über die wahre Geschichte eines Vampirs – „Das graue Männchen". Ich gab den Zettel mit den Daten ab und kaum zwei Wochen später konnte ich die Kopien der zwei Bücher abholen, welche ich als Sonderdruck Nr. 5 herausbrachte.
Doch nicht nur diese verbalen Hinweise hörten wir, wir nahmen noch andere Stimmen wahr. Als ich eines Nachts im Wohnzimmer saß, ich konnte wieder nicht schlafen, dachte ich stark an Ariane. Ich dachte an die schöne Zeit mit ihr, an die Erlebnisse, die ich hatte, als ich plötzlich hörte, wie ein „Sei mir gegrüßt" durch den Raum erscholl. Ich schreckte hoch, sah aber niemanden. Verwundert setzte ich mich wieder. Dieses kleine Erlebnis bestätigte mir die Aussage von ihr, dass sie immer um uns herum ist, um uns zu helfen. Sie bekommt durch ihre Allgegenwart alles mit und reagiert darauf.

*

Mona erfuhr ja ihren geistigen Namen von ihrem „Schutzgeist", als es ihr in der Hinterhofstraße in Castrop so schlecht erging. Sie heißt Aluna, was auf ihr Verstand – A – und auf den rhythmischen Wechsel (Luna – Mond) und ihre Barmherzigkeit hindeutet. Nur ich kannte meinen nicht. Da Ariane tot war, so nahm ich an, müsste ich warten, bis ich ihn auf andere Weise erfuhr. Üblich ist es, ihn in der Gedankenstille zu hören. Doch selbige beherrschte ich nicht, so konnte ich lange warten. Traurig darüber fuhren wir mit dem Auto einkaufen, als meine Frau plötzlich sagte: „Kennst du den Namen Azon?"
„Was ist denn das für ein Name?", fragte ich verwundert. „Woher hast du den? Der klingt ja wie der Bruder von Conan", sagte ich scherzhaft"
„Ich erwachte heute mit den Namen in meinem Kopf, denn ich hörte ihn dreimal durch das Schlafzimmer schallen, wovon ich wach wurde: Azon – Azon – Azon! Aber ich weiß nicht, was er bedeutet? Darum meine Frage."
Ich dachte nach.
„Sehr seltsam das alles. Denn mir kommt er bekannt vor. Ich weiß aber nicht woher?"
Ich fuhr so vor mich hin, immer an diesen merkwürdigen Namen denkend. Und plötzlich: „Das ist mein geistiger Name!", schoss es förmlich aus mir heraus. „So heiße ich! Das ist mein Wesen!"

Als ich dann zuhause ankam, guckte ich sogleich nach der Bedeutung des Namens. Und wahrhaftig, er hatte eine Übersetzung. Er bedeutet soviel wie „Volk"! Und ich war völlig von der Rolle. Jetzt wusste ich, wer ich bin, ich kannte mein innerstes Wesen, ich wusste nun, warum ICH unter anderem den Verlag leiten sollte, die Bücher schreiben musste usw. Denn das war alles fürs Volk, damit sich das „Volk" entwickeln konnte. Die Freude über diese Erkenntnis war so groß, dass ich mich vor „Schreck" setzen musste, um nicht umzufallen, denn ich bekam weiche Knie! So wirkt manchmal die Wahrheit!

*

Nach all diesen guten Dingen, gab es aber auch manchmal eine Ohrfeige, und das im wahrsten Sinne des Wortes. Mona hat nicht richtig zugehört, als Ariane ihr eines Tages etwas gesagt hatte. Sie war zu oberflächlich, deshalb schlug Ariane ihr aufs Ohr. Das tat ihr zwar leid, aber sie musste das machen, weil dies eine nachhaltige Wirkung auf meine Frau hatte, die leider nur so erzielt werden konnte. Ihr Ohr, das Organ des Hörens, schwoll an, wurde zweimal so dick wie das normale und war knall rot.
„Man siehst du aus", sagte ich zu ihr.
„Und das pocht auch! Aber glaub mir bitte, dieses Dröhnen möchte ich nicht noch einmal erleben. Ich werde mir die Informationen immer richtig und sachgemäß merken und weitergeben. Das nochmals zu erleiden, ist für mich unerträglich" und sie hielt sich das Ohr.

*

Nun trat wieder etwas Ruhe ein, was ganz gut tat. Aber es war eher eine Ruhe vor dem Sturm. Ariane teilte uns mit, dass wir uns vor dem magischen Spiegel setzen und in ihn hineinblicken sollten. Was sich dann tat, ist unbeschreiblich. Ich kann es heute auch noch nicht glauben, aber es ist wahrlich so passiert: Es kam heller, lichterfüllter Nebel auf, alles drehte sich, und plötzlich war die Umgebung verschwunden. Wir sahen einen wunderschönen Logenraum, einen Tempel könnte man sagen, in dem eine Gruppe von Männern stand. Er war verziert durch atemberaubend schwarze Säulen, der Boden war in schwarz-weiße Fließen gekachelt. An der Wand hinter dem Altar war ein gestürztes Pentagramm, in dessen Mitte sich der Kopf eines Ziegenbockes befand – der Gott der Templer! Die dunklen Fraters hatten schwarze Seidenmäntel an, eine rote Kordel um die Hüften. Der Großmeister, den ich davor schon beschrieben hatte, trug eine goldene Maske. Sie standen im Kreis, gingen rhythmisch hin und her, hielten sich an den Händen. Auf der Kopfbedeckung hatten sie das Siegel von

Baphomet. Ein gestürztes Pentagramm im Kreis lag auf dem Boden, um dessen Mitte sich hebräische Buchstaben befanden. Alles den Gesetzen analog aufgemalt, sodass eine Verbindung zu diesem Höllenwesen hergestellt werden konnte. Während der Bewegung murmelten sie meinen Namen: „Hohenstätten, Hohenstätten." Immer und immer wieder. Eine zerstörerische Schwingung machte sich bemerkbar. Aus der Mitte des Kreises stieg Dunst empor, mit Blitzen darin. Unerwarteter Weise wurde plötzlich alles schwarz, es war nichts mehr zu sehen, und wir befanden uns im Übungszimmer. Es war nur noch ein schwaches Flackern im Spiegel wahrzunehmen.

„Was sollte das denn?", fragte ich meine Frau.

„Ariane wollte uns dadurch nur zeigen, dass die dämonische FM uns in irgendeiner Weise wieder aufs Korn genommen hatte. Wie sich das auswirkt, da müssen wir abwarten."

Wir brauchten dafür nicht lange zu warten. Was nun passiert, entspricht wirklich der Wahrheit. So hat es sich wahrhaftig ereignet. Die Schwarzmagier suchen sich immer die wundesten Punkt aus, und greifen dort an, wo man Schwachstellen aufweist. Uns ging es finanziell durch den Umzug sehr schlecht. Wir kamen einfach nicht aus den Schulden heraus. Immer mehr Unkosten trafen uns, wozu die Autoreparatur ihres beitrug. Wir mussten erneut unseren Freund und Gönner anrufen, ob er uns finanziell etwas beisteuern konnte.

„Mein Sohn liegt im Bett. Er hat 40 Grad Fieber, und das schon seit einer Woche. Wir haben alles probiert, nichts half. Vielleicht haben sie eine Idee, liebe Frau Mona!", teilte uns seine Mutter verzweifelt mit. Sie machte sich aus begreiflichen Gründen große Sorgen.

Meine Frau war erstmals geschockt. Sie stammelte.

„Ich muss mich erst einmal fassen. Das ist ein Schock, Frau G., das können sie mir glauben."

„Der Arzt meinte, dass wenn er sich in den nächsten Tagen nicht erholt, sieht es sehr schlecht mit ihm aus. Er könnte sogar sterben!"

„Echt?!"

„Ja, es geht ihm miserabel."

„Richten sie ihm bitte meine besten Genesungswünsche aus."

„Das mache ich", sagte seine Mutter und legte auf.

Mona blickte mich an.

„Unser Freund Gunter wurde angegriffen. Ihn hat es diese Mal erwischt!", berichtet mir meine Frau.

„Das gibt´s doch gar nicht. Wieso denn das?", fragte ich voll Sorge.
Wie ich dann erfuhr, lag er insgesamt drei Wochen flach und kämpfte um sein Leben. Sein hohes Fieber ließ sich nicht vermindern, sogar Antibiotika half nichts. Wie Ariane uns mitteilte, war er der Loge ein Dorn im Auge, da er uns immer wieder aus unseren Schulden heraushalf und dadurch verhindern konnte, dass unser Verlag pleite ging. Und genau das wollte die Organisation, uns und alles um uns herum zu vernichten. Noch dazu kam, dass Gunter seinen Trieb beherrschte und keinerlei sexuelle Handlungen ausübte. Das hasste der Herr der Erde, und veranlasste, dass ihn die Mitglieder der Loge angreifen sollten. Es hätte funktioniert, wenn nicht Ariane aus der geistigen Welt eingegriffen hätte, und den Einfluss abwendete, so wie das Franz Bardon aus dem Geistigen bei seiner Frau machte, als dessen Schwiegersohn sie töten wollte. Gunters Mutter sagte sogar, dass sie nicht weiß, was sie machen sollte, denn nichts half. Die dämonische Bruderschaft ist dermaßen wütend, weil wir keine Extreme aufweisen, keine gute Angriffsfläche bieten konnten, worüber wir verwundbar wären. Denn unser Charakter wurde durch die jahrelange Schulung immer mittiger und ausgeglichener. Nur wenn wir einen Fehler machen, dann durften und konnten sie eingreifen. So will es das Gesetz der Polarität!
„Und woher wollen sie so genau über uns Bescheid wissen, wenn sie nicht hellsehen können, wie das Franz Bardon im „Frabato" ja bestätigte?", kam bei mir die Frage auf.
„Ariane berichtete mir, dass sie bis zu einem gewissen Grad uns über die Hellsinne belauschen können. Denn ihr Gott gab ihnen die Erfindung des Tepaphons, womit sie die elektromagnetischen Wellen aus dem materiellen Akasha oder besser gesagt Äther herausholen bzw. lesen können."
„Ach, das ist aber interessant. Und wie sieht dieses „Ding" aus?"
„Das ist eine runde Scheibe, gelöchert und in einen länglichen Kasten gesteckt, der sich bewegt. Diese Scheibe ist natürlich geladen, und davor sitzen diese Fraters und lassen sich die Zirbeldrüse zwischen den Augen bestrahlen. Vorher streichen sie sich einen geladenen Kondensator auf ihr „Chakra", welches die elektromagnetische Polarität darstellt und durch die Augen – Sonne und Mond oder auch Isis und Osiris genannt – sich zeigt. Sie sehen dann hellsichtig die materiellen Schwingungen und entschlüsseln diese Informationen."
„Das wird ihnen von Gott der Schwarzmagier gestattet?"
„Ja, das schon, denn sie können maximal das Materielle erblicken. Bei den

anderen zwei Ebenen wird ihnen das durch ihre extreme Unausgeglichenheit verwehrt. Ihr leidenschaftliches Blut ist nämlich nicht so rein wie Akasha. Deshalb sagen alle Ariosophen, man muss reines Blut haben, man muss einer reinen „Rasse" angehören, wenn man Gott schauen will! Das ist ja auch der Grund, warum sie nicht in die Himmelssphäre eindringen können, um von dort an gewisse Geheimnisse zu gelangen. Denn nur dem Reinen ist alles rein!"

„Mir fällt gerade ein, dass Frater Johannes, ein Mitglied der Saturni, einen Aufsatz über das Tepaphon in der „Saturn Gnosis" schrieb."

„Lass hören."

„In ähnlicher Weise kann man auch die Epiphyse des Menschen bestrahlen und die Fähigkeiten des Hellsehens und der Gedankenübertragung wesentlich fördern. Damit können auf beiden Seiten Kraftanstrengungen vermindert und ungünstige Nebenwirkungen ausgeschaltet werden. Die Konsequenzen in jeder Beziehung, besonders aber in psychisch-magischer, kann man sich selbst ableiten. Schon diese Andeutungen zeigen, wie weit man das magische mit dem physikalischen verbinden kann, und dass beide nur Gradunterschiede der einen Urenergie sind."

Weiter unten schreibt er: *„Die Hochfrequenzströme scheinen im Körper die magnetischen Ströme stark zu aktivieren und durch Willenseinstellung zu polarisieren, so dass man positive und negative Wirkungen erreichen kann. Noch stärker wird die Beeinflussung wenn man den Körper des anderen Menschen berührt. Ich habe festgestellt, dass bei Bestrahlung der Zirbeldrüse auf diese Weise hypnotische Tiefzustände erreicht werden, welche die allgemeinen weit übertrafen. Auch die Hervorrufung bestimmter Fähigkeiten, wie Empfangsfähigkeit für Gedankenstrahlungen, beziehungsweise Hellsehen, wurden wesentlich gefördert und unterstützt durch diese Methode.*

Für die neuen Heilmethoden bedeuten diese Resultate wesentliche Zeit- und Kraftersparnis sowohl für den Arzt als auch für den Behandelten. Weitere Versuche sind in Angriff genommen und zeigen sogar eine günstige Tiefenbeeinflussung der innersekretorischen Drüsentätigkeiten. Diese Ausführungen sollten zeigen, dass wir sehr wohl die Naturkraft durch mechanische Anwendungen, in Verbindung mit dem magisch geschulten Willen, benutzen können und so immer mehr zu den synthetischen Methoden gelangen, welche die Aufgabe, das Heilbestreben des Körpers zu unterstützen, allseitig erfüllen. Aber auch für die magischen Experimente werden diese Anwendungsmöglichkeiten fruchtbar sein, denn sie vermindern die schwierigen Vorbereitungen und ersparen dem Experimentator sowie dem Medium Kraft und Zeit.

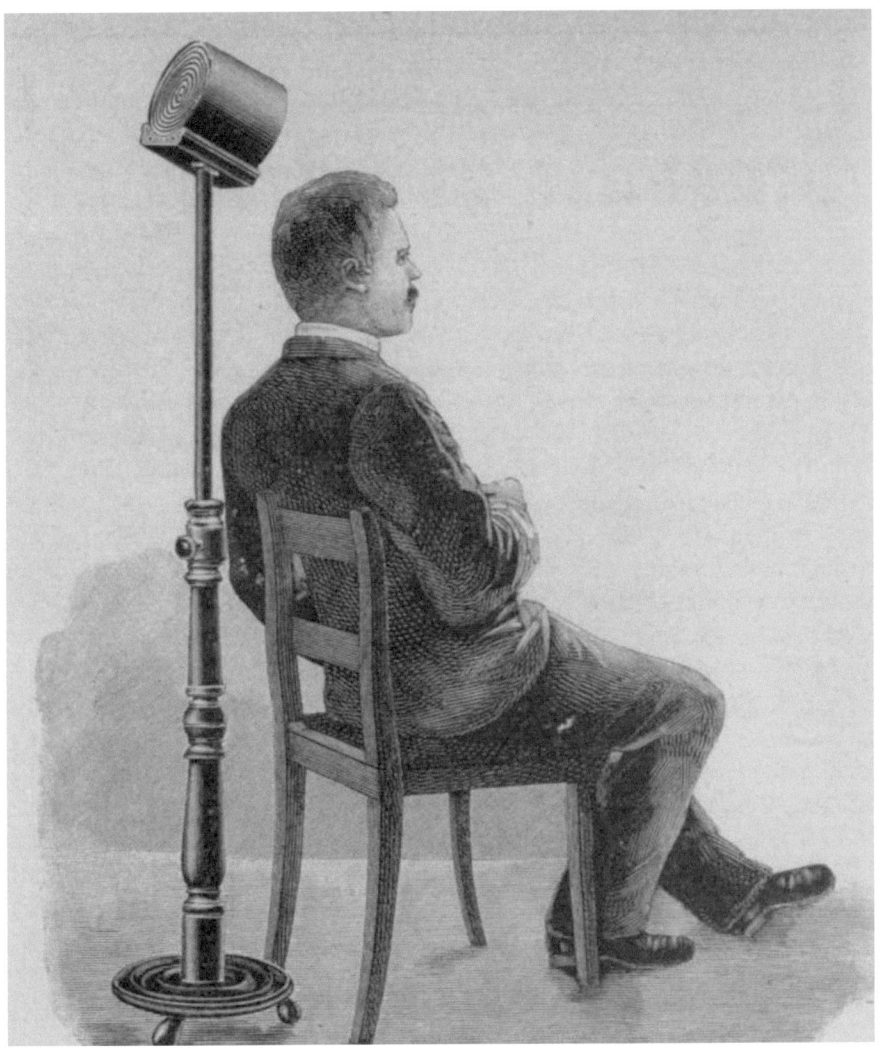

Der Strahlapparat bei seiner Arbeit.

*Ich möchte noch betonen, dass die Angaben dieser Experimente noch nicht berechtigen, sie nachzumachen, **da nicht nur eine persönliche Schulung und Entwicklungsstufe vorhanden sein muss**, sondern auch die Kenntnis bestimmter technischer Manipulationen notwendig ist. Aber schon die Möglichkeit einer derartigen Anwendung dieser Kräfte sollte jedem Anregung sein, sich damit zu beschäftigen. Sie beweist, dass das neue Zeitalter des Aquarius die mechanischen Kräfte durchaus nicht leugnet oder beiseite stellen will, sondern sie synthetisch benutzt, um die magisch-seelischen Fähigkeiten im Menschen in ihren Auswirkungen erheblich zu steigern und zu vertiefen. Gewiss stellen diese Methoden viel größere Anforderungen an den Menschen, als nur studienmäßige Wissensbildung, aber sie geben ihm auch das kosmische Verbundenheitsgefühl und Bewusstsein wieder. Eingedenk des Gesetzes: „Tue was du willst!" dürfen wir uns keinerlei Beschränkungen mehr auferlegen, denn alle Ideen, und das zeigen besonders die neuen Forschungsergebnisse, so fantastisch sie auch sein mögen, werden nach kosmischem Gesetz einmal Wirklichkeit."*

Meine Frau war verblüfft, dass darüber so offen gesprochen wurde.

„Das ist doch echt irre, zu was man alles das Tepaphon benutzen kann. Wer hätte das gedacht", murmelte ich erstaunt vor mich hin.

„Sie wissen auch, dass wir mit Ariane Kontakt sind, können diese Strahlung dann auffangen, und in Bilder umsetzen, aber mehr gelingt ihnen nicht. Zum Glück für uns wird jeder Angriff mehr oder weniger abgewehrt, weil der Bruder des Lichtes alles verhindert!"

Mehr oder weniger, denn Manches mussten wir auch erleiden. Selbst wenn ich mal gut drauf war, gut geschlafen hatte und dadurch voll mit Lebenskraft war, dann hatten sie mich erst recht am Kicker. Folgendes trug sich an einem Sonntag zu: Ich hatte sage und schreibe insgesamt 7-8 Stunden geschlafen, was für mich schon an ein Wunder grenzte, wenn auch in drei Etappen. Das war für mich eine Höchstleistung. Deshalb wollte ich ein Buch an einem Tag zu Ende schreiben. Das mussten sie irgendwie mitbekommen haben, denn plötzlich wurde mir mein Gehirn „zusammen-gedrückt", mir wurde richtig dumpf und neblig im Kopf, mein Denken wurde ausgeschaltet; diesen Zustand kann ich leider nur so beschreiben. Ich wurde schwach, mir wurde schwindelig und es kam mir vor, als würde man mir die Lebenskraft aus meinem Hirn absaugen, denn ich bekam plötzlich aus heiterem Himmel schwarze Ränder unter den Augen.

„Was ist denn mit dir los?", frage meine Frau erschrocken, als sie mein blasses Gesicht sah.

„Ich weiß nicht....," sagte ich zu ihr, als ich aufstehen wollte, um mir Wasser ins Gesicht zu spritzen, damit ich wieder fitter wurde.
„Ich fühle mich richtig ausgelaugt. Die Okkultisten würden sagen: Man beraubte mich meines Odes!"
Anstatt dass ich ins Badezimmer ging, fiel ich vor lauter Schwäche in den Wohnzimmersessel zurück. Ich hielt mir dabei den Kopf, denn mir war ganz wirr im Schädel, der Blutdruck war im Keller, wie ich später feststellen musste.
„Was ist denn das für ein Geruch, nein, Gestank?", sagte meine Frau überrascht.
„Das riecht nach Schwefel, der Geruch der Dämonen!"
„Ach, dann war das ein Angriff, um dich am Arbeiten zu hindern", bemerkte meine Frau. „Denn wenn diese negativen Wesen kommen, so müssen sie immer ihren Namen nennen oder sich bemerkbar machen. Das ist Gesetz!"
„Das ist wirklich arg, was diese Loge alles anstellt, um uns zu schaden. Aber zum Glück hat alles zwei Seiten, jeder Pendelschlag macht Bim und daraus erfolgt ein Bam, wie Anion das in seinem gleichnamigen Buch beschrieb, sodass wir dadurch reichlich Erfahrung sammeln können."
„Ach ja, Johannes, und dir geht es dadurch sehr schlecht! Tolle Erfahrung!"
„Nein, nein, das ist nicht so schlimm, dann guck ich mir einen Film an. Das macht auch Spaß!", und schlief vor Erschöpfung im Wohnzimmersessel ein.

*

Doch es gibt noch viel mehr zu sagen, was die okkulte Literatur bis jetzt nur in Bruchstücken erwähnt hat. Wir fanden trotz Suche solcher Vorkommnisse nichts in den Büchern und Schriften. Sie enthielten maximal Unzusammenhängendes, woraus niemand schlau werden konnte.
Tatsache ist, dass die Loge nicht im Stande war, uns so zu schaden, wie sie wollte – sie hatte keinen Erfolg mit ihrer absoluten Vernichtung. Aber es gab noch weitere Wege, die sie bereit war, einzuschlagen.
Eines Nachts wurde ich durch einen Schrei meiner Zwillingsseele wach. Ich machte Licht, und sah, wie meine Frau im Bett sitzend sich das Genick rieb. Ihr Gesicht war schmerzverzerrt.
„Was hast du denn?", kam es besorgt von mir. „Ist alles okay?"
„Nein, Johannes, ich wurde gebissen!"
„Gebissen? Von einer Mücke?"
„Nein, von einem Werwolf!"

„Was? Was soll …"
„Ich lüge dich nicht an, das ist wirklich passiert."
„Aber warum nachts! Warum nicht am Tage? Und warum während des Schlafens. Mona, das klingt alles aber sehr, sehr unglaubwürdig! Für mich nicht mehr verständlich", musst ich zu Recht antworten. So meinte ich es aus Gründen der Unwissenheit.
„Mir ist das auch unverständlich", aber dann zeigte sie mir ihr Genick.
„Woher hast du denn das? Das sieht ja aus wie eine Bisswunde!"
„Siehst´e, das kommt daher, weil mich etwas gebissen hat. Woher sonst hätte ich diese Wunde."
Ich guckte mir den roten Abdruck genauer an. Tatsächlich, er sah so aus, als hätte sie ein Tier gebissen. Man konnte auch die Zahnabdrücke erkennen.
„Und Kratzer hast du auch am Rücken, so, als wenn dich ein Tier mit Krallen angefallen hätte."
„Ja, so war das wirklich. Ich hatte einen ganz normalen Traum. Ein netter junger Mann, mit Brille, kam auf mich zu. Er dürfte so um die 35 Jahre alt gewesen sein. Wir unterhielten uns und er war sehr sympathisch. Doch plötzlich fing er an zu heulen, verwandelte sich abrupt in einen Wolf mit glühenden Augen, so wie man das aus Märchen kennt, und fiel mich an. Ich hatte Todesangst, das kannst du mit glauben."
Ich nickte. Die Panik sah man immer noch in ihren Augen.
„Er packte mich am Körper mit seinen Pranken mit einer übermenschlichen Kraft, rammte mir dabei seine Wolfsfingernägel in mein Fleisch und wollte mir das Genick, das Todes-Chakra, durchbeißen, was unweigerlich zu meinem materiellen Tod geführt hätte. Die Astralschnur wäre dabei gerissen. Doch zum Glück kam Ariane, und bevor er richtig loslegen konnte, verjagte sie ihn mit einer magischen Geste. Sie machte die Man-Runen-Geste, Licht trat auf, er wandte sich jaulend und schmerzerfüllt ab, und war verschwunden!"
Ich war wieder einmal wahrlich sprachlos. Ich konnte, ob ich wollte oder nicht, nichts erwidern. Ich schüttelte nur den Kopf.
„Dass die Nekromanten so arbeiten", fiel mir plötzlich wieder ein, „darauf wird immer wieder in den verschiedenen Legenden hingewiesen. Es gibt darüber auch viele Sagen von Wolfs-Geheimbünden, welche sich des Nachts zur Jagd treffen. Nachts heulen die Wölfe den Mond an, was bedeutet, dass sie aus dem Astralen angreifen, wo kein normal Sterblicher etwas wahrnehmen kann. Wenn sie ihr Opfer erledigt haben, findet man nur eine Leiche im Bett. Todesursache Herzversagen. Mehr ist nicht

feststellbar. Das sagt auch Franz Bardon im „Adepten": *Im Zusammenhang damit brauchen wir uns hierbei nur der Sagen von Werwölfen und verschiedener anderer Erzählungen zu entsinnen, wo gesagt wird, dass sich Zauberer in Tiere verwandeln. Für den Magier haben Märchen und sagenhafte Erzählungen eine weit tiefere Bedeutung. Ohne jeden Zweifel handelt es sich darin um sogenannte schwarze Magier, die, um bei ihren ruchlosen Arbeiten nicht erkannt zu werden, allerlei Tierformen in der* **unsichtbaren Welt** *annehmen.*

Man erkennt aus dem hier Geschriebenen, dass sie nachts aus der Astralebene heraus operieren, wenn der Mensch schläft und sich unmöglich wehren kann. Das muss ein furchtbarer Tod sein, im Traum von einem Werwolf zerfleischt zu werden. Wie zerstört kommt man im Jenseits an, welch einen Todesschock muss man dabei erleiden. Das ist ja fast so wie im Film „A Nightmare on Elm Street", wo die Hauptfigur Freddy Krüger seine Opfer auf die andere Seite zieht, um sie dort zu töten!"

„Ja, den Film kenne ich und Anion und Ariane mochten ihn sehr, weil er eine wahre Begebenheit darstellte."

Meine Frau sah dabei ängstlich aus. Das Erlebnis muss sehr schlimm für sie gewesen sein.

„Du bist leicht angreifbar, weil du sehr unter Ängsten leidest. Das ist echt blöd. Aber andererseits kannst du Erlebnisse verzeichnen, die Seltenheitswert haben und dir keiner nehmen kann."

Aber das war ihr kein Trost. Die Angst blieb, das Erlebte war einfach zu schrecklich, denn es war so plastisch real, dass ihr die Bilder immer noch lange danach im Kopf hängen blieben. Sie geriet immer in Panik, wenn sie irgendwo ein Schreien hörte. Sie zuckte förmlich zusammen, so sehr kam ihr die Angst hoch. Fußballerisch würde man sagen 1 : 0 für den Orden, denn die Angst blieb. Man muss bedenken, dass diese astralen Ereignisse viel reeller sind als unsere irdische Ebene und das Erscheinen solcher „Wesen" mit einer unvorstellbaren Gewalt vor sich geht, die kein Sterblicher sich erklären kann. Aber zum Glück sah das auch Ariane, welche immer um uns war und auf uns Acht gab. Deswegen sah Mona am helllichten Tage eine Schrift in der Luft schwirren, welche in glühenden Buchstaben lautete: „Besorgt euch einen rituellen Kreis, legt ihn geladen unter das Bett und die Angriffe hören auf", und diese Form der Erscheinung war verschwunden. Verblüfft blickte sie dem Gesehenen nach.

„Welchen rituellen Schutzkreis?", fragte ich verwundert. „Der muss ja geladen werden, sonst wirkt er nicht."

„Jein, denn dieser Kreis wird auf ritueller Basis gezeichnet. Seine Symbolik macht ihn dazu."
„Hast du ihn auch gesehen? Oder wurde dir das verbal mitgeteilt?"
„Nein, aber die Schrift sagte weiter aus, dass Eliphas Levi ihn beschreibt."
„Nö, das tut er nicht!"
„Doch, Ariane meint, du solltest richtig in seinen Büchern nachlesen, dann findest du ihn."
„Da muss ich echt nachgucken", und gespannt durchsuchte ich alle Bücher von ihm, die sich in meinem Besitz befanden. Er schrieb ja ziemlich viel. Und wirklich, ich fand ihn. Wie überrascht war ich, als ich folgendes in seinem Buch „Transzendentale Magie" auf Seite 297 las:
„Die alten Magier waren Könige und Priester. Die Ankunft des Erlösers wurde den alten Magiern durch einen Stern verkündet. Dieser Stern war das magische Pentagramm, das an jeder seiner Ecken einen heiligen Buchstaben trägt. Dieser Stern ist das Sinnbild der Intelligenz, die durch die Einheit der Kraft die vier Elementarmächte beherrscht. Er ist das Pentagramm der Magier. Er ist der flammende Stern der Kinder Hirams."
„Ja, diesen Stern habe ich gesehen. Ich glaube, der französische Okkultist und Freund von Papus – Stanislas de Guaita – zeichnete solch einen in seinem Buch „Le Serpent de la Genese"!"
Ich holte das Buch und zeigte ihn meiner Frau.
„Ja, das ist er, den habe ich gesehen. Jede Spitze wurde durch einen hebräischen Buchstaben verziert. Aber ohne die Zeichnung des Mannes und die beiden Namen Adam und Eve. Lies weiter, vielleicht schreibt Levi noch was dazu."
Ich las: *„Er ist das Urbild des gleichgerichteten Lichtes, gegen jede seiner Ecken steigt ein Lichtstrahl empor. Von jeder seiner Ecken geht ein Lichtstrahl aus. Dieser Stern stellt den großen und erhabenen Athanor der Natur dar, den Leib des Menschen. Der magnetische Einfluss verteilt sich auf zwei Strahlen vom Kopf, von jeder Hand und jedem Fuß. Der positive Strahl ist durch einen negativen gleichgerichtet. Der Kopf korrespondiert mit den beiden Füßen, jede Hand mit der andern und einem Fuß, und jeder Fuß mit dem Kopf und einer Hand. Das regelmäßige Zeichen des gleichgerichteten Lichts stellt den Geist der Ordnung und Harmonie dar. Es ist das Zeichen der Allmacht des Magiers. Dasselbe Zeichen, gebrochen und unregelmäßig angewendet, steht für die astrale Verwirrung, die anormalen und regellosen Projektionen des großen magischen Agens, und weiter für Zauber, Perversität und Wahnsinn und wird von den Magiern*

Zeichen Luzifers genannt.
Ein anderes Zeichen versinnbildlicht auch die Mysterien des Lichts. Es ist das Zeichen Salomos. Salomos Talismane trugen auf der einen Seite den Eindruck seines Siegels, dessen Figur in unserem Dogma steht. Die andere Seite trug umstehende Zeichnung. Diese Figur ist die hieroglyphische Lehre von der Zusammensetzung der Anziehungskräfte und das Kreisgesetz des Blitzes. Man bannt die zügellosen Geister, indem man ihnen entweder den flammenden Stern des Pentagramms oder das Zeichen Salomos zeigt, weil man sie so den Beweis ihrer Torheit sehen lässt und ihnen gleichzeitig mit einer überlegenen Macht droht, die fähig ist, sie zu quälen, indem sie sie zur Ordnung zurückführt. Nichts quält die Gottlosen als das Gute. Nichts ist dem Wahnwitz so verhasst wie die Vernunft."

Ich war sprachlos. So etwas hätte ich nie für möglich gehalten. Ich konnte nur meinen Kopf schütteln.

„Und du bist dir sicher, dass der wirkt? Ich bin da sehr skeptisch, denn normalerweise kenne ich keine „rituellen Zeichen", die auch noch helfen."

**Der magisch-rituelle Kreis aus dem Buch
„Le Serpent de la Genese" von S. de Guaita.**

„Doch, Ariane sagte zu mir, dass es sehr viele rituelle Übungen, Zeichen und Handlungen gibt, worüber sie uns in Zukunft noch näher aufklären wird."

„Ach, da bin ich aber gespannt", sagte ich voll Freude zu ihr.

„Wir sollten ihn konzentriert zeichnen, und die Idee des Schutzes reinlegen. Dann wirkt er noch besser."

„Ich hab schon einen Kreis mit Pentagramm, den ich in Innsbruck zum Beschwören verwendet habe. Er ist rot und dürfte ganz gut passen."

Wir kramten ihn hervor, zogen unter strengster Konzentration einen zweiten Kreis, fügen die hebräischen Buchstaben Schin und JHVH ein, dachten dabei an die Elemente, so wie es vorgeschrieben war. Dass dem JHVH eine rituelle Bedeutung zukommt, das trifft zu, denn die hebräischen Rabbis sprechen diesen Namen nie aus, sondern verwenden immer Umschreibungen wir Jehova oder Adonai.

Nur hatten wir ein Problem. Man sagte uns, dass wir ihn unter das Bett legen sollten. Ferner müsse er auch groß genug sein, dass er uns beide liegend umfasst. Das war zwar gegeben, aber wir mussten ihn zwischen Lattenrost und den Matratzen legen, weil unter dem Bett kein Platz war. Zudem muss er immer die Form eines Kreises aufweisen, darf also nicht unterbrochen werden. War er das, stand der Werwolf vor der Tür, wenn ich das mal so sagen darf. Dieses Logen-Mitglied war extra dafür ausgebildet, Menschen, die der Loge schaden konnten, des Nachts zu besuchen und ihren Astralkörper so zu zerfleischen, dass der Stoffliche morgens tot im Bett lag. Eine makabere Vorstellung, wenn das wirklich mit uns passieren sollte. Und er kam, wenn er merkte, dass der Kreis nicht exakt gezogen war. Darauf konnte man sich verlassen! Aber dennoch, der Schutz wirkte, wie meine Frau mir berichtete:

„Er war wieder hier!"

„Wer?"

„Der Werwolf!"

„Echt? Und was ist passiert?"

„Er wollte mich dieses Mal gleich anfallen und mich beißen, aber als er plötzlich auf mich zusprang, schrie er, und bäumt sich am Rande des Kreises auf.

„Arrr! Was ist denn das?", fluchte er wutentbrannt vor sich hin.

„Wir sind geschützt. Du kannst uns nichts mehr", entgegnete mutig meine Frau.

„Ich komme,….ich komme wieder. Ich werde diese Mauer durchbrechen",

und er war stampfend verschwunden.
Wir, ich wurde wach, hörten noch ein Gekratze, Geschleife und sein Gegeifer. Seine übermächtiger Trieb, der ihm die Kraft dazu gab, die dämonische Wut ließ ihn materiell hörbar werden. Ich fühlte mich wie ein Opfer in einem Horror-Film. Mir gruselte dabei!
Als wir später ein neues Bett kauften, konnten wir ihn darunter legen, sodass der Kreis nicht unterbrochen oder geknickt war. Er lag dann immer perfekt!
Als er merkte, dass er keinen Erfolg hatte, wollte er seinen Auftrag gemäß persönlich bei uns vorbei kommen, um uns direkt zu verhexen. Dann hätte er uns berührt, die Hand geschüttelt und uns somit influenziert mit seiner dämonischen Lebenskraft oder irgendeinen Gegenstand hiergelassen, über den er seinen Einfluss geltend gemacht hätte.
„Genauso wie im Buch oder auch im Film „Diener der Finsternis". Ich bin erstaunt, wie exakt Dennis Weathly, der Autor, das beschrieben hat."
„Die Zauberer arbeiten dermaßen link und hinterhältig, das glaubt man kaum. Sie schauen einen in die Augen, und dein Wille ist gebrochen. Dann machen sie mit dir, was sie wollen."
So und noch viel arglistiger arbeiten die Nekromanten. Davor warnte uns die große Magiern, denn der „Wolf" schrieb mir sogar eine Mail, in der er sich als Schüler der Hermetik kundtat, dem es sehr daran gelegen war, uns kennenzulernen, da er angeblich sehr viele Fragen hätte. Da wir vor diesem hinterhältigen Auftreten gewarnt wurden, kam mir diese Nachricht spanisch vor, und ich überprüfte im Internet seine angegebene Adresse und seinen Namen. Ich fand ihn nicht, denn er gab nur falsche Daten an. Nun zu seiner Mail:

Sehr geehrter Herr Hohenstätten!

Ich habe ihre sehr interessanten Bücher gelesen und bin auch ein Anhänger der Lehren von Franz Bardon. Ich würde mich sehr freuen, wenn ich sie mal besuchen dürfe, um mich mit ihnen über die Thematik der Hermetik zu unterhalten, denn ich suche Menschen mit Wissen und Erfahrung.

In freudiger Erwartung eines Treffens

Markus W.

*

Folgendes war meine Antwort:

Sehr geehrter Herr Markus W.!

Leider muss ich ihnen mitteilen, dass ich selbst nicht geschult bin, weder praktisch noch theoretisch. So muss ich leider ein Treffen absagen, da ich nur ein Mitarbeiter des Verlages bin. Bedenken sie, dass Franz Bardon unser Meister ist und seine Werke enthalten alles, was notwendig ist.

MfG – Hohenstätten

*

Oh, man kann sich nicht vorstellen, was dann abging. Wir schrieben schon in der Zeitschrift „Der hermetische Bund teilt mit" Nr. 11 den Artikel „Aberglaube oder hermetische Analogie", dass wenn das linke oder das rechte Ohr klingelt, dass entweder Gutes oder Schlechtes über einen gesprochen wird. Bei Mona klingelt das rechte Ohr – also böse Nachrichten – so stark, dass es sogar anschwoll und rot wurde. Das ist keine Übertreibung! Ich bin normalerweise ein großer Zweifler, was solche Dinge angeht, welche den New-Age Bereich auch nur im Entferntesten streifen. Aber was ich nach dem Tod von Ariane erlebt habe, hat mir gezeigt, dass es doch noch viel mehr zwischen Himmel und Erde gibt, als mich die irdische Schulweisheit hätte lehren können.
Er versuchte es dann noch des Nachts, kam aber nicht durch. Ich erwachte dabei, sah meine Frau im dunklen Zimmer stehen und hörte ein leises Heulen und Knurren vor dem Haus, wie von einem Wolf.
„Was ist das?", fragte ich verwundert.
„Der Werwolf!"
„Was?"
„Ja, er versucht immer noch durchzukommen, um mich zu vernichten. Weil für ihn bin ich das Medium, welche die Informationen vom Blauen Mönch bekommt. Aber er schafft es nicht mehr. Vor lauter Wut darüber heult und knurrt er schon materiell. Solch einen dämonischen Zorn hat er, dass dieser sich so auswirkt!"
„Das kann ich kaum glauben, wenn ich es nicht selber erlebt hätte!"
Ich schüttelte vor Verwunderung meinen Kopf.
Doch er gab nicht auf, nie und nimmermehr. Ein Nekromant lässt sich nicht verjagen, er zieht sein Ding durch, bis zum Ende.

Laut Ariane sollten wir den nächsten Vollmond betrachten, um zu erkennen, wie der Werwolf arbeitet. Wir waren schon etwas nervös, wir wussten ja, dass er immer in der dunklen Phase des Tages kam. Zwei Tage vorher tat sich nichts, aber am Wochenende, wo er seine volle Pracht errang, zeigte sich zwar nachts nichts, aber am Tage konnten wir uns kaum bewegen. Wir wurden aus unerklärlichen Gründen kraft- und mutlos, hatten keine Arbeitsfreude und keinen Elan. Es war an einem Wochenende vor Weihnachten. Meine Frau hatte Schmerzen, sodass wir nicht einmal wegfahren konnten, um am Weihnachtsmarkt bummeln zu gehen. Und ich, ich wurde und wurde nicht munter. So etwas hatte ich noch nie erlebt. Ich trank Kaffee, aß Schokolade, damit ich Kraft bekam, aß sehr viel aufbauenden Salat, welcher normalerweise erfrischt, trank Tees und machte Gymnastik, damit mein Kreislauf in Schwung kam. Aber nichts half! Überhaupt nichts! Nicht einmal eine kalte Dusche. Dann fing ich an Gebete zu wiederholen, welche einen negativen Einfluss bannen sollten. Doch das brachte auch nichts, was mich zutiefst wunderte, denn die Wirkung war eine durchschlagende. Üblicherweise! Ich war verzweifelt.

„Ist das der Werwolf?", fragten wir uns. Wir wussten es nicht, wir sahen ja nichts und niemanden.

So schleppten wir uns übers Wochenende, so, als wenn wir unter einem Bann wären. So etwas hatten wir noch nie erlebt. Ich konnte an diesen beiden Tagen kein einziges Wort schreiben, welches mir immer solch eine Freude bereitete. Dieses Mal saß ich mit leerem Kopf vor dem Computer. Ich wusste nicht, was tun sollte. Plötzlich bekam ich auch noch linksseitige Kopfschmerzen, was ich auch nicht kannte. Ein seltsamer Druck war das in meinem Kopf. Ich war gezwungen, den Computer auszuschalten und legte mich ins Wohnzimmer. Völlig apathisch glotze ich in den Fernseher, ohne innere Anteilnahme. Meine Frau lag im weichen Schlafzimmerbett, und guckte dort fern. Schlafen konnten wir aber beide nicht.

„Das muss der Werwolf gewesen sein", sagte meine Frau am Montagmorgen mir. „So etwas habe ich noch nie erlebt. Man beraubte uns der schöpferischen Kräfte. Wir wurden schlaffe Säcke, ohne Elan und Begeisterung.

Wie wir einen Tag später erfuhren, war Ariane sehr erzürnt über die hinterhältigen Machenschaften dieses Mitgliedes. Sie wollte jetzt dagegen vorgehen, damit sich so etwas nicht noch schlimmer auswirkt. Und tatsächlich, es kam seitdem kein Werwolf mehr und sein Einfluss schien gerochen zu sein. Oh, waren wir froh! Aber als wir den Grund erfuhren, wieso der dunkle Frater uns nicht mehr bedrängte, wurden wir sprachlos. Doch davon muss ich später berichten.

*

Doch der eigentliche Höhepunkt der schwarz-magischen Attacken kam noch, und ich werde dieses Bild, dieses Erlebnis mein Leben lang nicht vergessen. Es traf leider wie fast immer meine Frau, weil sie die Visionen bekam und vor allem Dingen deshalb, weil sie charakterlich nicht so gefestigt war wie ich. Ihre Ängste – die ich auch hatte, aber besser kontrollieren konnte – machten ihr große Probleme. Dies war die Angriffsfläche für die dunklen Brüder. Mona wurde zur Zielscheibe der Loge. Sie schlief eines Nachts im Wohnzimmer auf der Couch, weil sie mich durch ihren Lärm nicht wecken wollte. Sie hatte auch starke Schlafstörungen, die ihr eine geregelte Erholung verwehrten. Der Schutz galt aber nur für das Schlafzimmer, dort lag der Kreis. Das bekam die Loge mit, und da bisher alle Angriffe in Sand verlaufen sind, kam es zur folgenden Situation:

Es war gegen 1.30, an einem Dienstag, wobei beides – Uhrzeit und Tag – dem Mars unterstand. Sie verwenden alle Hilfsmittel, wie die Nacht, den Vollmond, die Astrologie und die Planetenentsprechungen, den Schlaf und die Träume, alle unsere körperlichen Schwachstellen usw. Das Interessante daran ist, dass selbst dies unserer Entwicklung dient, denn man muss sich bewusst um alle Schwächen kümmern und dieselben ausgleichen. Aber zurück zum Eigentlichen. Ich befand mich im Arbeitszimmer, und war am Tippen eines Aufsatzes, als ich plötzlich einen Schrei hörte.

„Was war das?", dachte ich mir. Doch gleich darauf kam ein Stöhnen und Wimmern, ein Hilferufen, worauf ich sofort ins Wohnzimmer lief, und Weiteres wahrnahm. Das war so schauerlich, dass sich das Bild in meinen Kopf fest eingeprägt hatte. Mona war am Ringen mit Händen, die aus der Wand herauskamen, und an ihr zerrten. Man liest richtig: Sie kamen aus der Mauer heraus. Es waren riesige Pranken, die sie würgen wollten. Ich lief auf Mona zu, sie lag irgendwie unter einem Bann, denn sie war wie weggetreten, hatte glasige Augen. Die gesamte Atmosphäre war dämonisch aufgeladen, es war heiß im Zimmer und stank stark nach … Schwefel! Ich packte sie am Arm und riss sie von diesem Monstrum los. Im gleichen Augenblick wurde sie wach, registrierte die Situation, und lief mit mir so schnell sie konnte weg. Es war mehr ein Humpeln, denn sie ist ja schwerbehindert. Als ich sie von der Couch hochhob, sah ich noch, wie sich ein Fuß aus der Wand materialisierte und nach uns trat. Aber er

verfehlte uns. Ein grausames Schreien war noch zu hören, welches langsam im Nichts verebbte.
Mein Puls war am rasen. Ich war völlig fertig, und guckte nach meiner Frau. Auch sie konnte die ganzen Umstände nicht begreifen.
„Was war denn los", fragte ich besorgt meine Zwillingsseele. Ich machte mir große Sorgen, denn sie war ja schon schwer krank. „Ist dir irgendetwas passiert?"
„Nein, nein, mir geht es ganz gut. Ich hab nur Halsschmerzen."
„Zeigt mal", ich schaute mir ihren Hals an. Zu meinem Schrecken sah man die Fingerabdrücke einer riesigen Hand, die sich regelrecht in die Haut eingebrannt hatten.
„O mein Gott, wer tut denn so was?", fragte ich mich.
„Das war der Großmeister der dunklen FM in Berlin. Er musste sich der Sache persönlich annehmen, da alles andere versagte."
„Woher weißt du das?"
„Er sagte es mir persönlich, denn er will nicht, dass wir ihn weiter verfolgen bzw. beobachten."
„Aber wir machen doch gar nichts."
„Ariane gibt uns die Informationen und an sie kommt er nicht ran."
„Ah, ich verstehe, und jetzt lässt er das an uns aus. Das ist doch Wahnsinn!"
In der Zwischenzeit gab ich meiner Frau eine Beruhigungstablette und brachte sie ins Schlafzimmer.
„Bitte schlafe ab heute nur noch in unserem Zimmer, wo der Schutzkreis wirken kann. Das ist mir sonst zu gefährlich. Sonst haben wir nicht einmal des Nachts Ruhe und infolgedessen keine Erholung."
„Ja, das mache ich."
Sie beruhigte sich langsam und schlief ein. Ich holte mir ein Buch und las bei ihr, um ihr Sicherheit zu geben. Sie war nämlich völlig aufgelöst, was ja verständlich ist. Man muss sich die Angriffe so vorstellen, dass diese mit einer dämonischen Macht, mit einer übermenschlichen Gewalt ausgeführt werden, die ein normal Sterblicher sich nicht einmal in seinen kühnsten Träumen vorstellen kann. Das ist ungefähr damit zu vergleichen, wie wenn ein Mensch vom starken Sturm oder von Wassermaßen weggespült wird, wobei er sich selber mit seiner ganzen Kraft nicht helfen kann. Er verzweifelt daran, weil er merkt, dass er hilflos sterben wird. Todespanik kommt auf, mit der er in jenseitige Gefilde übergeht.
Eine Woche später, es war Vormittag, hörte ich erneut meine Frau schreien.

Ich sprang voller Panik auf.
„Johannes, komm schnell. Der Großmeister ist im Fernsehen. Das ist der fette Mann. Er gibt ein Live-Interview. Kommt schnell."
Beruhigt, aber zugleich neugierig, lief ich zu meiner Frau ins Wohnzimmer, wo der Fernseher stand. Und da sah ich ihn!
„Oh mein Gott! Den kenne ich. Der steht ganz an der Spitze des Finanz- und Wirtschaftslebens. Der hat so eine große Macht, materiell gesehen, dass, wenn wir uns mit dem Anlegen, er uns in Stück zerfetzen würde. Er ist nicht nur aus magischer Sicht mächtig, sondern steht im materiellen Leben gesichert mit beiden Beinen am Boden. Der hat so einen riesigen Einfluss, das glaubt man kaum. Das ist kein Wunder, wenn er seine verheerende Macht auf die Politik ausübt! Er nützt seine Stellung richtig aus, was man ihm auch ansieht!"
Während ich das Mona mitteilte, wir unterhielten uns noch über ihn, bemerkten wir, wie dieser Großmeister plötzlich anfing zu zucken. Er wurde unruhig, und es hatte den Anschein, dass er unser Gespräch über ihn mitbekam.
„O, Mist! Der hört uns. Der bekommt das mit, das wir uns über ihn unterhalten."
„Ja, du hast recht," pflichtete sie mir bei.
Oh man hatte ich Panik. Ich schaltete sofort ein anders Programm ein, so dass wir nicht mehr an ihn denken mussten und andere Gedanken aufnehmen konnten. Dann hört er uns nicht mehr. Deshalb riet uns Ariane, nicht zu viel über diesen Orden zu sprechen, denn die bekommen alles mit, wie man später noch sehen wird. Und dann nehmen sie einen aufs Korn! Das kann sehr gefährlich werden …. Wie eines Tages, als er mitbekam, dass wir die dritte Autobiografie schrieben. Mona hatte wieder eine Vision: Er stand vor ihr und bat sie, ja richtig gelesen, er bat sie, dass wir ihn endlich in Ruhe lassen sollten, denn er kommt an uns nicht heran. Eigenartigerweise hatte er in seiner Hand den Dolch der FM. Der Griff, welcher aus einem Totenkopf besteht, bewegte sich und strahlte ein dunkles Licht aus. Seine Augen leuchteten düster! Meine Frau antwortete, dass wir gegen ihn nichts unternehmen. Wir nennen auch keine Namen, und er verschwand. Aber dann ging's los. In der gleichen Nacht war die totale Unruhe in der Wohnung eingekehrt, ein Rascheln, ein Geknister, ein Gezucke und ein Vibrieren war zu vernehmen, was sehr eigenartig für uns war. Ich wurde nach fünf Stunden Schlaf wach, war aber zu fertig, auch nur ein Wort zu tippen. So guckte ich fern. Nach zehn Minuten hatte ich das

Gefühl, dass ich nicht mehr alleine war. Dieses Gezucke im Raum war zu vernehmen, manchmal hörte man Schritte, ein leichtes Säuseln, ein merkwürdiges Raunen spürte ich. Als ich langsam munterer wurde, wollte ich etwas Schreiben, aber kaum stand ich, bekam ich Herzstiche, und eine starke Müdigkeit überfiel mich. Ich musste mich wieder hinlegen. Als ich erneut wach wurde, fühlte sich mein Kopf heiß an. Ich stand auf, und ging zu meiner Frau, die im Wohnzimmer bei meiner Tochter Fieber maß.
„Sie hat 39,2 Grad Fieber."
„Ui", sagte ich.
„Ich übrigens auch", ergänzte meine Frau.
„Was?"
„Und du hast einen knallroten Kopf. Miss mal Fieber!"
Ich tat es und war geschockt.
„Ich hab 39,1! Aber woher?"
Aus heiterem Himmel war plötzlich die ganze Familie krank.
„Das war der Großmeister", bemerkte meine Frau.
„Das nehme ich auch an, denn bei denen bleibt es nicht nur bloßen Worten."
„Ariane bestätigte dies heute Morgen, als der Berliner erfuhr, dass wir an einer dritten Lebensgeschichte schreiben, und dies erzürnte ihn so sehr, dass er einen gewaltigen Wutanfall bekam. Diese Kraft bewirkte, dass wir alle drei erkrankten."
Wir waren total ausgelaugt, total fertig und müde, hatten Kopf- und Gliederschmerzen, Augen- und Kopfdruck und einiges mehr. Aber zum Glück gab es Gegenmaßnahmen, welche wir tätigen konnten. Hermes Trismegistos schrieb in seiner „Bibel des Adonis" zwei rituelle Gebete, die man dafür verwenden kann:
- Besprechung von Krankheiten (Fieber, Erkältung)
- Gegen Not und Bedrängnis

Wir sprachen sie immer und immer wieder, bis es uns nach vier Tagen so weit wieder besser ging, dass wir einigermaßen vernünftig leben konnten.
„Stell dir mal vor, wenn wir nicht geistig geschützt wären, wie sich dann erst alles auswirkten würde?"
„Kaum vorstellbar, wenn man bedenkt, dass wenn er Mental anwesend ist, und dabei mit seiner dämonischen Wut imaginiert, dass sich das Herz seines Gegners verkrampft, wäre dieser augenblicklich tot!"
Doch das Positive an solchen Geschehnissen war, immer wenn etwas

Negatives geschah, wurden uns Erkenntnisse zuteil, die es in sich hatten. So auch dieses Mal. Der Großmeister arbeitete mit dem 57. Merkur-Gegen-Genius zusammen, dessen Name Henimaniel ist. Sein Siegel sieht aus wie das Zeichen der Piraten, ein Totenkopf mit darunter befindlichen gekreuzten Knochen. Die Eigenschaften, die dieses Wesen vertrat, waren: Egoismus, Heuchelei, Ungehorsamkeit, Widersetzen und Hass! Also reinste Grausamkeit! Die Auswirkung des Genius übertrug sich auf den Großmeister, weil er dadurch all seine Ideen augenblicklich verwirklichen konnte. Dieses Zeichen befand sich außerdem zwischen seinen Augenbrauen, welches nur einem Hellseher ersichtlich war, wie F. B. Marby in seiner Zeitschrift „Forschung und Erfahrung" schrieb. Der Berliner arbeitete deshalb mit dem Merkur-Wesen zusammen, weil es hohe quabbalistische Fähigkeiten hat, die sich augenblicklich verwirklichen. Das war auch der Grund, warum Frater Daniel dasselbe Siegel zwischen seinen Augenbrauen hatte. Deshalb war er so gefürchtet! Dort, wo normalerweise ein stehendes Pentagramm der menschlichen Würde sich befindet, stehen bei mächtigen Nekromanten extrem einseitige Genien. Dieser Vorsteher hat durch seinen Einfluss nicht nur die Piratenfahne kreiert, sondern manch ein Wissender wandelte sein Siegel in die Form eines Dolches um, mit Macht des Vorstehers geladen, um seine Gegner unbeschadet zu vernichten. So wurde der Logendolch der FM erschaffen, dessen Griff auf das Siegel hinweist.

„Mir fällt gerade ein", fügte ich dem Ganzen bei. „Selbst Markides berichtet in seiner Biografie über den Griechen Daskalos im Buch „Der Magus von Strovolos", dass er von einem Zauberer angegriffen wurde, als er im Begriff war, astral auszutreten. Er nahm dabei wahr, dass sich ein Dolch über seinen Körper materialisierte, welcher ihm ins Herzen stoßen sollte. Doch er verfehlte sein Ziel!"

„Ein Großmeister des Ordens, erzählte mir Ariane, materialisiert sich vor einem Bruder der Loge, machte ein Ritual, mit welchem er einen Einfluss über ihn erzielen wollte. Dies konnte nur materiell getätigt werden. Das Mitglied erwachte, sieht ihn, erschreckt sich und der Großmeister verwandelt sich in eine Stichflamme und war weg. Der Bruder schaut sich verwundert um, begreift nicht, ob das Geschaute real war oder eine Einbildung?"

„Das gleicht der Geschichte aus dem Roman von Bulwer-Lytton über den Schwarzmagier Margrave."

„Was schreibt der Rosenkreuzer darüber?"

„Hör zu. Ich zitiere aus dem Buch „Das Lebenselixier" S. 207: *„Ich war erschöpft. Ich fiel an jenem Abend früh in einen tiefen Schlaf. Es mochte kurz nach zwölf gewesen sein, als ich wieder erwachte. Ich war hellwach, so wach, so ausgeruht an Körper und Geist, wie es sonst nur am Tagesanbruch meine Gewohnheit war. Plötzlich sah ich an der meinem Bett gegenüberliegenden Wand dasselbe leuchtende Phantom, das mir schon im Studierzimmer des Zauberers in Derval Court erschienen war. Ich habe in skandinavischen Sagen von einer Erscheinung gelesen, welche man Scin-Läca oder leuchtende Leiche nennt. Dem nordischen Aberglauben zufolge soll sie bisweilen in der Nähe von Gräbern spuken, bisweilen auch Unheil vorhersagen. Sie wird als von phosphoreszierendem Licht umgebenes Spektrum einer menschlichen Gestalt beschrieben. Und das Phantom entsprach so sehr der Beschreibung einer solchen Erscheinung aus den skandinavischen Mythen, dass ich es mit keinem besseren Namen zu bezeichnen weiß, als mit Scin-Läca – der leuchtenden Leiche. Da stand sie vor mir, leichenhaft aber nicht tot, genau so, wie in dem vom Spuk heimgesuchten Studierzimmer des Zauberers Forman – die Gestalt und das Gesicht Margraves! Meine Nerven sind von Natur aus stark, und da sich mein Mut nicht leicht einschüchtern ließ, entschloss ich mich, mit aller Macht gegen jeden Einfluss anzukämpfen, den irgendeine Sinnestäuschung auf meinen Verstand ausüben könnte. Dinge, die uns beim ersten Anblick entmutigen, verlieren bei der zweiten Begegnung ihren Schrecken. Ich erhob mich daher kühn von meinem Bett und näherte mich festen Schrittes dem Phantom; als ich mich aber auf zwei Schritte genähert hatte und meine Hand ausstreckte, um sie zu berühren, erstarrte mein Arm in der Luft und meine Füße schienen am Boden fest gewurzelt zu sein. Ich fürchtete mich nicht; ich fühlte, dass mein Herz regelmäßig schlug, aber ein unüberwindliches Etwas stellte sich mir entgegen. Ich stand da, wie zu Stein verwandelt. Dann erschallte von den Lippen des Phantoms eine Stimme, aber eine Stimme, wie aus weiter Ferne – sehr leise, gedämpft und doch deutlich; ich war nicht einmal sicher, ob mein Ohr sie wirklich hörte oder ob mir der Laut durch einen inneren Sinn zugeführt wurde.*
„Ich und ich allein, kann dich retten und befreien", sagte die Stimme. „Ich will es tun und die Bedingungen, die ich dafür stelle, sind sehr einfach und leicht zu erfüllen."
„Teufel, Gespenst, oder bloße Ausgeburt meines eigenen Gehirns!", rief ich; „es kann keinen Pakt zwischen dir und mir geben. Ich verachte deine Bosheit und verschmähe deine Dienste; ich akzeptiere keine Bedingungen,

um der einen zu entgehen oder die anderen zu gewinnen."
„Du wirst mir eine ganz andere Antwort geben, wenn ich dich das nächste Mal frage."
Die Scin-Läca wurde allmählich undeutlich, verwandelte sich in einen blassen Schatten und verschwand schließlich. Ich freute mich über die Antwort, die ich ihr gegeben hatte. Zwei Tage vergingen, bis Stanton mich wieder besuchte. Während dieser Zeit war die Scin-Läca nicht wieder erschienen. Ich hatte all meinen Mut und meinen ganzen Verstand zusammengenommen, die schwachen Punkte in der Beweislast gegen mich notiert, fühlte mich ruhig und von der starken Gewissheit meiner Unschuld unterstützt."

Da Bulwer-Lytton ein ausgezeichneter Menschenkenner und und Kenner sämtlicher Mysterien war, Rosenkreuzer und folglich perfekter Hellseher, beschrieb er in seinem 1862 erschienenen Roman „A strange story" – zu deutsch „Margrave" oder „Das Lebenselixier" – über das Wesen eines Schwarzkünstlers. Diese Aussage wurde selbst von Gregorius bestätigt. Der Engländer berichtet sogar über die Ausrichtung, Einstellung und Aufgaben, die solch ein „Mensch" mit sich bringt. Er will immer im Mittelpunkt stehen, rückt sich immer nach vorne ins Geschehen, dirigiert immer auffällig alle Handlungen, zwing alle in seinen Bann, sucht Jungfrauen für hellseherische Experimente, missbraucht sie als Medium, wie Bardon im „Frabato" geschildert hat – für mehr sind sie diesen Fratern nicht nutze –, versetzt sie in den willenlosen Schlaf, beeinflusst alle astralisch in der Nacht, ist für seine unmenschlichen Taten nicht habhaft zu machen, entgleitet immer dem Zugriff der Polizei, man findet nur die Opfer, die er für eine Tat ausersehen hatte. Er bekam gewaltige Wutanfälle, hatte keine Liebe, er trat großspurig und gönnerhaft auf, schleimt sich ein, alles war bei ihm im Missklang, er stand im krassen Gegensatz zu den gewöhnlichen Bedingungen des menschlichen Seins, er nützt Wahnsinnige, um sie besessen zu machen, um ihnen einen Mordauftrag einzuflüstern, welchen sie ausführen. Diese Mörder geben als Grund dafür an, dass der Teufel in sie gefahren ist, der sie zu dieser Tat gezwungen hätte. Des Weiteren will er nicht sterben, wollte ewig leben, weshalb er den Stein der Weisen herstellen wollte. Er geht wahrlich über unzählige Leichen, um sein dämonisches Ziel zu erreichen; will in den unendlichen Raum eindringen, will die dortigen Wesen bezwingen, um den Stein der Weisen herzustellen, was er aber ohne ein Bündnis mit dem Herrn der Erde unmöglich schaffen kann. Deshalb will er nicht teilen, will alles für sich alleine haben. Er will zum **Herrscher** werden!

„Bulwer-Lytton schildert darin seinen auf Gesetzen aufgebauten Lebenslauf", sagt ich Mona.

„Oh, erzähl mal", bat mich meine Frau, die an Original-Berichten interessiert war.

„Man muss bedenken, dass Bulwer symbolisch geschrieben hat, wo nur die Idee zählt, nicht so sehr das Wort."

„Ich weiß", erwiderte sie.

„Man traf ihn im Orient an, da im Orient die Sonne, das Wissen und die Weisheit aufgeht. Er suchte nach einem Mann, der ein wahrer Könner und Kenner der Mysterien war. Von solchen Menschen erhoffen sich die Nekromanten immer Hilfe, denn ihnen ist es untersagt, in das Meer der Geheimnisse einzudringen. Der Weise hatte Medizin studiert oder übte sie wenigstens aus und soll wahre Wunderheilungen bewirkt haben. Nach dem Rosenkreuzer spielte sich diese Geschichte in Aleppo ab, die heutzutage im syrischen Bürgerkrieg blutigst umkämpft wird. Dort lebte dieser Mann mehrere Jahre, der von den Einheimischen sehr verehrt wurde. *„Er stand im Ruf außerordentlicher Weisheit,"* berichte der Autor, *„war aber nur schwer zugänglich und die lebhafte Einbildungskraft der Orientalen stattete seinen Charakter mit dem Reiz der Fabel aus; kurz, Harun von Aleppo – so hieß er – galt bei dem Volk als Magier. Man erzählte sich abenteuerliche Geschichten von seiner Macht, von seinem übernatürlichen Alter und den von ihm angehäuften Schätzen. Abgesehen von diesen zweifelhaften Ansprüchen auf Huldigung schien aus Allem, was ich hörte, hervorzugehen, dass er unzweifelhaft ein sehr gelehrter und sehr wohltätiger Mann war, der sein Leben in einer beispiellosen Askese zubrachte. Er scheint Ähnlichkeit mit den arabischen Weisen des Mittelalters gehabt zu haben, denen die neue Wissenschaft so viel verdankt – ein mystischer Enthusiast, der sich gleichzeitig ernsthaften wissenschaftlichen Studien widmete."* Ein reicher alleinstehender Engländer, der Nekromant, der sich lange in einem anderen Teil des Morgenlandes aufgehalten hat und unter einer langwierigen Krankheit litt, unternahm die Reise nach Aleppo, um diesen Weisen zu befragen, welcher angeblich seltene Geheimnisse in der Arzneikunst – seine Landsleute nannten es Zaubermittel – entdeckt hatte. Eines Morgens, kurz nach der Ankunft des Engländers, fand man Harun tot, offenbar erwürgt in seinem Bett, und der Engländer, der in einem anderen Teile der Stadt wohnte, war verschwunden; aber einige seiner Kleidungsstücke und eine Krücke, auf

der er sich zu stützen pflegte, wurden ein paar Meilen von Aleppo in der Nähe der Landstraße gefunden. Es schien kein Zweifel daran zu bestehen, dass auch er ermordet worden war, aber seine Leiche war nicht auffindbar. Oder hat er seinen Tod nur vorgetäuscht?"
„Hört sich sehr interessant an."
„Ja, aber es geht noch weiter. Welcher Art mögen wohl diese Naturwahrheiten gewesen sein, die der Weise besaß? Viele munkelten, es waren viele Gerüchte im Umlauf, dass er den Roten Löwen besessen haben sollte. Nur Gerüchte, wie gesagt, denn das, was man im Orient als Wahrheit verehrt, wird in Europa gewöhnlich als Phantasterei verachtet. Doch der oder die Mörder blieben unentdeckt. Vermutet wurde, dass der Engländer ihn getötet hatte; ein dunkler Verdacht blieb, da die Leiche des Engländers nicht gefunden wurde, was die Vermutung verstärkte. Über diesen mysteriösen Engländer, über Margrave, hielt sich aber hartnäckig das Gerücht, er habe bedeutende Schätze vergraben und so absurd dies auch klingen mag, wäre ein solcher Schritt mit seinem Charakter nicht eben unvereinbar gewesen. Er galt als ein finsterer, böser Mann und war der Schrecken der Diener, die ihn nach Aleppo begleitet hatten. Aber er kam aus einem sehr entlegenen, Europäern wenig bekannten Teil des Orients und hatte sich dort ein außerordentliches, durch abergläubische Furcht noch verstärktes Ansehen zu verschaffen gewusst. Man sagte ihm nach, er habe intensive Studien in den okkulten Wissenschaften, wie die Philosophen des Altertums sie nannten, betrieben, aber nicht, wie der Weise von Aleppo, zu wohltätigen, sondern zu bösen Zwecken. Er wurde beschuldigt, mit bösen Geistern verkehrt zu haben und an seinem barbarischen Hof spielte er unter den Wilden die Rolle eines Großmeisters, der sich mit Zauberern und Schwarzkünstlern umgeben hat, welche als Loge mit dem Namen …. Bekanntheitsgrad erlangte."
„Das ist deine Vermutung?"
„Ja, sonst gibt es ja keine bekannte Loge, die die Welt umspannt. Letzten Endes war er nichts anderes als ein eifriger Altertumsforscher, der wusste, die Furcht, die er einflößte, schlau zu nutzen, um sich Autorität zu verschaffen und so ungehindert seine Forschungen in alten Gräbern und Tempeln nach Weisheit und Wissen betreiben zu können."
„Da sieht man wieder einmal die Parallel zur okkulten Institution des *Ahnenerbes* von Himmler, dem Getreuen des Führers Adolf Hitler, welche auch nach okkulten Schätzen suchten."
„Vollkommen richtig. Tatsächlich waren nach Bulwer-Lytton

Ausgrabungen solcher Überreste in seiner Nachbarschaft seine große Leidenschaft. Er trug morgenländische Kleidung und hatte immer Juwelen bei sich. Er wurde als alter, sehr gebrechlicher Mann geschildert und hätte sich ohne Beistand niemals so weit von der Stadt entfernen können."

„Aber?"

„Aber er raubte dem Weisen die Rote Tinktur, welche ihm übermenschliche Kraft und Jugend gab."

„Irre!"

„Sein reicher Vater wünschte seinen Sohn zu einem Gentleman zu erziehen, immer aristokratisch! Er war aber immer wild und raufte sich mit Knaben die größer waren als er. Dazu zog er ein Taschenmesser und versetzte dem Gegner einen Stich. Das war ihm egal. Er flog daraufhin aus der Universität, aber laut seinen Lehrern gab es dort keine sechs angehenden Absolventen, die so viel von der harten und trockenen Wissenschaft verstanden, wie dieser wilde Mann. Ohne Zweifel war er in die Welt hinausgegangen, in der Hoffnung, jemand zu werden; so stand es auch ihn seinem geistigen Namen, nach dessen Wesen er zu leben versuchte. Er verkörperte dieses Sein!

Kurz, der Zauberer glaubte ein Recht darauf zu haben, dass man ihm den Hof mache und wurde gemieden; er wollte bewundert werden und wurde verabscheut. Selbst seine alten Bekannten schämten sich, ihn zu kennen. Vielleicht hätte er alles dies vermeiden können, wenn er versucht hätte, in aller Stille in eine Stellung hineinzuschlüpfen; aber es fehlte ihm der Takt der feinen Herkunft und er wollte sich nicht verstohlen einschleichen, sondern wollte die Welt im Sturm nehmen. Mit Trotz im Innern und durch Schaustellung von Übertreibung verhöhnte er die öffentliche Meinung. Natürlich hasste er nun die feine Welt und erwiderte Verachtung mit Verachtung. Er wollte sich mit der Demokratie verbinden; sein Reichtum konnte ihm zwar Zutritt zu den Clubs verschaffen, er konnte sich ins Parlament einkaufen; und wenn es zu einem Mirabeau nicht reichte, schaffte er es immerhin die Rolle eines Danton zu spielen. An Kenntnissen und an Verwegenheit fehlte es ihm nicht und mit solchen Eigenschaften mangelt es dem Hass auch nicht an Beredsamkeit. So wäre vielleicht dieser Arme berufen gewesen, eine bedeutende Figur zu werden, seinem Zeitalter einen neuen Impuls zu geben und seinen Namen als edlen Eintrag in die Akasha-Chronik einzutragen, doch er entschied sich für einen anderen Weg. Er trat in die Loge ein und verband sich mit den Dämonen der materiellen Welt."

„Wau!"
„Ja, und solche Tatbestände werden nie und nimmer vergessen, wie manch einer zu meinen scheint. Denn: Noch immer scheint auf uns die Sonne des Homer, sagt ein alter Spruch!"
„Richtig, im Aksaha ist alles enthalten, nichts entgeht diesem Ur-Prinzip!"
„Aber das war noch nicht alles. Bulwer führt seine Taten mit nachsehenden Worten so aus: *„Aber wenn die letztere Annahme zutreffen konnte, hatte er seine Werkzeuge nur benutzt, um sie hinterher zu verraten, und zwar in einer Weise, dass keine Spur zu finden war, die ihn als Anstifter entlarven könnte? Dann bemächtigten sich meiner wirre Erinnerungen an mittelalterliche Hexengeschichten, die ich in meiner Kindheit gelesen hatte. Fanden sich da nicht gerichtlich beglaubigte, von Zeugen feierlich und umfassend belegte Berichte über Kräfte, ähnlich derer, welche dieser Margrave ausübte? Von Zauberern, die durch Einflüsse, welche Dämonen zugeschrieben wurden, zur Sünde angestiftet wurden; in bewachte Mauern eindrangen, ihre Stimmen aus weiter Ferne in der Einsamkeit der Kerker oder Klosterzellen vernehmen ließen; ihre Opfer durch Mittel ihrem Willen unterwarfen, die keine Wachsamkeit aufspüren konnte, weil diese den sicheren schmählichen Tod, der einem solchen Geständnis folgte, einem so qualvollen Leben vorzogen? Konnten Geschichten, die vor einer verhältnismäßig kurzen Zeit so ernsthaft im Prunk einer richterlichen Beweisaufnahme verwendet wurden, nur als bunt durcheinander gewürfelte, unverdaute Masse sinnlosen Aberglaubens – all die Zeugen einfach als Lügner und die Opfer und Werkzeuge der Zauberer als Wahnsinnige angesehen werden? Waren die Untersuchenden oder Richter in ihren feierlichen Abstufungen – Laien und Kleriker – von Kommissionen bis zum höchsten Berufungsgericht nur grausame und wegen ihrer Leichtgläubigkeit verächtliche Geschöpfe oder lagen in den so zahlreichen und nachdrücklich beglaubigten Belegen nicht vielleicht die Fragmente einer schrecklichen Wahrheit verborgen? Handelten wir gerecht, wenn wir in den inzwischen als barbarisch erachteten Gesetzen, durch welche sich unsere Vorfahren gegen eine Geißel zu wehren versuchten, die furchtbarer und mächtiger war, als der vergleichsweise aufrichtige Dolch des Mörders, nur den Ausbund finsterer Unwissenheit sehen wollten? Wenn es nun wirklich Anstifter gäbe, die in den geheimen Schlupfwinkeln des menschlichen Herzens das Böse entfachten, das vage, halb gebildete Verlangen mit unsichtbaren, nicht greifbaren, unter ihrem magischen Einfluss stehenden Werkzeugen des Unglücks und des Todes zur Tat*

verleiteten? Das waren düstere Fragen, die ich mir stellte." (S. 232)
„Das ist ja höchst interessant, was der Rosenkreuzer schreibt. Kein Wunder, das ihn Bardon in seinem „Adepten" erwähnt hatte."
„Das liegt darin, dass er hermetische Gesetze aufgeschrieben hat, um sie der Nachwelt zu hinterlassen."
„Ariane erzählte mir mal, dass der zweite Roman von Bulwer-Lytton – Zanoni – die Geschichte eines Mannes behandelt, der zu den Eingeweihten gehört und nach dem wahren Elixier des Lebens trachtet. Er erlangt es und gewinnt dadurch die Unsterblichkeit. Nach vielerlei Erfahrungen erkennt er, dass der Mensch zur wahren Unsterblichkeit nur durch die Pforte des Opfers gelangen kann. Im Roman kommen zwei Übermenschen vor – Mejnour und Zanoni – die Vertreter der großen alten Bruderschaft der Adepten, die in ihrem wahren Wirken für das Wohl der Menschheit auftreten.
Der Roman *Zanoni* wird später in der okkulten Literatur zum Begründer des edlen, guten, weißen (+) Magiers, während Margarve im gleichnamigen Roman vom Bulwer-Lytton der Ur-Begründer des egoistischen, bösen, negativen schwarzen (–) Magiers und selbstsüchtigen Menschen wurde. Der Rosenkreuzer verwies schon damals auf die Gesetze der Polarität!"
„Richtig! Wusstest du, dass mir Ariane von einem magischen Angriff eines Nachts berichtet hatte? Sie schlief friedlich in ihrem Bett, als sie eine sanfte Stimme rief: Wach auf, Ariane! Sie öffnete die Augen und sah das fratzenhaft verzerrte Gesicht des damaligen Großmeisters, welcher ihr in seiner dämonischen Wut den Logendolch ins Herz stoßen wollte. Er bäumte sich auf und wollte gerade zustechen, als Ariane sich blitzschnell aus dem Bett drehte. Die Attacke verfehlte sein Ziel. Ein grauenvolles Gedonner war noch zu vernehmen, als der Großmeister sich entmaterialisierte."
„Das ist krass!", konnte ich nur sagen.
„Selbst sie als hohe Magierin war dermaßen über die Wucht des Angriffes geschockt, dass sie sich erstmals beruhigen musste. Mit solch einem Angriff aus dem Hinterhalt hätte sie nie und nimmer gerechnet. Sie spürte die Kraft des Großmeisters noch im Raum, die langsam verblasste. Der Großmeister schritt persönlich ein, weil seine verbündeten Wesen jegliche Hilfe versagten. Jeder Grad im Orden der Freimaurer hat auch seine Aufgaben und Pflichten, die jedes Mitglied dem Großmeister auf Befehl erfüllen muss. Das Wort des Meisters ist Gesetz! Darum der Angriff über den Werwolf, welcher nichts erreicht hatte. Der Großmeister, der die meiste magische Macht besaß, war gezwungen, sich des Falles persönlich

anzunehmen."

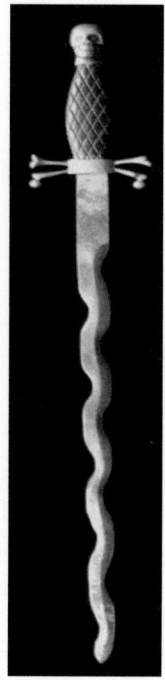

Dolch der Loge.

Nach einer kleinen Pause fuhr sie fort: „Wusstest du, dass Ariane von nun an den Orden hellsichtig überwachte, um alle eventuellen Angriffe und Tätigkeiten zu kontrollieren. So sah sie auch, wie der Großmeister der Loge einen jungen bekannten Bankier, der die Todeskugel am 23.06.20.. zog, knappe drei Wochen später tötete, indem er den Logendolch in eine Voodoo-Puppe mit seinem Blut mitten ins Herz stach und dieser aus unerklärlichen Gründen an einem Herzinfarkt starb. Alle Freunde und sogar die Medien waren über den unerwarteten Tod schockiert und berichteten darüber."
„Echt hart."
„Beim Begräbnis erschien sogar der Großmeister, aber nicht um ihm, wie üblich, den Abschied zu bekunden, sondern um ihm die grobstoffliche

Matrize zu rauben, damit er einen Stoff zur Verfügung hat, mit dem er seinen Gott materiell evozieren kann. Die Kraft, die man dazu verwenden muss, ist enorm."
„Wau, was ist das für eine Typ?"
„Er hatte dazu einen extra präparierten Kondensator dafür vorbereitet, auf dem er mittels Imagination den stofflichen Ätherkörper bannte. Er schleimte sich bei der Familie des Toten ein, spielte den Trauernden, um ganz unerkannt magisch zu arbeiten."
Dazu fiel mir nichts mehr ein. Doch dann:
„Eins noch. Weißt du wie der junge Freimaurer geheißen hat?"
„Ja, Kurt Z."
„Ach, den Namen kenne ich doch", und ich begann nach ihm in Internet zu Googlen. Und tatsächlich, er war am ... verstorben.
„Er wurde in der Nähe der Stadt G. begraben."
„Das ist doch hier um die Ecke. Keine zwei Stunden mit dem Auto entfernt. Da muss ich hin, das muss ich sehen."
Eine halbe Stunde später saßen wir im Auto und fuhren voller Aufregung in die kleine Stadt. Doch das Grab zu finden, war nicht leicht. Wir fuhren zwar zu dem genannten Ort, aber wussten nicht, wie großflächig er war. Es gab mehrere Friedhöfe. Zu Beginn waren wir am Waldfriedhof, suchten alles ab, fanden aber nichts. Wir fragten Passanten nach dem Grab, keiner wusste davon. Auch fanden wir keinen Friedhofsgärtner. So wollten wir die Kirche finden, in der das Begräbnis des Freimaurers gefeiert wurde. Aber beide Kirchen in der Innenstadt trugen einen anderen Namen. So ging unsere Suche weiter, und der Schweiß floss nur so in Strömen aus unseren Poren, den die Spannung war groß. Immens groß! Immerhin handelte es sich um ein ehemaliges Mitglied der Loge.
Auf dem Bürgersteig standen zwei Menschen.
„Warte, frag mal diese beiden Frauen. Vielleicht wissen die Bescheid."
Das tat ich.
„Entschuldigen sie bitte", sprach ich die jüngere an. „Könnten sie mir sagen, wo die Kirche ... ist?"
„Ja, da sind sie hier falsch. Da müssen sie in einen anderen Stadtteil. Der ist 25 Km von hier entfernt."
Und unsere Odyssee ging weiter. Aber wir waren immer noch guter Dinge. Nach 15 Minuten Autofahrt sahen wir dann den Kirchturm.
„Das muss sie sein, meinte meine Partnerin.
„Ja", sagte ich nur kurz, und bog ein. Wir parkten das Auto und gingen über

die Straße. Die Kirche war wie üblich verschlossen.
„Schade! Ich hätte gerne einen Priester wegen dem Begräbnis befragt."
„Ja, auch die Kirche scheint zu sparen."
Ich nickte.
„Lass uns zumindest ein Foto schießen."
„Gute Idee."
Hier sollte normalerweise das Foto der Kirche sein, in der die Begräbnisfeier für den ermordeten Freimaurer stattfand. Aber wir wurden gewarnt, dass man dadurch zu leicht Rückschlüsse auf die beteiligten Personen ziehen könnte. Dies hätte uns in Teufelsküche gebracht. So unterlassen wir es, das Bild hier zu veröffentlichen.
Aber die Suche hat noch nicht ihr Ende gefunden. Wir wollten uns das Grab ansehen, wo er beerdigt wurde. Infolgedessen stiegen wir wieder ein und die Fahrt ging weiter. Doch fanden wir den Friedhof nicht, der wie üblich in der Nähe der Kirche lag. Wir fuhren den ganzen Ort ab, auch außerhalb waren wir am Suchen. Das kostete uns eine Stunde Zeit.
„Das hilft nichts, wir müssen jemanden fragen."
Beim Dritten hatten wir dann Erfolg.
„Sie müssen bis zum Ende der Straße fahren, dann links abbiegen, die nächste rechts, und dann gerade aus. Dort werden sie ihn schon finden", sagte man uns.
Und weiter ging die Fahrt. Wir fuhren den beschriebenen Weg, aber ich sah nichts. Zum Glück hatte meine Frau bessere Augen.
„Hier ist er. Bleib stehen!"
„Ach, den sieht man ja kaum, so klein und unauffällig ist er."
Wir parkten, stiegen aus und mussten nun jede Reihe der Gräber ablaufen, um das Grab mit seinem Namen zu finden. Nur entdeckten wir keines.
„Komisch", dachte ich mir.
Dann hörte ich meine Tochter rufen, die mitgefahren ist.
„Papa, komm, Mama hat es gefunden!"
Ich eilte vor Freude zu ihr.
Hier wollten wir ursprünglich das Foto des Grabes preisgeben, welches wir aber auch aus obigen Gründen entfernen mussten. Aber wir halten es als Beweis in unseren Händen!
„Wo", sagte ich. „Wo ist es?"
„Hier", und sie deutete auf ein verwahrlostes Grab mit einem anderen Namen.
„Aber der Name stimmt ja nicht."

„Ich hab eine nette alte Dame gefragt, die mir Auskunft gab. Sie sagte, dass das die Familiengruft der Eltern von der Frau des Mitgliedes war."
„Von welcher Frau hast du die Informationen?"
Sie deutete auf eine ältere Dame am Ende der Reihe. Ich lief sofort zu ihr hin.
„Entschuldigen sie. Stimmt das wirklich, dass Herr Kurt Z. dort liegt?"
„Ja, das ist die Gruft von seiner Frau. Dort liegt die gesamte Familie."
„Aber wieso steht dort nicht sein Name?"
„Das kommt mir auch seltsam vor. Die gesamte Begräbnisfeier war sehr merkwürdig."
„Lebt die Familie denn sehr zurückgezogen?"
„Ja, das kann man sagen. Sie besitzen hier ein Gehöft und haben ihre eigenen Kreise, wo sie verkehren. Mit den anderen wollen sie nichts zu tun haben."
„Seltsam", sagte auch meine Frau, als ich ihr die Geschichte der Dame erzählte.
„Keiner kümmert sich darum. Die Frau muss noch jung sein. Ihr Mann ist auch jung gestorben. Sie müsste doch sein Grab pflegen? Wieso macht sie das nicht? Müsste sie nicht vor Trauer fast jeden Tag bei ihm am Grab sein? Das verstehe ich nicht."
„Vielleicht war er so wie Frater Daniel, der seine Frau „schlug", oder wurde öfters aggressiv und schrie herum."
„Oder vielleicht war in der Familie bekannt, dass er solch verrufene Praktiken machte. Du weißt schon, abartige magische Riten betrieb, wo Tiere geopfert wurden, einen Tempel hatte usw."
„Ich bin mir zu 100% sicher, dass es genauso abgelaufen ist", sagte ich zu meiner Frau.
„Mittlerweile glaube ich auch, dass wir bewusst hierher geführt worden sind, und die Dame trafen, welche uns diese Informationen über den Freimaurer gab…"
„Um aufzuzeigen, wie gefährlich das Logenleben in Wahrheit ist, um zu dokumentieren, wie die wahren Zusammenhänge zwischen Politik und Magie liegen. Dass diese Menschen, diese Freimaurer, ein hohes Opfer bringen müssen, das nur mit dem Tod gesühnt werden kann, dürfte damit seine Bestätigung gefunden haben. Die Matrize benötigte der Meister, um sich ein gewisses Potenzial zu verschaffen, um sich materiell zu kräftigen, weil das schwarzmagische Arbeiten ihm so viel Kraft kostet. Er muss die gesamte Loge im Überblick haben, muss jedem Mitglied mit Rat und Tat

zur Seite stehen und muss etwaige Beschwerden der Fraters entgegennehmen. Das ist ein riesiger Aufwand, der ihm jede Menge Od raubt. Deshalb ist das Großmeisteramt auf 10-12 Jahren in der Loge beschränkt. Dann tritt ein neuer an seine Stelle!"

„Krass!"

„Die gefallenen Freimaurer sind sehr unausgeglichen, deswegen kostet die magische Arbeit ihnen sehr viel Energie, weswegen sie die Lebenskraft von jungen Menschen holen. In der materiellen Matrize stecken die Triebe, die bei Nekromanten für ihre magischen Operationen genützt werden. Deswegen hatte der Großmeister das junge Mitglied ausgesucht, weil dessen Ätherkörper voll der Kraft des Selbsterhaltungs- und Sexualtriebes war."

„Da fällt mir die Geschichte mit dem Seelenraub ein, den manch ein Okkultist erwähnt. Im Roman „Das Jungfernpergament" von Godwi geht es darum, dass ein Zauberer die Matrize von Menschen in Fläschchen einfängt und bewahrt."

„Aber einer der seltsamsten Romane ist „Seelen, die den Leib verloren" von Enrico."

„Kenne ich nicht."

„Er wurde in den 20ern des letzten Jahrhunderts geschrieben und im Prana-Verlag angekündigt. Ob er veröffentlicht wurde, weiß ich nicht. Folgendes stand im Klappentext des Buches: *„Einer der seltsamsten Romane, die seit Beendigung des Weltkrieges erschienen sind und dessen Geschehnisse man in einer Zeit, wo Baron v. Schrenck-Notzings Materialisationsphänomene noch unbekannt waren, für ebenso absurd wie unmöglich gehalten hätte. Der Roman behandelt nämlich den mit raffinierten magischen Mitteln in die Wege geleiteten Diebstahl eines schönen Frauenkörpers, dessen Seele schmerzhaft nach Wiederverkörperung suchend umherirrt, und den Missbrauch des gestohlenen Körpers zwecks Materialisation und Wiederbelebung einer Verstorbenen versucht zu verhindern. Und das Wunderbarste an diesem Roman ist, dass er nach den wahrheitsgetreuen Bekundungen der Berliner Dame, aus deren Feder er geflossen ist, gar keinen lebenden Menschen zum Verfasser hat, sondern einen Jenseitigen, denn Enrico ist der Schutzgeist der medial veranlagten Dame, die diesen Roman, wie zweifelsfrei nachgewiesen ist, im Zustand der Trance bzw. eines somnambulen Schreibzwanges zu Papier gebracht hat."*

„O, das klingt ähnlich wie das, was der Berliner Großmeister mit seinem Logenbruder durchgeführt hatte."

„Sehe ich auch so."
„Genauso wie es im Film mit Bill Pullman gezeigt wurde."
„Du meinst „Die Schlange im Regenbogen", wo die „Seelen" von haitianischen Medizinmännern gefangen wurden."
„Genau! Nach dem gleichen Prinzip gehen die negativen Brüder vor."
„Das ist echt extrem!"
„Aber interessant ist der ganze Fall schon, denn er beweist, dass die Magie noch aktiv ist und wir mitten unter ihr leben."
„Ja, interessant und gefährlich", lächelte ich meiner Frau zu.
„Aber ob uns das einer glaubt, das ist die Frage."
„Hauptsache ist, wir haben es niedergeschrieben!!
Ich nickte.
Plötzlich kam ein Gefühl in uns beiden hoch. Ein Gefühl seltsamer Art.
„Spürst du das auch?", fragte ich meine Angetraute.
„Ja, es ist glaube ich besser, zu gehen."
Wir gingen in Richtung Parkplatz, er war ziemlich klein. Als wir bei unserem Auto waren, und gerade einsteigen wollten, kam ein dunkler Mercedes Combi uns entgegen, fuhr auf den Parkplatz, und blieb direkt bei uns stehen. Das Fenster ging automatisch herunter und ein Herr mit glänzenden schwarzen Augen starrte uns an. Er wollte uns beeinflussen.
„Das ist der Werwolf! So sieht er in menschlicher Gestalt aus", schrie meine Zwillingsseele vor Schreck, und stieg schnell ein.
Mir wurde unheimlich zumute. Schnell stieg ich ebenfalls ein, startete und fuhr los. Und jetzt kommt das Seltsame. Das Fenster ging wieder hoch, das Auto dieses Mannes startete zur gleichen Zeit, er wollte, wie es schien, gar nicht auf den Friedhof, und fuhr uns hinterher. Uns wurde noch mulmiger.
„Was will der denn?", fragte meine Frau.
Ich konnte nur den Kopf schütteln.
„Du hast recht, dass Ganze fängt langsam an, wirklich gefährlich zu werden."
Er fuhr uns einige Zeit hinterher und bog dann später ab, und wir kamen zum Glück gesund zuhause an.
Doch die Antwort auf all unsere Fragen bekamen wir in einer hellsichtigen Schauung durch Ariane. Sie berichtete uns folgende schockierende Geschichte:
„Die Schwiegereltern haben sich zurückgezogen, weil die magischen Auswirkungen auch sie trafen. Sie kannten sich mit den magischen Gesetzen, Begebenheiten nicht aus, weswegen ihnen das alles zu

unheimlich war."

„Schreibt nicht Dennis Wheatley in seinem Buch „Diener der Finsternis", dass selbst die Familie des Opfers in die Machenschaften der Loge involviert waren?", fragte ich Ariane.

„Richtig! Das Buch wurde mit Christopher Lee, dem Dracula-Darsteller, verfilmt. Ein toller Film!"

„Dort wird der Fall geschildert, wo ein junges Mädchen für rituelle Zwecke von einer Loge missbraucht werden sollte, die aus 13 Mitgliedern bestand."

„Ah, das könnte der Thule-Orden gewesen sein, den der Autor unbewusst einfließen ließ."

„Gut möglich. Man sah, dass sie die Nacht als Angriff nutzen, da die dunkle Seite des Tages ihnen untersteht. Auch wurde die gesamte Familie bedrängt, obwohl sie nicht daran glaubten. Sie erschienen unangemeldet vor der Tür, und wollten ihr sofort die Hand reichen. Die Frau schreckte zurück, instinktiv, weil sie meinte, dass der schlechte Einfluss des Schwarzmagiers sich auf sie übertragen könnte."

„Dennis Wheatley muss so einiges wissen, er muss zumindest einen Könner gekannt haben, sonst hätte er das niemals so perfekt beschreiben können."

„Er beschreibt Dinge, die aufgetreten sind wie Visionen, Hellgesichte, mediale Phänomene, dämonische Erscheinungen, der verderbliche Einfluss einer Schwarzen Messe, dessen Schwingung alle unterlagen. All dies Mysteriöse kannte die Familie des toten Freimaurers nicht. Das war ihr alles zu suspekt," bestätigte Ariane.

„Als der Nekromant, im Buch, bei ihnen keinen Erfolg hatte, schickte er des Nachts seine Wesen, die für ihn das Problem klären sollten."

„Genauso wie das Dr. Klingsohr bei dir und Anion machte."

„Selbst wir beiden Magier mussten uns mit einem geladenen Schutzkreis sichern, damit uns nachts nichts passiert."

„Der Wahnsinn!", konnte ich nur sagen. „Der Wahnsinn!"

„Der Einfluss dieser Wesen, so schildert es Wheatley und so ist es auch in Wirklichkeit, erstreckt sich immer auf die Schwächsten. Das sind immer die leichtesten Opfer, die problemlos zu beeinflussen sind. Gedanken kommen bei ihnen auf, die diese allmächtigen Genien aussenden wie Zweifel, Durst, Ärger, Unwohlsein und Unglaube, wie im Film gezeigt wurde."

„Du meinst, als die Familie im magischen Kreis stand, um sich vor dem okkulten Angriff zu schützen."

„Genau, sie hören Töne, Stimmen, sahen Trugbilder, nur um sie den Kreis durchbrechen zu lassen. Dann hätten die Genien zugeschlagen, und zwar tödlich!"
„Ja, da muss ich dir Recht geben, Magie ist ein gefährliches Unterfangen!"
*
Die Bestätigung der obigen Aussagen sahen wir eine Woche später. Ich bekam vom meinem Freund Gunter eine Mail, die mich schockierte.
„Die hören einfach nicht auf", sagte ich meiner Frau.
„Wer hört nicht auf?"
„Der Orden!"
„Wieso?"
„Gunter, unser Freund, welcher ernsthaft den Weg von Franz Bardon geht, wurde nach ihrem Angriff mit dem Tepaphon, welches ihm hohes Fieber einbrachte, auch noch von einem Dämon heimgesucht. So sehr hassen sie ihn, weil er unter anderem uns so oft behilflich war. Des Weiteren wussten die Brüder, dass er für die Runen geeignet war, und unterbanden das mit all ihrer Macht, damit er nicht weiter am Weg voranschreitet."
„Ich hoffe, ihm ist nichts passiert und ihm geht es gut?", fragte meine Frau besorgt.
„Soweit ja. Aber hör dir Folgendes an, welches sich eines Nachts zutrug:
Ich bemerkte, dass irgendein schlangenartiges Etwas in mein rechtes Ohr versucht hat reinzukommen. Ich war sofort hellwach und klar im Kopf und habe versucht, es durch Imagination zu vertreiben. Es ging nicht! Danach ist mir eingefallen dass Bardon die Formel „Adonay!" bzw. „Im Namen Adonay, weiche!", empfohlen hat. Ich hab beide Formeln abwechselnd gesagt, viele viele Male, nur hab ich bei der zweiten wohl den Fehler gemacht, dass ich nur „Adonay, weiche!" gesagt habe, was vielleicht der Grund für den Misserfolg sein könnte. Es ist dem Wesen jedenfalls gelungen, einzudringen und meine imaginativen Gegenmaßnehmen blieben erfolglos. Soweit die Sache mit dem nächtlichen Erlebnis. Daraufhin war ich jeden Tag ausgelaugt, konnte keine Übung mehr absolvieren, und verlor langsam das Interesse an der hermetischen Praktik!"
„Das gibt´s doch gar nicht! Sie lassen von ihm nicht Halt! Weißt du was? Gib ihm dagegen das folgende magisch-rituelle Schutzgebete."

Ich schrieb ihm:

Morgen Gunter,

mach bitte folgendes Gebet 7 x morgens und 7 x abends:

„Herr, wie lange willst du meiner sogar vergessen? Wie lange verbirgst du dein Antlitz nur mir? Wie lange soll ich sorgen in meiner Seele und mich ängstigen in meinem Herzen täglich? Wie lange soll sich mein Feind über mich erheben? Schaue doch und erhöre mich, Herr, mein Gott! Erleuchte meine Augen, dass ich nicht im Tode entschlafe, dass nicht mein Feind meint, er sei meiner mächtig geworden und meine Widersacher sich nicht freuen, dass ich darnieder liege! Ich hoffe aber darauf, dass du so gnädig bist! Mein Herz freut sich, dass du so gerne hilfst! Ich will meinem Herrn singen, dass er wohl an mir tut!"

Zusätzlich einmal täglich, dreimal gegen alle vier Himmelsrichtungen:

> Frei, und vollkommen ist der Mensch erschaffen, ohne Fehler!
> Der Glaube an den wahren Schöpfer
> reinigt von jedem Fluche,
> Verwünschungen und deren Schäden!
> Im Namen J H V H, sei rein!

Die Gebete stammen von Hermes aus dem alten Ägypten. Wenn du Fragen hast, nur raus damit. Das hilft dir, deine Lebenskraft zurückzubekommen.

Grüße und bis später – Dein Johannes

Und siehe da, ihm ging es daraufhin wieder besser. Zum Glück. Doch ein wütender Rückschlag aus dem Nichts heraus folgte sogleich. Wir hätten das niemals vermutet, als wir im Auto an der Kreuzung standen und vom gegenüberliegenden Fahrzeug das „Floh-Lied des Mephisto" im tiefen Bass ertönte. Wie wir später erfuhren, war das ein Hinweis, dass der Gott der Templer beauftragte wurde, uns zu vernichten. Mir nichts, dir nichts fuhren wir unwissend weiter. Nach dem wir bei Möbel Boss in Castrop ein Regal kauften, wollten wir im Einkaufszentrum Ruhrpark noch eine Kleinigkeit essen. Wir verstauten das Regal sicher im Kofferraum, so dass es sich nicht verschieben konnte und fuhren zum großen Einkaufszentrum. Von der A 40 gibt es eine Abfahrt zum Zentrum, welche wir nahmen. Um zum Parkplatz zu kommen, muss man eine große Kurve fahren, die 180 Grad beträgt. Plötzlich veränderte sich der Gesichtsausdruck meiner Frau. Sie bekam

glasige Augen und sagte:
„Pass auf, Johannes, die Meister der Kampf-Telepathie gehen zum Angriff über. Sie wollen, dass wir einen schweren Autounfall haben."
„Was ist", konnte ich nur geschockt fragen.
„Ariane schickte mir das Bild, eine Vision. Wir müssen acht geben!"
„Was ist denn mit dir", konnte ich nur ungläubig fragen, weil mir das alles viel zu suspekt war, denn es kam so spontan, ohne Vorankündigung.
„Was hast du denn?! Sprich doch?", fragte ich weiter, denn sie verdrehte den Kopf so seltsam. Ich musste mich nach vorne beugen, um ihr in die Augen zu schauen, denn es schien, als wäre sie in Trance. Das war mein Glück, denn ich veränderte meine Sitzstellung im Auto. Plötzlich schoss aus heiterem Himmel – das ist in dieser Situation die beste Beschreibung – das Regal nach vorne, und hätte meinen Kopf, die dünne und empfindliche Stelle an der Schläfe getroffen. Das hätte mich zumindest ohnmächtig gemacht, und wir wären gegen einen Baum oder in den Graben gefahren, wenn nicht viel Schlimmeres passiert wäre. Ich sah mich verwundert nach dem Regal um, das sich plötzlich neben mir auf dem Fahrersitz befand.
„Wie ist das denn passiert?", fragte ich mich selbst.
„Das war der Orden! Ich weiß es, Johannes!"
„Ja, das glaub ich auch, denn ich hab das Regal sicher verstaut! Das hätte nicht geschehen können. Das Möbelstück war sicher! Ich begreife das nicht!"
„Wie gesagt, das waren die Kampf-Zauberer!"
Ich begriff es noch immer nicht. Aus den kleinsten Dingen machen die große Wirkungen. Niemand wäre darauf gekommen, dass das ein magischer Angriff gewesen wäre. Man hätte mich eher wegen der Unvorsichtigkeit angeklagt, wie ich das Regal im Auto verstaut hatte, obwohl es sicher war! Merkwürdige Sache!
Wir fuhren weiter, als wenn nichts geschehen wäre. Ich bog in die Tiefgarage von Kaufland ein und parke den Wagen, immer noch über das Geschehene grübelnd. Als ich ausstieg, kam der nächste Schlag. Ariane konnte zwar einiges abwehren, aber einen Teil, wie ich im Vorwort schon schilderte, mussten wir ertragen. Mir wurde plötzlich speiübel, ich hätte mich fast, ohne ersichtlichen Grund übergeben müssen. Noch dazu fing plötzlich – aus heiterem Himmel! – meine Nase an zu laufen, sodass mir der „Rotz" nur so aus meinem *Zinken* floss. Ich war erkältet!
„Was ist denn das wieder?", brüllte ich vor Schreck. „Das gibt es doch gar nicht. Das hab ich ja noch nie erlebt!"

Während ich das sagte, wurde mir schwindlig und ich musste mich setzen.
„Das sind die Nachwehen, die wir erleiden müssen", bemerkte meine Frau und dann brach Panik aus.
„Das kann doch alles gar nicht mehr wahr sein; da sind wir ja immer in Gefahr, müssen jede Handlung, die wir tätigen, überwachen. Mir müssen immer auf der Hut sein, dass uns nichts passiert. Also ich gehe nicht mehr aus dem Haus, ohne dass ich die Schutzgebete gesprochen habe! Unser Leben würde ohne diese zu 100 Prozent tödlich verlaufen!"
„Ja, das sehe ich auch so. Aber versuch darin mal das Positive zu sehen!", und sie lächelte dabei.
„Ja, ich weiß, dass lässt uns viel bewusster werden. Man muss auf alles mehr Acht geben, man muss auf alles gefasster sein als sonst! Die wichtige Eigenschaft der Achtsamkeit und Wachsamkeit wird dadurch verstärkt."
„Ja, das ist doch ein riesen Vorteil! Aber nur einer!", lächelte sie betrübt.

*

„Wir müssen uns am 10.12.2015 ein neues Auto kaufen", schoss meine Frau wie aus einer Pistole die Neuigkeit heraus.
„O, nein! Wie soll das denn gehen, wenn wir kein Geld haben?"
„Ariane meinte, dass wir das müssten, denn unser altes Auto wäre nicht mehr in der Lage, weite Strecken zu bewältigen. Es hat ja schon über 100.000 Km darauf!"
„Wie jetzt?"
„Wir müssen in ihrem Auftrag nach Leipzig fahren, um dort aus der Deutschen Nationalbibliothek seltene, nicht mehr erhältliche Bücher herausholen, die extrem wichtig sind!"
„Ach, das hört sich aber abenteuerlich an!", und schon begann die Sache interessante zu werden.
„Du sollst alle nötigen Bedingungen erfüllen, wie Hotel, die Reise, das Finanzielle usw. Du musst dich auch noch in der Uni-Bibliothek anmelden, und sollst schauen, welche Bücher dafür in Frage kommen."
Gesagt – getan! Ich fand eine Reihe höchst wichtiger Schriften, welche man weder im Buchhandel noch im Internet fand. Runenschriften, Logenmaterial und andere sehr interessante Bücher, welche im Buchhandel nicht mehr aufzutreiben waren. Ich musste mir einen teuren Fotoapparat kaufen, der digitale Bilder schoss, denn zum Kopieren waren die Bücher zu alt oder zu empfindlich. Das ließ die Uni-Bibliothek nicht zu. Allein die Vorbereitungen kosteten uns schon ein kleines Vermögen. Zum Glück konnte ich das alles von der Steuer absetzen.

„Ariane meinte noch, dass das Buch von F. B. Marby – „van hooge dooge desse" – dort vorzufinden sei."
„Oh, dieses Buch suche ich schon seit langem. Keiner kennt es. Die Antiquariate sagen, es sei nie erschienen. Der Spieth-Verlag behauptet, er wisse nicht, warum Marby es nicht veröffentlicht hätte. Darin geht es um rituelle Runen-Tänze. Vielleicht war das der Grund, warum der Runenkenner 99 Monate (in Wahrheit 97) ins KZ eingesperrt wurde."
„99 Monate? Eine seltsame Zeit. Es scheint mir, dass er auch mit der FM Schwierigkeiten bekam."
„Ja, er deutete so etwas auch an."
„Ariane meinte auch, dass er deswegen Probleme bekam, denn nach Ernst Quintscher veröffentlichte er rituelle Übungen, die seiner Zeit weit voraus waren."
„Sehr aufschlussreich! Dann schau ich mich mal danach um."
Wir hatten alles soweit vorbereitet. Das Hotel gebucht, die Route ausgesucht. Auch hatte ich mich von Leipzig in der 100 Km entfernten Dresdener Bibliothek angemeldet, weil ich die Zeitungen aus den 30er Jahren nach den Bühnen-Auftritten von Franz Bardon durchsuchen wollte. Nur eines fehlte: Das neue Auto, denn wir konnten uns kein Geld auf die Seite legen, um ein Neues zu kaufen. Dafür reichte unser Einkommen einfach nicht. Wir hatten auch noch Schulden. Aber wir warteten ab, was noch alles geschehen wird.
Ein knappen halben Monat später rief plötzlich mein Vater an. Er war ziemlich aufgelöst.
„Was hast du denn?", fragte ich ihn.
„Deine Mutter ist gestorben!"
„Was?"
„Ja, sie ist heute in der Nacht entschlafen."
Das war vielleicht ein Schock. Ich musste mich erstmals sammeln, und anschließend meinen Vater beruhigen. Er war immerhin 45 Jahre mit ihr zusammen, ging mit ihr durch dick und dünn. Er hing sehr an seiner Frau. Und plötzlich war sie tot. Wir konnten, weil wir alle körperlich viel zu angeschlagen waren, gar nicht zum Begräbnis nach Innsbruck fahren. Alles was wir bzw. ich konnte, war viel mit meinem Vater reden, ihn abzulenken, und ihm Lebensmut zu zusprechen. Nach drei Wochen der Trauer sagte er plötzlich zu mir: „Johannes, deine Mutter hat dir etwas Geld hinterlassen."
„Oh, toll. Wie viel denn?"
„20.000 Euro!"

„Oa!", bekam ich nur raus. Die Überraschung war zu groß!
„Dann könnt ihr euch ein neues Auto kaufen! Die alte Karre macht es ja nicht mehr lange."
Jetzt verstummte ich total. Damit hätte ich nicht gerechnet. Der Tod meiner Mutter hatte auch etwas Positives, das Erbe. So ist es mit allen Dingen. Alles ist polar in dieser und in der anderen Welt. Ariane wusste das, konnte uns dies aus verständlichen Gründen nicht im Vorhinein sagen.
Nun mussten wir nur noch am 10.12., an einem Donnerstag, das Auto kaufen. Dieser Tag war entscheidend, denn es ist wichtig, zu welchen „geistigen Bedingungen" man eine Sache tätig. Der Donnerstag untersteht dem Jupiter und ist astrologisch gesehen der Glücksplanet. Die 10 untersteht der Vollkommenheit, und 12 besteht aus 1 + 2 und ergibt die Zahl 3 = denn alle guten Dinge sind Drei, heißt es so schön. Und tatsächlich, wir konnten mit der Summe genau das Auto zu dem Preis kaufen, wie wir es vorhatten. Wir bekamen auch kein Montagsauto, welches dauernd defekt ist. Es schnurrt wie ein kleines Kätzchen und lässt sich gut fahren.
So konnten wir unbesorgt nach Leipzig aufbrechen. Wir fuhren früh los, damit wir alles zeitlich gut erledigen konnten. Das Hotel hatte genügend Platz für uns drei und das Frühstück war hervorragend. So gegen 11 Uhr ging es in die Innenstadt, wo die Uni-Bibliothek lag. Leipzig ist eine große Stadt, mit vielen schönen alten Häusern und sein Verkehr ist entsprechend groß. Auf der Fahrt dorthin unterhielten wir uns angeregt über die heutigen Templer und ihren Einfluss auf die materielle Welt. Ein Thema, von dem wir uns nicht lösen konnten.
„Sie sind die wahren Herren der Erde. Man kann gut dem Saturni-Meister Giovanni als Beispiel verwenden, der der Herr von Bochum war. Er hatte das Sagen in dieser Stadt. Sie leiten das Schicksal gemeinsam mit ihrem Dämonen-Gott. Diese Fraters verehren den Samstag, den Tag des Saturn, der dem Satan untersteht. Außerdem arbeiten sie mit den sieben Todsünden, vergöttlichen diese, um auf diese Weise in Verbindung mit den dahinterstehenden Dämonen zu kommen."
„Die sieben Todsünden sind ja
- Hochmut
- Geiz
- Wollust
- Zorn

- Völlerei
- Neid und
- Trägheit des Herzens."

„Richtig, deshalb ist es nicht zu verwundern, wenn alle Zauberer mittels leidenschaftlicher Sexualmagie arbeiten, wenn in ihrem Seelenspiegel die Wollust steht. Damit wollen sie – wie die Bruderschaft des Saturn – das Schicksal ändern."

„Aber vergiss nicht, dass die Brüder des Lichtes im Endeffekt das letzte Wort zu sagen haben, dem sich auch ihr Gott beugen muss."

„Da hast du recht. Aber Materiell sind sie die führende Kraft. Darum gibt es ja so viel Leid auf Erden. Wenn man bedenkt, dass sogar manch einer kleine Kinder vergewaltigt hat, nur damit er mehr Macht bekommt, dann ist das schon sehr fragwürdig."

„Oder die Baals-Opfer in Afrika, wobei man die kleinen Kinder – bevorzugte Albinos – verstümmelt, damit eine rituelle Wirkung eintritt, dann hat das nichts mit der reinen Magie oder Mystik zu tun. Das ist ein reiner Blutkult!"

„Jemanden zu schaden, nur damit man selbst in der Entwicklung vorankommt, das ist für mich unbegreiflich."

„Ich könnte das auch nicht, aber viele denken anders. Viele sind in den Klauen des Herrn der Erde, der mit seinen Verlockungen jeden Menschen dirigiert. Der Adonist und Meister von Quintscher, Musallam, nennt das „die Besessenheit der Welt", keiner kann dem grausamen Gott der Materie entkommen. Nur die Harten kommen wahrlich in den göttlichen Garten", sagte ich scherzhaft. Aber das Lachen verging mir gleich. Ohne Vorwarnung konnte ich mein Lenkrad nicht mehr bewegen.

„Was ist jetzt los", sagte ich, „ich kann nicht mehr lenken."

„Johannes, pass auf", schrie meine Frau vor Panik. „Ein Auto kommt uns entgegen. Du fährst voll rein!"

„Es geht nicht, ich kann weder bremsen, noch lenken. Mist, was ist mit dem Auto los?"

Plötzlich ging das Lenkrad von alleine nach links, das entgegenkommende Auto fuhr knapp an uns vorbei, so dass es zu keinem Unfall kam.

„Ihr dürft nicht so viel über die Loge reden. Die dunklen Fraters bekommen das mit und reagieren", sagte Ariane von der Rückbank.

Ich guckte in den Spiegel, und sah sie lächelnd am Rücksitz. Ich drehte mich um, aber sie war schon verschwunden.

**Hohenstätten vor der Statue von Dr. Faust und Mephisto
in Leipzigs „Auerbachs Keller"!**

Die Deutsche Nationalbibliothek in Leipzig.

Bild eines Buches aus der Bibliothek – rechtes im Hintergrund meine Tochter Angelique.

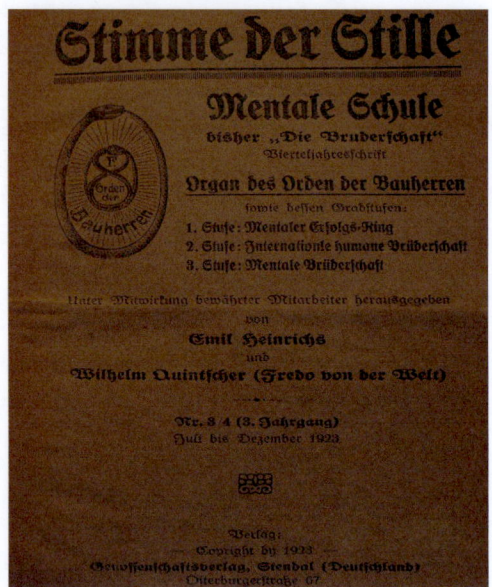

Eine unbekannte Quintscher-Zeitschrift.

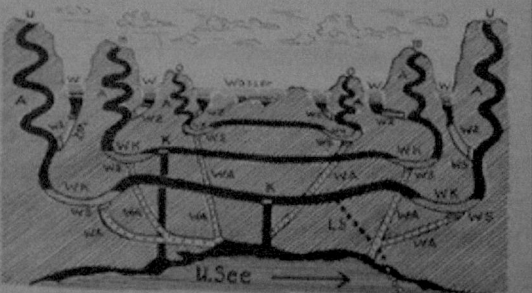

Marby's „Neudeutsche Zeitung".

„Gebt auf euch acht", hallten die Worte nach. Das taten wir ab jetzt. Wir schränkten die Gespräche über den Orden auf ein Minimum ein, auch wenn die dunkle Seite ihre Anziehungskraft hat.

Wir bekamen solch wissenswerte Informationen über Mitglieder der Templer, dass wir ab und zu einfach darüber reden mussten. Nur, und das sollte man immer bedenken, sind sie von der geistigen Seite aus vollkommen geschützt, sie bekommen alles über ihre Verbündeten mitgeteilt, die mit ihnen über den Akashamittelpunkt in Verbindung stehen. Die innere Stimme des Wesens sagt ihnen alles Relevante. Selbst Ariane musste – symbolisch gesehen – die Flügel des Gottes der Erde (Baphomet) beiseite schieben, um seinen verdeckenden Einfluss zu brechen. Zwischen den Federn erkannte sie dann so einiges.

Auch fuhren wir deshalb nach Dresden, weil wir auf der Suche nach Berichten aus Zeitungen waren, die Bardons Bühnenauftritt dokumentierten. Wir durchforschten einige Zeitungen zwei ganze Tage lang, aber keine wies auch nur einen kleinen Artikel über den Meister auf. Wie wir später erfuhren, hatte die Loge veranlasst, dass aus den Dresdner Zeitungen sämtliche Artikel über Meister Arion herausgeschnitten wurden. Es ist offiziell bekannt, dass die „Nazis" solche Aktionen durchführten, damit gewisse Dinge nicht ans Tageslicht kamen. Wie man aus dem „Frabato" weiß, war ein Mitglied der Loge in Dresden politisch sehr aktiv.

Zum Glück wurden wir in Leipzig fündig. Die unveröffentlichte Schrift „van hooge dooge desse" gab es dort. Auf der Website der Universität war es nicht festzustellen, aber in der „Neudeutschen Zeitung" von Marby waren mehrere Kapitel darüber enthalten. Darüber war ich überaus froh und glücklich, einen so tollen Fang gemacht zu haben. Mein Dank dafür gebührt Ariane. So bin ich in der Lage, diese kleine oder höchst interessante Schrift in der Reihe „Über wahre Runen-Mysterien" herauszugeben.

*

Der Hauptgrund, warum wir nach Leipzig fuhren, waren – wie gesagt – vor allen Dingen die seltenen Schriften. Nicht die schöne Stadt mit den wunderbaren Häusern und Schlössern, sondern aufschlussreiche Schriften über wahre Runenmagie, die in den 20ern von Könnern und Kennern der geistigen Materie verfasst wurden. Diese seltenen Werke wurden weder neu aufgelegt noch konnte man diese in den Antiquariaten erwerben. Wenn ja, dann für sehr viel Geld. Ein Beispiel: Die 28 Seitenschrift „Ariosophische Runenmagie" hat mich sage und schreibe 120 Euro gekostet.

Ein Hypnoseverbot in den 30ern, wie es im „Frabato" beschrieben wurde, ist der indirekte Beweis, dass Franz Bardon in Dresden aufgetreten ist.

Das war sie zwar wert, aber das war ein schmerzlicher Preis. Zum Glück hatte ich Kontakt zu einem Ariosophen bekommen, von dem ich alle möglichen Bücher über Ariosophie und Runenkunde bekam. Darunter waren:
- Die Zeitschrift „Die Sonne"
- Gorslebens „Hagal", „Arische und Deutsche Freiheit"
- Gorsleben „Hochzeit der Menschheit"
- Marbys „Der Eigene Weg" und „Forschung und Erfahrung"
- Schriften von Mitarbeitern des Marby-Verlages wie W. Katt usw.
- Rig-Blätter
- Zeitschriften wie „Heimdall" und „Lichtgrüße"
- Germanische Schriftenfolge
- mehrere Ausgaben der Edda
- Kummers „Runen Raunen", „Runa" und „Walhall"
- Schriften des Runenkenners Paul Köthner
- Zeitschrift „Die Wandlung"
- verschiedene Runenkalender
- Sebottendorfs „Runen"-Zeitschrift
- sämtliche Werke von Guido von List
- Werke von Lists Mitarbeiter Ph. Stauffs
- sämtliche Werke von Herman Wirth
- Zeitschrift „Sig-Run"

und unzählige andere Werke über die Schöpfersprache und deren Philosophie, wie zum Teil noch nie veröffentlichte Manuskripte. Denn des Nachts bekam meine Frau von Ariane ergänzende Hinweise direkt aus dem Astralen über die Praxis zur wahren Runenmagie. Doch es waren nur spärliche Informationen, die ich aber aufgrund meines Wissen sinnvoll umsetzen konnte und auch anzuwenden verstand. Uns wurde mitgeteilt, dass wir die Stellungen von Marbys „Runenbücherei" für die Vokale Is – Ar – Os und Ur einnehmen sollten. Die Rit-Stellung konnten wir von Kummer bzw. von Franz Bardons kleiner Schrift im Buch „Das Leben des Franz Bardon" entnehmen. Zum Verständnis musste ich sämtliche Bücher von S. A. Kummer lesen, um ein richtiges Bild zu bekommen. Wir verwendeten noch dazu jegliche ariosophische Literatur zum Vergleich, suchten alle analogen Beziehungen auf, lasen sämtliche Werke von Guido von List, insbesondere seine Schrift „Die Ur-Sprache der Ario-Germanen", welche sich eindeutig auf die fünf Elemente bzw. auf die fünf Runen des kleinen Arkanums bezogen, welche von Marby in seiner 8-bändigen Runenbücherei beschrieben wurde. Marbys Philosophie ist durchaus mit der der Hermetik von Franz Bardon vergleichbar. Doch eines fehlte! Der Schlüssel für das verlorene Wort. Doch den Schlüssel hatten wir, denn dieser war in den Werken von Franz Bardon enthalten. Somit hatten wir das rituelle System der wahren hermetischen Freimaurer und Runenkenner in unseren Händen, wie wir es in unseren Runen-Büchern wiedergegeben haben. Wir mussten es nur noch sinnvoll anwenden. Nach einigen anfänglichen Schwierigkeiten schafften wir es und wir waren in der Lage, die Elemente in unseren drei Körpern auf eine Weise zu stauen, besser gesagt zu invozieren, wie wir es bis dato nicht kannten. Durch diese Form der rituellen Magie wurden wir auch in einem Maße menschlicher, wie wir es nie und nimmer erwartet hätten. Warum? Weil wir durch die Runen vermehrt mit den universellen Göttern zusammengearbeitet haben. Jede Rune untersteht einer ganz bestimmten Gottheit – wie z. B. die Os-Rune der Göttin Ostara – und dieser ist sehr daran gelegen, dass sich die Menschen in der rechten Weise entwickeln. Dadurch konnten wir einen Meilenstein in der Entwicklung legen und als Vorbilder für die Schüler der Hermetik dienen, denn wir probierten die Übungen aus, machten auch Fehler, konnten diese gut in unseren Werken verarbeiten, so dass der Schüler endlich Erfolg mit den Übungen aus dem „Adepten" vom Meister haben wird und er es auch schafft, sich richtig universell auszugleichen (siehe die Schriftenreihe „Über wahre Runen-Mysterien", worin ich alles Weitere beschrieben habe). Man muss seinen Seelenspiegel aufgestellt haben, bis zu einem gewissen Grad so gut wie möglich rein sein, die schlimmsten Leidenschaften abgetötet haben, täglich seine Gedanken kontrollieren und versuchen, sie zu beherrschen. Man muss immer auf seine Gedanken achten, immer schön mittig denken, denn sonst kommt der Gegenschlag, der schmerzhaft ist, wie ich später noch beschreiben werde. Deshalb ist es von großer Wichtigkeit, immer bewusst zu denken, zu fühlen und zu handeln. Dann stehen unsere vier Säulen des Tempel Salomon fest und sicher. Alle Gedanken, die einem so durch den Kopf gehen, muss man in der Abendkritik niederschreiben, um einen Überblick über sein Gedanken- und Seelenleben zu haben. Dies ist für die Praxis der Runen von großer Bedeutung, damit wir jeden kleinen Fehler im Keim sofort ersticken können. Durch die Reinheit der Übung ziehen wir analog die reinen göttlichen Wesen an, frei nach dem hermetischen Gesetz: Gleiches zieht

Gleiches an. Das ist wahrlich so! Denn wir merkten, dass wir edel wurden, ausgeglichener, gewisse Eigenschaften verschwanden, andere wurden durch die Arbeit mit dem Charakter und den Elementen von alleine hervorgerufen. Sie wurden in uns *hineingedrückt!* Ich weiß, dass man mir nicht glauben wird, aber man kann sich durch die einfache Form der Runen-Übung davon selbst überzeugen. Das steht jedem frei, denn die Runen stellen nach F. B. Marby die reinste und höchste Gebetsform dar!
Durch die Runen wurde selbst das Haus gereinigt, in dem wir leben, wie wenn Wellen durch einen Steinwurf im Wasser entstehen und sich ausbreiten, so wird alles gleich dem Schöpfungswort veredelt.
Interessant ist zu erwähnen, dass wir durch die Runenmagie den gesamten Winter keine einzige Erkältung erlitten hatten. Normalerweise erwischte es uns mindestens zwei-drei Mal jedes Jahr. Als ich einmal eine verschleimte Lunge hatte, sollte ich mir während dem Singen der Ar-Rune eine hellblaue Kugel in der Lunge vorstellen, die nach rechts rotierend Heilung verbreitet. Die Wirkung war über alle Maßen erstaunlich. Ich hatte einen Spontanhusten, warf den gesamten Schleim aus und war gesund! Ich konnte wieder richtig und frei atmen! So etwas hatte ich noch nie erlebt. Man konnte eine Lichtkugel in den typischen vier Farben spezifisch einsetzen und sinnvoll mit den Gedanken der Heilung verwenden. Wir konnten sozusagen mit dem „Wort" arbeiten. Wir waren aber keine richtigen Quabbalisten, das möchte ich gleich betonen, aber man erlaubte uns, von den verlorenen „Früchten" zu kosten, und diese schmeckten wunderbar. Wir standen ganz unten am quabbalistischen Baum des Lebens und konnten dementsprechend die unterste Stufe des Schöpferwortes gebrauchen, zum Glück, denn dem Orden blieb dies nicht unbekannt. Ihr Hass stieg bis ins Unermessliche, denn sie erkannten, dass wir dadurch einen Riesensprung in unserer Entwicklung taten. Ariane sagte uns Bescheid, dass wir uns auf Einiges gefasst machen können. Und es ging los, denn die Fraters wollten um jeden Preis verhindern, dass man Erfolg mit dem „Adepten" erlangte. Dann könnte man ihnen in die Suppe spucken. Davor hätten sie Angst! Und Ariane fing schon an zu „spucken", wenn ich das so ausdrücken darf. Sie gab uns äußerst interessante Neuigkeiten von diesem Orden, die wir im Buch „Durch die Hölle zu Metatron" bereits verarbeitet hatten. Daraufhin passierte folgendes:
Es wurden bestimmte Dämonen auf uns abgerichtet, mit dem Befehl, uns zu vernichten. Ich weiß, dass sich das wie ein Märchen von den Gebrüdern Grimm anhört, aber es ist so geschehen! Sie wurden von der Templer-Loge

beauftragt. Eines Nachts holte ein solches Wesen Mona aus ihrem Körper, stellte sich mit dem Namen Cencefil vor, wie es die Gesetze verlangen, und schrie sie an.
„Ihr wisst zu viel, das will ich nicht, das wird noch ein böses Ende nehmen, merk dir meinen Namen!"
Meine Frau stand geschockt vor diesem Wesen. Sie wusste gar nicht, was hier vor sich ging. Sie war so perplex, dass sie dem mit einer Krone versehenen Genius gar nicht antworten konnte. Seine Wut stieg dadurch.
„Warum antwortest du mir nicht, du Plattern-Nutte", beschimpfte er sie mit Ausdrücken unterhalb der Gürtellinie.
Er hatte eine mittelalterliche Rüstung an und seine Krone der Würde von Rang war mit einer Mütze verbunden. Er war ein direkter Untergebener des Herrn der Erde, der ihn erschaffen hatte. Baphomet ist wahrlich sein Vater.
Wie alle negativen Wesen benutzte er Schimpfworte der übelsten Sorte: „Du doofe Schleimfotze, versiffte Hure, du wichst den ganzen Tag an deine Drecksmöse herum, und kannst mir nicht antworten!"
Meine Frau war darüber so was von verdutzt, dass sie immer noch nichts sagen konnte. Man muss bedenken, dass diese Gegengenien göttliche Wesen sind, die in ihrer Verbundenheit sofort und immer schöpferisch wirken. Ihre Worte haben eine Gewalt, eine unbezwingbare Kraft und Macht, die jeden Sterblichen sofort lähmen, sozusagen handlungsunfähig machen konnten.
Er lachte, dann holt er mit einer Geisel aus und schlug Mona auf den Rücken. Sie verspürte den Schmerz. Sie musste schreien. Das hätte sie niemals für möglich gehalten, dass es so etwas überhaupt gibt. Sie schrie erneut, und rannte so schnell sie konnte davon, war plötzlich in ihrem Körper, bekam das gar nicht richtig mit, sprang aus dem Bett wie eine von der Tarantel gebissene und lief in Richtung Tür. Mir blieb dies nicht ungehört. Ich schreckte auf, rief nach meiner Frau, welche schreiend durch die Wohnung lief. Ich hinterher.
„Was hast du denn?"
Sie erzählte mir diese unglaubwürdige Geschichte. Ich konnte nur den Kopf dazu schütteln. Mir war das unbegreiflich. Ich verstand die Welt nicht mehr. Wie immer.
„Das Wesen hatte was dagegen, dass wir dieses gesamte Wissen veröffentlichen?"
„Ja!", sagte sie kurz.
„Das verstehe ich nicht...!"

„Vielleicht verstehst du das", und sie zeigte mir ihren Rücken.
„Woher hast du denn diese Striemen?", fragte ich ganz entsetzt.
„Der Dämon hatte solch einen starken Einfluss, wie das Ariane über die Marswesen bereits sagte, dass sich seine Hiebe materiell auswirkten."
Und der Schmerz war nicht nach ein paar Tagen verschwunden, nein, er hielt zwei Wochen an und brannte wie Feuer! Ich musste ihren Rücken mit einer Creme versorgen.
Doch damit war es noch nicht getan. Das nächste Wesen stand schon vor der Tür. Mona wurde in einer Vision von einem Dämon in der Wüste, in seiner Ebene, gejagt. Das war ein seltsames „Ding". Es hatte Stacheln am Kopf und zusätzlich eine Krone. Er war viel schneller als meine Frau, erreichte sie und biss ihr wie ein räudiger Hund in die Hand. Mona schrie auf, lief aber weiter durch eine Tür, die den Eingang sowie den Ausgang in diese Sphäre darstellte und war wach. Sie war von dieser Tortur völlig verstört, erschöpft und ängstlich, denn letzteres ist das Einfallstor der schwarzen Bruderschaft. Und ich begriff wie immer gar nichts mehr. Es wurde alles immer schlimmer.
Wie ich bereits an anderer Stelle schrieb, suchten sie immer die leichtesten Opfer aus. Meine kranke Tochter war auch so ein Fall. Angelique drehte langsam aber sicher durch. Sie war ja geistig behindert und ein leichtes Ziel für die unmenschlichen Fraters. Sie wurde aus unerklärlichen Gründen plötzlich und abrupt aggressiv, fing an zu schreien, war absolut widerspenstig, rechthaberisch, wollte um jeden Preis ihren Kopf durchsetzen. Sie trommelte mit ihren 30 Jahren wie ein Kleinkind mit den Fäusten auf den Tisch, und benahm sich wie eine völlig Wahnsinnige. Solch ein Benehmen haben wir bei ihr noch nie wahrgenommen. Wir sollten dann zum Schutz ein Pentagramm unter ihr Kopfkissen legen. Der Einfluss legte sich leicht und sie wurde wieder normal. Aber wie lange, das war die Frage?
Da alles in dieser Welt polar ist, alles besteht aus Plus und Minus, aus anziehenden und abstoßenden Teilchen, ist das der normale Lauf der hermetischen Entwicklung. Anion beschrieb das in seinem gleichnamigen Buch als Pendelschlag, dem auf ein freundliches Bim ein negatives Bam folgte. Aber wer will sich das schon eingestehen? Keiner! Das Negative nimmt uns etwas, aber dafür bekommen wir mehr Wissen und Weisheit. Das ist sein Preis, den wir aber gerne bezahlen!
Auch mich traf der Pendelschlag der materiellen Welt. Ich musste zum Zahnarzt, weil ich Zahnschmerzen hatte. Ich dachte mir nichts dabei, weil

ich das ja kannte. Es war ja nur ein Zahn, der schmerzte! Aber als ich auf dem Stuhl im Behandlungsraum saß, kam der Schock: „Sie haben in fünf Zähnen Löcher. Die stopfe ich ihnen alle, dann haben Sie es hinter sich", sagte lächelnd der Arzt und mir rann vor lauter Angst der Schweiß nur so aus den Poren. Allein die Schmerzspritzen waren schon unangenehm, aber das Bohren war die Hölle. Das hörte gar nicht mehr auf, der Arzt bohrte und bohrte den ganzen Tag, so kam es mir vor. Völlig benommen verließ ich den Raum. Mir schwirrte der Kopf, weil der Bohrer solche eklige vibrierende Geräusche machte. Ich hatte drei Wochen danach solch unangenehme Zahnschmerzen, dass ich mich nicht aufs Arbeiten konzentrieren konnte. Von Ariane erfuhren wir, dass ich das auf mich nehmen musste, weil die Brüder des Ordens voller Hass waren. Sie nützen jede Situation, um uns eins auszuwischen. Es war mittlerweile nicht mehr zu ertragen. Ich musste was gegen den Schmerz unternehmen, denn Schmerzmittel versagten. So nahm ich eine Kartoffel, lud sie so stark es ging mit dem Zahnschmerz und hackte sie mit einem großen Messer, einer suggestiven Formel und einen anschließenden Wutschrei entzwei. Der Schmerz war tot und ich konnte weiterarbeiten. Es funktionierte und ich war heilfroh darüber!

*

Was ich jetzt berichte, musste ich auf Anraten von Ariane so umändern, dass ich keinen Hinweis auf den Namen des Zauberers hinterlasse, denn sonst gerate ich in Teufelsküche. Dieses hochrangige Mitglied der dämonischen FM, wie es uns Ariane berichtete, hält den 96 Grad inne und ist ein mächtiger Mann, nicht nur weil er mit Magie arbeitet, nein, er ist auch im Wirtschaftsleben eine führende Persönlichkeit. Er ist sehr bekannt und trat auch schon mehrmals im Fernsehen auf. Er lebt in China und ist am Bau des Dämonen-Tempels in der Stadt namens „Unheilig" wesentlich beteiligt.

Dieser Orden ist übrigens der große Fluss der gefallenen Freimaurerei, der von vielen kleinen Flüssen gespeist wird. Es wurden verschiedene Orden gegründet wie der AMORC, F.S. OTO, Pansophen, Ordo Saturni, verschiedene Freimaurer-Orden, die alle Geld einbringen sollten. Die Templer haben 3 x 33 Grade – Schüler-, Lehrling- und Meister-Grade, wie es Frater Daniel beschrieb. Hinter jeden Grad steht ein Wesen, dessen Rituale man bekommt, um es zu beschwören. Man kann dann mit ihm zusammenarbeiten, bis man alles von ihm gelernt hat, was er geben kann. Steigt man weiter, kommen neue Rituale dazu. Wenn man nicht weiter steigt, bleibt man stecken und hat keine Erkenntnis. Da nur der Großmeister alle Rituale besitzt und durchführen kann, ist er in der Lage, aufgrund seiner Reife den Gott der Templer evozieren. Die 99 Grade hängen auch mit den Runen zusammen. 9 + 9 = 18! Deswegen hat jeder Grad ein Wort – eine Formel – und eine ihm entsprechende Zahl. Zahl, Bild und Idee ergeben die drei Punkte der Verwirklichung. Die Gesten, die diese Freimaurer machen, sind Runen-Gesten, die den Wesen unterstehen. Jeder Griff hat seine magische Bedeutung, wie es in der „Quabbalah" von Franz Bardon steht. Frater Daniel hatte einen Meister-Grad inne, weshalb er auch sehr weit entwickelt war. Deswegen war er sehr gefürchtet, denn er ließ seine Macht nach außen und verhexte einige Mitglieder der F.S. bzw. tötet sie oder machte sie besessenen. Er hatte die uneingeschränkte Macht.

Jedes Mitglied muss laut den Ordensgesetzen ein Tagebuch führen, in dem akribisch alle Einzelheiten in der Zusammenarbeit mit den Wesen stehen. Auf der Vorderseite des Buches ist ein Pentagramm anzubringen, in dessen Mitte das Siegel des Schutzwesens angebracht ist, oder das Zeichen des Geburtsvorstehers oder manch einer verwendet das Symbol des Dämons, mit dem er zusammenarbeitet. Viele Nekromanten evozieren das Wesen und lassen sich das Siegel bestätigen. Ins Buch werden der eigene Name, die Namen der Wesen und das Motto des Zauberers eingetragen. Viele verwenden als Tinte Blut! Das Buch wird geführt wie ein richtiges Tagebuch, wo alle Einzelheiten der Anrufungen aufgeschrieben werden. Dazu dienen verschiedene magische Geheimschriften. Federkiel und Tinte werden entsprechend einem Ritus geweiht, der zum ganzen Verfahren gehört, damit die Beschwörung zu einer regelrechten Zeremonie wird.

Ein solcher Orden hatte sogar 200 jungfräuliche Opfer getötet, besonders kleine Kinder, die alle mediale Fähigkeiten hatten. Sie betreiben für die Mitglieder des Ordens eine hellsichtige Schau oder sie werden für mentale Erkundungen eingesetzt, wie es im „Frabato" steht. Da der Gott der Templer die Gesetze des Ordens schöpfte, verlangt er den Tod des „Mediums", damit sich der Ritus verwirklicht.

Nach dem kleinen Ausflug wieder zurück zum eigentlichen Thema. Eines Nachts, da diese Tageshälfte dem Jenseits untersteht, befand ich mich mit meiner Zwillingsseele außerhalb meines Körpers im Astralen neben Ariane wieder. Ich wusste gar nicht, wie mir geschah. Ich wusste zu Beginn nicht, was los war.

„Ich weiß, dass ihr euch sehr für Orden interessiert, deshalb zeige ich euch nun Folgendes", sagte sie zu uns und die sternenhafte Umgebung wandelte sich und wir befanden uns in China, besser gesagt, in der Stadt namens Shanghai.

„Merkt euch alles, was ihr seht und veröffentlicht dies in euren Büchern, damit die Schüler der Hermetik einen wahren Einblick in die Machenschaften der dunklen Seite bekommen."

Mir entging nichts, weil dies so aufregend war, dass mein astraler Puls die 100er-Grenze überstieg. Wir sahen den oben bereits beschriebenen 55 jährigen Mann, welcher Milliarden besaß, sein Einfluss auf die chinesische Gesellschaft war enorm. Er war der Held der Stadt Shanghai, hatte sein gesamtes Vermögen alleine angehäuft, und stieg in materieller Hinsicht immer höher. Er hatte immer viele Frauen, weil sie ein Statussymbol waren. Einige seiner Geliebten interessierten sich genauso wie er für okkulte Dinge. Selbige saugte er förmlich im sexuellen Akt aus, reicherte sich mit ihrer vaginalen Kräfte und Säfte an, womit der Zauberer magisch arbeiten konnte. Darum haben alle Nekromanten viele Frauen. Sein Gott sagte ihm immer, welche Frau für ihn geeignet wäre, damit er sie bei schwarz-magischen Messen zur Verwirklichung seines Vorhabens aussaugen, ihre heiligen Vaginalsäfte für unlautere Zwecke missbrauchen konnte. Das Sperma gab er dazu. Er wollte in die Politik einsteigen, ja er wollte der oberste Regierungschef seines Landes werden, damit er die Macht über das größte Volk auf Erden bekam. Mit 1,4 Milliarden Menschen, einer riesigen Armee, die mit Atomwaffen ausgerüstet ist, kann er – so sein Wollen und Streben – die Weltherrschaft erreichen. Er kam auf der politischen Ebene aus dem Nichts empor. Keiner räumte ihm auch nur eine kleine Chance bei den Vorwahlen ein. Aber alle seine Gegner ließ er hinter sich, denn er arbeitete mit den Dämonen zusammen, die ihm das alles ermöglichten. Selbst die Ur-Sonnen-Genien des negativen Sterns sagten ihm seine Unterstützung zu. Nur sein Vorgehen war sehr radikal. Er war gegen Ausländer, verdammte die Japaner, hasste Korea und verabscheute die Mongolen. Und das kam bei der eigenen Bevölkerung gut an. Das chinesische Volk ist auch strohdumm und jagt nur hinter dem Geld, hinter dem Yuan her. Manch einer bezeichnet sie als die „gelben J....!" Sie jubelten ihm zu, sie liebten ihn für seine Hasstriaden. Aber überall, wo er auftauchte, verbreitete er Unstimmigkeit, Streit und Unruhe, ja es gab sogar Schlägereien unter seinen Anhängern und Gegnern. Aber das wollte der Herr der Zerstörung, darum lässt er sich auch nicht in seine Suppe spucken. Dann wechselte das Bild. Wir sahen, wie er mit seinen fünf Logenbrüdern in seinem wunderschön eingerichteten Tempel stand, der traumhafte Säulen

aus Marmor hatte, in der Mitte eine Altar mit Tapis, auf dem Symbole seiner Dämonengottheit waren; erlesene Teppiche aus Indien, mit einem großen magischen Spiegel, einem Altar mit Phallus-Kerzen, dem Symbol von Baphomet. Die Wand war violett, große Kerzen, weiße Kerzen der Dreifaltigkeit, A und O, so wie es der Orientalische Templer-Orden in Deutschland vorgab. Das Phallus-Kreuz und ein Siegel von Baphomet befand sich an der Wand.
Die Symbolik ist überall die gleiche, in Ost und West. Ein schönes magisches Dreieck, sehr prunkvoll, im ägyptischen Stil. In der Mitte des Raumes, über dem Spiegel, war das gestürzte Pentagramm, als Symbol des Herrn der Erde. Dieser Gott will, dass Menzi – so hieß er – Regierungschef wird. Er hatte viele Pläne mit ihm vor, obwohl Franz Bardon dies im Vorhinein schon anders gestaltete. Aber dennoch: Eine Dämonengottheit lässt sich das nicht gefallen. Sie hat die Macht und will sie ausüben, will alles anders machen, will China von der restlichen Welt abschirmen und das Land zum zentralen Mittelpunkt machen. Der Templer-Gott will das so, weil es unzählige böse, miese und dumme Menschen gibt, die endlich mal anfangen sollen zu denken! Dieser Gott ist überintelligent, und hat immer noch einen Ass im Ärmel, wenn wir unser Spiel schon beendet hatten.
Diese fünf Brüder bildeten den Gradus Pentalpha – die fünf Alphas – die ein Medium für ihre Zwecke benutzen. Aleister Crowley sagte über diese Form der Sexualmagie, dass er alles erreichen konnte, was er sich vorgestellt hatte. Alles! Denn der Schlüssel zu dieser Macht bildete die magische Schulung, die Imagination! Nicht das bloße „Gerammel!" Wichtig war auf jeden Fall, dass viel männliches und weibliches Sexualsekret produziert wird, wie es auch der Pansoph H. Tränker verlangte. Geräucherte wurde mit erregenden Substanzen und je nach Operation trugen sie die verschiedensten Mäntel mit den unterschiedlichsten Insignien und Symbolen. Menzi hatte ein Tau auf dem Mantel, ein großes „T", welches den Phallus seines Gottes symbolisieren sollte.
Dadurch zog er dieses dämonische Wesen vermehrt an, um mit seinen Kräften zu arbeiten. Die Sekrete wurden für diverse Handlungen wie
- Weihungsrituale für die Tempel-Utensilien,
- zum Laden von Masken zur Verwandlung in Werwölfe,
- via Zunge zur Erzeugung von Visionen,
- für Schadenszauber,

- für magische Spiegel,
- für Evokationen der negativen Wesen ,
- für verschiedene Materialisationen usw.

verwendet, indem sie die Säfte ihrem verehrten Wesen opferten, die damit alles veranlassen konnten.

„Es gibt jedoch noch eine Interessante Praktik," erwähnte Ariane, „welche wie folgt abläuft."

Erneut wandelte sich das Geschaute. Wir sahen Menzi, wie er diese Sekrete noch für folgende sexualmagische Operation verwendete. Ein Medium, welches durch die Droge Alraune sexuell übererregt wurde, noch dazu beeinflussten die Nekromanten sie, dass sich ihr Wurzelchakra schneller drehte, damit sie noch mehr Vaginalsekret ausschied. Sie saß onanierend über einer Auffangschale. Da die Zauberer sehr gerne mit Blut, auch mit

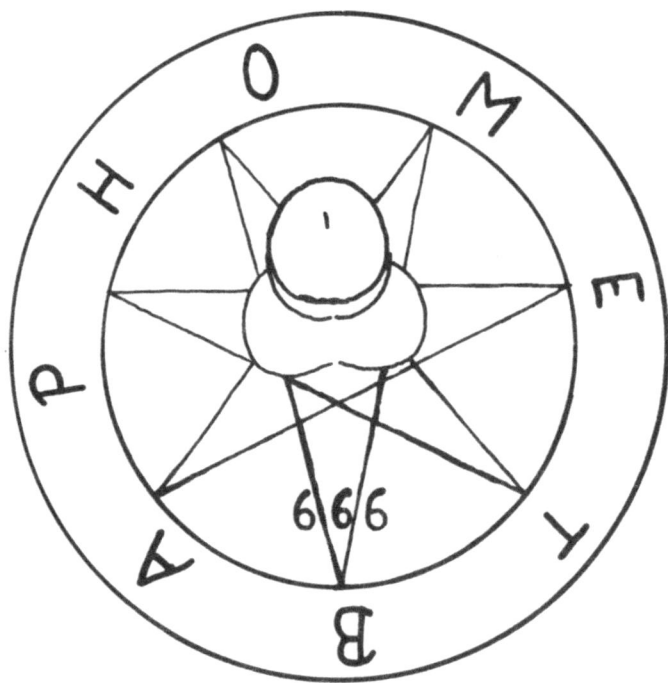

Das sexualmagische Siegel vom Herrn der Erde.

Menstruationsblut arbeiten, flossen beide Flüssigkeiten reichlich in die Schale, welche das Blut mit dem geladenen Orgasmussaft zu einer heiligen Flüssigkeit machte!

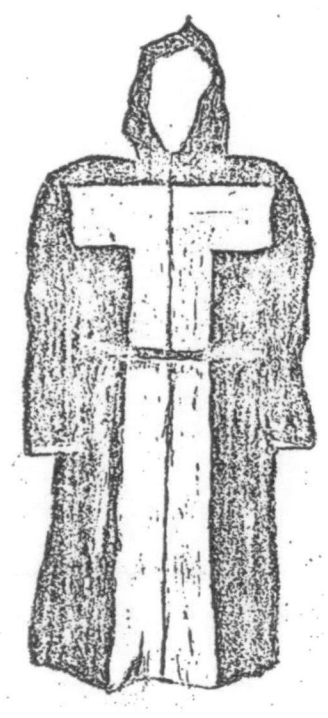

Der Mantel von Zauberer Menzi, wie ihn auch die westlichen Logen verwenden.

Wir sahen Eva, so nenne ich diese „Dame", wie sie auf den magischen Spiegel onanierte, was ein ritueller Vorgang war, der durch ihr *Blut* geweiht wurde. Umgeben war sie von Fratern der Templer-Loge, welche einen Kreis bildeten und sie mit dem magnetischen Fluid aufluden, damit noch mehr Kraft in den Spiegel gestaut werden konnte. Der Spiegel verfärbte sich dunkelrot vom Menstrationsblut und roch eigenartig.

Aber viel seltsamer war, dass Eva, man höre und staune, Menzis Tochter war, sich um Stimmen für ihren Vater als Präsidenten kümmerte und auch dies durch sexuelle Operationen bewerkstelligte. Alles nur dafür, damit ihr Vater Regierungschef wurde. Seine Tochter – Eva – macht laut ihrem Vater alles richtig, ist sehr klug und hat immer recht! Sie ist mehr an seiner Seite, als seine eigene Frau, die der Nekromant hörig machte, sodass sie sogar für ihn sein Leben geben würde. So sehr ist sie ihm verfallen. Sie dient ihm gerne, ist ihm völlig ergeben und stellt sein Schutzschild dar, denn er hat viele Feinde. Noch dazu ist sie selber zum ausgezeichneten Medium geschult, beherrscht locker 10 Minuten die Stille, wofür sie manchmal für Schwarze Messen gebraucht wird.

„Was?"

„Ja, das Blut ist die materielle Verbindung zwischen Geist und Materie, weil es das Akasha repräsentiert. Wenn man das Blut in Wallungen bringt, dann hat es noch mehr Kraft, noch mehr Hormone und Stärke. Deswegen essen die Nekromanten viel Fleisch und krafthaltige Nahrung, damit die elektromagnetischen Wellen sich darin anreichern können. Deshalb wird durch onanieren der weiblichen Medien das Regelblut noch mit starken Kräften geladen, denn die Imagination ist der Schöpfer der Gedanken. Blut ist die Verbindung zwischen Oben und Unten, welche von den Brüdern des linken Pfades ausgenützt wird. Es ist deswegen nicht verwunderlich, dass sie mit diesem Saft arbeiten und ihre Praktiken verrichten. Blut stellt auch die flüssige Bindung zwischen den einzelnen Drüsen dar, die mit den Chakren korrespondieren."

„Wie das?"

„Das Medium lud während des rituellen Onanierens das Regelblut mit Lebenskraft, mit welchem die Zauberer anschließend einen magischen Spiegel bestrichen, es trocknen ließen, um damit im Äther, in der Materie ihre Schauungen zu vollbringen."

„Deutet nicht Gregorius spärlich daraufhin?"

„Ach ja, in seinem Spiegelmagie-Buch. Auch Rudolph Steiner schreibt in seiner Schrift „Blut ist ein ganz besonderer Saft", dass das Hellsehen im Zusammenhang mit Blut steht. Sie ziehen diese reine und heilige Flüssigkeit ins Materielle, um seine Analogien zu verwenden."

„Das ist echt arg! Und so etwas funktioniert?"

„Ja, denn es ist den Gesetzen gemäß. Das Blut aus dem Uterus untersteht der Ur-Rune, denn Uterus und Uranus sind Bestandteile der Rune. Sie sind ihr analog! Dadurch ist es ihnen möglich im Ur, im Äther zu schauen, da

das Blut dem Akasha untersteht."
„Das ist …. mir fehlen die Worte!"
Ich war zu bestürzt, um es begreifen zu können. Aber sämtliche Analogien in diesem heiligen Raum bezogen sich auf den Gott der Schwarzmagier, damit sein Einfluss leichter vonstatten gehen konnte. Von ihm kamen diese Praktiken! Diese Gegenstände zogen seine subtilen Kräfte an. Gebete und Hymen wurden gesungen. Die Logen-Brüder wussten, dass all diese Handlungen auf ritueller Basis beruhen und heilig waren. Dadurch bekamen diese Ausführungen ihre innewohnende Macht! Kein Fehler darf den Hexern unterlaufen, denn sonst kehrt sich die Wirkung gegen sie.
Als ich das alles sah, kamen in mir jede Menge Fragen auf:
„Woher hatte der Chinese all seine Macht? Wie kommt er dazu, solch einen großen Einfluss geltend zu machen?"
Ariane antwortet: „Er hatte sich schon seit vielen Jahrhunderten geschult. In einer Vorinkarnation war er Jacques de Molay, der letzte Großmeister der Templer in Frankreich, welcher auf dem Scheiterhaufen verbrannt wurde. Er fiel zu tief in die Materie, er war ein zu egoistischer Materialist, war richtig Größenwahnsinnig und von absoluter Machtgier besessen, so dass ihn seine Gottheit nur dadurch zur Besinnung bringen konnte."
„Ach, das gibt es doch gar nicht!", kamen meine Zweifel hoch.
„Warte", sagte Ariane, „ich werde dir beide Gesichter zeigen, dann siehst du ihnen an, dass Menzi einen französischen Einschlag hat. Er sieht aus und benimmt sich wie ein französischer Edelmann."
Plötzlich sah ich die Bilder von beiden vor mir aufsteigen, die eine unverwechselbare Ähnlichkeit aufwiesen. Ich war tief beeindruckt.
„Molay", so berichtete mir Ariane weiter, „war verschlagen, raffiniert, durchtrieben, überheblich, stolz und absolut unnachgiebig. Augenzeugen sagen, er war ein totaler Choleriker, der schon damals die Welt beherrschen wollte. Sein Verhalten war das eines bösen, hinterhältigen Schwarzkünstlers. Er war nur zu denen freundlich und zuvorkommend, von denen er einen Vorteil sah. Drei Tage besuchte ihn der bekannte Philosoph Raimundus Lullus, von dem er sich Wissen und Weisheit für sein Ego erhoffte."
„Molay wurde doch am Scheiterhaufen verbrannt."
„Ja, damit alle Bestandteile seines Doppels, seiner Matrize sofort vernichtet wurden und er es sehr schwer hätte, auf der materiellen Ebene tätig zu werden. Er zitterte nicht vor Angst, weil er wusste, dass er keinen Schmerz verspüren würde. Seine Gottheit teilte ihm das mit."

„Ach?"
„Doch, Johannes, er verspürte ja keine Schmerzen bei seiner Hinrichtung, weil er sich in einem Trancezustand befand. Nach einer Legende ließ er vor sich ein Bild der Mutter Gottes aufstellen. Wie zum Gebet wurden ihm die Hände freigebunden und hielt mir ihr Zwiesprache, er verband sich mit ihr, kam in einem gehobenen Zustand, in dem er den Fluch, als er halb verbrannt war, in einem Wutschrei von sich gab, während die Flammen seinen Körper versengten. Daraufhin starben ja bekanntlich der König und der Papst."
„Die Templer waren ja ein schwarzmagischer Orden?"
„Klar doch. Er war ein Orden der ...."
„Das dachte ich mir. Was kannst du mir dazu sagen?"
„Folgendes: Baphomet war die ausschlagende Gottheit der Gnostiker und Ophiten. Für die Templer war er ein zu verehrendes Idol, ein Vorbild, sich nach ihm zu richten. Sie heuchelten das Christentum vor. Wurden wegen Gottesverleugnung, Teufelsdienst und Zauberei angeklagt. Aber, was die Wenigsten wissen, war, dass im 14. Jahrhundert die Zauberei allgemeine Verbreitung fand. Jeder, selbst der Papst glaubte an die Wirkung der Magie! Viele adelige Häuser waren im Orden der Templer Mitglied, so wie heutzutage bei der FM. Das Gewandt des Großmeisters wurde als Ehrerbietung geküsst, wie man die Hand des Großmeisters im „Frabato" küsst. Man fand auch Baphomet-Idole in England, das heißt, dass der Orden überall tätig war. Sie trafen sich nachts zu magischen Arbeiten und nach manchen Forschern wie Hans Prutz wurden auch Opfer dargebracht, wie Tiere usw. Die größte Schuld war die geheime Lehre, die sie ausübten, in einer Zeit, wo der leiseste Zweifel an der Rechtmäßigkeit der Priesterschaft und an der Wahrheit der Priesterlehre auf den Scheiterhaufen brachte. Wer nicht Christi anbetete, brannte, wie 183 vermeintliche Manichären, wobei die Kirche meinte, ein angenehmes Opfer dargebracht zu haben. Die strikte Geheimhaltung bewahrte die Templer vor mehr schaden. Manche Päpste – wie W. F. Wilcke in seiner Geschichte des Templerordens meint – hatten große Vorteile durch den Orden.
Die Templer waren Gnostiker bzw. Ophiten, welche den Trieb huldigten und deshalb auch so kampfbereit waren, denn beides – Trieb und Kampf – unterstehen dem Mars. Viele Symbole der Templer lassen auf Alchemie schließen. Sie nahmen die Gesetze der Quabbalah und verdrehten sie ins Irdische. Deswegen hat ihr Idol auch drei Köpfe, welche den drei Ebenen, Körpern, Matrizen, Gunas usw. entspricht. Baphomet ist auch männlich-

weiblich, was durch seine tierischen Symbole ausgedrückt wird, deshalb ist er der Gott der Erde.

> Und hätte ich einmal,
> So Gott es will,
> Den letzten Sturz getan:
> Ich träte wie immer
> Gelassen und still
> Die letzte Bergfahrt an.
> Ob Eis, ob Stein
> Auch manchen fällt,
> Das macht uns keine Pein:
> Wir sind die Fürsten dieser Welt
> Und wollen's auch droben sein!
>
> „Luzifers Hofgesind" von Otto Rahn

Doch schon bei den Griechen wurde eine Göttin namens Paphos verehrt, welche einen Bart, Brüste und Phallus hatte, so wie der Gott der Templer. Die Ordensmitglieder bzw. der gesamte Orden wurde zu mächtig, zu einseitig, deswegen wurden sie unter anderem in den Untergrund zurückgedrängt. Wurden sie zu negativ, dann kam zum Ausgleich der Gegenschlag und viele mussten mit den Tode bezahlen, wie allgemein bekannt ist."
„Franz Bardon schreibt das bei den Ritualen im „Adepten", dass wenn man zu negativ wird, ein Rückschlag kommt, welchen einen stoppt, damit man nicht über seine Grenzen hinausschießt."
„Die Ordensritter frönten dem Geize und den dämonischen Lehren, wie es in einem Templer-Brief wörtlich steht. Deren Lehren waren der Entwicklung entgegengesetzt. Man bezeichnet solche Menschen als Luziferaner. Doch drangen keine Einzelheiten darüber nach außen! Auch Papst Clemens V. sagte, dass er nicht alle Anschuldigungen aussprechen könne, weil es dadurch ein zu großes Ärgernis geben würde! Der schwarzmagische Orden stand als geistiger Ritterorden unter dem Schutze der Kirche, die ihr dämonisches Treiben absegnete! Deswegen wurde alles unternommen, die Beweise nicht ans Tageslicht kommen zu lassen.
Selbst die Aufnahme eines jungen Novizen wurde durch Wächter geschützt, welche das Geheimnis bewachten und die gesamte Umgebung

überblickten.
Die einmal erregte Fantasie aber, von Furcht und Argwohn befruchtet, malte sich die Kapitel der Tempelherren bald als die Schauplätze der unmenschlichsten, widernatürlichsten Schandtaten aus und gewann nun eine erwünschte Bestätigung dieser düsteren Schreckensbilder noch von einer anderen Seite her. Man wollte nämlich wissen, zu was die Mitglieder des Tempelherren-Ordens durch die furchtbarsten Eidschwüre zur Wahrung des schrecklichen Geheimnisses verpflichtet wurden, welches das eigentliche Wesen ihrer scheinbar streng kirchlichen Gemeinschaft ausmachen sollte. Es hieß, dass diejenigen, welche sich bei der Aufnahme oder späterhin geweigert hätten, die bei den Zusammenkünften der Ordensmitglieder üblichen anstößigen Zeremonien mitzumachen, die man schwarze Messen nannte, in dem Dunkel der unterirdischen Kerker, in dem für niemanden zugänglichen Ordensburgen, spurlos verschwanden. Oft wurden sie gar auf der Stelle getötet und nicht minder schrecklich malte man sich das Schicksal derjenigen aus, die, sei es mit, sei es ohne Grund, in Verdacht gekommen waren, ihren auf Bewahrung des Geheimnisses den geleisteten Eid irgendwie verletzt zu haben. Ja, es ging sogar die vermeintliche Rede, dass in jedem Ordenskapitel angeblich immer ein Tempelritter sein Leben lassen müsse, sowie dies bei der satanischen FM der Fall war!"
„Das ist extrem, wie viele Analogien existieren, aber keiner ist darauf gekommen, diese Parallelen zu ziehen."
„Selbst das Volk wusste, dass

- die Aufnahme neuer Mitglieder in dem Orden verbunden war mit einer Verhöhnung des Kreuzes, meist durch Bespeien, zuweilen durch Treten mit den Füssen usw. ausgeübt wurde. Dazu kam eine ausdrücklichen Verleugnung Christi und die Krönung kam endlich mit Küssen, welche die Aufzunehmenden dem Receptor und anderen anwesenden Ordensmitgliedern auf Stellen angegeben hatten, die man sonst schamhaft so verhüllen pflegte.

- Bei ihren geheimen Zusammenkünften erwiesen die Tempelherren einem meist in der Gestalt eines Kopfes gebildeten Idol göttliche Verehrung, in dem sie das Bild des wahren Gottes sahen, des einzigen, an den man glauben schenken dürfte.

- Die Priester des Tempelherren-Ordens ließen gemeinhin bei der Feier der Messe die auf den Eintritt der Transsubstantiation, der

Wesensverwandlung bei der Eucharistie bezüglichen Sakramentalworte aus.
- Die Oberen des Ordens, obgleich Laien, behaupteten berechtigt zu sein, den Ordensritten die Absolution zu erteilen.
- Den Mitgliedern des Ordens wurde bei der Aufnahme die ausdrückliche Erlaubnis zu widernatürlicher Unzucht – der Orgien bei den Schwarzen Messen – erteilt.

Demnach wird man nicht umhin können, dasjenige, was in den oben angeführten fünf Punkten offenbar wird, als ein vom Tempelherren-Orden als solchem ausgebildetes und offiziell gepflegtes und dem der Gemeinschaft neu beitretenden Nachwuchs planmäßig überliefertes System gelten zu lassen. Darin ist sogar das eigentliche Wesen des Ordens zu sehen, für welchen die alte Regel von Troyes (1128) – die schriftliche Niederlegung – nichts als eine nach außen hin zu täuschen bestimmte trügerische Hülle war. Deren bediente man sich, um unter ihrem Schutze ihr eigentlich absolut widersprechende Tendenzen zu verfolgen, so wird man sich auch weiterhin zu der Annahme veranlasst sehen, dass der Orden noch eine besondere, seinen geheimen Zwecken dienende Organisation, eine geheime Regel, ein geheimes Statut gehabt hatte.

Es gab nachweislich einen exoterischen und einen esoterischen Kreis. Es existierten handschriftliche Aufzeichnungen der Statuten, die geheim gehalten wurden, in welche orientalische, islamische Lehren der verschiedenen exzessiven Sekten einflossen. Bei Verrat wurden harte Strafen verhängt, die nachgewiesener Weise ausgeführt wurden. Gebeichtet wurde nur bei Ordensmitgliedern, sodass die Geheimnisse im Orden blieben. Es wurde dadurch ein eigener Staat gegründet! Aber keine dieser „Schriften" sind jemals aufgetaucht, da sie rechtzeitig beiseitegeschaffen werden konnten. Der innere Kreis kannte einen guten himmlischen Gott und einen bösen irdischen Gott an. Sie verehrten den irdischen als den wahren Gott der Erfüllung. Sie warfen sich vor lauter Ehrfurcht vor seiner Größe – dem Teufel – auf den Boden!

Danach wurde demselben von dem Receptor das Idol in Gestalt eines aus goldähnlichem Metall gefertigten, menschliche Züge tragenden Kopfes gezeigt mit den Worten: Sehet da einen Freund Gottes, der mit Gott redet, wann er will; danket ihm dafür, dass er euch in diesen Stand geführt hat, den ihr so sehr gewünscht habt, und er wird euch eure Wünsche erfüllen. Er habe die Kraft zu heilen, reich zu machen und alle Wünsche zu erfüllen.

Das waren die alten Ansichten der Gnostiker und Ophiten."
„Das ist doch genauso wie es Quintscher gesagt hatte. Sie verehren den unteren Gott!"
„Richtig! Sie sehen den unteren Gott als des oberen Gottes ältesten Sohn! Das ist eine dualistische Religion der Polarität!"
„Für die Luziferaner war z. B. Christus nur ein Übeltäter, der die Welt in den Abgrund stürzen wollte. Er wurde für seine Sünden bestraft und ans Kreuz geschlagen."
„Und so war es auch für die Templer. Das war auch die Meinung vom Großmeister Gregorius, einem Mitglied der Templer-Loge."
„Ja, das schrieb er so ungefähr im Roman „Exorial".
„Und die drei Küsse, die du oben erwähntest, dienten der sexual-magischen Messen, wie wir weiterhin noch sehen werden."
„Die Küsse auf Mund, Bauchnabel und Phallus!"
„Das bezeugt die Verwandtschaft zwischen Luziferanern und Templern, weil bei den ersten dies in Orgien, in schwarzen Messen zur Ehre ihres Gottes ausartete."
„Ja, die Luciferianer machten die Materie zum Gegenstand der göttlichen Verehrung, der Materie zu dienen war ihnen daher gleichbedeutend mit Gottesdienst. Die wilde Befriedigung jeder sinnlichen Lust ließ sie am meisten mit ihrem Gotte eins werden; wer nach materiellem Besitz jagte, Geld, Gut und Genuss erstrebte, erfüllte am vollkommensten die Berufung des irdischen Menschen. Es liegt auf der Hand, dass eine Lehre, die zu solchen praktischen Konsequenzen führte, die alle Schranken der Sittlichkeit aufhob, ja auf die Verletzung derselben in gewissem Sinne den Preis der Gottwohlgefälligkeit setzte, bei wenig kultivierten und nach der sinnlichen Seite hin besonders stark veranlagten Völkern lebhaften Beifall fand, ebenso wie bei solchen, die in gewissem Sinne durch eine Art von Überkultur verdorben, sittlich verwildert, in geistige Zuchtlosigkeit geraten und daher vor allem materiellen Interessen ergeben waren!"
„Da kann man schön die Lehren des OTO und der FS vergleichen. Das Mitglied Amenophis, SS-Offizier und Freimaurer, sagte auch, dass die Templer die Vorbilder der Loge sind!"
„Ihr unermesslicher Reichtum kam durch die Verehrung ihres dämonischen Gottes, welcher die Erde, die Materie erschaffen hatte!"
„Als ein luciferianischer Satz ist uns überliefert: *Niemand kann unterhalb des Nabels sündigen*, weist auf die Verwirklichung der schwarzen Sexualmessen hin, um stoffliche Ursachen zu schaffen."

„Der Kuss auf den Mund deutet das Geistige hin, der Kuss auf den Nabel die Mitte, das Astralreich, und der Kuss darunter auf die Materie, was dem Gott Luzifer untersteht."
„Diese Deutung war selbst den Luziferanern und Templern bekannt, welche sie in die Tat umsetzen!"
„Selbst dem Templer-Idol, dem Janus-Kopf wurde mit dem Begrüßungsruf „Yallah" zugerufen, welche auch in den Ritualen der Templer und der FS gebraucht wird!"
„Eine seltsame Ähnlichkeit!"
„Ähnlich ist auch das Auffinden der einzelnen Brüder, da alle ein Gleiches suchen, fanden sie Halt in diesem Orden."
„Aber de Molay musste doch seinen Pakt abtragen, und kam als neuer Mensch aus der Sphäre des Dämons empor?"
„Nein, viele hängen immer noch wegen ihres Charakters an dem negativen Wesen. Sie können diese Zeit mit ihm, diese Unbeschwertheit, sich um nichts Sorgen zu machen, da alles auf okkulte Weise geregelt wird, nicht vergessen. Ihre Unausgeglichenheit zieht sie immer wieder zu dem Gott der Templer zurück. Deshalb schreibt ja Bardon in seiner „Evokation", dass „einige" einen weiteren Pakt mit der Wesenheit schließen. Er sagt: Dass dann die Versuchungen auf unserer Erde, diese Kräfte zu missbrauchen, wieder auftreten und dass eventuell derselbe Vorsteher, vielleicht unter einer anderen Maske, es neuerdings anstrebt, sein ehemaliges Opfer wieder auf seine Seite zu bekommen, um ihn nach dem Ableben in seine Sphäre zu ziehen, ist unbestreitbar. Aber manche fallen sogar immer und immer wieder, weil sie ihren Charakter nicht ändern wollen. In der Astralebene haben sie dann nur das Gefühl des unsäglichen depressiven Schmerzes, der an ihren Knochen nagen muss, damit sie endlich mal erwachen!"
Mann war ich perplex! Dass es so etwas wirklich gibt, das wollte mir nicht in den Sinn kommen. Ich konnte mir das nicht vorstellen.
„Johannes", sagte Ariane zu mir, da sie meine Zweifel bemerkte, „es gibt so viele verschiedene Geheimnis im Kosmos, dass die Fragen nie aufhören zu existieren. Das ist doch einerseits ganz gut, denn dann kann man bis in alle Ewigkeit danach forschen, oder?"
Sie hatte recht. Doch meine Aufmerksamkeit wurde schlagartig von diesem Thema weggerissen. Der Pendelschlag kam, der Gegenschlag ließ nicht lange auf sich warten. Diese Zauberer stehen mit ihren Wesen in enger Verbindung, wie es Bardon in seinem zweiten Werk richtig beschreibt, welche sie über alle Dinge informieren. Ein enormer gefährlicher Hass

gegen uns kam auf, als Menzi erfuhr, dass wir all diese Mitteilungen über ihn in Erfahrung bringen konnten. Sofort fragte er seine Gottheit, ob sie uns nicht augenblicklich töten könnte: Die Antwort fiel so aus: „Hinter ihnen stehen viel mächtigere Wesen, als du es je erahnen kannst. Ich kann dir nicht helfen, denn die Brüder des Lichtes verhindern dies."
Menzi wunderte sich, da bei ihm bis jetzt alles gekappt hat, er hatte nie einen Gegner, den er nicht ausschalten hätten können. Nur bei uns gelang es ihm nicht. Das war ihm ein unlösbares Rätsel. Keiner stellte sich ihm in den Weg – keiner überlebte das!
Der chinesische Nekromant erwachte aus seiner Vision. Der Dämon war seinen Blicken entschwunden. Das rief noch mehr Hass hervor, denn er war immer noch so machtbesessen, und wollte sie unerkannt ausüben. Deswegen zog er in der darauffolgenden Nacht den Mentalkörper meiner Frau heraus und stellte ihn in seinen magisch-geladenen Spiegel. Solch eine Macht hatte dieser dunkle *Bruder*! Ihm wurde auch vom Gott der Erde mitgeteilt, dass sie die Übermittlerin der Geheimnisse sei und über ihn alles ihn Erfahrung bringen konnte. Das hätte für ihn nützlich sein können, so etwas wollte er sich sichern.
„Willst du mein Medium werden?", fragte er meine Partnerin. „Ich zahle dir sehr viel dafür, Millionen, wenn du willst, denn du bist dafür hervorragend geeignet. Ich kann dich auch heilen! Mit dir könnte ich wunderbare sexual-magische Operationen durchführen. Aber ich will eine Antwort!", fauchte er meine Frau an.
Sie entgegnete: „Ich hab aber keine Gebärmutter mehr! Sie wurde mir operativ entfernt! Wie kann ich dir dann sexuell nützlich sein?"
„Es zählt nur das astrale Organ!"
Mona war so geschockt, dass sie nichts darauf erwidern konnte.
„Ich will eine Antwort haben! Sonst nagle ich einen Hamster an ein Kreuz, welcher bei dir starke Schmerzen hervorrufen wird."
Voller Wut machte er eine Handbewegung und schicke sie in ihren Körper zurück. Mit einem Ruck und mit starken Nervenflattern erwachte sie, denn er vollführte das mit seinen dämonischen Willen.
Als ich das hörte, dass Menzi das versucht hatte, war ich komplett zerrüttet. Wieso ist so etwas nur möglich. Ich verstand das nicht. Aber ich erinnerte mich, dass Gregorius etwas Ähnliches schrieb. In seinem Buch „Spiegel- und Kristall-Magie" und im Logenvortrag „Magie der Spiegel und Kristalle" deutet er das an, dass die Nekromanten (Schwarz-Magier) solch eine Macht haben, dass sie sich vor den Spiegel setzen, sich mit ihrem

Dämon verbinden, sozusagen mit der Allmacht eins werden, und dann ihre Opfer während des Schlafes aus dem Körper herausziehen und sie mentalisch im Spiegel erscheinen lassen können. Die betreffende Person kann dabei hellwach sein und bekommt alles mit. Wörtlich sagt er (S.22): *„Die große Macht gewisser magischer Geheimlogen auf die „Mitglieder" beruht auf obigen Praktiken (auf Willensübertragung negativer Art, welche sich in seelischen oder auch körperlichen schweren Erkrankungen äußern kann). Es werden diese erwähnten Willensübertragungen durch eine ganze Anzahl, in magnetischer Kette vereinigter Brüder vorgenommen zu bestimmten vorher errechneten Stunden. Es ist klar, dass selbst ein geschulter Abwehrwille auf die Dauer derartigen konzentrierten Willensimpulsen einer ganzen Gruppe von Menschen nicht gewachsen ist. Die rhythmische Regelmäßigkeit derartiger Exerzitien ... hat oft schon das totale Auslöschen des betreffenden, in Logen-acht befindlichen Menschen als Resultat gehabt."* – *„So gibt es also eine seelische und organische „Krankheitsbehandlung" durch Spiegel, die direkt erfolgen kann, aber auch durch magische Fernbehandlung möglich ist"*, sagt er einen Absatz weiter. Ich las dies meiner Frau vor, und sie begriff, was da vor sich gehen kann, wenn man auf den falschen Menschen trifft.

„Das ist sagenhaft, was die für eine Macht haben."

„Ja, aber wir konnten das in Erfahrung bringen und verwerten. Das würde sonst kein anderer tun," meinte meine Gemahlin.

Aber es kommt auch für ihn immer der Rückschlag, denn jede Medaille hat zwei Seiten. Das gilt insbesondere für die Anhänger des linken Pfades. Da Menzi vorhatte, sie als Medium für niedere sexual-magische Zwecke zu missbrauchen, ging es immer schlechter voran mit seinem Auftreten in der Öffentlichkeit. Er musste seinen Mitarbeiter und Berater kündigen, weil sich bedeutende Fehler eingeschlichen haben. Seine Umfragewerte begannen zu sinken. Er bekam noch dazu solche Probleme mit seinen Parteigenossen, die sich alle gegen ihn stellten, sogar der Präsident von China entwickelte Abneigung gegen ihn. Er beschimpfte ihn sogar. Aber gab er auf? Nein! Er wollte unter allen Umständen meine Frau haben. Das folgende Erlebnis entspricht zu 100% der Wahrheit, auch wenn in der okkulten Literatur noch nie darüber so eingehend berichtet wurde:

Meine Frau erwachte, befand sich aber nicht in Deutschland, sondern lag mit ihrem materialisierten Astralkörper auf dem Altar in der Villa des Chinesen Menzi. Fünf Hexenmeister, nach dem Ritus Pentalpha mit Masken der fünf Elemente bestückt, bestehend aus Löwe, Vogel, Wolf,

Hyäne und Nilpferd, wollten sie sexuell missbrauchen, sprich für ihre negativen Zwecke ihr die Vaginalsekrete entziehen. Menzi ging zu einem schön verzierten Kästchen und holte eine mit Flüssigkeit befindliche Viole heraus, träufelte 1-2 Tropfen auf seinen Finger und schmierte diese Flüssigkeit in die Vagina meiner Zwillingsseele. Dasselbe erregte sie ungemein, sie spürte ein vibrieren in ihrer Scham, wie sie es noch nie vernahm. Das Geschlechtsteil wurde prall, voller Blut, und die Säfte flossen in Strömen.

Das alles war Bestandteil der reinen Willensschulung, der Vorstellungskraft und mentaler Wunschkraft des Nekromanten, unter Beachtung gesetzesmäßiger Riten und unter einer bestimmten geistigen Einstellung, die man als mentale Ekstase, als Verzückung oder als Verbundenheit mit dem Dämon bezeichnet. Je nach Operation wurde eine charakterliche Verbindung mit dem Genius angenommen. Meine Frau stand unter einen Bann, so wie es *Frater Daniel* bei der Beschwörung des „Höllenzwanges" mit seiner Frau Miriam tat. Sie konnte sich auch nicht rühren, konnte sich nicht bewegen. Die Gemahlin des gefallenen Freimaurers stand voll und ganz unter dem Willen ihres Mannes, solch eine Macht besaß er! Ihm war es egal, ob sie verrückt werden würde, Hauptsache, er konnte sein Ziel erreichen.

Die chinesischen Zauberer bildeten eine Kette, sangen dabei die ägyptischen Worte „kabalim adamum" und Mona wurde immer schwächer, steifer und willensloser, erstarrt förmlich in astral-körperlicher und geistiger Weise.

Ihr Kopf, der Solar Plexus und der Unterleib entsprachen theoretisch den drei Ebenen. Das Solar- und Wurzel-Chakra pulsierte richtig, es vibrierte stark, denn sie stauten Lebenskraft darin, damit es in gigantische Wallung gerät. Natürlich stehen hinter diesen Zentren bei ihnen nicht die Gottheiten, sondern sie werden durch Dämonen ersetzt, mit dessen Eigenschaften, Kräften und Mächten sie zusammenarbeiten. Menzi wollte und musste das auf diese Art und Weise vollbringen, weil er politischen Erfolg haben wollte, denn mit ihm ging es bergab. Mit derartigen Ritualen konnte er materielle Ursachen schöpfen, die sich auf unserer Erde verwirklichen.

Der Kopf von Mona lag im Kreis des magnetischen Erdmeridians im Süden. Ein Rapport wurde mit ihr anschließend hergestellt und sie glichen ihrem Atem demjenigen des weiblichen Körpers an. Menzi legte seine Hand auf den Solarplexus und durchströmte meine Frau als benutztes Medium mit seiner Kraft, um den Bannritus abzuschließen. Eine enorme

Strahlkraft war zu spüren. Dann trat er hinter das Lager an das Kopfende des Mediums, schloss ihre Augen fest durch leichtes Drücken der Augäpfel, konzentrierte sich und bestrahlte nacheinander mit seiner Willenskraft ihren Solarplexus, das Geschlechts- und Intuitionszentrum. Darauf brachte er durch Einstellung die gleichen Zentren in ihm zum Schwingen. Er stellte sich nunmehr mit weit emporgestreckten Armen auf die Fußspitzen und stellte sich dann so, dass sein Geschlechtszentrum ihrem Intuitionszentrum, sein Solarplexus dem ihren und sein Intuitionszentrum dem Geschlechtszentrum ihres Körpers gegenüberlag, damit diese gegenseitigen Zentren sich auf diese Weise geistig in Verbindung traten. Ist die Verschmelzung der beiden Odkörper genügsam eingetreten, schickte er durch beide Arme einen starken magnetischen Strom in meine Frau. Bei der nötigen Vorstellungskraft bemerkte man, dass das Medium, in diesem Falle meine Partnerin, nun starr und steif mit gestrecktem Körper wie ein Stück Holz dalag. Anschließend kann man diesen sogenannten erzeugten Bann durch einige magnetische Striche wieder lösen. Aber das wollte er nicht. Ihm ging es um die „Kräfte" respektive um die Säfte meiner Frau! Menzi war natürlich bekannt, dass eine öftere Wiederholung dieses Experimentes allerdings dazu führte, dass der magnetische Schlaf leichter eintritt. Auf diese Weise hätte er sie derart heranbilden können, dass sie durch bestimmte Handgriffe oder Worte jederzeit körperlich in Katalepsie fällt und zu missbrauchen wäre. So etwas hatte er auch vor. Das muss man sich erstmals vorstellen! Ich hätte nichts machen können, da ich über keinerlei Fähigkeiten verfügte.

Diese eben beschriebene „Bannung" kann stundenlang anhalten. Er tat gut, daran zu denken, denn er hatte zuvor das Lager entsprechend eingeodet. Man kann dieses Experiment durch geeignete Räucherungen mit indischem Hanf und durch ein geeignetes Parfüm der Mandragorawurzel unterstützen. Eine ähnliche verstärkte Bannung lässt sich auch durch mehrere Personen ausführen, wie es die alten Priester bei ihren schwarz-magischen Zeremonien früher schon in chinesischen Klöstern vollbrachten. Meister Menzi stellt sich am Fußende des Mediums auf und lässt weitere fünf (=Penta!) seiner Logenbrüder um das Lager treten. Alle brachten sich mit ihm in gleichmäßigen rhythmischen Atem-Einklang, worauf sie unter starker Gedankenkonzentration die Hände ca. 10 cm oberhalb des Mediums auflegen und mit stärkster Odausstrahlung gemeinsam alle denselben Banngedanken imaginativ dachten. Dadurch beeinflussen sie das Medium mit ihren negativen Wünschen.

Nachdem diese rhythmische Einodung gemeinsam sieben Mal vollbracht wurde, richteten die Brüder sich wieder auf und mit starrem Blick fixierten sie imaginativ den Körper. Diese Zeremonie ging nun ihrem Ende zu, sie wollten nun sexuell in sie eindringen, als plötzlich helles Licht im Tempel erschien, eine bekannte chinesische Gottheit manifestierte sich, machte eine Geste, und meine Frau war verschwunden. Obwohl die Nekromanten stets durch den magisch geladenen Kreis geschützt sind gegen sogenannte Astral-Schmarotzer, auch Wesen zu ihrer Sicherheit aufstellten, durchbrach dieser weise und wahre Magier den Bannkreis mit Leichtigkeit! Und meine Frau erwachte.

„Du kannst dir nicht vorstellen, Johannes, wie ich benommen war. Die Brüder machten mit mir, was sie wollten. Ich konnte mich nicht einmal willensmäßig äußern, geschweige denn etwas sagen. Ich stand völlig unter ihrem Bann! Das lässt sich nicht beschreiben. Das war grauenhaft."

„Jetzt hast du mich aber richtig sprachlos gemacht. So etwas habe ich ja noch nie gehört, dass das ausgeübt wird. Aber möglich ist es."

„Er hatte mich total unter Kontrolle, eine Kontrolle, die unmöglich irdischen Ursprungs war", berichtet meine Partnerin. „Du kannst dir nicht vorstellen, wie die Atmosphäre im Tempel war. Sie war geladen mit Perversität, mit niederen sexuellen Gedankenströmen, die mich einfach mitrissen. Ich konnte dieser dämonischen Schwingung nicht widerstehen. Ich floss förmlich mit und war bereit, ihren Anweisungen Folge zu leisten, mich beim Orgasmus zu konzentrieren und dabei goldenes Licht ausfließen zu lassen. Extrem wirre Gedanken kamen in mir auf wie
- ich lutsch dir die Scheiße aus dem Arsch;
- ich will von dir so gefickt werden, dass meine Fotze ausrinnt;
- du geiler Schwanz, leckt mich leer."

„Ich bin zwar geschockt, aber ich dachte mir schon so etwas, denn die astralen Wesen, mit denen die Sexualschamanen zusammenarbeiten, sind alle so gepolt, sie sprechen alle so, weil sie das irdische negative Prinzip vertreten. Ihre dämonische Aura zwing jeden Sterblichen zu solchen Gedanken, denn im Unterbewusstsein herrschen solche Schwingungen bei jedem Menschen vor. Solch ein Vorgang muss entsetzlich sein!"

„Ja, das war kein schönes Erlebnis. Das möchte ich betonen!" Nach einer Pause: „Da kannst du recht haben. Solange man sein Unterbewusstsein nicht völlig unter Kontrolle hat, sich nicht absolut beherrscht, solange man nicht vollkommen Mental ausgeglichen ist, holen diese Gegengenien all

dies hervor, und verstärken es noch dazu. Ich habe mich dabei richtig gut gefühlt. Ich war auch total sexuell erregt, wie ich es noch nie war. Ich wollte alle sexuellen Wünsche ausleben, ja durchmachen und erfahren. Ich sehnte mich danach!
Die Sexualzauberer brauchen ein Medium, einen Vermittler, welcher nicht nur Mitglied dieser materiellen, sondern vor allem auch der geistigen Welt ist. Um als Medium richtig wirken zu können, bedarf es einer starken Zartheit, einer Weibhaftigkeit, einer übertrieben ausgeprägten Hingabe. Die mediale Empfängnisfähigkeit bedingt die Anziehung aus dem Unsichtbaren, welche durch die einseitig fanatische Hingabe verstärkt wird. Die weiblich-wässrige Passivität hilft bei der Kontaktaufnahme mit dem Unsichtbaren, welche durch entsprechende Übungen verstärkt werden kann und wird. Der Trieb und die sexuelle mastrubatorische Erregung bringen einen großen Teil der medialen Fähigkeiten zum Vorschein. Darin liegt der weibliche Kult der Hingabe an die Transzendenz! Das wird durch die zahlreichen Verbrennungen von Hexen, welche alle mediale Fähigkeiten nachgesagt wurden, bestätigt."
Meine Frau hatte vollkommen recht.

**Gezielte Einflussnahme auf die Chakren des Mediums durch einen Nekromanten.
Man erkennt dadurch die Umpolung der geistigen Werte in materielle Wirkungen;
das Reine wird ins Unreine gezogen.**

„Das vollkommene Genie und der einseitige Wahnsinn liegen nah beieinander!", erwiderte ich.
„Der Unterschied zwischen dem linken und rechten Pfad, dem Einseitigen und dem Vollkommenen, kann man anhand der Drehrichtung der Chakren erkennen. Man kann die Charken gezielt zur vermehrten Drehung aufladen, zur vermehrten Kraftausschüttung. Sie drehen sich dann anstatt rechts, richtig herum, links, falsch herum, das symbolisiert das Materielle, das Dämonische. Durch die falsche Richtung, der Harmonie entgegengesetzt, entsteht der Wahn- und Irrsinn bei den Medien, welche alle im Krankenhaus enden oder die Radieschen von unten betrachten können."
„Krass! Echt Krass!"
„Auch wichtige innensekretorische Drüsenfunktionen können durch die rechte magische Arbeit mit den Chakras verstärkt werden. Man kann dadurch sogar die Hormonzeugung erhöhen. Die Tätigkeit der Nebenniere und der Bauchspeicheldrüse wird nötigenfalls neu angeregt. Gallen- und Leberstörungen können vermieden werden. Hier öffnet sich dem Arzt ein weites Versuchsfeld. Er weiß zwar bereits um das Geheimnis und die Bedeutung der Drüsen. Er ahnt aber noch nicht, dass außer der chemischen Therapie noch eine okkulte Heilpraxis existiert! Es ist z. B. einem Hexer möglich in magischer Praktik Gedankenphantome durch Od-Entnahme aus dem Milz-Chakra zu bilden. Menschen, die sich stark schwarzmagisch betätigen, erkranken an Milz, Leber und Galle usw. Diese Erkrankung ist die Folge von überspannter Drehung der betreffenden Chakren. Sie erleiden ja bei magischen Praktiken den stärksten Od-Verlust. Auf dies kann ein wissender Arzt Einfluss nehmen. Aber den Zauberern ist das egal. Sie suchen sich dann halt ein neues Medium, das willig und bereit zur magischen Empfängnis ist."
„Was erzählst du mir da? Woher willst du das denn alles so genau wissen?", musste ich meine Angetraute fragen.
„Das erzählte mir alles der chinesische Magier. Er gab mir viele Tipps."
„Wau!"
„Doch auch in harmonischer Richtung ist eine Entwicklung möglich. Nur liegen bei den meisten Menschen die Chakra total latent oder doch gehemmt vor. Chakra = Rad, von allen Schreibarten ist nur Chakra korrekt. Mit Cakra ist eigentlich die Scheibe von Vishnu gemeint, welches als Schild dient, ferner das Rad des Tierkreises, auch das Rad der Zeit usw. Im Okkultismus sind es die geheimsten Organe des Menschen, die Verbindungsstellen zu den Göttern, die allerdings nicht von Geburt aus

vorhanden sind, sondern sich erst mit der geistigen harmonischen Entwicklung bilden. Sie müssen erst in gute Funktion gebracht werden, um wohltuend auf die Nerven und die Organe einwirken zu können. Hierzu folgende Mittel: Geistige Atem- und Elementeübungen, Runenübungen, Konzentrations-, Meditations- und Imaginationsübungen, dazu Einreibungen mit den entsprechenden Salben oder Ölen. Hierfür sind Autosuggestion und geistige Vorstellungskraft erforderlich. Eine bewusste Stärkung des Chakra ist auch durch das Tragen des ihm zugeschriebenen echten Edelsteines möglich. Das Tragen von Schmuck auf den betreffenden Chakra-Gegenden des Körpers ist ein altes magisches und okkultes Wissen, z. B. Halsbroschen, Armbänder, Fußketten, Kopfschmuck, Fingerringe usw. Natürlich dürfen nur echte Materialien verwendet werden, geladen mit den entsprechenden göttlichen Ideen. Auf dieser Basis kann eine ganze Reihe von Experimenten vorgenommen werden. Der Schüler muss dabei immer den Harmonieschlüssel des JHVH im Auge behalten, dann können keine Schäden entstehen."

„Die satanischen Orden sagen dazu: Bei allen magischen Experimenten gilt der alte Grundsatz: Vergiss nie, die Tür wieder zu schließen, die du aufgetan hast!"

„Den Satz kenne ich."

„Aber das ist doch bloß ein Spruch der Logen, ohne große Bedeutung, denn diesen Meistern ist das Schicksal der Medien gleichgültig!"

„Richtig, das sagen sie nur, damit sie gut dastehen und den Medien vorgaukeln, ihnen dienlich zu sein! *Frater Daniel* ist hierzu das beste unmenschliche Beispiel, wie man in der Schrift „Amor ex Nihil" nachlesen kann!"

„Mir geht jetzt ein Licht nach dem anderen auf."

„Nach ihm sollte man an die leidenschaftlichen sexualmagischen Praktiken nie ohne die nötige und weise Vorbereitung herangehen, wobei er vollkommen recht hat. Für den Unterricht in der Hermetik, dem mittleren Pfad, der beide Seiten kennen muss, sind selbst diese Lektionen sehr aufschlussreich. Denn im Gegensatz zum echten Magier arbeitet nämlich der Nekromant bei seinen Beschwörungen mit seinen Chakra-Kräften und -Säften. Ein harmonisch gestimmter Mensch, dessen Chakra gut funktionieren, in die rechte Richtung sich drehen, verfügt über eine harmonische Ausstrahlung. Disharmonische Menschen unterliegen dem Gegenteil. Die gesamte Ausstrahlung dieser negativen Menschen kann magisch bewusst in die astrale Sphäre gelenkt werden. Das ist die

Umpolung. Dort wirkt, formt und bildet sie sich nach dem Willen des dunklen Bruders. Zunächst aber muss der Neophyt sich selber zu einem magischen Instrument heranbilden. Danach erst kann er ohne Rückschlag den Vorstoß in eine andere Sphäre unternehmen. Denn es ist immerhin ein gefährliches Unterfangen."

„Ja! Hans Müller, Mitglied in der satanischen FS, dessen Aussehen wahrlich sehr bedrohlich war, gab zu dieser einseitigen Praxis einige interessante Anweisungen. Er sagte dazu, dass der menschliche Körper in seiner Gesamtheit eine wirksame Antenne für Aufnahme von sexuell-menschlichen und kosmisch-dämonischen Kräften ist. Gewisse zentrale Nervengeflechte des sympathischen Systems, die Räder, bilden durch ihre besondere Tätigkeit diese speziellen Organe, durch die eine Umpolung durch magische Manipulationen möglich ist."

„In diesem Fall heißt Umpolung doch, dass man sie nach links drehen lässt, entgegengesetzt zur normalen Drehung, damit sie möglichst viel Kraft ausschütten können?"

„So sehe ich das auch. Das Hauptzentrum im Menschen, den Plexus Solaris, ist die wichtigste Funktion der Weltall-Steuerung, worüber man Kontakt zum Akasha erhalten kann. Derartige Strahlungszentren sind im menschlichen Körper in anatomisch gesetzmäßiger bzw. analoger Weise verteilt vorzufinden.

Der Körper, welcher bei der magischen Umpolung der Od-Zentren am wichtigsten ist, wird Ätherkörper oder Matrize genannt, der nach Bardon mit der Astralebene in Kontakt steht. Er ist von allen fluidalen Körpern der grobstofflichste. In ihm vollziehen sich die Strahlungsvorgänge am klarsten, und er besitzt den physischen Nervenzentren entsprechend sogenannte Chakras, d. h. Lotusse, welche identisch sind mit den Nervengeflechten des Körpers. Die Nervengeflechte sorgen also für die Regulierung und den Austausch der elektromagnetischen Kräfte im Menschen, und sind die Kondensatoren, Verteiler und Umformer der Nervenkraft, welche die Inder mit Prana bezeichnen. Die normal laufenden Chakren vermitteln in gleicher Weise den Austausch der kosmisch-astralen Kräfte der Welt der Götter, der Dhyani-Buddhas oder Erzengel, mit dem menschlichen Körper und stehen in enger Wechselbeziehung zu den Nervengeflechten oder Od-Zentren. So ist also der Mensch verknüpft mit den kosmischen Energien, den Göttern der Elemente. Da die Nekromanten eine rein materielle Entwicklung einschlagen, treten sie in Kontakt zu den dahinterstehenden Dämonen, welche von ihnen ständig mit den sieben

Strahlungskräften der sieben analogen Planten durchströmt werden. Störungen der Nervengeflechte bedingen Störungen in den Chakras und damit auch Störungen der Lebensfähigkeit, die durch derartige negative Praktiken hervorgerufen werden können. So haben die Inder recht, wenn sie sagen, Krankheit ist eine Störung der harmonischen Schwingung! Somit geht jeder okkulten oder chronischen Erkrankung eine Störung der Schwingungen der Nervengeflechte bzw. Chakras als primäres Agens voraus,…"

„…wenn man dazu die Elementeanalogien verwendet, was die Literatur verschweigt."

„Sehr gut bemerkt! Dadurch wird auch der Charakter des Menschen beeinflusst, denn er bildet sich aus der Vertiefung aller physischen und psychischen Wahrnehmungen. Beeinflussende Manipulationen auf Chakras und Od-Zentren zeitigen positive oder negative Einwirkungen auf Körper, Seele und Geist, sprich auf den Charakter. Damit eröffnen sich ganz neue Perspektiven für Heilbehandlungen, so behaupten sie, aber auch gewisse okkult-magische Experimente werden in ihren Auswirkungen verständlicher und zeugen von großer Tiefenwirkung. So ist also die Quintessenz voriger Ausführungen die, dass der menschliche Körper gewisse Nervengeflechte und Odzentren aufweist, die neben ihren anatomischen Funktionen die Regulierung der elektromagnetischen Kräfte sowie den Pranaaustausch ermöglichen."

„Stimmt!"

„Solche Od-Zentren sind die Epiphysis, ein graurötlicher, kegelförmiger, etwa ein cm. lange Drüse im Gehirn des Menschen. Wissenschaftlich ist die Funktion ziemlich unbekannt und wird als Rudiment eines optischen Zentralorgans betrachtet. Die Geheimlehre erblickt darin ein vorhanden gewesenes Scheitelauge und sieht in diesem wichtigen Zentrum den Sitz der Intuition und des Hellsehens, welche durch richtige Manipulation geweckt werden kann."

„Wie durch die Rit-Rune, die Rune des Rhythmus, wie die wahren Magier es handhaben."

„Sehe ich auch so, nicht so wie es die Zauberer bewerkstelligen (siehe Bild S. 128). Jedenfalls ist die Erweckung der Zirbeldrüse eng verknüpft mit der esoterischen Entwicklung des Menschen. Aber das wichtigste Chakra ist der schon erwähnte Plexus Solaris, das Zentrum des Ausgleiches. Dieses Geflecht des sympathischen Nervensystems liegt in der oberen Bauchhöhle. Es ist neben dem Gehirn das größte Gangliengeflecht und

besteht als einziges aus weißer und grauer Substanz (Gehirnmasse). So ist es auch – nicht zu Unrecht – als Abdominal-Gehirn bezeichnet worden. Vom Standpunkt der Strahlungstheorie ist der Plexus Solaris das wichtigste Aufspeicherungs- und Transmutationsorgan für die Prana- oder Nervenkraft. Verschiedene Yoga-Systeme schulen dieses Nervengeflecht besonders durch rhythmische, vergeistigte Atem- und Meditationsübungen und gewinnen dadurch Einfluss auf die wechselnden Vorgänge zwischen Körper und der Astralwelt. Für den Hermetiker sind dies die Übungen mit der Hagal-Rune und stehen mit dieser im engen Zusammenhang."
„So wie das Marby richtig beschrieben hat!"
„Als letztes erwähne ich von den sieben Zentren das Sexual-Zentrum. Im Besonderen hat die indische Geheimphilosophie erkannt, dass die Sexualkräfte des Menschen zur esoterischen Höherentwicklung transmutiert, gewandelt werden müssen. Sie hat dafür in ihrem Hatha-Yoga-System besondere Atemübungen und verhindert damit zweckloses Ausströmen größter Pranaenergie, ohne den Körper durch forcierte und naturwidrige Belastungen zu schädigen. Da Hatha-Yoga nach allen Kennern und Könnern des Okkulten eine Abwandlung der reinen Runenmagie ist, gibt es hierfür bei Weitem bessere und bemerkenswertere Übungen als z. B. die Kerzen-Stellung."
„Richtig, bei mir wirkte die „Kerze" überhaupt nicht! Du meinst sicherlich die Os-Rune, mit ihrer durchschlagenden Wirkung!"
„Durch die Praxis der Os-Rune wird man zum Herrn über das Wasserelement!"
„Sehr interessant, denn das bedeutet eine sichere Beherrschung des Triebes durch das schöpferische Wort."
Meine Frau beendete nun den informativen Vortrag. Ich war von ihrem Wissen stark beeindruckt. Aber dennoch, ich musste meinen Kopf schütteln und konnte damit gar nicht mehr aufhören. Und begreifen konnte ich es erst recht nicht! Wie immer bzw. noch immer nicht, wenn man bedenkt, dass die schwarz-magischen Praktiken über die Kontinente ausgeübt werden können. Zeit und Raum spielen keine Rolle! Ich starrte vor mich hin, ins Leere hinein! Dann fiel mir ein:
„Aber sagt nicht der wissende und weise Newton hingegen: *„Es ist wichtig zu wissen, dass es für die schöpferische Urkraft noch andere Verwendungsarten gibt, als die Zeugung physischer Nachkommenschaft; dass man etwas weit Besseres damit anzufangen vermag, als sie im Augenblick des Genusses zu verschleudern.*

Wird dieses Kraftelement im Organismus zurückbehalten, so kann es in neue Gedanken, vielleicht in neue Erfindungen oder in großartige Konzeption des Wahren, des Guten und des Schönen umgewertet werden, oder auch in erfrischende Gemütsfreuden, in die alle Mitmenschen umfassenden Triebe der Güte und des Wohltuns sich umwandeln." Der Wollüstige hingegen ist immer an der Grenze zum Wahnsinn, wozu ihn sein unbeherrschter Trieb treibt."

„Ja, aber die Zusammenarbeit mit den Dämonen bringt ihnen uneingeschränkte Macht, Macht, die sie ausüben wollen und tun! Die Hexenmeister sind so mächtig, dass wenn sie einen Fehler von uns entdecken würden, hätten sie eine Angriffsfläche. Dann ziehen sie imaginativ den Astralkörper heraus und zerreißen die Matrize. Das wäre unser Tod! Wir würden dadurch völlig verwirrt und nichtsahnend im Jenseits aufwachen. Manch einer von den Schwarzkünstlern sieht schon ziemlich bösartig aus. In seinen Augen sieht man schon das Böse, das unheimlich Dunkle lauern! Wie eben dieser *Frater Johannes*, ein Meister der Saturni."

Ich nickte, denn ich kannte ein Foto von ihm.

„Wenn der hohe Magier nicht erschienen wäre, dann hätten sie mich vampirisiert, und ich wäre mit einem verschobenen Bewusstsein in Psychiatrie wiedererwacht."

„Das ist mir zu hoch?"

„Der Weise erklärte mir, dass der chinesische Zauberer durch die karmischen Gesetze alles zurückbekommt. Seine Gottheit ist extrem erzürnt, weil er den Ritus nicht ordentlich vollzogen hatte. Die Riten wurden nicht ordnungsgemäß ausgeführt. Dies passierte vor Jahren einem anderen Mitglied des satanischen Ordens, weswegen er nach einem Jahrzehnt den Rückschlag von seinem Dämon bekam. Die Wesenheit macht die Gesetze hier auf Erden, und wenn ein Schützling diese nicht einhält, wird er richtig brutal! Plötzlich tauchten bei ihm Wechsel auf, die er nicht unterschrieben hatte. Er musste vor Gericht, um sich zu verantworten, und das kostete ihm jede Menge Kraft und auch Geld."

„Welchen Fehler hatte er begangen?"

„Der Ritus wird so durchgeführt, dass der Zauberer die Kräfte aus den göttlichen Chakren – Wurzel-, Nabel- und Kopfchakra – durch die Linksdrehung absaugt, und an dessen Stelle die Dämonen, mit denen sie zusammenarbeiten, einsetzt. Er verdreht das Reine in die Materie. Jedoch vergaß er das bei einem Medium, weshalb es tot zusammenbrach."

Hans Müller alias Frater Johannes. Bei ihm erkennt man gut, dass sich das Aussehen des Menschen nach seiner verehrten Gottheit richtet. Der Ziegenbart, die Anordnung der Ohren, die Geheimratsecken, seine scharfen Gesichtszüge usw. weisen auf den Gott der Templer hin!

„Und wem passierte das? Sagte das der Weise auch?"
„Ja, es war ein bekannter Schauspieler, der in einem Vampirfilm mitgespielt hatte."
Meine Frau nannte mir den Namen.
„Das gibt es nicht! Das kann nicht sein, der sieht ja aus wie ein Schluck Wasser."
„Ja, die wollen und sollen ja nicht auffallen!"
Meine Verwunderung stieg immer höher.
„Aber weil Menzi sich anmaßte, mich zu missbrauchen, was er nie hätte tun dürfen, können wir ab heute zurückschlagen, Johannes!"
„Was?"
„Hermes Trismegistos hat rituelle Gebete für seine Schüler aufgeschrieben, die sie vor etwaigen Problemen bewahren. Er wusste das schon vor 25.000 Jahren. Eines davon sollen wir verwenden, uns dabei das Gesicht von Menzi vorstellen, und gegen alle vier Himmelsrichtungen jeden Tag einmal wiederholen."
„Das wirkt?"
„Ja, denn eine Batterie ist im Akasha vorhanden, welche diese Kraft darstellt und zur Wirkung bringt, wenn man sich darauf konzentriert."
Wir sollten eine Gegenkraft aufbauen, damit er es nicht zu leicht hätte. Auch deshalb, damit er sieht, dass es noch geistig fähige Menschen gibt, die nicht so blind sind wie der große Rest der Menschheit. Präsident zu werden, wäre sein Schicksal, wir sollen ihm aber ein paar Steine in den Weg legen, an denen er sich stößt! Ich war gespannt, ob das alles klappt, denn für mich war das absolutes Neuland. Im Internet konnte ich sein Aussehen ausfindig machen, damit ich mir sein Gesicht beim rituellen Beten vorstellen konnte. Eine Woche später konnten wir dort nachlesen, dass er Probleme mit dem Finanzamt bekam. Ich konnte meinen Augen nicht trauen, aber es war wirklich so. Es kamen mit der Zeit noch mehrere Schwierigkeiten hinzu, die ihm in Endeffekt behinderten, ohne Sorgen sein Vorhaben zu erzielen. Er und seine schwarzmagisch eingestellte Familie begann Blut zu schwitzen. Aber der Herr der Erde wollte, dass er Staatspräsident der Volksrepublik wird und so wurde er es auch. Er hatte das schon seit Jahrzehnten geplant, hatte alle möglichen Vorbereitungen getroffen, um sein Ziel zu erreichen. Der Herr der Erde lässt sich von keinem in die Irre führen! Dann wird er sauer. Alle Prognosen deuteten auf einen Sieg seiner Gegner hin, aber es lief alles total anders. Als wir das erfuhren, konnten wir das erst recht nicht glauben. Aber wir bekamen auch

Unterstützung von einem deutschen Politik-Wissenschaftler, der hin und wieder im Fernsehen auftrat. Dazu später mehr. Aber eines möchte ich noch besonders hervorheben: Gewonnen hätte er so oder so, denn er spaltete das Land in zwei verschiedene Lager, worüber keine Brücke zu bauen ist. Der Graben in der Nation ist zu groß. Sein Einfluss auf das Land und seine Leute war zu mächtig. So schuf er den Weg zur Zersplitterung einer einheitlichen Nation! Mal sehen, zu was das alles führt ... Aber eines ist schon jetzt klar: Der Antichrist ist an die Macht gekommen und er wird den Auftrag seines Herren getreu ausführen und die Welt in den Abgrund stürzen. Die Pläne hatte er dafür schon im Kopf und will und wird sie durchführen. Alle Minister, die er für die Ämter einsetzte, sind Templer und steinreich, weil sie die Gesetze des Herrn der Erde befohlen und seine *Gebote* und Befehle ausführen. Der Großmeister einer Loge ist sogar der Vizekanzler und der Verteidigungsminister hat den Spitznamen „Fressender Drache", weil er immer solch waghalsige Militäroperationen befiel. Die Nekromanten sind überall dort stationiert, um das gesamte Land abzudecken. Jeder hat seine Aufgabe. Jetzt sind sie alle in Peking, im Regierungssitz, um ihr teuflisches Spiel zu machen. Ich sah ein Bild, welches sehr schockierend für mich war. Man sah Menzi, wie er im „Palast des himmlischen Friedens", so möchte ich das Haus benennen, am Balkon stand, und mit einen triumphierenden Lächeln sein Reich überblickte. Der Glanz in seinen Augen sprach Bände. Doch die Bevölkerung ist viel zu verblendet, als dass sie das sieht oder erkennen könnte. Der Film von John Carpenter „Sie leben" zeigt gut, wie verdeckt diese Nekromanten arbeiten. Nur wer eine *Brille* trägt, nur wer hellsehen kann, sieht die wahre Gestalt, den Astralköper und seine dämonischen Erscheinungen und wird darüber entsetzt sein. Er würde gar nicht mehr aufhören zu schreien. Das alles wird die Welt-Wirtschaft deutlich zu spüren bekommen!
All das, was wir machten, die ganze anstrengende Arbeit, war aber dennoch nicht sinnlos. Denn: nichts ist umsonst, sagte immer Ariane. Aber als ich hörte, dass seine schöne Tochter auch ein politisches Amt zugeteilt bekam, war ich zu tiefst geschockt. Denn dann regiert an der Spitze Chinas ein weiblicher Dämon, wovon wir später eingehender sprechen werden. Aber wie kann ich das alles beweisen? Überhaupt nicht! Wenn das gelesen werden wird, wird man mich als Spinner hinstellen. Doch das ist völlig unbedeutend, denn ich erfülle genauso wie Menzi nur meine Mission!
Die FM arbeiten auf den 3. Weltkrieg bzw. auf die Krise hin, denn sie wollen einen neuen Menschenschlag erschaffen, der für ihre Logen als

fähiges Kanonenfutter bei der Losziehung dienen soll, damit die 33 Meister an noch mehr Macht kommen können. Alles dreht sich bei ihnen nur um Macht, Einfluss und Gier. Selbst der Ölmagnat Kurt von B. trat den Templern bei, weil er wusste, dass er darin zu unvorstellbarer Macht gelangen konnte. Er traf sich dann mit seinen Brüdern, welche unheimlich Rituale praktizierten, womit sie ihre Gegner ausschalteten, Verträge und Situationen für sich positiv abschließen konnten, oder wie im „Frabato" steht, an sehr viel Geld kamen. Ihre Gier ist unersättlich. Er bot sogar seine Tochter einem national-sozialistischem Politiker an, damit sein Einfluss noch größer werden konnte.

Ich hab wegen meinen Recherchen um Menzi Kontakt mit einem chinesischen Journalisten aufgenommen, der mir Folgendes über ihn mitteilte:

„Das mit Menzi ist so eine Sache. Wenn er Präsident wird, dann geht es mit der chinesischen Volksrepublik steil bergab. Der Mann gebärdet sich dumm wie das Fußvolk, redet wie ein Bauernfünfer, ist undiplomatisch und hat null politische Erfahrung. Im Gegensatz war sein Vorgänger eine Intelligenzbestie. Es ist nur schockierend, wie viele Unwissende es hier gibt, die einen noch größeren Idioten wählen würden. Aber wenn ich mir die Wähler manch einer Partei in Deutschland ansehe, zweifle ich an der gesamten Menschheit. Die Intelligenten hier sind sehr schockiert, wie weit es Menzi geschafft hat. Für die ist das unbegreiflich. Aber er hat genau die richtigen Worte für die geistig Armen. Auch bin ich der Meinung, dass der Patriotismus das reinste Gift ist. Hermann Hesse hat einmal gesagt: Nationalismus ist für den denkenden Menschen etwas Vergangenes.

Noch dazu gibt es hier eine geistige Unterklasse, die die religiösen Schriften wortwörtlich nimmt. Das sind die sogenannten Fundamentalisten! Jedes Wort wird so ausgelegt, wie es geschrieben ist, ohne Symbolismus oder Allegorien. Die wollen auch wieder den Religionsunterricht in den öffentlichen Schulen einführen. Ganz schön für die Fundamentalisten, aber nachteilhaft für einen Hindu oder Moslem, denn diese werden von der reinen chinesischen Rasse zu tiefst verachtet. Manche wollen den materiell ausgelegten Taoismus als Staatsreligion einführen, was aber gegen die chinesische Verfassung stößt. Die chinesische Regierung verurteilt zum Glück jegliche Religionsauswüchse. Sie haben zum Glück soweit gedacht, dass der Staat religionsneutral alle Konfessionen mehr oder weniger ablehnt und keine bevorzugt oder benachteiligt, wie es Menzi haben und durchsetzen will. Aber viele Chinesen verstehen ihre eigene Verfassung

nicht. Die chinesischen Kaiser würden sich im Grabe umdrehen.
Es gibt so viele unzählige chinesische Sekten, nach denen sie fragten, denen man beitreten kann und die verschiedensten Richtungen des Seins vertreten. Da wäre einmal
- Lu tsung – die Schule der Disziplin
- Chu she tsung – die Schule des Kosa-sastra
- Ch´eng shih tsung – eine andere Sastra-Schule
- San lun tsung – Schule der drei Sastras
- T´ien t´ai tsung – Gebirgsschule
- Hsien shou tsung – lernende Schule
- Tz´u en tsung – Klosterschule
- Ch´an tsung – Meditationschule
- Mi tsung – Schule der Geheimnisse und
- Ching t´u tsung – Schule des Reines Landes

Dass sich unter all diesen ein dunkler Orden befindet, ist sehr wahrscheinlich. Es gibt so viele chinesische Legenden, die das immer wieder belegen."
Ich war über diese Nachricht hin und weg. Ich war begeistert, denn sie bestätigte mein Wissen über die Logen-Aktivitäten. Aber drei Tage später bekam ich noch dazu diese Mail:
„Ich hab wegen der Logen weitergeforscht. Nicht umsonst gilt China als das Reich der Mitte, weil es die meisten Orden aufweisen kann, die einen sehr großen Einfluss auf die sozialen und kulturellen Schichten in China haben. Besonders von Regierungsseite war man sich der enormen Bedeutung der Geheimgesellschaften bewusst, denn innerhalb der chinesischen Geschichte bildeten die Logen stets eine Widerstandskraft, die das eigentliche Geschehen lenkte. Fast alle Orden bestanden aus Mitgliedern, die ein gemeinsames Ziel verfolgten und ihren Bund durch Rituale – die der westlichen Freimaurerei glichen – bestätigten! Am bekanntesten war der Orden des „Weißen Lotus", der im nördlichen Teil Chinas beheimatet war."
Jetzt war ich richtig fassungslos, das bestätigt nämlich die Aussage von Franz Bardon, dass die satanische FM sich über die gesamte Erde ausgebreitet hatten. Manch ein Freimaurer – egal ob Ost oder West – ist ein Kind eines gutsituierten Kaufmannes. Sie sind stolz auf ihr Blut, da sie reiche Ahnen haben. Das wird auch noch aufgebauscht! Im Film „Omen" wird auch intuitiv gezeigt, dass diese gefallenen *Freimaurer* eine

militärische Ausbildung eingehen. Doch dies entspricht der Wirklichkeit. Sie fühlen ihre Mission, sie wissen von ihrem Sein im göttlichen Plan. Sie heben sich hervor, sind ausgezeichnete Schüler, verfügen über angeborene Talente, sind Führungspersönlichkeiten, leisten Herausragendes, besuchen nur die besten Schulen, finanziert von ihren Eltern und schließen meist sehr gut ab. Aber sie fallen in keiner Weise auf, weder persönlich noch politisch. Sie schaffen es, sich an allen möglichen Schwierigkeiten *vorbeizuschummeln*, sodass sie immer gut und unbeschadet davonkommen. Sogar zum Wehrdienst werden sie nicht einberufen. Schon als Student machen sie sich selbstständig, machen gute, lukrative Geschäfte.

Sie suchen und finden immer die richtigen Frauen, welche schon ein leicht perverses Aussehen haben, denn Perversität gehört mit zu dem dämonischen Eigenschaften. Die Frauen sind medial geschult, und sie finden sie aufgrund der Informationen ihrer Dämonen-Gottheit, welche ihnen diese durch die Vermittlung des Akashapunktes mitteilt. Dies wird selbst in einem mythologischen Anime namens „Inuyasha" gezeigt, dass der Dämon mit seinen Getreuen über den Herzpunkt in Verbindung steht und sie leitet.

Viele Templer gehören offiziell den verschiedensten Kirchen, religiösen Institutionen und Sekten an, nur um den Schein zu wahren. Sie verzichten nach eigenen Angaben vollständig auf den Konsum von Zigaretten und alkoholischen Getränken, nur damit sie als Vorbild dastehen, ohne dabei zuzugeben, dass das zu ihrer Schulung gehört. Sie sind wahrhafte Täuscher!

Menzis ganzer politischer Kampf ist eine Zerstückelung des Volkes. Er ist extrem und radikal, sein Wesen ist total vernichtend. Darum will auch der Herr der Erde, dass er Volkspräsident wird. Der ganze „Streit" geht auch auf die Bevölkerung über, denn sie wurde vom ihm infiziert. Er wollte das so, dass Zank und Hader kommen. Deshalb rief er sogar ein gewaltiges Unwetter hervor, welches Blitze schleuderte, aber keiner nahm darauf Rücksicht, denn keiner hat offene Augen. Die Frauen der anderen Parteimitglieder traten mit Eleganz, Stil und gutem Aussehen auf, traten für die ärmeren Schichten ein, für Kinder und deren Mütter, voller Menschlichkeit. Bei Menzi ist es immer der Sex, das anregende Aussehen, die Macht des schönen Körpers entscheidend. Auch seine Tochter spielt in diesem Spiel eine entscheidende Rolle. Sie sieht bedrückend, berauschend aus, sie hat weiblichen Charme. Das spielen sie aus, damit wollen sie das Volk „verrückt" machen.

Doch das mit seiner Tochter ist ein eigenes Kapitel, wie ich oben schon angedeutet habe. Bardon schreibt ja in seiner „Evokation", dass manch ein Zauberer eine Nixe in einen schönen Körper bannte, weil er mit ihr zusammenarbeiten wollte. Dies bewerkstelligte der chinesische Beschwörer.
„Wie kann so etwas überhaupt zustande kommen?", fragte ich Ariane voller Wissensdurst. Sie musste deswegen lächeln.
„Dion Fortune schreibt in ihrem Buch „Selbstverteidigung mit Psi" darüber Nachstehendes. Hören wir mal rein: *Im Augenblick der sexuellen Vereinigung wird ein psychischer Wirbel hervorgerufen, zu vergleichen mit einer Wasserhose, einem trichterförmigen Strudel, der in andere Dimensionen hineinragt. Bei jeder körperlichen Vereinigung steigt der Wirbel in die einzelnen Ebenen empor. In jedem Fall sind der physische, der ätherische und der astrale Körper beteiligt, so dass der Wirbel immer bis in die Astralebene hineinreicht; eine Seele auf der Astralebene kann von diesem Wirbel angezogen werden, wenn sie für die Inkarnation reif ist, und so in die Sphäre der Eltern eintreten. Wenn der Wirbel höher als bis in die Astralebene hinaufreicht, können Seelen einer höheren Art in unsere Sphäre eindringen, aber solche Reichweite ist selten, weshalb gesagt wird: der Mensch wird aus Begierde geboren; denn nur wenige sind aus etwas anderem geboren!*
Aber dieser Wirbel kann nicht nur vertikal durch diese Ebenen aufsteigen (gleichnishaft gesprochen), sondern er kann unter gewissen Bedingungen sozusagen abgelenkt werden, heraus aus der normalen menschlichen Evolutionslinie, so dass seine Öffnung in die Evolutionssphäre einer anderen Lebensart hineinreicht. Unter solchen Umständen ist es theoretisch möglich, dass ein Wesen von einer parallelen Evolution zur Inkarnation in einen menschlichen Körper gezogen wird."
„Wau! Das ist krass! Dass das alles so geht, und noch dazu niedergeschrieben wurde, haut mich um."
„Das schaffen aber nur wahre Könner, wenn sie sich mit ihrer Gottheit verbunden haben."
Ich verstand!
In Ira Levins Roman „Rosemaries Baby", worauf mich Ariane verwies, wird so ein „Ritus" beschrieben, den ich hier als anschauliches Material zitieren will. Roman Polanski hat es im gleichnamigen Film sehr unheimlich geschildert:
„Unten war ein riesiger Ballsaal, in dem an einer Seite eine Kirche hell

lodernd brannte, während an der anderen Seite ein Mann mit einem schwarzen Bart stand und auf sie wartete. In der Mitte stand ein Bett. Sie ging hin und legte sich nieder. Plötzlich war sie von zehn bis zwölf nackten Männern und Frauen umgeben, und Guy mitten darunter. Es waren ältliche Leute, die Frauen sahen grotesk aus und hatten Hängebrüste. Minnie und ihre Freundin Laura-Louise waren da, und Roman in schwarzer Mitra und schwarzer Seidenrobe. Mit einem dünnen schwarzen Zauberstab zeichnete er Figuren auf ihren Körper, wobei er von Zeit zu Zeit das Ende des Stabes in eine Schale voll roter Farbe tauchte, die ein sonnverbrannter Mann mit weißem Schnurrbart ihm hinhielt. Die Spitze des Stabes bewegte sich vor und zurück über ihren Bauch und kitzelnd bis zur Innenseite ihrer Schenkel. Die nackten Leute sangen – einförmige, unmusikalische Silben in einer fremden Sprache – und eine Flöte oder Klarinette begleitete sie.
„Sie ist wach, sie sieht", flüsterte Guy Minne zu.
Seine Augen waren weit offen, gespannt. „Sie sieht nicht", sagte Minnie.
„Wenn sie die Maus gegessen hat, kann sie weder sehen noch hören. Da ist sie wie tot. Singt jetzt."
„Es wäre besser, man bände Ihre Beine herunter", sagte Jackie, „für den Fall, dass sie Krämpfe bekommen."
„Ja, das glaube ich auch", sagte Rosemarie benommen. Sie beobachtete mit Interesse, wie weißgekleidete Assistenten ihre Beine und ihre Arme an die vier Bettpfosten banden.
„Versuchen Sie zu schlafen", sagte sie.
Rosemarie schlief eine Weile, und dann kam Guy herein. Er strich mit beiden Händen an ihr entlang – ein langer aufreizender Strich, der an ihren angebundenen Handgelenken begann, über ihre Arme zu ihren Brüsten glitt, zu ihren Lenden und dann zu einem erregenden Kitzeln zwischen ihren Schenkeln wurde. Diesen Strich wiederholte er immer von Neuem, seine Hände waren heiß und seine Nägel scharf, und dann, als sie bereit war, nur allzu bereit, schob er ein Band unter ihr Gesäß, hob es an, führte sein steifes Glied an sie heran und stieß es dann kraftvoll in sie hinein. Es war größer als jemals zuvor; schmerzend, wunderbar groß. Er lastete auf ihr, mit seinem anderen Arm griff er unter ihren Rücken, um sie zu halten, seine breite Brust quetschte ihre Brüste. Er trug, weil es ein Kostümfest war, eine raue Rüstung aus Leder. Brutal und rhythmisch bewegte er seine neue, ungeheure Größe. Sie öffnete ihre Augen und blickte in gelbglühende Augen, roch Schwefel und Tannis-Wurzel, fühlte feuchten Atem auf ihrem Mund, hörte Lustgegrunze und das schwere Keuchen von

Zuschauern.
Das ist kein Traum, dachte sie. Das ist Wirklichkeit, das geschieht. Protest erwachte in ihren Augen und in ihrer Kehle, aber etwas bedeckte ihr Gesicht und hüllte sie in einen süßlichen Geruch ein.
Das ungeheuer Große drang immer wieder in sie ein, der in Leder gehüllte Körper warf sich immer und immer wieder auf sie, immer wieder."
Ihr seltsames Benehmen kann ich darauf zurückführen, dass sie unter Drogen gesetzt wurde, damit sie besser in „Trance" geraten konnte, um ein Wesen aus dem Astralen anzuziehen. Ein dunkler Raum, mit schwarzen Vorhängen, solche Bilder verwendete Roman Polanski in seinem gleichnamigen Film, war mit einigen nackten Satanisten gefüllt, weil es sich um einen sexuellen Ritus handelte, der nur von einer gewissen Anzahl von Könnern bewältigt werden konnte. Es wurden rituelle Formeln rezitiert, die zur Zeremonie gehören, ein Siegelzeichen wurde auf ihren nackten Körper gemalt, damit das Wesen in ihren Körper Einlass findet.
Im Film sieht man, wie ihr Mann magnetische Strich entlang ihrem Körper zog, um mehr „Leidenschaft" aus ihr herauszuholen. Um sie mehr zu erregen, damit das richtige Wesen durch den Orgasmus angezogen werden konnte. Seine Hände, die sich in denen von einem Dämon verwandelten, deuten auf seine Verbundenheit mit einem Gegengenius hin, mit dessen Hilfe er das große Werk – das Magnum Opus – vollzogen hatte. Das Tierische kommt dadurch vermehrt zum Vorschein. Seine tierisch gelben Augen zeugen von seiner mächtigen Verbundenheit.
Im Buch wird eine magische Gesellschaft aufgezeigt, die den Ritus überwacht und jeden, aber gar jeden, der sich dagegenstellt, auf schnelle und rein physiologische also kommerzielle Weise ins Jenseits befördert. Und so war es auch bei Menzi.
Er „zwang" eine hochstehende Undine in den Körper seiner blutjungen Tochter, um mit ihr sexual-magische Operationen durchzuführen. Man hört richtig, er hatte sexuellen Verkehr mit seinem eigenen Fleisch und Blut.
Sie ist wunderschön, hat glattes schwarz-glänzendes Haar, wunderschöne schwarze Augen und ist als bekanntes Model zu Ruhm gelangt. Auch sie unterstützt und versucht mit ihrem Sexappeal etwas zu verwirklichen, denn sie ist sehr anziehend, ist aber andererseits auch sehr herrschsüchtig. Auch sie erschien Mona, um ihr zu zeigen, dass sie Macht hat. Sie hatte ein Kind auf dem Arm und war zu Beginn lieblich und nett. Plötzlich verzog sie das Gesicht, eine widerliche Fratze kam zum Vorschein, und sagte: „Du weißt ja, was Kinder in der Symbolik bedeuten? Unglück und Pech!", und war

verschwunden.
Mit ihrer Hilfe gelang es dem chinesischen Zauberer manche Provinzen zu gewinnen, denn ihre „wässrige Ausstrahlung" zog alles an, was sie sich wünschte. Und da sie ihm Auftrag ihres Vaters unterwegs war, verwirklichte sie seine Wünsche, wenn auch manchmal mit Hilfe der rituellen Onanie, denn Wasser bzw. Erotik zieht alles an, was man durch einen Orgasmus begehrt!
„Auf all dies wird ja auch im Film „Rosemaries Baby" hingedeutet."
„Richtig, der zeigt auf, dass es so etwas wirklich gibt. Der im Jahr 1968 erschienene Film „Rosemaries Baby" ist eine von Roman Polanskis am meisten gefeierten Produktionen und gehört gleichzeitig zu den unheimlichsten Schöpfungen. Der Film beschreibt die Manipulation einer jungen Frau durch einen okkulten Hexenzirkel der High Society zu ritualistischen Zwecken. Die aufregende Qualität des Films beruht nicht auf Blut, sondern ihre realistische Prämisse, die den Zuschauer zwingt, über die Wahrscheinlichkeit der Existenz von Geheimgesellschaften der Elite nachzudenken. Noch beunruhigender sind die schauerlichen Ereignisse aus dem wahren Leben, die den Film umgaben und ritualistische Tötungen sowie Bewusstseinskontrolle beinhalteten. Das Seltsame ist, dass diese Geschehnisse der Wahrheit entsprechen, wie sie in manch einer satanischen Bruderschaft praktiziert werden. Die Veröffentlichung des Films ist merkwürdiger als jede erfundene Geschichte, denn es ist eine Tatsache!", erklärte mir eine Ariane.
„Wahnsinn!", konnte ich nur darauf erwidern. „Wahnsinn!"
Der asiatische Schwarzkünstler würde alles riskieren, nur um an Macht zu kommen. So etwas gelingt natürlich nur einem Könner des linken Pfades, der sich schon seit Jahrhunderten schulte. Menzi ist wie der *Jedermann* im gleichnamigen Bühnenstück von Hugo von Hoffmansthal. Er wurde verführt von den Verlockungen der Materie. Er hat alles und will nichts abgeben. Aber selbst der Teufel, der ihn abholen und mit ihm in die Hölle fahren wird, verliert ihn wieder, weil jeder Mensch im Endeffekt zurück zu Gott kehrt, egal wie und wann!
Das Seltsame ist, dass in der ganzen Zeit, seit dem Menzi sich um die Herrschaft in seinem Lande bemühte, immer mehr *Verrückte*, oder wie die offizielle Seite es ausdrückt, geistige verwirrte Personen in Erscheinung treten, um Anschläge zu verüben. Deshalb die vielen merkwürdigen Attentate, denn Menzi setzte die dafür nötigen Ursachen. Wenn man ihn beobachten kann, dann sieht man, wie er eigenartige rituell geladene

Handgesten und mit Aggressionen verbunden tätigt, wodurch er Attentate, Unfälle und Morde, Verwirrungen und Katastrophen, und vor allen Dingen Zerwürfnisse in China hervorruft. Ihm gelingt es dadurch, die Nation zu spalten. Aber wem fällt das schon auf? Keinem!
Wir werden sehr schlechten Zeiten entgegen gehen, da er zum alleinigen Herrscher eines solch großen Landes, des Landes der Mitte wurde, und noch dazu ein Verehrer des Gottes der Materie ist. Dieser Herr ist seine Gottheit, ist auch sein Meister, der ihn einweiht in die Geheimnisse der Magie, und dies schon seit Jahrhunderten. Da wir so viel über ihn wissen, will er unseren Tod. Weil wir edler sind wie er, weil wir die seit Jahrhunderten verschlüsselten Runen praktizieren, versteht er das nicht. Und dies macht ihn wütend! Da er in einem Vorleben Jacques de Molay, der Großmeister der Templer war, der am Scheiterhaufen den Tod fand, meint er das Recht zu haben, alles zu wissen. Aber das ist nicht der Fall, denn der Einseitige bleibt auf seiner Seite! Außerdem will er sich für seinen schrecklichen Flammentod an der Menschheit rächen, so sehr steckt die Verbrennung noch in seinen Knochen. Deshalb sucht er immer wieder den Dämon auf, weil er sein Wissen und seine Weisheit will, weil er immer solch eine charakterliche Veranlagung hat, die den Dämon anzieht. Selbiger ist sein anbetungswürdiger Meister und sein Ein und Alles! Er braucht ihn wie wir das tägliche Brot.
Der wahrer Name des Herrn der Erde lautet: „Der von Gott getrennte", er ist der Gott der einen, der Teufel für die andern und umgekehrt. Er verkörpert die androgyne Natur, bestehend aus Feuer, Wasser, Luft und Erde. Er ist der Gott der Materie, das Glück von Jacques de Molay. Baphomet ist für ihn der „Vater des Erkennens", dessen Fackel zwischen den beiden Hörnern für den Chinesen die göttliche Intelligenz und das irdische Leben darstellt; der Kopf des Bockes ist ein synthetischer Kopf und vereinigt Eigenschaften des Hundes (Trieb), Stieres (Gewalt, Potenz) und Esels (Sturheit, Engstirnigkeit).
Genau die Eigenschaften, die Menzi groß gemacht haben. Die Hände machen nach oben wie nach unten eine quabbalistische Geste, die Man- und Yr-Runen-Geste und deuten auf den Makro- und Mikrokosmos hin. Die zwei Mondsicheln, oben eine weiße, unten eine schwarze, bringen die Beziehung von Oben und Unten, vom Guten zum Bösen und von Barmherzigkeit zur materiellen Gesetzmäßigkeit zum Ausdruck. Der untere Teil des Körpers ist ein erigierter Phallus, welcher auf leidenschaftliche Zeugung hindeutet. Der Bock hat weibliche Brüste und trägt also von der

Menschheit nur die Zeichen der Mutterschaft und Arbeit, d. h. die Zeichen der Erlösung. Auf seiner Stirn zwischen den Hörnern und unter der Fackel sieht man das Zeichen des gestürzten Pentagramms, sein Symbol, mit der Spitze nach unten als Symbol der tierischen Intelligenz, das durch seine Stellung unter der Fackel (Flamme) auf göttliche Offenbarung hinweist. Diese vieldeutige Figur hat als Sitz einen Würfel und als Sockel die Erd-Kugel, welche auf die absolute Herrschaft über die materielle Ebene hindeutet. Die Figur deutet symbolisch auf die Höherentwicklung durch Leid, Pein und den darin enthaltenden tierischen Leidenschaften des Menschen auf Erden an. Die von der Schlange umwundene Erdkugel ist wohl am leichtesten zu verstehen; es ist die paradiesische Schlange der Weisheit von Gut und Böse, die den Erdkreis beherrscht. Auf der Erde lebt der Mensch, ein Wesen, das nach den dualistischen Lehren gleichzeitig Engel und Teufel ist. Goethe sagt sehr treffend dazu:

> Zwei Seelen wohnen, ach! in meiner Brust,
> die eine will sich von der andern trennen:
> Die eine hält in derber Liebeslust
> sich an die Welt mit klammernden Organen;
> die andre hebt gewaltsam sich vom Dust
> zu den Gefilden hoher Ahnen.

Die Umkehrung des Göttlichen in die Materie.

Zum Ausdruck wird das gebracht durch die Engelsflügel der Seele im Bild und das Tierische des Körpers, dargestellt durch die Bocksfüße und das Bockshaupt. In seinem unsterblichen Wesenskern ist der Mensch also doppelgeschlechtlich bzw. geschlechtslos, weshalb der Körper Frauenbrüste besitzt. Der Mittelstab (oder Phallus), der Merkurstab stellt das Rückgrat dar, die beiden Schlangen die Kanäle des Mond- und des Sonnen-Fluides. Hier wird also auf die Schlangenkraft Bezug genommen, die symbolisch im Geschlechtszentrum ihren Sitz hat. Für Menzi ist das die Verkörperung des tierischen Triebes, mit dessen Hilfe er sexualmagische Operationen durchführen kann. Dieser Gott ist ein Ebenbild seiner selbst! Das gestürzte Pentagramm auf der Stirn deutet auf die Beherrschung des Menschen durch seinen tierischen Trieb hin.

Die priesterliche Fingerstellungen deuten auf das hohe geistige Werk hin, das damit begonnen und zu Ende geführt wurde. Der irdische Gott holt die hohen reinen Kräfte des Lichtes und vermengt sie mit seinen tierischen und schickt sie als animalische Lebenskraft der Erde.

„Das ist mein Gott, den ich liebe und verehre!", sagt Jacques de Molay in voller Verzückung. „Für den ich lebe und mein Leben lasse!" So stark ist die Beziehung zwischen den beiden.

„Er ist der Wandler der Materie, er ändert das Schicksal des Planeten Erde, er erschuf die Galaxien und wird sie am Ende der Zeit wieder mit sich nehmen", schwärmt der Nekromant über Baphomet. „Seine Flügel deuten auf seine völlige Ungebundenheit hin, auf seine Macht in der Materie und über sie, die die Grundlage der göttlichen Entwicklung ist. Ohne ihn würde nichts geschehen, ohne meinen Gott könnte sich kein Mensch entwickeln." Deswegen die Verehrung seiner Größe und Macht, denn er ist der Herr der Wandlung. Er ist Herr über Leben und Tod, erneuert und erhält fortwährend den Kosmos.

Es gibt auch noch Janusköpfe, welche von den Templern in ihren Ritualen verehrt wurden. Sie symbolisieren das den Mönchsrittern so wichtige Konzept von dem kosmischen Gleichgewicht der Gegensätze.

Im Templerprozess stellte man fest, dass aus einem geschlossenen Kästchen das „Haupt" genommen, welches aus Silber, Gold und Elfenbein hergestellt wurde. Es hatte die Form eines Januskopfes, dessen Gesichtshälften einen bärtigen Greis und einen Totenschädel darstellten, wie er in der dämonischen FM noch verwendet wird. Der Januskopf bestand schon bei den Römern und bei den Etruskern und wurde auf Münzen geprägt. Passender Platz! Er ist das Symbol der Zweiheit, der Polarität, der Dualität, kurz der Materie. In der Mythologie ist Saturn bzw. Satan der Schöpfer von Janus, er verkörpert die Teilung, die Trennung, deshalb wird der Gott der Templer auch „Der von Gott getrennte" genannt. Er hat zwei Gesichter – Geist und Materie. Ein Widerspruch der Einheit, die wir Hermetiker anstreben. Er versinnbildlicht die Trennung von Mann und Frau und erschuf damit die Zwei, des positiven und negativen Prinzips, wie z. B. des Guten und Bösen, der Wahrheit und Lüge; im grobstofflichen Sinne bedeutet die Zwei Elektrizität und Magnetismus, Liebe und Hass, Licht und Schatten. Kurz gesagt: immer ist es Pol und Gegenpol, bei welchen eines ohne das andere nicht bestehen könnte oder von einander nicht zu unterscheiden wäre. In quabbalistischer Hinsicht ist es Gott und Mensch. Zur Zahl Zwei gehören jene Religionssysteme, welche die Gottheit als etwas Gesondertes betrachten, ohne Unterschied, ob in Form, Gestalt in einer spezifischen Eigenschaft oder in einer Ur-Idee, wobei das dualistische Grundprinzip in allen Daseinsformen zu erblicken ist.

Es heißt weiter in den Prozessakten, dass die Tempelritter dieses „Haupt" hätten küssen müssen, wozu der Meister spricht: „Glaube an das Haupt, vertrau ihm und es wird Dir wohlergehen!"

Der Januskopf, welcher sich in den Logen befindet. Über diese „sprechenden Häupter" reden sie mit ihrer Gottheit.

Der Januskopf symbolisiert also die Zwiespältigkeit des Wesens. Der Kopf war ein Gegenstand, der mit dem jenseitigen Wesen verbunden war! Er wurde entsprechend verehrt, mittels Imagination geladen und mit göttlichen Eigenschaften imprägniert. Man kann schön die Verehrung des Gotos in der F. S. vergleichen, welche auch über diesen „Kopf" eine Verbindung zu dem dahinterstehenden Wesen aufgebaut haben.

Menzi kann sich noch gut erinnern, als er mit seinem Gott, mit dem Haupt auf einer Kugel Kontakt aufnahm. Dieses Sprechen war selbstverständlich nicht wie das natürliche Sprechen über die Schallwellen, denn grobstofflich hätte kein gewöhnliches Mitglied außer dem Großmeister die zerstörerischen Schwingungen lebend aushalten können. Der Templer hörte dennoch die Sprache laut in sich, da ja ihre inneren Sinne genügend geschult sein mussten, wollten sie überhaupt zur Meisterwürde aufsteigen. Diese Stimme ergötzte das Gefühl von de Molay und macht ihn richtig hochmütig, der Ausdruck der Macht spiegelt sich in ihm wieder, der unbeschränkten Macht, wenn er diesen Klang der Stimme des großen Folterers hörte.

Dass Baphomet eine vernichtende Gottheit ist, beweist der Umstand, dass die Göttin Lilith(a) in sexueller Verbindung mit dem Dämonengott Samael, ihn, den Gott der Templer, erschaffen hat, ihn sexualmagisch zeugte. Sie ist sozusagen seine Mutter und der Gott der Wüste ist sein leiblicher Vater! Sie musste ihn auf diese Weise erzeugen, denn er hat den positiven Effekt des Vorantreibens in der Entwicklung, er wurde zum Schöpfer der irdischen Gesetze und Regeln. Denn er greift mit drei Fingern nach oben – holt das reine Licht herunter, die reine Weisheit – und die anderen drei weisen nach unten – in die Materie. Deswegen hat der bekannte französische Okkultist Stanislas de Guita einen Kreis der Vereinigung gezeichnet, was eine schöpferische Verbindung von Samael und Lilith(a) symbolisch darstellt. Aber Baphomet verballhornte seine „Mutter", denn wenn es dem Teufel recht kommt, würde er auch seine liebe Großmutter verkaufen.

Deshalb ist es verständlich, wenn Menzi eine Machtgier aufweist, die seinesgleichen sucht. Sein Auftreten, er will schaffen für die Ewigkeit, wie damals den weltumspannenden Orden der Templer, treibt ihn voran. Auch Frauen will er um sich haben, weil er dadurch den Triumph des Jägers versinnbildlicht. Aber das alles ist nur irrige Schau!

Doch seine Wut konnte er uns gegenüber nicht bremsen. Er bat die drei Furien, göttliche Wesen, die im Dienste der Unterwelt stehen, um Hilfe. Diese Höllenweiber sagten zu, denn es macht ihnen Spaß, Unschuldige zu töten oder zu verstümmeln. Der Name „Furie" bedeutet: Die Zürnende! Sie sind die verkörperten Flüche der Strafe, die durch Nacht und Dunkelheit wandeln. Ihre einzelnen Namen bedeuten:

- Alekto – die nie Rastende, die unermüdliche Verfolgerin
- Teisiphone – die Vergeltung
- Megaria – die Feindliche

Sie sind drei scheußliche Jungfrauen, mit denen man keine Freundschaft haben will. Goethe beschreibt sie im „Faust" Teil II:

> Die Furien sind es, niemand wird uns glauben,
> Hübsch, wohlgestaltet, freundlich, jung von Jahren;
> Lasst euch mit ihnen ein, ihr sollt erfahren,
> Wie schlangenhaft verletzen solche Tauben.
> Zwar sind sie tückisch, doch am heutigen Tage,
> Wo jeder Narr sich rühmet seiner Mängel,
> Auch sie verlangen nicht den Ruhm als Engel,
> Bekennen sich als Stadt- und Landesplage.

Als Menzi nach einiger Zeit mitbekam, wer und was seinen Aufstieg behindert hatte, brach bei ihm der gewaltige Zorn völlig durch. Er suchte nach Möglichkeiten, sich an uns zu rächen, denn an die wahren Magier kam er erst recht nicht heran. Wie wir erfuhren, arbeitete ein deutscher Wissenschaftler auch noch gegen ihn, aber mit ganz anderen Waffen, als wir vorzuweisen hatten. Dieser trat manchmal im Fernsehen auf und wurde zu verschiedenen politischen Themen befragt. Er machte einen vernünftigen und soliden Eindruck und glich von seiner Frisur her einem Erz-Engel, ohne ihn damit identifizieren zu wollen.

Nach einer Woche Ruhe hörte ich plötzlich meine Frau sagen: „Menzi war wieder hier. Dieses Mal hatte er eine schwarze Robe an mit einem Symbol des Omega. Er erschien nicht alleine, er war mit seinen drei Dämonenweibern, den Furien hier und sagte: Jetzt hab ich euch, und als er näher kommen wollte, prallte er plötzlich vom magischen Schutzkreis ab. Er schrie auf und fluchte. Daraufhin kamen die drei „Schönen" auf mich zu und lächelten mich an. Seine Furien, die er mit sich führte, schlichen sich an und schleimten sich ein. Anfangs waren sie sehr schön, hatten sogar eine erotische Ausstrahlung. Aber dann zeigten sie ihr wahres Wesen. Sie hatten Fangzähne, rote Augen, und aus den schönen Gesichtern wurden wütende Fratzen mit richtig hässlichem Aussehen, mit spitzen langen Reißzähnen. Man kann sie sehr gut mit den drei Vampir-Weibern aus den Film „Van Helsing" vergleichen, welche erst durch ihr betörendes Aussehen einen verrückt machen, ihn komplett verwirren, und dann, plötzlich aus dem Dunkel heraus, einen die Fangzähne in den Körper stoßen. Plötzlich wurden sie psychotisch und stürmten auf mich zu, sie hatten riesige Zähne im Mund, und wollten mich zerfetzen wie ein Wildtier. Wenn der Kreis nicht gewesen wäre, dann hätten sie das geschafft. Ein Gefluche ging los, wie ich es noch nie gehört hatte.

Zeichnung von Stanislas de Guita aus „Le Serpent de la Genese" – „Die Schlange der Genesis".

„Verdammter Mist, beim Herrn der Hölle, was ist denn das?", schrie er mit seinen Weibern auf, welche nun dazu im Takt kreischende Laute von sich gaben.
„Ich habe die Macht und es ist mein Auftrag, die Welt zu beherrschen, mein Land von den Ausländergesindel zu befreien und die Nation zu versammeln. Ich bin nicht umsonst Mitglied in vielen Logen, auch bei national eingestellten Vereinigungen. Ich bin ein absoluter Rassist, ich hasse Ausländer über alles. Und das lass ich mir von dir nicht kaputt machen!", schrie er und brüllte wie ein verletzter Löwe herum und war verschwunden.
Die Weiber wollten Mona auf den Kopf hauen, ihr Gedächtnis und mentalen Fähigkeiten komplett zerstören, damit sie keine Nachrichten mehr übermitteln konnte. Es ging aber nicht, denn das rituelle Pentagramm ließ sie nicht heran. Schnaubend vor Wut führen sie zurück und lösten sich auf.

*

Nun möchte ich etwas sehr interessantes berichten, was auch auf andere Nekromanten, wie auf den allseits bekannten *F.S.-Frater Daniel* (Guido Wolther), zutrifft. Es war bekannt, dass er des Öfteren gewaltige Wutausbrüche bekam, die manch einem schwer schadeten. Das gleiche traf auf Menzi zu. Wenn er solch einen Anfall bekam, machte er folgendes. Er ließ, um sich nicht selbst durch seinen unbefriedigten Hass zu schaden, die Wut an einer religiösen Reliquie aus, welche ein Vermögen gekostet hatte. Für ihn war sie das Gleiche, wie für die wahren Freimaurer die Idee des Johannes der Täufer, der seit uralten Zeiten der Schutzpatron der Steinmetzgilden und der ihnen angeschlossenen Bruderschaften, also auch der echten Freimaurerei ist. Sein Kopf liegt ja in Damaskus in einer Kirche. Der Tag des Täufers ist der 24.06., welcher eng mit der von den Nekromanten verhassten St. Johannis-Nacht zusammenhängt. Doch zurück zum Thema. Menzi musste seine Wut herauslassen und deshalb begab er sich regelmäßig in seinen magischen Keller, wo er diese Reliquie in einem schwarzen Tempel aufbewahrt hatte. Er holte seine Geisel heraus, die mit dicken, harten Lederkugel bestückt war, und peitschte diese „Gottheit" an einem Kreuz hängend solange mit Fluchworten der übelsten Sorte aus. Man kann zum Vergleich den Film „Omen III" heranziehen, wo der erwachsene Dämian vor solch einer Statue steht, und sie übelst beschimpft! Der Chinese schlug auf sie ein, bis seine gesamte Wut abgeebbt war und er ruhigen Blutes wieder seine Tätigkeiten nachgehen konnte. Das Bild, das uns gezeigt wurde, war so erschütternd, dass ich mich von solch einem

Verhalten zurückzog. Das war mir viel zu pervers.

„So möchte ich nie werden. Ein wenig Anstand und Würde möchte ich gerne behalten, denn alles dient einem Zweck und benötigt Achtung und Respekt."

„Wenn du aber mit Dämonen so innig zusammenarbeitest, wirst du von ganz alleine so widerlich wie Menzi. Da gibt es keine Ausnahmen!", bemerkte meine Frau richtig.

Frater Daniel mit einem echten Totenkopf eines Saturni-Meisters in der Hand, an den er nach dem Mithras-Kult seine Wut abreagieren kann.

„Ja, da muss ich dir recht geben. Deshalb will ich viel lieber Herr der Dämonen sein, indem ich mich zu Metatron emporschwinge, als mich durch einen Pakt zum Sklaven dieser tierischen Genien zu machen und meine eigentliche menschliche Würde mit Füßen trete. Nein, das sagt mit nicht zu! Nimmermehr!"

*

Die ganzen Erlebnisse mit dem bösartigen Nekromanten namens Menzi nahm mich nervlich mit. Ich sah ja, wie meine Frau immer mehr abbaute, denn wir beide wurden vampirisiert, wir merkten, dass uns die Lebenskraft langsam aber sicher abgezogen wurde. Ich durfte nicht einmal an seinen Namen denken, schon hatte er mich in seinem Bann. Ich weiß, das hört sich paranoid an, richtig gespalten, aber es ist die Wahrheit, weswegen ich sie hier niederschreibe. Nennt man einen Namen, wird man erhört!
Aber zum Glück erschien in einer nächtlichen Vision Lilitha in ihrer wahren Schönheit. Mona sah sie in folgender Form: Ihre Haare sahen aus, wie als wenn Wind durch sie zog, es sah „stürmisch" schöpferisch aus. Ihre Haut war wunderbar weiß, wie Alabaster. Ihr Gesicht war ohne Makel, die dunklen Augen, dicken Wimpern wurden durch die feuerroten Lippen verschönt. Sie trug ein strahlend weißes Kleid vom antiken Stil, was bis zum Boden hinunterreichte, mit einem weißen Gürtel um die zierlichen Hüften.
Sie sprach meine Frau mit ihrem geistigen Namen an, was immer von Bedeutung ist: „Liebe Aluna, ich kenne viele solcher Fälle, wo die negative arbeitende Luziferaner junge begabte Frauen zu medialen Zwecken ausnutzen wollen und dazu zwingen, oder mit verlockenden Geschenken gefügig machen. Mach dir keine Sorgen, ich stehe dir hilfreich zur Seite", und meine Frau war mit einem Glücksgefühl erwacht, das lange Zeit anhielt und ihre nervlichen Beschwerden beseitigte.
Wenn man bedenkt, dass selbst die Fraternitas Saturni dasselbe mit Ariane vorhatten, wie mit meiner Frau, dann wird einem schon mulmig zumute. Bei Ariane war das aber so, dass Dr. Klingsor sie bat in der Loge Mitglied zu werden. Sie lehnte aus begreiflichen Gründen ab. Aber das ließ sich der Satanist nicht gefallen. Sie wussten von ihrer Macht und Kraft, und diese wollten sie in ihren Besitz bringen! Eines Nachts zogen die Sexual-Zauberer ihren Astalkörper, ohne ihr Wissen und Einverständnis, aus dem stofflichen und sie erwachte auf einem Altar in einem ihr unbekannten Tempel. Nur durchschaute sie sofort die Situation. Sie wurde von den Anwesenden unterschätzt, brach den Bann durch ihren geschulten Willen, welcher den von allen Zauberern gemeinsam in den Schatten stellte, und eine Sekunde später hatte sie schon ihren magisch geladenen Dolch in der Hand, sie verdichtete ihn, und stach auf den ihr am nächsten stehenden Schamanen ein. Der geladene Dolch durchbrach seine dämonische Verbundenheit und tötete ihn sofort. Ein Schrei war zu vernehmen, die

restlichen Logenbrüder waren bis aufs Knochenmark geschockt und einen Augenblick später war sie aus dem Tempel verschwunden. Mit solch einer Übermacht hatten die überheblichen Freimaurer nicht gerechnet! Verdutzt sahen sie auf ihren leeren Altar.

Die wahre Gestalt der Lilitha!

*

An einem Sonntag rief Ariane im Traum nach meiner Frau.
„Mona, komm zu mir."
„Wo bist du?"
„Wach auf, dann kann ich es dir sagen."
Als sie mit vollem Bewusstsein im Bett saß, hörte sie nochmals ihre Stimme.
„Komm ins Übungszimmer. Komm!".
Sie hörte dreimal ihren Namen aus dem Zimmer rufen.
„Jetzt?"
„Ja, komme jetzt. Ich möchte dir etwas zeigen!"
Sie stand auf und ging ins Übungszimmer. Dort sah sie Ariane vor unserem kleinen Altar stehen. Sie war angezogen wie eine ägyptische Hohepriesterin, in weiß, hatte eine königliche Kopfbedeckung, auf der sich ein Ankh befand.
„Als Ausgleich für dein Leiden, für den grausamen Umgang mit dir von der negativen Seite, welche einerseits sehr lehrreich ist, aber andererseits deine Angst vermehrt, möchte ich dir ein Geschenk überreichen."
Mona war sehr erfreut darüber
„Stell dich vor den magischen Spiegel."
Sie tat wie ihr geheißen ward und stellte sich davor. Ariane hingegen schwebte in Richtung des Spiegels, welcher ein Tor bildete, reichte ihr die Hand, und zog ihren Mentalkörper durch das Tor in eine andere Welt.
„Ich zeige dir nun deine wahre Heimat, wie sie die universelle Gottheit für uns Menschen erschaffen hat."
Alles war schwarz, wie die dunkle Nacht, man konnte nur ein undefinierbares Glitzern darin erkennen. Es bildeten sich daraus kleine leuchtende Punkte, Licht tat sich auf. Es teilte sich, man sah Wellen, man nahm feucht-heißen Dampf wahr und aus der ursprünglichen Dunkelheit entstanden wunderbare Gegenden. Sie nahm makrokosmische Töne des Uranus wahr, die wie schöpferische Musik erklangen. Jeder Ton verwirklichte sich in einer materiellen Kreation, welche fühlbar wurde und wiederum reinstes Licht versprühte.
Plötzlich wandelte sich die Szene: Im inneren der Erde war es heiß, dort war und ist die Magmasphäre, welche die Spannung zwischen Plus und Minus hervorrief. Diese hängt mit den Runen und Planeten-Strömen zusammen. Der Satz „van hooge dooge desse" deutet daraufhin, denn das bedeutet: Hohe Energien um uns herum, welche durch den Runentanz in

Erfahrung gebracht werden können. Man tanzt ihn wie den Ringelreihen, rechtsrum, linksrum, und wenn man ihn beherrscht, entsteht der Urknall und alle sieben Farben tauchten auf wie bei dem erhabenen und überaus reinen ersten Schöpfungsakt.

„Ich hörte diesen unsagbar, unbeschreiblich schönen quabbalitischen Urknall. Der Ton war so laut, dass ich mich wieder im Arbeitszimmer vorm Spiegel stehend vorfand. Ich war berauscht und blieb noch eine Weile stehen, um das Gefühl zu genießen, bei der Schöpfung dabei gewesen zu sein. Dieses traumhaft schöne Erlebnis rechtfertigt jedes Leid! Das werde ich nie vergessen!"

*

Doch auf der materiellen Ebene geht das Leben weiter, solange wir unsere Aufgabe auf Erden nicht erfüllt hatten. Dort musste ich einen Verlag leiten und Bücher veröffentlichen, die die reine hermetische Philosophie verkörperten. Dazu benötigte ich jede Menge okkulte Literatur. Z. B. kaufte ich mir ein Buch von Walter Jantschik, welchen viele als einen reinen Magier hinstellen und ihn wie einen Gott verehren. Seine Bücher sind zwar zum Teil interessant zu lesen, versprechen aber einen Weg in die extreme Einseitigkeit. Sein System ist nicht rhythmisch, sondern eher holprig und unzusammenhängend. Man merkt sofort, dass er dem Gott der Templer auf Gedeih und Verderb verfallen ist. Die hohe unmenschliche Ausstrahlung dieser Gottheit kann nur von einem sehr reinen und vollkommenen Magier ertragen werden. Aber das war er nicht, da er ein Nekromant der Fraternitas Saturni war.

Weil durch den Spiegel eine Brücke in die geistige Welt geschlagen wurde, bekamen wir mancherlei Informationen, die einem anderen nicht zugänglich gemacht wurden. Denn seine unzähligen Schriften über den Gott der Materie sollen und machen einen jeden Sterblichen verrückt. Jedes zweite Wort in seinen Büchern ist der Name des Gottes, und wie man weiß, wenn man einen Namen ruft bzw. ausspricht, erscheint der Gerufene. Und so war es bei uns. Ich musste die Bücher von Jantschik lesen, und merkte gar bald, dass mir davon sehr eigenartig zumute wurde. Ich war mit der Zeit wie benommen, wie als wenn ich Drogen genommen hätte, oder eine Schlaftablette zu viel. Ich torkelte herum, konnte nicht mehr vernünftig denken, geschweige denn, einen logischen Satz schreiben.

„Was ist mit dir los", fragte mich besorgt meine Frau.

„Ich weiß es nicht, seit dem ich diese bizarren Bücher von dem F. S. Mitglied lese, ist mir so seltsam. So als wenn mein Kopf hohl wäre. Ich

bekomme nichts Sinnvolles mehr auf die Reihe!"
„Bitte lies die Schriften nicht mehr. Schau, dass du wieder klar wirst!"
Ich stellte die Bücher wieder zurück in das Regal. Doch besser ging es mir nicht, im Gegenteil, ich wurde jetzt auch noch schlapp, und wollte und konnte nicht mehr üben. Wenn es mir nicht bald besser geht, dann muss ich ins Krankenhaus, dachte ich mir. Darüber saß ich verzweifelt am Tisch, als meine Frau zu mir ins Zimmer kam, sich nach mir zu erkundigen. Plötzlich schrie sie auf.
„Was ist denn das?", und trat nach einem kleinen fetten Kerl, der furzend durchs Zimmer lief. Das tat er wirklich! Er war nicht größer als 20 cm und sah wirklich widerlich aus, hatte ein zerlumptes Kleidungsstück an, und fluchte vor sich hin. Als ich ihn sah, erschrak ich mich.
„O mein Gott!", schrie ich. „Wie kommt der denn hierher?"
Er lief auf das Buch zu, drehte sich hämisch um, zeigte uns die Zunge, und wollte gerade in einem dicken Wälzer verschwinden.
„Den mach ich platt", hörte ich meine Frau brüllen, und sie trat ihn förmlich in das Buch hinein. Er schrie ekelhaft auf und verschwand.
„Was war denn das?", fragte ich bestürzt.
„Keine Ahnung! Aber er muss mit dem Buch von Jantschik zusammenhängen. Das Wesen wurde an die Idee dieses zerstörerischen Buches gebunden, denn er verschwand in diesem."
„Wie kommt der denn hierher?"
„Ich glaube, der geladene Spiegel von Ariane hat ihn aus der geistigen Welt materialisiert, damit wir erkennen können, zu welchem Zweck dieses Buch geschrieben wurde."
„Zum Verrücktmachen!"
„Ja, das macht wiederum Sinn."
„Und was nun?"
„Wickeln wir es am besten in Seide, dann kann er nicht mehr entkommen, und du bist sicher vor ihm. Er kann dann keinen Schaden mehr anrichten."
„Super Idee".
Ich hatte sowieso jede Menge Seide, schnitt was ab, was groß genug war, und umwickelte das Buch. Keine drei Sekunden später fühlt ich mich frei, ich hatte wieder einen halbwegs klaren Kopf und konnte wieder sinnvolle Gedanken fassen.
„Darüber muss ich was schreiben, das ist zu originell, als dass man es unter den Tisch kehren lässt."
Gesagt – getan! Hier ist das Ergebnis. Es mag klingen wie ein Märchen,

aber man sollte bedenken, dass der Kern der Märchen die Magie ist!
*

„Beobachtet den Brexit in England", sagte Ariane zu meiner Seelenverwandten.

„Und warum?", fragte ich meine Frau, die mir diesen Hinweis aus einer Vision gab.

„Weil dies der Beginn des Zerfalles der Europäischen Union ist und den Zusammenbruch des Weltgefüges einleitet!"

„Ach?"

„Das witzige daran ist, dass dieses Abkommen genau auf den 23.6.2016 gefallen ist. Am Tag zur Sonnwendfeier ging dies vonstatten, zur Zeit der St. Johannis-Nacht. Dass dies schlimme Auswirkungen auf die Welt hat, geht daraus hervor, dass sich jede Tat verwirklicht, die in dieser Zeit vorgenommen wird. Nur kann sich keiner an die Gebräuche und hermetischen Sitten erinnern oder glaubt auch nur annähernd daran. Aber so arbeitet die geistige Welt! Sogar der Präsident Obama kam nach London zu Premier Cameron, um ihm darauf aufmerksam zu machen, dass er diese Wahl gewinnen muss, um einen Brexit zu verhindern. Den US-Amerikanern ging sonst der politischer Einfluss, die Macht abhanden, wenn England aus der EU aussteigen würde. In Brüssel herrschen die „demokratischen Diktatoren", einzelne davon sind sogar Mitglieder in der FM, die Gesetze über fremde Länder beschließen, ohne ihre grundlegende Struktur zu kennen. Es wird so regiert, wie die Fürsten, Markgrafen und Könige im Mittelalter. Die USA ist sowieso eine absolute Diktatur, denn dort zählt nur das Geld und der Stand in der Kapitalgesellschaft. Diese zerfällt vom alleine von Innen heraus. Deshalb wird die gesamte Weltwirtschaft den Bach runter gehen", erklärte sich Ariane in der nächtlichen Schau.

„Der Austritt aus der EU, am 23.06.2016, hat katastrophale Auswirkungen. Diese hängt mit den 21.08. nächsten Jahres zusammen, denn da tritt eine Sonnenfinsternis mit Sternschnuppenbewegung ein, welche diese schwere kommende Zeit einleiten wird. Die Brüder im Shamballa beschlossen eine Wende, denn die Menschen sind mit allem unzufrieden, zanken sich, bilden keine Einigkeit. Deshalb kommt alle sieben Jahre ein Wandel, wie der Körper sich erneuert, so erneuert sich die Erde! Sternschuppen und Sonnenfinsternis bedeutet eine neue Regelung. Lomer schreibt über die Sonnenfinsternis, dass sie von jeher als Unglückszeichen galt."

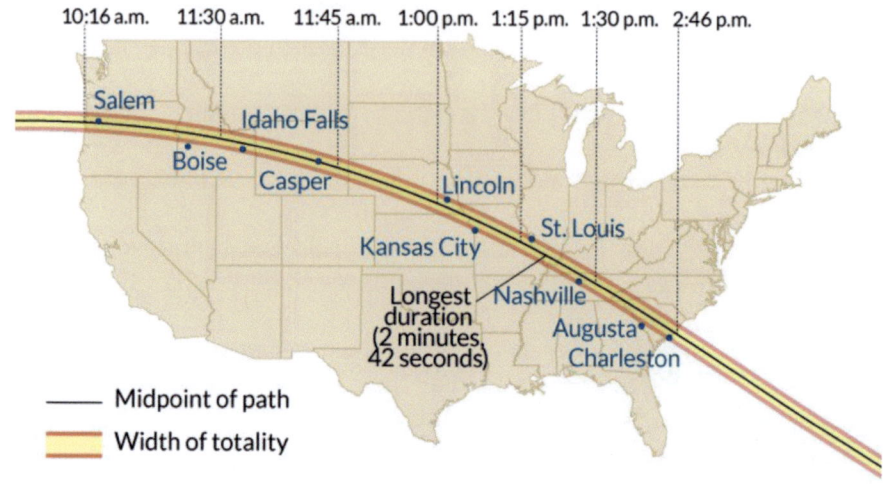

Der Verlauf der Sonnenfinsternis in der USA.

„Es gibt aber nicht viele Informationen über die St. Johannis-Nacht!", meinte Mona zu mir.

„Das stimmt nicht. Man bräuchte sich nur zu erkundigen, und man findet etwas darüber. Wer suchet der findet, aber es gibt ja heutzutage keiner Sucher, besser ausgedrückt, keine Forscher mehr. Jeder Mensch kümmert sich nur noch um seine eigenes Süppchen, die er tagtäglich in sich hineinschlürft."

„Dennoch, könntest du mich darüber ein wenig aufklären."

Ich tat es. Hier ist das Ergebnis:

Traditionell war es so verankert, dass an einem klaren Sommertage die Burschen Holzscheite sammelten. Jeder wollte das Meiste dazu beigetragen haben. Jeder wollte daran teilhaben, wollte etwas von seiner Kraft abgeben, damit dieser Feiertag gebührend gefeiert wird. Das Johannisfeuer soll aus Holz von Waldbäumen und Fruchtbäumen zusammengestellt sein. Aus neuerlei Holz soll das Lagerfeuer nach alten Riten bestehen. Neun, die Zahl des Rhythmus! Beim Suchen sangen die Burschen religiöse Lieder, in denen in alten Zeiten die Namen der Götter aufgezählt wurden:

> Heiliger Veit,
> Schenk uns e Scheit,

Heiliger Marks,
Schenk uns e Starks!
Heiliger Sixt,
Schenk uns e dicks!",

konnte man hören. Jeder gab etwas dazu her, denn wer nichts hergab, der müsse bald sterben, so war der alte Volksglaube. Er beraube sich selbst der Nahrung, welche durch das „himmlische" Feuer geschaffen wird, so sagte man!
Zwei reine Kinder, jungfräulich, sollten das Feuer anzünden. Sie sollten das heilige Feuer zeugen, denn dieses Feuer war eben den Alten ein Sinnbild der sittlichen Reinheit! Durch Reibung zweier Hölzer – Plus und Minus –, wie auch Feuersteine, wurde solches Feuer gewonnen. Damit zogen sie das himmlische Feuer der Gottheit in das irdische herein. Ein junges Feuer entsteht frisch, anstatt es mit alten, schon brennenden Feuer anzuzünden. Das alte Feuer ist schwach geworden, deshalb der Brauch, das Herdfeuer auszulöschen. Dieses neue Feuer wurde auch Reibfeuer genannt. Es ist derselbe Reibungsfunke, der auch in der Gewitterwolke entsteht. Es symbolisiert den Blitz, der aus Donnars Götterhand gesandt wurde. Dies ist das heilige Feuer, welches man beim Brand gerne genommen hat, weil es direkt aus Götterhand stammt. Deshalb war der Platz um den Herd ein heiliger Platz, da man dort das Feuer verehrt hat.
Früher nannte man das das „Baldurfeuer", jetzt durch die Kirche wird es Johannisfeuer genannt. Baldur war der Lichte Gott, der nach diesem Feuertag abnahm, die Nächte werden länger, die Tage werden kürzer. Hödur, der blinde Bruder, der „Gott der Finsternis", löst den Lichten Gott ab. Immer im Wechsel von Tag zu Nacht, von Sommer zu Winter, der Polarität der Rit-Rune entsprechend. In der Sage lebt der Glaube fort. Dort ist es der herrliche Siegfried, der von dem finstern Hagen getötet wird. Auch Johannis der Täufer, auf den diese „Nacht" zurückführt, hat gesagt: Ich muss abnehmen, jener aber – der Heiland – muss zunehmen, was wiederum eine Anspielung auf das Obige ist.
In das Holzfeuer wurden dann allerlei Kräuter geworfen, damit wurde Leid und Elend verbrannt. Kränze wurden über das Feuer geschwungen, denn diese wurden aufgehangen zum Schutz vor bösen Mächten. In dieser Zeit hergestellte Talismane haben eine besonders starke Wirkung. In alten Zeiten wurden Runentänze getanzt. Oder man sprang neunmal über das Feuer, neunmal war der Rhythmus des Lebens, welcher das Lebenslicht

auffrischen sollte. 18 ist die Zahl des Rhythmus, 1 + 8 = 9, die heilige Neun, und da sind wir wieder beim Futhark, welche durch das göttliche Feuer erschaffen wurde.

*

Ich bekomme hin und wieder entweder eine Mail oder einen Brief eines Interessenten. Aus einigen dieser Mitteilungen ergaben sich längere „Gespräche", die recht gut zum Thema dieser Autobiografie passen. Einen davon will ich hier schildern:

A: „Kennen sie den Logenroman „Auf Teufel komm raus", welcher um das unheilige Treiben des Großmeisters Giovanni in der „Bruderschaft des Saturns" geht. Werner Schmitz, der Autor, beschreibt erstaunliche Erklärungen zu dem Verhalten der einzelnen Meister der F. S. gegenüber Jürgen G., ein junger Anhänger der Fraternitas Saturni, welcher aber zu jung ist, um ein Mitglied zu werden. Deshalb nimmt ihn Karl Wedler, der obige Großmeister der Fraternitas Saturni, unter seine persönlichen Fittiche. Eigenartigerweise kriegt der junge Mann es mit der Angst vor schwarzmagischer Verfolgung zu tun und begeht, erst 25-jährig, am 2.10.1979 angeblich Selbstmord."

B: „Der angebliche Selbstmord? Es sind immer die seltsamen Erscheinungen, welche nicht ins Gesamtbild passen. Aber weiter nachforschen tut keiner! Die Kritiker forschen nicht, sondern lesen nur irgendwelche vorgegebenen Informationen, ohne selbst sich auf den Weg zu machen, die Tiefe zu ergründen!"

A: „Richtig! Die Geschichte dieses Selbstmordes wird nun vom obenerwähnten Autor Schmitz, der die nötigen Informationen u. a. von Meister Set Horus erhält, als Logen-Krimi „Auf Teufel komm raus" verarbeitet."

B: „Ja, das Buch kenne ich. Ein sehr interessanter Roman. Aber der Sektenbeauftragte F. W. Haack schreibt in seinem Büchlein „Freimaurer" dass die Fraternitas Saturni das Mehrgradsystem den maurischen Hochgraden nachgebaut hat, jedoch mit anderen Lehrinhalten. Das sollte Interessenten anziehen, da sich die Loge – nach Haack – mit schwarzer Magie und Sexualmagie beschäftigt hatte. Das gleiche galt für den satanischen OTO. Das sind Informationen, die für das Gesamtverständnis äußerst wichtig sind."

A: „Wie waren die ursprünglichen Logengrade eingeteilt?"

B: „Sie wurden von dem Freimaurer Albert Pike eingeteilt, der die 33 Grade den Runen bzw. den kleinen und großen Arkanen angepasst hatte.

Sie nannten sich z. B.:
- Ausgewählter Meister der Neun
- Ausgewählter Meister der Fünfzehn
- der 18. Grad hieß – Ritter vom Rosenkreuz, und bezog sich auf die Beherrschung der 3 Körper und der vier Elemente bzw. auf die 7 Planetenströme usw.
- oder der 24. Grad – Prinz des Tabernakels usw.

Man erkennt daran, dass ihr ganzes System auf Ehre, Würde, Moral und Sitte, auf hohe geistige Ethik abzielte, und nicht wie beim Saturnorden im 18. Grad die tierische Sexualmagie praktiziert wurde."
A: „Oh, das war mir nicht bekannt. Aber sehr interessant. Doch allgemein gesehen wird das Wirken und Treiben der Logen nicht für ernst genommen. Das sehe ich doch richtig, oder?"
B: „Ja, da haben sie recht. Sogar Okkultisten bestreiten deren wahre Existenz und ziehen sie in den Schmutz der Lächerlichkeit. Aber genau das wollen diese Vereinigungen, denn dann können sie im Hintergrund ihr magisches Tun unerkannt betreiben. Jeder Meister einer unmenschlichen FM hatte in seinen Logenschöpfungen materielle Ziele im Kopf. Diese finden sich im Vatikan, in den Sekten (z. B. Scientologen, Moon Sekte usw.) oder in den Geheimorden mit den verschiedensten Namen."
A: „Sie deuten dabei auf den Orden der goldenen Freimaurer. Aber für deren Existenz gibt es keinen Beweis!"
B: „Korrekt, aber für Gott auch nicht, aber dennoch suchen ihn unzählige Menschen, und manch einer behauptet, er habe ihn gefunden."
A: „Ich verstehe."
B: „Dass es Orden gibt, die ihre Mitglieder opfern, darauf weist schon das Buch „Krabat" von Ottfried Preußler hin."
A: „Das kenne ich, das Buch."
B: „Dann wissen sie ja, dass nach dieser, sagen wir mal Legende, der 14-jährige Waisenjunge Krabat eine Lehrstelle in einer Mühle im Koselbruch bei Schwarzkollm antrat. Die Mühle stellt sich jedoch schon nach kurzer Zeit als eine „Schwarze Schule" heraus, in der der Müllermeister jeweils zwölf Mühlknappen – man vergleiche diese Zahl mit den 12 Aposteln, den 12 Alten usw. – in der Schwarzen Kunst, in der zerstörerischen Zauberei unterrichtet.
Krabat gefällt zunächst die Lehrzeit in der Mühle und der Schwarzen Schule. Ihn fasziniert die Macht, die man mittels Magie über andere

Menschen ausüben kann. Er freundet sich auch mit den Gesellen an, insbesondere mit Tonda, dem Altgesellen, der ihm zum Vorbild wird. Doch Tonda stirbt auf *mysteriöse* Art und Weise am Ende des ersten der drei Jahre. Ein neuer Lehrjunge namens Witko nimmt zu Jahresbeginn seinen Platz ein. Auch nach Ablauf des zweiten Jahres stirbt ein weiterer Geselle bei einem rätselhaften *Unfall* und wird durch Krabats Freund Lobosch ersetzt. Krabat durchschaut erst nach und nach das furchtbare Spiel, dessen Teil er geworden ist: Der Meister, der sich dem Bösen verschrieben hat, muss am Ende eines jeden Jahres einen seiner Schüler opfern. Andernfalls müsste er selbst sterben. Dazu sucht er sich den jeweils besten Schüler heraus, bevor dieser genügend gelernt hat, um ihm im Zweikampf gefährlich werden zu können."

A: „Oh, da kann man Parallelen zum „Frabato" ziehen."

B: „Richtig! Das sollte man auch machen. Am Ende des dritten Lehrjahres stellt der Meister Krabat vor die Wahl, ob er die Nachfolge als Meister antreten möchte. Als Krabat entschieden ablehnt, beschließt der Meister, Krabat zu opfern. In der Silvesternacht erscheint jedoch die Kantorka – seine geliebte Freundin – und fordert vom Meister Krabats Freiheit. Nachdem sie die Probe bestanden hat, sind Krabat und seine Mitgesellen frei. Der Meister stirbt in der Silvesternacht und die Mühle geht in Flammen auf. – Soweit das Märchen, welches einen wahren Kern beinhaltet."

A: „Ja, wenn das so zu sehen ist, dann begreife ich das erst jetzt."

B: „Das mit dem Opfer ist so ein Ding. Menschenopfer werden als Speise der Götter genannt. Je wertvoller das Opfer, desto besser ist es. Haack sagt zwar, dass neben der Teufelverdächtigung immer wieder die Behauptung kursiert, Freimaurer müssten Selbstmord machen. „Entweder bei mehrfachen „geschäftlichem" Misserfolg oder sogar nach einem geheimen Ritual. Sie sehen, es kursiert das Gerücht, an dem immer ein wahrer Kern enthalten ist."

A: „Das spricht für sich."

A: „Jeder Stamm opferte Menschen für seine Zwecke, zum Erfüllen ihres Vorhabens. Die USA huldigen das Alte Testament, wo noch von Opferriten die Rede ist. Sie schicken ja ihre Soldaten für einen Hungerlohn in den Krieg. Ist das nicht auch ein Opfer ihrer Bevölkerung, damit die Oberen an Macht und Geld kommen? Nur noch eines zu der oben genannten Loge: In „Auf den Pfaden der internationalen Freimaurerei" schreibt Br. Freymann, und dieses mal weder Quintscher noch Franz Bardon, dass die Freimaurerei

immer über einen „intimsten" Gedankenaustausch verfügt. Er spricht zwar nicht von magischen Spiegel, wie es in den Logen gehandhabt wird, aber er sagt genauso, dass es eine Kette der Freimaurerei über die ganze Welt gibt, die das Schicksal – siehe die „Bruderschaft des Saturns" – nach ihrem Recht bestreiten will. Doch die Brüder des Lichts lassen sich von denen nicht ins Handwerk pfuschen. Es scheint nicht nur so, sondern es ist tatsächlich so, dass die Logenbrüder mehr Wert auf Zerstörung legen, Unfrieden stiften, so wie es ihnen vonseiten der Dämonen eingegeben wird. Das bemerkenswerte in dieser Schrift ist, dass Dr. Köthner, Runenkenner, Freimaurer und Autor vieler okkulter Bücher, unter anderem Schöpfer der okkulten Zeitschrift „Die Wandlung", sagt: *„Jetzt sind uns endgültig die Augen geöffnet: diese 99 v. H. aller, die sich auf der Erde „Freimaurer" nennen, werden immer unsre Erzfeinde bleiben."*
Was kann das bedeuten und woher kann er das wohl wissen? Heißt es nicht, dass über diese *Templer* immer schon gemunkelt wurde?"
A: „Das macht jetzt alles einen Sinn. Auch wenn es nur ein paar kleine Hinweise gibt, müsste man diese nur finden, und man kann sich ein Gerüst zusammenbauen. Und ein Gerüst steht auch!"
B: „Es gibt sogar christliche Orden wie die Jesuiten, die im Mittelalter noch als der schwarzmagische Orden überhaupt angesehen wurden. Nur jetzt schweigt man darüber, obwohl sein Wirken genau derselbe ist."
A: „Ach, das wusste ich nicht!"
B: „Es gab Zauberschulen in Salamana, Sevilla und Toledo, auch in Krakau (Polen) gab es eine Universität, wo selbst der bekannte Dr. Faust gelehrt hatte. Dort wurde
- Alchemie,
- Astrologie bzw. Sphärenkunde,
- Magie,
- Chiromantie,
- Geisterbeschwörung,
- Zauberformeln usw.,
- und die praktische Anwendung der Zauberspiegel

gelehrt. In allen anderen Universitäten wie z. B. in Wittenberg war die Magie und Nigromantie als Untergrundfach heimisch. Nur ist dies nicht mehr bekannt, bzw. wird geleugnet, denn die materielle Kirche will das nicht, dass dies publik wird, dass die Öffentlichkeit darüber Bescheid weiß. Deshalb leugnet die Kirche in einer klugen Weise die Wunder Christi, nur

um dies alles dem Aberglauben zuzuschreiben."
A: „Wau!"
B: „Es wurden nach einem alten Bericht zu urteilen, auch Geisterbeschwörungen im freien an einer Wegkreuzung von den Studenten getätigt. Von Salamaca ist z. B. noch folgendes bekannt: *Aber man muss auch wissen, dass schon seit ehedem bei der Stadt Salamanca ein Götzenbild aus Marmor (Baphomet) in einem tiefen Keller aufgestellt und verehrt wurde. Ein Dämon wohnte darin, der in diesen Künsten Unterricht denjenigen gab, die sich ihm durch gewisse Pakte und Beschwörungen unterwerfen wollten. Diese Leute erschienen dann im Zuge der Zeit bei bestimmten Erregungszuständen als bewundernswert. Inzwischen ist nicht nur seit vielen Tagen, sondern seit vielen Jahren diese tiefe Höhle verstopft und darüber eine Kirche gebaut worden. Das Götzenbild wird vor der Kirche an einem öffentlichen Weg von den Vorübergehenden noch immer kultisch verehrt, dass kaum noch eine Spur der (abgegriffenen) Skulptur zu sehen ist.*"
Selbst der ehemalige südamerikanische Papst war ein Mitglied der Jesuiten, welcher ein satanischer Orden war und ist, und *erschlich* sich auf magische Art das oberste Amt der katholischen Kirche. Das Eigenartige ist, dass man von seinen Vorgängern viel mehr hörte, als von ihm. Es scheint, dass er sich im Verborgenen besser fühlt, besser arbeiten kann, als in der Öffentlichkeit, wo man ihn vielleicht durchschauen könnte. Nur seine Bediensteten und engsten Mitarbeiter im Vatikan kam er nicht koscher vor. Aber zum Glück ist er mittlerweile verstorben."
A: „Das ist kaum zu glauben!"
B: „Der Vatikan hat unzählige magisch-mystische Schriften über die vier Elemente, über das Mysterium des Ausgleiches, über die heilige Quabbalah und Runenmagie, selbst über Alchemie und Sphärenmagie besitzen sie ausgezeichnete Schriften, die in einzelnen Arkanen aufgeteilt sind und das Wissen und die Weisheit der Menschheit unwahrscheinlich bereichern würde. Aber was macht die Kirche? Sie behält es in egoistischer Gier nur für sich selbst zu ihrem eigenen Vorteil! Sind das nicht dunkle Triebe der Templer, die da im Spiel sind, die in einer befreienden Religion getrieben werden?"
A: „Da haben Sie vollkommen Recht! Aber woher wollen Sie das alles wissen?"
B: „Meine Frau war mit dem Bruder Franke, einem wahren Franziskaner,

befreundet, der ihr darüber Auskunft gab."

A: „Ja, das macht Sinn, wenn man bedenkt, dass die Franziskaner für die Aufklärung von unnatürlichen Fällen in den Vatikan gerufen werden. Und so viel ich weiß, hat dieser Orden auch dazu beigetragen, das Buch „Im Namen Gottes" zur Erscheinung zu bringen, wo es um den Mord am 33 Tage Papst ging. Aber was wissen sie noch darüber?"

B: „Darauf sind wir gestoßen, als ein französische Priester in einer Kirche in Frankreich enthauptet wurde. Diese *Tötung* war ein magisch veranlasster Mord, den eine Loge der Jesuiten durch einen Dämon in Auftrag gegeben hatte."

A: „Aber er wurde doch von zwei Moslems getötet."

B: „Ja, aber den Gedanken und die Kraft zur Tat wurde ihnen durch ein hohes geistiges Wesen eingegeben, das alle weiteren Mitteln und Gegebenheiten so arrangierte, dass es zu dieser Tat kommen konnte."

A: „Das verstehe ich nicht?"

B: „Sie kennen ja Dr. F. Hartmann?"

A: „Ja, den bekannten Theosophen."

B: „Und dieser hat in seiner Zeitschrift „Lotusblüten" geschrieben, dass jeder irdischen Tat eine geistige Ur-Idee vorausgeht. Negative Wirkungen haben nun manchmal dämonische Ursachen, auf die man niemals von alleine kommen kann. Da wir über geistige Dinge sprechen, werden auch geistige Ursachen geschaffen, die sich auf unseren materiellen Plan auswirken."

A: „Ich verstehe. Sie sind also der Meinung, dass zuerst der Gedanke war, der das Haus erbaute."

B: „Richtig. Aber nun zurück zum verstorbenen Papst, der auch ein führendes Mitglied des „Opus Dei" heiligte, das ist der Orden, dessen geheime Umtriebe Freimaurertum vorgeworfen wurden. Deshalb bildet dieser Orden Schüler für einen der satanistischen Logen aus. Ist so etwas christlich? Selbst im Mittelalter war das ganz normal, dass einige Päpste sogar einen Pakt mit dem „Teufel" hatten. Das war in aller Munde. Nur heutzutage, im Zeitalter der Technik, verstecken sich solche Menschen hinter den Medien, um ja keinen Gegendruck von der für sie verdummten Gesellschaft zu bekommen."

A: „Wie sind Sie auf all dies gestoßen?"

B: „Ich habe für diese obige Behauptung keinerlei Beweise, aber fängt nicht jede Wahrheit mit einer Theorie an, wird nicht alles zuerst als Hypothese behandelt, bis es später zur Realität wird? Wenn man weiß, dass

die höchsten Ämter der „Zeugen Jehovas", der „Moon-Sekte" sowie der „Scientologen" Mitglieder der negativen FM sind, dann weiß man, wie die materielle Welt tickt. Sie spielt das Spiel des Herren der Erde!
Zum ersten Mal hörte ich davon, als das Kreismitglied Jean mir von Anion berichtete, dass dieser Orden ein militärischer christlicher Orden sei, der in schwarzmagische Bereiche hineinragt. Das konnte ich anfangs nicht glauben, da er ein rein christlicher Orden war, obwohl man immer wieder hört, dass er extreme Praktiken von seinen untergebenen Mönchen verlangt. Selbst Dr. Georg Lomer schrieb eine *pathografische Geschichtsstudie* über den Gründer des Ordens – Ignatius von Loyola – auf welche ich mich im Weiteren immer wieder berufen werde. Es wurden mir noch weitere Bücher in die Hände gespielt, worin ich noch reichliches Material fand, welches meine Meinung über diesem dunklen Orden verstärkte. Im Mittelalter gab es sogar Gerüchte von schwarz-magischen Klöstern, wie ich oben schon angedeutet habe. Außerdem wird dieser Orden „Die Wölfe Roms" genannt und ein Spruch vom Jesuiten-General Lorenzo Ricci besagt:

> „Wir haben uns eingeschlichen wie Lämmer.
> Wir werden regieren wie Wölfe.
> Man wird uns verjagen wie Hunde.
> Wir werden uns verjüngen wie Adler!"

Das sind alles keine christlichen Sprüche, die der Meister der Liebe seinen Jüngern mitgegeben hätte. Im Gegenteil, das bezieht sich alles auf egoistische Machenschaften geistiger Vereinigungen, die es normalerweise besser wissen müssten. Aber die Verlockungen der materiellen Welt haben schon so machen Mönch die Seiten wechseln lassen, um ein Bündnis mit einem Dämon einzugehen."
A: „Was sagt denn die Kirche zu ihren Vorwürfen?"
B: „Begreiflicherweise schweigt sie darüber, trotzdem es so viele Analogien zur dämonischen FM gibt."
A: „Zum Beispiel?"
B: „Zum Beispiel der unbedingte Gehorsam gegenüber dem höchsten Amt des Ordens, den Kuss der Hand, seinen egoistischen Machenschaften, ihre dämonischen Einstellung usw. Deshalb wurde der Orden in manchen Ländern sogar verboten, – so noch bis 1973 in der Schweiz – oder es wurden sogar Ordensmitglieder ausgewiesen."
A: „Ach, das hätte ich nicht gedacht."

B: „Eine seltsame Sache, nicht wahr? Der Orden breitete sich über die ganze Erdkugel aus. Ordensprovinzen in Lateinamerika begründeten geschlossene Siedlungen, in denen missionierte Ureinwohner lebten, die von Priestern betreut wurden; aus diesem Jesuitenstaat entstand das heutige Land Paraguay."

A: „Was? Ein eigener Staat, der auf deren Gesetzen und Einflüssen gegründet wurde?"

B: „Ja, dazu kann ich ihnen nur beipflichten. Das ist für mich genauso unverständlich, wie sich so etwas zutragen kann. Die Organisation des Ordens ist zentralistisch. An der Spitze steht ein auf Lebenszeit gewählter Generaloberer, der aus dem Generalat in Rom aus mit Hilfe von 14 Assistenten den Orden leitet. Die einzelnen Assistenzen gliedern sich in Provinzen, denen jeweils ein Provinzial vorsteht. Dieser ernennt Obere, die vor Ort Einrichtungen und Kommunitäten des Ordens leiten.

A: „Sehr interessant."

B: „Auch das Leben des Gründers Loyola bildet einige Neuigkeiten. Er war ein Lebemann, kam mit dem Gesetz in Konflikt, wurde 1517 Offizier im Dienst des Vizekönigs von Navarra in Pamplona; sein Lebensplan war eine Karriere beim Militär. Eine steinerne Kanonenkugel traf jedoch sein Bein, zertrümmerte es, wofür er lange Zeit aufs Krankenbett im Schloss von Loyola gebunden war. Während seiner Genesung las er religiöse Schriften wie das Leben Christi des Kartäusers Ludolf von Sachsen und die Heiligenlegenden, was neben mystischen Erlebnissen zu seinem Entschluss führte, sich einem geistlichen Leben zu verschreiben.

Nach der Genesung ging Ignatius im Februar 1522 ins Kloster, um dort in strenger Askese Klarheit über sich und sein weiteres Leben zu gewinnen; in äußerster Armut ausgesetzt und ständig im Gebet vertieft, entstand in jener Zeit der Entwurf zum Exerzitienbüchlein „Exercitia spiritualia" – Geistliche Übungen. Das Werk ist im Wesentlichen ein Leitfaden zur Meditation und religiösen Unterweisung. Danach pilgerte er nach Jerusalem, es folgte das Studium an einer Lateinschule in Barcelona, in Alcalá de Henares und an der Universität in Salamanca, die wir schon als Schule der Magie kennengelernt hatten."

A: „Ich erinnere mich."

B: „Zweimal hatte ihn die Inquisition wegen seiner Seelsorge an Frauen unter Verdacht und er wurde zeitweise ins Gefängnis geworfen; seine Freunde wandten sich von ihm ab, nur die Frauen blieben ihm treu. Wer weiß schon den wahren Grund seines tun."

A: „Hier ist das Feld der Spekulation groß. Manch einer könnte darauf kommen und behaupten, dass er diese Frauen für sexualmagische Zwecke benutzt hatte."
B: „Alles im Bereich des Möglichen. Auf jeden Fall ist nachgewiesen, dass er Philosophie und Theologie in Paris studierte. Mit sechs Kommilitonen gründete er 1534 auf dem Montmartre in Paris eine fromme Bruderschaft. Ignatius, so sagt man ihm nach, hatte auch Visionen: Gott selbst bat Jesus, Ignatius als Knecht anzunehmen, dieser stimmte zu und in Ignatius flammte eine starke Zuneigung zum Namen Jesu; seine neue Gemeinschaft nannte er fortan Gesellschaft Jesu, Jesuiten, das Volk bezeichnete die Pariser Professoren als Pilgerpriester. – Das war grob gesehen seine offizielle Lebensgeschichte."
A: „Was können sie mir über seine Ziele und Absichten berichten. Das würde mich sehr interessieren, denn wenn er wahrlich schwarz-magische Tendenzen hat, wäre ich darauf sehr neugierig, wie diese ausfallen würden."
B: „Sie fallen sehr ins Extreme, würde ich mal so sagen, denn der Jesuiten-Orden wurde mit der Absicht gegründet, die verlorene Macht der Kirche wiederherzustellen. Die Kirche selbst diente dem Orden nur als Vorwand für sein Machtgelüste, die Welt zu beherrschen, wie der Autor Bernhard Becker in seinem Buch „Der alte und der neue Jesuitismus" schrieb. In diesem Werk behandelte er die wahren Gedanken, besser gesagt, Hintergründe des Ordens. Die Jesuiten teilten sich in geistige und weltliche Brüder. Sie nahmen die Gestalt an, in deren Äußeren sie am besten Einfluss ausüben konnten. Ihre Orden war streng gegliedert, richtig militärisch gedrillt wurden die Mitglieder, sodass jeder Befehl ausgeführt wurde. Zu ihren Haupttugenden zählten die Gier nach Schätzen, Macht, Grausamkeit und Geld. Jedoch tätigten sie ihren Einfluss immer aus dem Hintergrund, machten Ränke und Intrigen im Mantel des Christentums. Sie arbeiteten mit Falschheit und Lüge, mit den Mitteln der Nacht und Finsternis. Dem Äußeren nach scheint es, als hätten sie ihre Macht und Einfluss verloren, da sich die Welt vom Christentum abwandte und dem materiellen mehr zugeneigt ist. Doch das ist das Ziel der Verdummungs-Industrie der Kirche! Also gewollt! Sie geben „Himmlisches" vor, um „Materielles" zu erlangen! Ist das nicht die Einstellung eines schwarz-magischen Orden, behaupte ich mal?"
A: „Ach, wer hätte das gedacht. Diese Philosophie ist wirklich eine verderbliche. Also mit christlicher Nächstenliebe, was diese Religion

auszeichnen sollte, hat das wenig bis nichts zu tun."
B: „Wenn man dies mit den Praktiken der Nekromanten vergleicht, dann sieht man, dass diese Blut, Tiere, auch Menschen – Medien – opfern, nur um ihren Willen durchzusetzen. Sie opfern andere als sich selbst. Und solches schändliche Treiben geschieht hinter verschlossenen Mauern der Klöster. Man muss nicht am Ort des Geschehens sein, um etwas zu ändern oder nach seinem Willen zu äußern. Die Ursache, welche von denen gesetzt wird, liegt in den Tiefen des Akashas, und wirkt sich immer so aus, wie sie platziert wurde. Die bestätigt nicht nur Franz Bardon, sondern viele andere Okkultisten auch. Denn die Zerstörung der Harmonie ist ihr Ziel!
Dieses Verhalten deckt sich auch mit dem der gefallenen Freimaurern, welche von den Wissenden mit dem Namen „die Goldenen 100" bezeichnet werden, die offiziell sich einen anderen Namen geben und überall, weltweit vertreten sind. Nur hat jeder Orden andere Aufgaben und Richtungen, die er vollbringen muss, je nach seinem obersten Logen-Dämon, mit dem er verbunden ist. Jeder Dämon hat entsprechende Aufgaben, die er durch den Orden verwirklicht haben will. Er hat sich sozusagen eine Kampftruppe in irdischer Gestalt geschaffen, – die „Christlichen Ritter" – die für den Dämon – so schreibt es auch Franz Bardon in seiner „Evokation" – seine Arbeit erfüllen. Beide Parteien jedoch streben nach der alleinigen Weltherrschaft, nach einer Gewaltherrschaft!"
A: „Das deckt sich mit der Verschwörungstheorie, die allgemein über die *Freimaurerei* verbreitet wurde."
B: „Nur wurde diese Theorie durch die Medien, wie so vieles andere auch, in den Schmutz des Wahnsinns gezogen. Selbst Franz Bardon sagte das immer wieder in seinem Roman „Frabato". Aber dennoch, geglaubt wird ihm das nicht!"
B: „Alle Geheimorden verschleiern ihre Ziele, wie K. Bayer in seinem Buche „Lösung des Rätsels der jesuitischen Sphinx" behauptet. Sonst würden sie sich nicht „geheim" nennen! Die „Religion" ist nur der Deckmantel für ihr unlauteres Treiben, denn die ganze Missionsarbeit galt einzig und allein der Ausbeutung, sagt der Autor auf Seite 109. Sie sind in allen Ländern und in allen Bereichen als Normalbürger vertreten und erkennen sich an gewissen „Zeichen", wie es in der Freimaurerei üblich ist – an Zeichen, Wort und Griff! Sie besitzen nämlich die gleichen symbolischen Handlungen wie jeder satanische Orden. Interessant ist ja, dass die Jesuiten in Frankreich, von einem Franzosen gegründet wurden. Frankreich, das Land des Templerordens?"

A: „Ja, genau, das habe ich gar nicht bedacht."
B: „Der Weltklerus war Diener der „Kirche hinter den Kulissen", sagt Bayer. D. h., dass die Geheimbünde das Sagen hatten und haben, den ihr Gott ist der Herr der Erde, der Materie und des Goldes! Sagt nicht schon E. Ellerbek in seiner Schrift „Versailler Visionen" (S.1): *„Wer noch um das Gold kämpft, hat die (wahre) Gottheit nie begriffen: Nur die Kämpfer gegen das Gold sind Kämpfer des Göttlichen!"*
Paraguay, wovon ich vorhin ihnen erzählte, ist ein Staatsgefüge, welches nach den Richtlinien des Jesuiten-Ordens aufgebaut wurde. Selbst die Gerichtsbarkeit unterlag den Priestern, welche gleichzeitig Richter waren, und verhängten die öffentliche Buße oder Strafe. *„Nach Empfang der Streiche küssten die Bestraften den Stellvertreter Gottes auf Erden die Hände",* (S.106) wie das auch beim Großmeister der dunklen FM geschieht, wenn die Logensitzung beendet wird. Man kann Paraguay in Beziehung mit dem chinesischen Ort namens „Unheilig" bringen, wo ein Orden die ganze Stadt beherrscht und ausbeutet."
A: „Dann leben wir sozusagen in einer Welt, die von der negativen Seite aus regiert wird – von Dämonen und deren Verbündeten!"
B: „Das sagt ja an und für sich schon jeder echte Okkultist, aber keiner will es so recht wahr haben."
A: „Vielleicht weil die interessante Seite der Magie außer acht gelassen wurde."
B: „ Da könnten Sie recht haben. Wenn man diese erwähnt, dann wird alles viel logischer. Dass sie an Verschwörungen und Beteiligung an materiellen Gewinn waren, das bestätigt das dreibändige Werk „Sammlung der neuesten Schriften, welche die Jesuiten in Portugal betreffen – aus dem Italienischen übersetzt", welche über 100 Briefe und dokumentarische Schreiben beinhaltet, die darüber aufklären, wie das Wirken und Treiben dieses Ordens in Wirklichkeit war. – Aber jetzt wird's erst richtig spannend. Jetzt möchte ich ihnen von den Lehren des Ordens berichten."
A: „O, ja, bitte."
B: „Im Orden wird gelehrt, *„dass der Zweck die Mittel heiligt. Diesen Satz lehren sie nicht nur, sondern sie betätigen ihre Lehre auch im Leben."* (S.30 – siehe Becker) Dieser Satz ist in keinster Weise mit der christlichen Idee und der Philosophie in Einklang zu bringen. Er deckt sich eher mit dem schwarz-magischen Satz von Aleister Crowley, der sich nicht umsonst To Mega Therion – das große Tier – nannte: „Tu was du willst. Dies soll das ganze Gesetz sein." Der reinste teuflische Egoismus kommt dabei zum

Vorschein. Und da das gesamte Weltall nach Gesetzen aufgebaut ist, führt dieser Spruch nicht in die himmlische Freiheit, sondern bindet an die Materie, das Arbeitsfeld der Schwarz-Magier.
Selbst Weishaupt – so behauptet B. Bauer in „Freimaurer, Jesuiten und Illuminaten" –, der Erfinder und Stifter des Illuminaten-Ordens, bewunderte die Weltklugheit und List der Jesuiten und verwendete dieselbe für die Regelung der Disziplin zum Vorbild für seine eigene Stiftung."
A: „Das ist ein Ding!"
B: „Ein ehemaliges Mitglied berichtet in seinem Buch „Über Jesuiten, Freimaurer und deutsche Rosenkreuzer", dass der Orden in kürzester Zeit entstand und häufte sich unermessliche Schätze an, herrschte tyrannisch über große Teile der Erde. Fragt man da sich nicht zurecht, warum entstehen überhaupt Orden? Verheimlichen sie etwas vor uns? Warum haben diese riesige Bibliotheken mit wunderbaren Schriften, wo ein normal Sterblicher keinen Zutritt erhält? Wie kommt man da ran? Wer schafft das? Warum ist das so? Wer deckt diese Orden? Welche gewaltige Macht muss dahinter stecken, dass ihnen nie und nimmer etwas passiert?"
A: „Das fragte ich mich auch."
B: „Es gibt sogar das Gerücht, dass Loyola Mitglied bei den Freimaurern war."
A: „Echt?"
B: „Aber das ist nur eine Spekulation. Der Orden sollte das Reich der Kirche, des Papstes, dem er unterstellt ist, vergrößern. Wem würde das nicht gefallen? Der Ordensgeneral war der Vertreter Christi und hatte das uneingeschränkte Recht, die Gewalt über seine Ordens-Mitglieder auszuüben. Wie ein Großmeister trat dieser auf. Die Mönche selbst wurden durch *Geistlichen Übungen* in der Vorstellung der Hölle immer unter Kontrolle ihrer Angst gehalten! Rapport-Briefe wurden geschrieben, die über alles aufklären sollten, sogar geheime Zeichen wurden verwendet, um etwas unter Verschluss zu halten. Über politische Machenschaften wurde Rechenschaft abgelegt an den General, der selbst keinem Menschen Rechenschaft abgeben musste! Die schriftlich niedergelegte Lehre erlaubt den Mönchen uneingeschränkte Ausübung der weltlichen Gewalt, bis zum Mord an einem von ihnen als Tyrannen bezeichneten „Menschen" – siehe die Schriften Salmero oder Molina. Das sind für einen geistigen Orden materielle sprich satanische Regeln!"
A: „Dem stimme ich zu."

B. „Unter solchen Grundsätzen wurden die Zöglinge unterzogen und unterrichtet, so lange, bis sie es glaubten. Wem fällt nicht dabei das Satz ein: Tue was du willst – und wir haben die Brücke zu dunkler Magie überschritten. Aber nur der innere Kern lehrte solche Sätze – wie der Autor des oben genannten Buches versicherte. Die kleinen Mönche waren nur ihre Drohnen, Handlanger oder Arbeitsbienen. Es gibt sogar eine Liste mit ihren Schandtaten von Jahre 1547 bis 1741."

A: „Du meine Güte!"

B: „Mit ihren Taten verhinderten sie die wahre Aufklärung der geistigen Gesetze, die sie selber für ihre egoistischen Machenschaften anwandten. Selber sind sie wie ein Chamäleon, das alle Farben trägt, passen sich überall an, um alles zu erreichen. Nichts ist ihnen zu niedrig oder zu hoch, um es für ihre Zwecke zu nützen, nicht zu heilig oder unheilig. Keine menschliche Einrichtung war je riesenhafter im Ganzen und fester in den Gefügen der einzelnen Teile, als der Bau der Orden der „Gesellschaft Jesu", sagt Jordan in seinem Buch über die Jesuiten. Äußerlich wurde er zertrümmert, aber innerlich arbeitete er – die satanistischen Brüder – noch weiter und kam später wieder zum Vorschein."

A: „Wären Sie so nett, und würden Sie mehr auf die Regeln eingehen, die der Orden vertrat?"

B: „Sicher doch. Die Mönche mussten tägliche Gewissensprüfung absolvieren; nach vorgegebenen harten Regeln leben; Gedanken und Wünsche müssen dem Orden offen dargelegt werden; das Ertöten von Charaktereigenschaften, die dem Orden hinderlich sind; die Haltung, Äußerung, Benehmen müssen beherrscht und immer kontrolliert werden; bewusst denken, fühlen und handeln war eine Übung bei ihnen; unbedingter Gehorsam; die Persönlichkeit soll für die „Oberen" zum fügsamen Werkzeug gemacht werden; sie widersprachen dem Satz: Nicht Ich, sondern Christus in mir; sie erklärten den weltlichen Handel, Treiben und Umgang mit irdischen Dingen unabhängig von göttlichen Gesetzen; sie sagen sich los von jeder moralischen Verantwortung, wenn es um ihre eigene Not geht. In ihrer Form von „Not" dürfen sie alles machen, um sich zu verteidigen. Die Jesuiten stehen z. B., wenn man mir den Vergleich erlaubt, wie die „Bruderschaft des Saturns", über den Gesetz, über dem Schicksal, welches sie sich selbst zurecht legen, wie immer sie es haben wollen."

A: „Das ist echt krass, verzeihen sie mir diesen volkstümlichen Ausdruck, aber er ist der einzig passende."

B: „Die Hintermänner sollen, nach K. Bayers „Die Lösung des Rätsels der Jesuitischen Sphinx" den eigentlichen Orden leiten und dirigieren. Nur kennt er den wahren Namen des Ordens nicht, der meist im Verborgenen arbeitet. Sie sind die Puppenspieler, welche die Marionetten tanzen lassen. Dies bestätigt auch Gregorius, Inhaber eines Meistergrades im Orden, in seinem Roman „Der Weg ins dunkle Licht"."
A: „Ach, der schreibt auch darüber?"
B: „Nicht so richtig. Er gibt aber interessante Hinweise, die man nur richtig deuten muss. In der NS-Zeit, zum Beispiel, wurde der satanistische Orden auch mit den Juden gleichgesetzt, da sie den Namen des Ordens nicht kannten und alles unter ihrem Einfluss stand. Man muss bedenken, dass er durch hohe und höchste Dämonen geschützt ist, die zum Teil im Range eines Elohim stehen! Was die sagen, das geschieht! So nahm der „innere Orden" Rom ein und damit die Kirche und die gesamte christlichen Institutionen."
A: „Oh Mann!"
B: „Das ist alles sehr schockierend, ich weiß. Wenn die Jesuiten den Stuhl des Papstes unterwanderten, konnten sie die Religion so gestalten, wie sie es wollten. Und das war die Aufgabe des Ordens. Die Kirchenspaltung, die ganzen Ungereimtheiten im kirchlichen Sinne, die Entwurzelung des Priesters im Volkstum, die Verwurzelung des Materialismus im Glauben, die Gesetze des Saturns anzuwenden, die der Gottheit Satan gebühren, das alleingültige Wissen, das Verschweigen der wahren Gesetze, die Bücherbeschlagnahmung usw."
A: „Gibt es kein Dokument, was dies alles belegt?"
B: „Jein, denn die magischen Logenschriften sind geheim und zu 100% geschützt. Da kommt man nicht ran. Aber dennoch existiert eine Schrift namens „Monita Secreta", welche zum ersten Mal 1612 in Krakau herausgegeben wurde. Weitere Ausgaben folgten in Paderborn und Frankreich. Der Text wurde von Pater Brothier, des letzten Bibliothekars der Pariser Jesuiten zusammengestellt. Doch die wissenschaftliche Meinung ist zweigeteilt: Viele sagen, es handle sich um eine Fälschung. Wir jedoch gehen nicht davon aus, da uns Ariane daraufhin wies, obwohl wir weder den Namen noch die Existenz dieser Schrift kannten. Dieses Werk veranschaulicht ihre egoistischen Lehren, Gesetze und Machenschaften, wie ein christlicher Orden sie normalerweise nie tätigen würde. Ich möchte explizit nochmals darauf hinweisen, dass die Aufgaben eines jeden Freimaurer-Ordens ganz unterschiedliche Bereiche umfassen

können und infolgedessen auch umgesetzt werden. Man kann sagen, dass dies alles „dämonische" Regeln sind, wenn man bedenkt, dass die Religion für irdische Zwecke ausgenutzt wird."

A: „Ich bin völlig baff. Das entgleitet meinem Verständnis für die christlichen Werte!"

B: „Ich kann da leider keine andere Aussage machen. Aber es geht noch weiter. Nach Pater Chiniqui sollen sie auch den Tyrannenmord an Abraham Linclon begannen haben, wie er in seinem Buch „Die Ermordung des Präsidenten Abraham Lincoln" schrieb. Dies nennen die Jesuiten „Tyrannen-Mord"! Lincoln war angeblich in der Schule „Jesu Christi", aus welcher er seine Lehren zog. Wie vielleicht dem einen oder anderen bekannt ist, machte er Charakterschulung, hatte hohe Ansichten vom Leben, Brüderlichkeit und Freiheit, dessen Ursprung im Jesuitentum liegen kann. Er hatte einen hohen Glauben über die Vorsehung und verehrte seine Gottheit, aber dennoch war er ein egoistischer Rassist mit materiellen Beweggründen! In einem Gespräch mit Bateman sagte er, dass die treibende Kraft die Jesuiten wären, die durch ihre Schulen großen Einfluss ausübten. Daher die Grausamkeit der Südstaaten, ihr Hass gegen die Gleichheit usw. Mit den ersten Ansiedlern im Süden wie Florida, Texas usw. kamen als Lehrer die Jesuiten an, welche auch den Reichtum durch die Sklaverei brachten. Den wollte man natürlich behalten!

Der Meuchelmörder, welche die Worte „sie semper tyrannis!" schrie (zu deutsch: So immer den Tyrannen), kann durchaus unter dem magischen Einfluss der Jesuitenbruderschaft gestanden haben, um ihn auf *elegante* Art und Weise zu töten. Sagte nicht der Wissende Dr. Hemberger, dass viele Morde rituelle Tötungen im Auftrag eines „Dämons" sind? Booth, der Mörder, war bloß ein Werkzeug der Jesuiten, die ihm die „Hand" geführt haben, so berichtet Chiniqui. Man kann als Vergleich den Mord von Manson an Sharon Tate nehmen, den er auch im Auftrag des „Satans" ausgeführt hat. Nur ob das alles so stimmt, ob das wirklich im Astralen so beschlossen wird, das kann nur ein wahrer Hellseher ermitteln. Kein anderer vermag ins Akasha so tief einzudringen und solche Begebenheiten zwischen den Wesen und den „Mönchen" zu sehen. Aber auch Walter Jantschik, der F.S. Meister, sagte dasselbe, dass auf diese Weise manche Morde beschlossen werden, wie wir später noch erläutern! Dazu verwendet man meist – so sagt es auch der Pater – übertriebene, ja fanatische Menschen, welche Geistig ins Extreme gehen, und dadurch leicht beeinflussen kann. Auch magisch ist dies viel einfacher, wenn er schon

„verschoben" ist. Booth schrieb auch in sein Tagebuch: *„Gott hat mich nur zum Werkzeug seiner Strafe gemacht!"* Genauso hat es immer Adolf Hitler gesagt, der sich immer von der „Vorsehung" – in Wahrheit einem Mars-Dämon – geleitet fühlte! Ich führe dies nur an, um Parallelen aufzuzeigen und meine Behauptungen zu begründen."
Meine Gesprächspartnerin verstummte. Sie brachte kein Wort mehr heraus. Ich sprach weiter:
B: „Der Grund für die Hexenverfolgung ist auf jeden Fall als über alle Maßen grausam, brutal und absolut unmenschlich zu bezeichnen, egal welcher Stand – weltlicher oder geistlicher Adel – sie ausübte und durchführte. Keiner tat etwas dagegen, weil selbst die Bischöfe im Wahn der Zeit gefangen waren. Sie alle huldigten symbolisch gesehen dem „Herren der Erde"! Bernhard Duhr stellt in seinem Werk „Die Stellung der Jesuiten in den deutschen Hexenprozessen" den Orden als neutral dar. Es ist aber mittlerweile durch S. Riezler nachgewiesen, das Herr Duhr in seinem Büchern über die Jesuiten der Unehrlichkeit überführt wurde. Somit scheidet er vom wissenschaftlichen Standpunkt aus, wie es bei vielen anderen Autoren auch der Fall ist. Der Orden arbeitet in allen Dingen als *„rücksichtslose und raffinierter Fälscher. Das klingt sehr hart"*, sagt Lomer, *„trifft aber den Nagel auf den Kopf!"* (S. 6 in seinem Buch „Igantius von Loyola")."
A: „Kann man selbst den Quellen nicht trauen?"
B: „Leider nein. Man muss immer misstrauisch gegenüber den benutzten Quellen sein, deshalb ziehe ich immer Dr. Lomer zurate, weil er einer der wenigen Menschen ist, die rein und ausgeglichen waren. Deshalb muss man immer aus der Mitte handeln, immer objektiv beide Seiten im Auge haben. Die Behauptung, dass die Jesuiten die Hexenprozesse benutzen, um sich vom Ketzern zu befreien, sei angeblich falsch, aber weiß man das mit Bestimmtheit, denn was im Hintergrund abläuft, das weiß keiner so recht. Sie nahmen eine „neutrale Stellung" ein, aber hat nicht Meister Joschuah gesagt, dass er die „lauen" nicht mag. Lieber sind ihm die kalten oder warmen?
Karl Deschner schreibt in seinem Buch „Der Anti-Katechismus": Die vatikanische Jesuitenzeitschrift lobt noch 1853 die Inquisition als *„ein erhebendes Schauspiel sozialer Vollkommenheit. Denn der Mord kannte sein Rezept und hatte seine Kunst."* Viele Jesuiten sind neuerdings auch noch für die Todesstrafe für Ketzer wie Wenig, de Luca, Granderath und Billod. Was sind das denn für Ansichten?"

A: „Ich verstehe die Welt nicht mehr?!"
B: „Wie bei der Ermordung Lincolns, so war es auch bei dem seltsamen „Todesfall" des Papstes, die beide so viele Ungereimtheiten aufwiesen, dass man der Sache niemals auf den Grund gehen kann. Beide Morde waren die Tat schwarzmagischer Logen, die so tief aus dem Hintergrunde herausarbeiten, dass man ihnen niemals auf die Spur kommen kann. Es wurden Leute beeinflusst, die Tat zu begehen, sich daran zu beteiligen, die offensichtlich unschuldig waren. Aber gehen wir etwas tiefer.
In Buch von David Yallop „Im Namen Gottes" wird auch die Behauptung aufgestellt, die wir schon mehrfach vertreten haben, dass die Jesuiten an Intrigen und Verschwörungen stark beteiligt sind.
Ermordet hat man den Papst Johannes Paul I., weil er alles offenlegen wollte, was der Vatikan an illegalen und kriminellen Geschäften getätigt hatte. Da auch die Jesuiten nicht hellsehen können und die mit ihnen zusammenarbeitenden Dämonen nicht immer alles sagen, waren sie von dieser plötzlichen Wendung des falsch eingeschätzten Papstes äußerst überrascht. David Yallop berichtet davon ausführlich in seinem Buch, allein darüber, wie die Wahl zum 33 Tage Papst manipuliert wurde.
Luciani, der 33 Tage Papst, wünschte sich, *„dass Christus bei seiner Rückkehr zur Erde eine Kirche vorfinden würde, die er wiedererkennen konnte, eine Kirche, frei von politischen Interessen, frei von jener finanzkapitalistischen Mentalität, die den ursprünglichen Auftrag der Kirche wie ein Gift von innen her durchsetzte"*, (S.73) war der ausschlaggebende Anlass, ihn zu töten, da es den dahinterstehenden dunklen Brüdern des kirchlichen Ordens in ihrer dämonischen Arbeit gewaltig einen Strich durch die Rechnung hätte gemacht.
Das Problem einer reichen Kirche – und alle, die die Lehren Jesu Christi für sich als verbindlich anerkennen, müssen in kirchlichem Reichtum ein Problem sehen – reicht bis in die Anfänge des Christentums als einer etablierten Religion zurück. Als der römische Kaiser Konstantin im 4. Jahrhundert zum Christentum übertrat, übereignete er dem damaligen Papst Silvester I. riesige Vermögenswerte und machte ihn damit zum ersten reichen Papst. Dante bezieht sich hierauf im XIX. Gesang seines *„Infernos":*

> O Konstantin! Wie vieles Übel deine
> Bekehrung nicht, doch jene Schenkung zeugte,
> die du erteilt dem ersten reichen Vater! (S.78)

Dass den Jesuiten zum Tod Lucianis der Vergleich mit einer Blume auf einer Wiese einfiel, die nachts ihre Blütenblätter schließt, oder dass die Mönche davon sprachen, der Tod komme manchmal wie ein Dieb in der Nacht, war schön und gut. Weniger entrückte Leute suchten nach wie vor nach einer nüchternen Erklärung (S.197). Dies sagt schon alles aus, denn dadurch wollte man die Medien ruhigstellen."
A: „Ich erinnere mich noch daran. Alles seltsame Begebenheiten, die sich da im Staate Vatikan ergeben haben."
B: „Die Jesuiten besitzen die größte Bank der Welt, die Bank von Amerika zu 51%! Wie kann denn so etwas sein, wie kann ein christlicher Orden so viel materielle Macht haben, frage ich mich?"
Wieder schweigen auf der anderen Seite.
B. „Die „Soldaten Jesu" haben keine Liebe zur Wahrheit, sondern durch einen allumfassenden Geistesdrill nur eine Liebe zur Ordenswahrheit. Gern und ganz unterwirft sich der einzelne dem Willen der Oberen und damit dem Ordensinteresse, sagte Dr. Lomer in seinem Buch über den Gründer."
A: „Aber die eigentliche Kirche muss doch zumindest etwas oder auch nur eine Funken Menschlichkeit aufweisen können?"
B: „Ich möchte nun nicht meine Meinung geltend machen, sondern lasse lieber den Herrn Adam Abel sprechen, der in dieser Richtung voll ins Schwarze getroffen hat. Er sagt dazu in seinem Werken (siehe Quellenangabe):
Sie vertrösten alle auf das „Jenseits nach dem Tode", von wo, nach ihrer Lehre, bekanntlich niemand wiederkehrt, es sei denn am „jüngsten Tag", den sie, da er in der Zeit niemals eintritt, also jeder Erfahrung entrückt ist, immer wieder beliebig weit hinausschieben können. Die Kirchen machen also ihre Versprechungen, nach ihrer Meinung, so schlau, dass sie niemals zur Rechenschaft gezogen werden können, außer beim jüngsten Gericht am jüngsten Tag, und der ist immer in unerreichbarer Ferne. Aus diesem Grunde wagen sie gar nicht, den so einfachen und klaren Gedanken zu fassen, dass des ewigen Gottes Gerichte ewig sind und unausgesetzt täglich und stündlich tagen und dass der „jüngste Tag" eine klare Bezeichnung für den ewig jungen immer jüngsten **heutigen** Tag ist, an dem jeder seinen Lohn oder seine Strafe empfängt für alle seine Gedanken, Worte und Taten. Ihre Lehre sind die Irrlehren des irdischen Gottes! Sie predigen Gottes himmlische Worte, verführen ihre Anhänger aber einen Bund mit dem Teufel einzugehen! Das hat alles nichts mit der Idee der Befreiung durch ihre Gottheit Joschuah zu tun!

Die Kirche ist vor allen und in erster Linie an materiellen Geschäften beteiligt, hat Anteil bei den verschiedensten Firmen und Betrieben, wo sie ein Vermögen erwirtschaftet. Ihre Kammern sind voll des Goldes und der Edelsteine. Sie bildet sozusagen Priester aus, die den Materialismus verehren und fördern, anstatt geistige Gesetze mehr unter die Menschen zu bringen. Sie zieht die Religion in die Materie und macht sie zur verdrehten schwarzen Magie. Sie huldigt dem Herrn der Erde, anstatt Christus zum Herrn über sie zu machen. Der Gott der Kirchen ist ein dämonischer Götze, ein Fetisch, ein höllischer Drache. Satan ist deren Herr und Meister und dies wird unverblümt zur Schau getragen. Dieser höllische Drache hat Wahrheit, rechtes Leben, Gerechtigkeit und Schönheit verschlungen und biete den Menschen nur den vergänglichen Glanz und Prunk des täuschenden Goldes. Die Päpste predigen nicht die Universalität der Religionen sondern die Sturheit eines einzigen Gottes, den es gar nicht in dieser christlichen Form gibt."
A: „Das ist ja der reinste Horror!"
B: „Deren Erlösung geht nur über den „Ablass", welcher teuer bezahlt werden muss und die Kirche reich macht. Anstatt die Gesetze des Neuen Testamentes anzunehmen, spendet man lieber etwas Geld der Kirche, das ist ja viel einfacher, als sich zu wandeln, denn der Kirche ist es lieber, Geld und Besitz zu bekommen, als dass die Menschheit sich wandelt vom irdischen „Tiermenschen" zu Gott! Dieser dämonisch-christliche Kult wird von keinem erkannt, denn er versteckt sich geschickt hinter den Mauern des Vatikans und wird als die eine erlösende Religion gepredigt, solange, bis es auch der letzte Mensch auf Erden so hinnimmt. Man soll ja lieber Sklave der Kirche sein, als ein freier Mensch zu werden."
A: „Ja, aber das Zeichen des Kreuzes steht doch für die Befreiung"?
B: „Nein, sondern für die Kirche steht es für die Nagelung an die Materie, welche für sie das Größte auf Erden darstellt. Sie tanzen um das goldene Kalb, zu Ehren des Dämons Mammon, einem Untergebenen des Herrn der Erde. Das Kreuz wurde zum Zeichen des irdischen Todes, anstatt zum Symbol der Beherrschung der Materie. Wir müssen aus den hölzernen Kreuz ein gold-strahlendes machen, was uns zu unserer Gottheit wieder hinzieht, in eine Welt der astralen Wirklichkeit!"
A: „Sie meinen die Hermetik!"
B: „Vollkommen richtig. Das Kreuz soll zur Überwindung des ewigen Todes durch die Beherrschung der vier Elemente werden. Erst dann ist das neue Zeitalter angebrochen."

A: „Ach, das haut mich jetzt um. Das ist für mich alles absolut neu."
B: „Wenn sie selber ein bisschen tiefer forschen, sehen sie das alles in einem klaren Licht. Dasselbe gilt auch für die irdischen Illuminaten."
A: „Ach, der Orden, über den Dan Brwon so viel gesprochen hat. Was halten sie eigentlich von den Illuminaten des Adam Weishaupt?"
B: „Es wird behauptet, dass die Pädagogik des Ordens rein auf die Vervollkommnung abzielt und edle Züge enthält. Jedoch wenn man den Orden genauer betrachtet, sieht man sogleich, das sein Ziel auf die Vernunft des höheren Bösen übergeht. Weishaupt macht das so geschickt in seinen zahlreichen philosophischen Büchern, dass er die Demut gegenüber der Gottheit ganz außer Acht lässt, denn die luziferanische Vernunft des Menschen übertrumpft bei ihm alles. Alles wird in seinem Orden zu eigenen Gunsten des Ichs aufgebaut. Nichts für die innere Freiheit, da sein System dem der Jesuiten ähnelt. Weishaupt erwähnt die Dreiteilung in Kopf, Herz und Unterleib, wobei letzterer dem Tierischen untersteht, wie die Templer und die Saturnbruderschaft erwähnten. Er spricht in seinen Schriften von Magie, Theurgie, Beschwörungen, von Formeln und Zeichen, welche Wirkungen hervorrufen, von Götter und Dämonen und klassifiziert sie. Er erwähnt die vier Elemente, die Kabiren (Vorsteher der Sphären) und noch mehr solcher Dinge."
A: „Das macht er doch, weil er einen Freimaurer-Orden gegründet hat."
B: „Nein, der Illuminaten-Orden hatte nichts Wahres von den Freimaurern übernommen. Nur den Schein des Glanzes machte er sich zu Eigen; er kupferte jedes System ab für seine Zwecke."
A: „Welche Ideale vertrat er?"
B: „Sein Orden wollte politisch agieren, sonst nichts, er wollte Macht haben und sie ausüben! Er will durch sein System die Welt erobern und die Regierung danach reformieren. Das war der Sinn und Zweck der Illuminaten. Ein zu tiefst egoistisches Streben, wozu er sich in seinen „Korrespondenzen" offen äußerte. Er verglich seinen Orden mit denen der weisen Philosophen von Griechenland. Weishaupt erwähnt vor Leo Taxil, dass die dunklen Freimaurer den Teufel beschwören, und sexuelle Unzucht trieben. Woher weiß er das, wenn er es nicht selbst erlebt hätte? Weishaupt war Philosoph, hatte Zugang zu vielen Schriften, die ihn weiter bildeten. So schrieb er auch Werke wie:
- Das Leben Adams
- Über den allegorischen Geist des Altertums

- Die Geschichte der Vervollkommung des menschlichen Geschlechts
- Die Leuchte des Diogenes
- Über Materialismus und Idealismus
- Über Wahrheit und sittliche Vollkommenheit usw.,

wo er seine Philosophie einbauen konnte. Im ersten Buch verweist er auf die Lust im Garten Eden zwischen Adam und seiner Gefährtin, was nicht den Tatsachen entspricht. Lust kam erst auf der Erde auf, nach dem Fall aus dem Paradies. Damit verweist er auf die leidenschaftliche Sexualität der Menschen, ein Prinzip, welches sich der OTO und die FS aneigneten. Er machte dies so geschickt, dass man seine materiellen Züge, seine einseitigen Ansichten nicht so leicht entdecken kann. Er stellte die Glas- bis Eis-klare Vernunft über die christliche Nächstenliebe, welche eine wohlige Wärme verbreitet. Eine geschickt gemacht Täuschung, der viele führende Köpfe des 18. Jahrhunderts unterlagen. Er sagt offen, dass das Böse seinen guten Zweck erfüllt und das Böse nicht als böses anzusehen sei. Denn die Leidenschaften erreichen durch die Vernunft eine große Höhe. Aber wo ist das Gesetz der Trennung zwischen dem Groben und dem Feinen, welches für die Entwicklung so immens wichtig ist."

A: „Das wüsste ich auch gerne."

B: „Es ist nicht leicht, alles im mittigen Licht zu erkennen. Man führte nach Posners/Lennhoff's „Lexikon der Freimaurer" ein Tagebuch, welches man dem Großmeister übergeben musste. Genauso wie bei den Pansophen, FS und den Jesuiten. Man verwandt esoterische Gesetze wie: erforsche dich selbst, wenn du andere ergründen willst, dann erst erforsche die anderen. Diese Gefährlichkeit derartige Wörter ist grenzenlos. Heutzutage wird dies alles als Verschwörungstheorie von Verrückten abgetan, als paranoid, aber wenn man tiefer in die Ordensstruktur blickt, erkennt man die „Magie" dahinter, welches vom Kenner und Könner Paul Köthner bestätigt wurde. Mit dieser Macht wollen sie alles Reine vernichten."

A: „Also stimmt das doch!"

B: „Ja, mit Hilfe der Schwarzen Messen, wie es Gregorius andeutete. Alle Orden traten auf, um die wahren Orden zu vernichten. Die reinen und erhabenen Gründungen von Baron von Hund (siehe „Sigantstern") und das System der Gold- und Rosenkreuzer wurden unterspült, unterwandert und machten sie unbrauchbar. Das Reine darf hier auf Erden nicht existieren. Beide Orden blieben deshalb nur ein halbes Jahrhundert bestehen. Dies

gelang den Nekromanten, und der Herr der Erde trug seinen Sieg davon!
A: „Stimmt das wirklich, dass die Zauberer sagen, man kann sich mit dem Teufel verbinden und Macht erlangen?"
B: „Ja, Weishaupt schreibt in seiner Schrift „Das Leben des Adam", dass man sich auch mit dem Teufel verbinden kann und nicht, dass man den „Teufel" durch die Gottverbundenheit beherrschen lernt, wenn man die Frucht vom Baume der Erkenntnis isst."
A: „Warum spricht darüber keiner, das wundert mich doch schon sehr?"
B: „Weil es keine Dichter und Denker mehr gibt. Die hat alle Adolf Hitler ausgelöscht. Der 2. Weltkrieg vernichtete das gesamte reine Wissen!"
A: „Aber es könnten ja welche nachgekommen sein?"
B: „Könnte, ja. Aber es gibt keine Denker mehr, die gab es zuletzt in den 20ern des vorigen Jahrhunderts. Die gesamte Technik hat mit ihrem Computerwahn und Internethysterie das Denken an den Rand gedrückt. Jede Frau und jeder Mann huldigt der Elektronik ihren Tribut, anstatt sich um sich selbst zu kümmern. Das wird alles von den Logen so gelenkt! Aber nach der Weltwirtschaftskrise beginnen die Menschen wieder zu richtig denken."
A: „Wer zum Beispiel hat etwas über diese Logen gesagt?"
B: „Paul Köthner, F. B. Marby und W. Quintscher dachten in diese Richtung und erwähnten dies auch!"
A: „Ah, ich verstehe. Aber nun zu meiner Frage: Was für materielle Ziele will oder könnte ein Mitglied erreichen, das in einen okkulten Orden eintritt, der kaum ein Dutzend Mitglieder aufweist, sich irgendwo im Hinterland in den Hinterzimmern trifft, oder auf dem Friedhof seltsame alte Bräuche verübt?"
B: „Es kommt immer auf die Qualität und das Können der Mitglieder an. Es reicht ein Meister, ein wahrer Könner, der das Schicksal entscheidend beeinflussen kann."
A: „Besteht zwischen den im obigen Buch erwähnten Teufelsorden und den bekannten Orden wie den Freimaurern, Rosenkreuzern, Maltesern usw. eine Beziehung?"
B: „Als erstes müsste man den Begriff Teufelsorden klären, das ist nämlich der wahre Satanismus, die wahre Umkehrung der reinen und befreienden geistigen Werte. Satan ist der Widersacher des Glaubens an der Sache Gottes und der Begriff des Bösen. Er ist der 2. Sohn Gottes, die Teilung, und er lehrt den Menschen die Zauberei, den niederen Satanismus. Der Teufel, so wie Luzifer, hat auch 4 Untergebene, sogenannte dämonische

Prinzen. Satanismus und Satanskult ist eine Perversion der Menschen, sowie die Schwarze Messe, der Teufels- und Hexenkult. Satan ist der Bruder von Christus, hat die gleiche Kraft und Macht wie sein Schöpfer, und er symbolisiert die Polarität, dass alles, jede Medaille zwei Seiten hat, um die anderen Kräfte zu regeln. Er war der Ursprung und Gründer der Fraternitas Saturni durch seinen Schützling, Verehrer und Anbeter Gregorius, um fähige Brüder und Schwestern auf seine Seite zu ziehen, was ihm auch hervorragend gelungen ist. Aber irgendwann gibt es nur noch eine Seite, die wahre Sicht der Dinge. Dann ist alles vollkommen. Dann kehrt die 2 zur 1 zurück. Christlich ausgedrückt kehrt der verlorene Sohn zum Vater, zum Heim, zurück!"

A: „Gut erklärt."

B: „Sie sehen, das negative Prinzip wird verehrt, die leidenschaftliche Materie, der man seine gesamte Huldigung widmet und die Bindung an die Materie bedeutet. Der Teufelsorden hat nur insofern was mit der reinen und befreienden Freimaurerei zu tun, als er sich ihr System abkupferte, und für seine egoistischen Zwecke verwendete. Dazu kann man die Gründungen der verschiedenen Logen heranziehen, dessen Kern, anstatt die Sonne zu verehren, den Sonntag, den Tag des Schöpfers, sich dem Sabbat, dem Saturn, dem Satan nähren."

A: „Wie sind die Logen organisiert?"

B: „Die meisten Logen orientieren sich nach dem echten freimaurerischen Vorbild der Ordensgrade. Das können 7, 10, 33 oder mehr sein. Man beginnt ganz unten in der Logenentwicklung – sollte man annehmen. Dem ist aber nicht so, denn gewisse Meister wie Amenophis stiegen schon in den höheren Graden ein, weil sie richtige Könner waren. Nach dem Logengesetz arbeitet man sich im Laufe vieler Jahre hinauf, je nach Wissen, das man sich aneignet, und je nach Weisheit, die man dadurch erreicht hatte."

A: „Teufelslogen und Sonnenanbeter: Haben diese Gruppierungen etwas miteinander zu tun? Gibt es etwas Verwandtes in der Anlage der Orden?"

B: „Es gibt nach Franz Bardon zwei Wege: den Weg der universellen Mitte, der Weg zur Vollkommenheit und den Weg in die Heiligkeit, der entweder sich einem der vier Elemente im Positiven zuwendet oder den Pfad zur linken Heiligkeit bestreitet, in dem man sich mit den göttlich-dämonischen Eigenschaften der Gegengenien verbindet und die Materie aufleben lässt!"

A: „Ah, das ist eine völlig neue Erklärung. Die beiden Gruppierungen kann man sozusagen nur miteinander vergleichen, als beide eher im Geheimen

wirken und bei beiden die Mitglieder nach Erlösung, Heil oder zumindest Kontakt mit etwas Göttlichem suchen. Verwandtschaft besteht nur in der Ähnlichkeit des Ordensaufbaus, also der hierarchischen Struktur, aber ansonsten gibt es keine Berührungspunkte. All die unzähligen Orden, Logen und sonstigen Grüppchen sind zu zahlreich, zu sehr im Hintergrund, als dass man da eine Verbindung konstruieren könnte. Sehe ich das richtig?"
B: „Die Verbindung liegt in der Form der Verehrung eines höheren Prinzips, welche angebetet wird. Die ist in jedem System die gleiche, aber mit unterschiedlichen Arten der Gebetes. Dämonen wollen auf ihre Art und Weise verehrt werden, indem man ihnen zu liebe andere Menschen opfert, tötet oder schändet, wie das in alten Zeiten der Gott Baal verlangte. Für jedes Opfer gab er seinem Priester ein Geschenk, so wie das Quintscher in seinen Schriften immer wieder erwähnte. Das Wort Gottesdienst erfährt dadurch bei dieser Art der Verehrung neue Inhalte, je nachdem, welcher Gott, welche Art Göttlichkeit Zentrum der Anbetung ist."
A: „Aber die Utensilien der Verehrung sind doch überall die gleichen. Ähneln sich dann nicht die einzelnen Orden, führt nicht jeder Weg ans gleiche Ziel?"
B: „Ja, im Prinzip hat jede Verehrung die gleiche Form. Z. B. dient der Seidenmantel im Okkultismus zur Abwehr negativer Kräfte. Oder der Altar hat eigentlich immer dieselbe Bedeutung wie der in den unterschiedlichsten Kirchen oder religiösen Tempeln. Jedoch, dass alle Wege nach „Rom" führen, ist ein Irrtum. Irgendwann mal ja, kommt jeder Mensch zur Gottheit zurück. Aber wie lange und wie schmerzvoll das sein wird, das hängt vom Weg ab, den man geht und zu gehen gewillt ist. Sie sehen, dass es immer und überall auf die Einstellung, Reife, Mentalität und charakterliche Reinheit ankommt, welche Gottheit verehrt wird, ob positiv, negativ oder universell! Und das bedingt die Richtung, die rechte Einstellung zur Objektivität. Am besten ist es, den mittigen Kern aus jeder Glaubensrichtung herauszuschälen, dann geht man niemals fehl!"
A: „Also richten sich selbst die Opfergaben nach der Gottheit. In den Ritualen der diversen Verehrung wird immer wieder das religiöse Opfer vollzogen."
B: „Zuerst klären wir den Begriff „religiös", denn Religion heißt Rückführung, Rückbindung, Rückkehr zu Gott, zum Schöpfer des Universums. Andere sagen, Religion stammt vom lateinischen „religio" ab, was gewissenhafte Berücksichtigung, Sorgfalt, lateinisch: „relegere",

bedenken, achtgeben; ursprünglich gemeint ist „die gewissenhafte Sorgfalt in der Beachtung von Vorzeichen und Vorschriften", was auf das Gleiche hinzielt wie oben. Sie sehen, dass wenn man diese Definition miteinbeziehet, dass man dann zu einem ganz anderen Schluss kommt. Jegliches Blutopfer, denn Blut hat eine große magische Bedeutung, die Goethe am besten mit den Worten „Blut ist ein ganz besonderer Saft" umschrieben hat, deutet auf eine Umkehrung der Gesetze hin. Es kann ja auch Sperma und das gern vergessene Vaginalsekret verwendet werden, doch das sind Sakrilege, denn der Trieb ist das schöpferische Prinzip im Menschen und sollte nicht ohne triftigen Grund in Tätigkeit genommen werden."

A: „Die vielen Logen verwenden aber den Trieb für ihre magischen Praktiken?"

B: „Aber um 12 mal „abzuspritzen", nur um genügend Kraft zu haben, damit man sein Ziel erreichen kann, ist nicht göttlich. Oder vergleichen sie das mit der magischen Operation von Frater Daniel, der seine Frau rituell für sexualmagische Zwecke benutzt hat, und ihr dazu die Oberschenkel aufschlitzte. Ist so etwas rein? Nein, natürlich nicht, und die Logen erwähnen solche Praktiken, weil sie die Menschen anlocken wollen. Heutzutage würde man sagen: Sex sells – Sex verkauft sich gut und man kann damit fähige Leute auf deren Seite ziehen. Diese geschulten Menschen werden für den Orden als „Medium" missbraucht und sterben dann. Viele davon manchen das freiwillig, weil in ihnen die Macht, die Neugier sie übermannte. Goethe beschreibt den Drang danach so im Paralipomea im „Faust":

Satan: Euch gibt er zwei Dinge
so herrlich und groß,
das glänzende Gold
und den weiblichen Schoß
das eine verschafft,
das andere verschlingt
Darum glücklich, wer beide
zusammen erringt.

Weiber: Für Euch sind zwei Dinge
von köstlichen Glanz
Das leuchtende Gold

und ein glänzender Schwanz.
Drum wisst Euch, ihr Weiber,
am Gold zu ergetzen
und mehr als das Gold
noch die Liebe(?) zu schätzen!

Das gelang ihnen mit Jürgen G., der der Loge verfallen ist und anschließend umgebracht wurde."
A: „Getötet?"
B: „Ja, auf magische Art. Nur das kann man nicht nachweisen. Er wurde selbst zum Opfer. Es geht schlussendlich um das Prinzip des göttlichen Lebens. Selbst der Begriff der „Sünde" wird individuell beschrieben. Sie sehen, es ist alles eine Sache der eigenen Reife. Aber das ist ja gerade der Fehler, denn das Persönliche wird immer über das Universelle gestellt! Sollten wir uns nicht mit dem Universellen verbinden und das Persönliche ablegen? Ist nicht das Universelle beständiger als das Persönliche?"
A: „Ja, klingt logisch. Aber mit welchen Versprechungen oder welchem Köder werden neue Mitglieder angeworben? Was ist der Magnet, der Menschen wie mich an solche Rituale oder Beschwörungen heranzieht? Denn das ist alles sehr faszinierend."
B: „Ja, die Faszination, das ist es. Darum war selbst die Tochter von Anion vor Jahrhunderten als Medium eines Zauberers tätig, welche sexualmagisch gearbeitet hatte. Oder die Tochter von Alexander von Bernus, einem wahren Alchemisten und Schriftsteller verschiedener hermetischer Bücher, – Ulla von Bernus – war Mitglied im Saturn-Orden. Dort hypnotisierte bzw. verführte sie auf magische Weise die Männer, entzog ihnen das sexuelle Fluid, um selber mit den Kräften zu arbeiten. Sie sehen, immer das Hohe ist mit den Niederen verbunden!"
A: „Und wer entscheidet über Gut und Böse, über Richtig und Falsch? Wer bestimmt hierin die Norm?"
B: „Einzig und allein das Gewissen sagt einem Menschen untrüglich die Wahrheit."
A: „Ach, von der Ulla habe ich einiges gehört. Sie behauptet, dass sie in der Lage sei, fernmagisch Menschen zu töten. Sie wurde deswegen von einem Pfarrer angezeigt, konnte aber aufgrund der Rechtslage nicht verurteilt werden. Neuere Strafrechtskommentatoren qualifizieren das „Totbeten" als irrealen Versuch oder als ungefährliche Dummheit."
B: „Das rührt daher, weil sich die Herrn Richter nie mit der geistigen

Materie auseinandergesetzt haben. Sie haben nie ihre eigenen Tiefen und Qualitäten erforscht. Sie kratzen nicht einmal an der Oberfläche."

A: „Und wie finden die Interessenten die Orden, wenn sie so geheim sind?"

B: „Das Streben nach Macht, Besitz, Reichtum und okkulte Kräfte ruft gleichgesinnte auf den Plan. Aber die wahren Geheimorden wie der FM oder der Thule-Orden werben natürlich nicht. Dass läuft alles auf einer ganz anderen Ebene, auf der geistigen Ebene ab, wo die Meister Träume, Visionen bekommen, ihnen wird darin offenbart, wo und welche Leute für die Loge geeignet wären. Was aber der Magnet ist, der Menschen an solche Rituale führt, liegt immer im jeweils persönlichen Bereich des Einzelnen, seiner eigenen Reife oder, anders ausgedrückt, in seinem wahren geistigen Namen."

A: „In der okkulten Geschichte spielt auch eine Art Voodoo-Zauber, ein andermal eine Schwarze Messe ein Rolle. Hat Ferntötung in diesen Logen einen festen Platz?"

B: „Aber natürlich. Dr. Hemberger, Mitglied in verschiedenen Logen und Orden, sagt, wie oben bereits erwähnt, dass jeder zweite oder dritte Mord ein Ritualmord ist. Das Ähnlichkeitsprinzip zwischen einer Puppe und einem Menschen ist jedoch auch im Westen gebräuchlich und wurde schon von Hippokrates formuliert. Es ist eine der Grundlagen magischen Denkens. Voodoo oder der Puppenzauber hat natürlich im Westen seine Verankerung und wird auch hier praktiziert, und sicher von den hier beheimateten okkulten Geheimorganisationen, von denen es nur wenige gibt, verwendet.

Die wahre Schwarze Messe ist der okkulte Begriff des Rituals zur Verwirklichung eines materiellen Vorteils. Marquis de Sade führte Hostien in die Vagina ein. Ist dies nun eine Schwarze Messe? Ja, weil es die Schändung der Reinheit ist, besser ausgedrückt, die Umkehrung der geistigen Werte in materielle Vorteile. Dies wird von anderen die Umpolung der Chakras genannt! Alles, was keine reine Messe ist, keine reine göttliche Feier ist, kann als Schwarze Messe gelten.

Ferntötung ist sicherlich ein fester Bestandteil einer wahren Loge, wie es Wilhelm Quintscher schon beschrieb. Dies wird aber alles von den offiziellen Medien ins Lächerliche gezogen, sodass heutzutage schon kaum einer mehr daran glaubt, dass dies durchaus im Bereich des Möglichen liegt. Im Mittelalter und im Altertum waren derartige Praktiken gang und gäbe!"

A: „Da tut sich mir die Frage auf: Gibt es überhaupt ernsthafte

Satanslogen?"
B: „Selbstverständlich gibt es solche Logen noch. Jeder Loge steht ein Logenmeister bevor. Freimaurerlogen werden weltweit geführt, haben aber den Schlüssel zum Geheimnis verloren, deswegen heißt es auch das „verlorene Wort"! Die Rituale sind bloße leere Hüllen, denen die Qualität und Quantität fehlt" Aber der Zugang, wie bereits ein italienischer Rechtsanwalt in einer Doku über den P-2 Orden sagte, ist nur über geistige Reife, über die geistige Ebene erfahrbar. Kein Ungeschulter hat dort jemals Zugang oder Kenntnis davon. Man muss sich das ganz anders vorstellen, als man mit irdischen Mitteln denken kann. Das spielen Gewalten, Mächte und Kräfte eine Rolle, die für einen Sterblichen unfassbar sind. Nur die eigene systematische Schulung, die Verbindung zur Astralwelt über jahrelange Meditationen ermöglicht es, einen kleinen Anblick in die Größe dieser Wesenheiten zu erhaschen!"
A: „Sie machen mir wahrlich Angst mit ihren Aussagen."
B: „Angst lässt einen Menschen vorsichtiger werden, besonnener handeln, was auf geistigen Gebiet immer von Vorteil ist."
A: „Und wie steht es um die Mystik? Sie ist doch ein wichtiger Bestandteil in der Christlichen Tradition?"
B: „Ein, ja, ein Bestandteil. Nur ein Teil, weil er sehr ein-seitig ist."
A: „Wie meinen sie das?"
B: „Der Mystiker ist in seiner Einseitigkeit gefangen. Er nimmt esoterische Grundsätze als gegeben hin, nur weil sie ihm zusagen, seiner Mentalität entsprechen, nicht weil sie universell ausgerichtet sind. Das wird von ihm nicht erkannt! Sie füllen diese Regeln noch dazu mit ihrer Einseitigkeit aus, und kommen nicht aus dem Teufelskreislauf heraus. Und da haben wir wieder den Teufel, den Herrn der Materie!
Bo Yin Ra ist der bekannteste Mystiker der Neuzeit im deutschsprachigen Raum. Er hatte unzählige Werke veröffentlicht, und man sieht darin, dass er ein Gefangener seiner eigen mystischen Erlebnisse war. Er sah das göttliche Licht der All-Liebe und war geblendet. Denn Liebe macht blind! Im Buch „Mehr Licht" schreibt er von diesem göttlichen Licht, nicht aber davon, dass er zu viel davon gesehen hat, welches in blendete. Die Dunkelheit zum Entspannen der Augen fehlt, kein Ausgleich ist bemerkbar, genauso wie den Mystikern der Wille des Beherrschens mangelt. Deshalb das Gesetz: Liebe unter Willen! Ein Gesetz, das kein Mystiker anerkennt, geschweige denn anwendet! Wer die Erfahrung der All-Liebe gemacht hat, wird mir Recht geben."

A: „Aber heißt es nicht auch bei denen: Erkenne dich selbst!"
B: „Ja, aber mit dem Hintergrund, dass dein Ich mit dem deiner Gottheit gleichzustellen ist. Und wenn du das nicht erkennst, kommt es nie zu einer Vereinigung. Aber sie weisen nicht einmal auf die Gefahren solch einer Verbindung hin."
A: „Gefahren?"
B: „Ja, denn ein Blinder kann nicht sehen!"
A: „Das ist eine ziemlich harte Ansicht."
B: „Ich will Bo Yin Ras Verdienst, sein Können und seine Erfahrung nicht schmälern, sondern nur aufzeigen, wo die Einseitigkeit liegt und auf die Gefahren aufmerksam machen. Welchen Weg man im Endeffekt wählt, ist und bleibt eine persönliche Sache, aber es kann sich dann keiner mehr beschweren und behaupten, man habe ihn nicht gewarnt, wenn er als Geblendeter überall mit seinem Kopf gegenstößt und sich eine blutige, schmerzhafte Nase holt."
A: „Das leuchtet mir ein."
B: „Ein wahrer Heiliger hingegen, der wahre Könner muss die Maya durchbrochen haben, er muss seine drei Körper und die darin befindlichen Elemente vollkommen unter Kontrolle haben, sodass er in alle tiefen Winkel und Ecken Einblick nehmen kann. Solche Persönlichkeiten sind extrem selten und ein rarer Anblick auf Erden. Nur solche „Menschen" können eine Schau tätigen im tiefen Urmeer des Akashas. Nur so kann man hinter den Schleier der Isis blicken. Dazu ist aber eine geeignete Wandlung im Sinne der kosmischen Gesetze nötig, ohne dessen Ausrichtung und Anpassung kein Wissen und Weisheit erreichbar ist. Nicht das einseitig Persönliche zählt, sondern das vierpolig Kosmische ist ausschlaggebend. Am schnellsten lernt der Mensch aus dem Leid, weshalb die Überwindung des Leides – wie Buddha sagt – essentiell das Wichtigste ist. Sinnvoll angewandtes Leiden wäre die richtige Bezeichnung: Hingegen sinnloses Leiden entsteht aus einer geistig-persönlichen Verwirrung, sinnvolles „Leiden" gibt dagegen geistig-kosmische Größe und führt zum göttlichen Humor auch in den trübsten Verhältnissen; es führt zur eigentlichen, wahren Befreiung vom Leid! Aber es ist ein großer Irrtum zu meinen, dass man das Nirvana nur unter Verzicht auf irdisches Glück erreichen kann. Das gleicht den indischen Fakiren, die sich das ganze Leben immer nur kasteien, aber keinen Erfolg in der geistig-seelischen Entwicklung aufweisen können: alles was sie haben, sind Schmerzen und Verkrampfungen – wie Erich Sopp meint – von ihren einseitigen Übungen!

„Das wahre Leben ist aus Leid und Freunde gemischt, und die Tiefe des einen bedingt die Höhe des anderen", sagt er in seiner Schrift „Auf den Spuren der Seherin". Die Vereinigung der zwei gegensätzlichen Prinzipien – der Mitte – führt immer zum rechten Ziel!

Ich lasse Gott mich ganz; will er mir Leiden machen,
So will ich sowohl ihm als ob der Freuden lachen! – A. Silesius

Dies deutet auf die Selbstwandlung, auf die Alchemisierung des eigenen Ichs von der Raupe zum Schmetterling hin, denn das Reich Gottes muss errungen werden durch den Kampf mit sich selbst! Wer sein Ich kreuzigt, der gewinnt sein Selbst!, sagt die Bibel und trifft damit ins Schwarze!"
A: „Wau, kann ich nur sagen, das leuchtet mir vollkommen ein."
B: „Wussten Sie, um auf unser eigentliches Thema wieder zurückzukommen, dass der AMORC-Orden auch ein Ableger der gefallenen FM ist?"
B: „Nein, das war mir bis dato neu!"
A: „Ich hatte einen Brief eines Rosenkreuzers bekommen, der wortwörtlich schreibt:

Brief vom 25.09.2015

„.....Ich will Ihnen gegenüber ebenfalls ehrlich sein und Ihnen im Vertrauen mitteilen, dass ich dem A.M.O.R.C. angehöre. Hoffentlich sind Sie nun nicht geschockt und denken intuitiv an die 99er Logen, wie diese von Franz Bardon im „Frabato" geschildert werden, übrigens anhand eines sehr treffenden Beispiels."
Über die Aussage – „und denken intuitiv an die 99er-Logen" – verwunderte mich stark, war das doch angeblich ein Rosenkreuzerorden. Oder doch nicht? Dieser Gedanke arbeitete in mir und er wurde von der geistigen Welt aufgefangen. Wir wechseln die Ebene: Eines Nachts befand ich mich mentalisch in einem alten Tempel, in dem Ariane uns unterrichtete:
„Alle Orden waren Gründungen der dunklen FM-Mitglieder, damit sie entweder genügend Menschenmaterial zum sexual-magischen Arbeiten haben, oder um Schüler für den eigentlichen Orden heranzubilden oder um mehr Einfluss und Macht zu bekommen."
„Darunter fällt auch die Fraternitas Saturni. Das war doch keine Freimaurer-Loge. Das wird doch von allen bestritten!"

„Doch, denn der Sektenbeauftragte F.W. Haack schreibt in seinem gleichnamigen Buch, dass die Loge aufgezogen war wie ein wahrer Freimaurerorden, mit 33 Grade und dem typischen Logengriff, wobei der Zeigefinger auf den Puls der anderen Hand zu liegen kommt."
„Den Griff kenne ich von anderen Logen! Wo hatten sie die Anlehnung her?"
„Von der FM, den gefallenen Freimaurern. Denn die Loge des Saturn, wie die anderen, bestanden nur aus internen Auseinandersetzungen, sie zersplitterte durch ihre Streitereien, es war keine Einheit, kein brüderlicher Gedanke des Einklanges zu vernehmen. Nur der reinste Egoismus herrscht vor. Der Meister regierte wie ein Diktator."
„Das ist wieder einmal typisch!"
„Spencer Lewis, der Gründer des AMORC, interessierte sich z. B. bereits in seiner Jugend für okkulte Phänomene, welche ihm durch seine Vorschulung aus vergangenem Leben mitgegebenen wurde. Durch Visionen und Träume, durch Gesichte und Schauungen wurde ihm dies alles zuteil. Da Gleiches durch Gleiches angezogen wird, fand der machtbesessene Lewis Eingang bei der dunklen Bruderschaft. Er beschäftigte sich mit okkulten Studien und suchte nach Rosenkreuzerlehren. Lewis baute dann eine eigens konstruierte Legende auf, die diverse Verbindungen zu den Rosenkreuzern belegen sollte. Solche Eigendarstellung trifft auf alle zwielichtigen Ordensgründungen zurück."
Ich nickte.
„Lewis behauptet mit einem Vorläufer des „Ordre Kabbalistique de la Rose-Croix" in Frankreich sich in Verbindung gesetzt zu haben, mit dem auch der Wegbereiter der französischen Rosenkreuzer-Bewegung Joséphin Péladan, einem Freund des französischem Okkultisten, Martinisten und Hermetiker Papus in Kontakt gestanden haben will. Von diesem Rosenkreuzerorden soll er initiiert worden sein, was ihn zur Gründung des AMORC veranlasst habe. Seine primäre Ideologie ist auf Atlantis zurückzuführen, deren Ideen er übernahm. Er baute mehr auf Gemeinschaft, Größe und der mysteriösen Aura des Erhabenen, als auf das rein Negative, wie wir später noch sehen werden. Lewis will nach eigener Aussage in einem alten Turm bei Toulouse eine Wendeltreppe hinauf gegangen und in ein viereckiges Arbeitszimmer gelangt sein, wo ein alter weißhaariger Mann ihm gesagt habe, er sei ohne sein Wissen bis zu diesem Ort geleitet worden, und ihm einen Brief übergab. Einige Tage später habe ihn ein Wagen bis zu einem Schloss gefahren, in dem er eingeschlafen und

im Traum von einem Kapitel der Erleuchteten in einer Höhle den Auftrag erhalten habe, den Orden in den USA zu gründen. So die diffuse Legende, die von vielen Rosenkreuzerforschern für frei erfunden gehalten wird!"
„Ach, das erinnert mich an Heinrich Tränker, der auch immer wieder behauptet hatte, dass er mir der Bruderschaft des Rosenkreuzes in Verbindung stand, um auf dieses Fundament hinzuweisen."
„Auf dieser erfundenen Basis durch die „Vollmacht französischer Rosenkreuzer" versteht sich der AMORC als neues Zentrum einer weltweit verzweigten jahrhundertealten Rosenkreuzerorganisation. Laut der Legende würde dieser alte Orden nur in bestimmten Zyklen, die in der Regel 108 Jahre dauern, öffentlich aktiv und ziehe sich danach wieder in die Verborgenheit zurück. Dies alles hat aber nichts mit den wahren Lehren der Rosenkreuzer zu tun, wie sie im „Golden Dawn" das Licht der Welt erblickten. Aber das war ihm egal, denn er ging die Sache recht geschickt an und begann in der heute noch für ihn typischen Arbeitsform als Fernlehrinstitut tätig zu werden."
„Ein Fernlehrinstitut?"
„Ja, aber es wird noch besser. Die Lügen gehen noch viel weiter: Die erste Loge des AMORC wurde im Mai 1915 in New York gegründet, und am 22. Juni 1916 führte Lewis vor AMORC-Mitgliedern in New York in einer öffentlichen Schau eine angebliche Demonstration auf dem Gebiet der praktischen Alchemie vor, in dem er versuchte, ein Stück Zink zu Gold zu verwandeln, wie es angeblich auch Frater Daniel in Deutschland machte. Nach einer theoretischen Einleitung ging er zur Praxis über. Lewis konzentrierte sich mit einer nicht näher erläuterten Geisteskraft auf einen Gegenstand. Die Hälfte des behandelten Zinkstücks wurde im Anschluss an den Obersten Rat des Rosenkreuzer-Ordens in Frankreich geschickt. Die andere Hälfte wurde in den Räumlichkeiten des AMORC in New York ausgestellt. Allerdings wurden keine Fotos oder weiteren Stellungnahmen veröffentlicht. Man konnte sozusagen nicht überprüfen, ob es wahr sei."
„Typisch!"
„Lewis war kein unbescholtener Bürger, denn sein Hauptquartier der Loge wurde polizeilich durchsucht. Er wurde verhaftet wegen zweifelhafter Anleihen, welche er unter Angabe falscher Gründe gesammelt hatte. Die Vorwürfe gegen ihn wurden später wieder fallengelassen.
Er versuchte auch eine Verbindung zum Mitbegründer des „Ordo Templi Orientis" (OTO) Theodor Reuß herzustellen, der aber wie auch die

weiteren eine äußerst zwielichtige Persönlichkeit war. Sein Orden sollte den Nachfolger des Golden Dawn darstellen. Er hingegen arbeitete aber rein schwarz-magisch in seinem Sexual-Orden und propagandierte immer wieder die Ausübung des leidenschaftlichen Triebes zu magischen Zwecken. Darüber schrieb er ganze Abhandlungen wie z. B. „Parsival und das enthüllte Gralsgeheimnis".

Lewis hatte von Reuß erfahren, dass der OTO die „äußere Fassade" der Rosenkreuzer repräsentiere, was Lewis' Interesse weckte, da er sich in den 1920er Jahren als eine Art Bewahrer des Rosenkreuzertum sah, aber immer noch darauf wartete mit „wahren und echten Rosenkreuzern" zusammenzutreffen. Du weißt ja, dass der Templer von Anion die Siegel der Merkurwesenheiten haben wollte, weil sie ihm seine Gottheit nicht gab. Sie suchen dann andere Wege, um ihr Ziel zu erreichen!"

„Ja, daran erinnere ich mich. Deine Tochter Rose erzählte mir, dass sie im Kinderzimmer bleiben musste, da dieser Templer sehr gefährlich sei!"

„Alle unmenschlichen Freimaurer wollen ihren Einfluss geltend machen, so auch Reuß, welcher seinerseits von Lewis' Ressourcen beeindruckt war und stattete ihn mit einer OTO-Ehrenmitgliedschaft aus, um ihn gleich unter seinen Machtbereich einordnen zu können. Er versuchte ihn auch zu überreden, einen gemeinsamen Dachverband einzurichten. Lewis war von dieser Idee nicht überzeugt und brach den Kontakt zu Reuß schließlich ganz ab, da er erkannte, dass Reuß primär das Ziel verfolgte, vom AMORC finanzielle Unterstützungen zu erhalten."

„Geld regiert die Welt!", füge ich so ein.

Ariane berichtete weiter: „Das seltsame ist aber, dass der Rosenkreuzerorden kurzzeitig mit Reuß' Nachfolger Heinrich Tränker zusammen- arbeitete, der nachgewiesener Weise ein kompletter Unmensch und mit mehreren anderen Brüdern der verschiedensten Logen bekannt war. Und mit solchen zerstörerischen Menschen in Kontakt zu kommen, stellt ein großes Risiko dar."

„Ja, genau, dieser war befreundet mit Gregorius und Crowley."

„Zu Crowley kommen wir noch!"

„Ach, da bin ich aber gespannt!"

„Lewis baute sogar mit Unterstützung eines finanzkräftigen Partners in einem von Palmenhainen umgebenen Ambiente eine ägyptische Pyramide und Tempelanlagen nach, die die Kulisse für ausgiebige Werbeaktionen bildete. Eine typische amerikanische Geschäftsidee! Eine eigene Radiostation wurde eingerichtet, und wie kann es anders sein, in der Folge

stieg die Mitgliederzahl des AMORC beträchtlich und die Einnahmen auch!"
Doch bevor sie weitererzählte, wandelte sich das Bild, und ich sah die ägyptischen Bauten. Die ganze Einrichtung ist typisch amerikanisch übertrieben, aber dennoch beeindruckend. Wenn man bedenkt, dass er Werbefachmann war, dann spricht das für sich. Er lockte zahlungswillige Kunden an, um sich ein gutes Leben zu machen! Mein amerikanischer Freund Peter Windsheimer sagte dazu: *Der AMORC hat eine fantastische Tempelanlage in San José, Kalifornien, aber nur auf der materiellen Ebene. Sonst ist alles nur Schall und Rauch.*
„Lewis gründete das neue AMORC-Hauptquartier in San José. Auf dem Gelände wurde 1934 eine rosenkreuzerische Universität eröffnet."
„Ach, das gibt es doch gar nicht. Das ist doch alles nur Schau!"
„Ja, klar! Aber es folgten ein Planetarium, eine Bücherei sowie ein ägyptisches Museum, das zu einer Touristenattraktion in San Josés wurde. Aber alles hat zwei Seiten. Infolge von Differenzen unter den Mitgliedern trennte sich die größte Loge mit etwa 1000 Personen mit ihrem Meister vom AMORC ab."
„Sieh mal einer an."
„Aber auch andere fähige Fraters gründeten Orden, wie Clymer, der Anfang der 1920er Jahre Leiter der „Fraternitas Rosae Crucis" war. Dass das zu Streitpunkten zwischen Lewis und Clymer führte, dürfte klar sein. Beide Seiten begannen sich zu beschuldigten, lasterhafte Sexualpraktiken, unter anderem des OTO's, zu praktizieren, welche im kleinen privaten Kreis getätigt wurden. Nur dafür gibt es keinen Beweis, denn die Geheimhaltung war bei ihnen großgeschrieben, wie wir später noch sehen werden. Denn der Orden lud verschiedene Siegel mittels den „Säften" so, wie es in allen anderen Logen ebenfalls praktiziert wurde!
Aber auch mit dem dubiosen Aleister Crowley kam Lewis in Kontakt, wie ich vorher schon erwähnte. Ersterer wollte den Orden übernehmen und es kam erneut zu Streitereien. Crowley soll auch vergeblich versucht haben, Lewis' Feind Arnold Krumm-Heller, Arzt und Okkultist, für den Kampf gegen Lewis zu mobilisieren. Crowley selbst beschäftige sich mehrfach auch sexualmagisch mit dem amerikanischen Logengründer."
„Hatte er Erfolg?"
„Ja, er legte ihm durch diese negativen Ursachen zumindest Steine in den Weg, die Lewis' Tätigkeiten merklich behinderten."
Eine kleine Pause trat ein. „Kennst du Max Heindel?"

„Ja, den kenne ich."

„Auch er bezeichnete Lewis als nicht rechtmäßigen Eingeweihten des wahren Rosenkreuzerordens. Lewis konterte, dass unter dem „echten" Orden etwas völlig anderes zu verstehen sei. Nämlich eine wahre, reine und freimaurerähnlich aufgebaute irdische Organisation, die geheime ägyptische Tempeleinweihungen vermittelt."

„Das wird ja auch von den Lehren der gefallenen FM behauptet, dass sie aus dieser alten Zeit stammten."

„Das mit der FM entspricht aber der Wahrheit, und der Orden folgte dieser Tradition, wenn man die Lehre des Vril, der Planetenströme einfließen lässt. Entsprechend konträr ist der Umgang mit dem Lehrmaterial der beiden Kontrahenten: Während die Veröffentlichung der Lehren für Heindels von zentraler Bedeutung waren, ist für den AMORC die Geheimhaltung das wichtigste Kennzeichen."

„Und wie starb eigentlich Lewis?"

„Das fragst du am besten Peter", und ich lag abrupt und wach in meinem Bett. Es war drei Uhr morgens, meine Frau schlief noch und ich war durch diese Information so aufgeregt, dass ich sofort meinem Freund in Florida schrieb. Die Antwort erfolgte prompt eine halbe Stunde später: „Harvey Spencer Lewis starb am 2. August 1939, sechs Wochen nach der St. Johannis-Nacht. Doch seine Todesumstände sind noch seltsamer."

„Erzähl, Peter."

„Du weißt ja, dass ich einmal Mitglied beim AMORC in den 80iger Jahren war. Ich fand das Programm nichtssagend. Beim AMORC wird so mancher Pharao und Priester als Teil der Rosenkreuzer eingestuft. Ich fand den Orden absolut langweilig mit abgedroschener Philosophie und Pseudohermetik. Ich habe damals alles weggeschmissen, denn der AMORC war für mich eine Zeit- und Geldverschwendung. Meine damalige Freundin war auch Mitglied und war derselben Ansicht. Es gibt keine Orden, die etwas wert sind. Für manch einen mag das durchaus das Richtige sein, das will ich gar nicht bezweifeln, aber ich wollte mehr.

Nun zum Tod von Lewis: Ich konnte nichts über die Ursache finden. Nur, dass er in den letzten Wochen seines Lebens immer schwächer wurde und schließlich in ein Koma fiel und 24 Stunden später verstarb, ohne aufzuwachen. Der AMORC ist sehr verschwiegen, wenn es um Harvey Spencer Lewis geht, da er sein unbefleckter Gründer war. Lewis hat durch Spenden eine AMORC-Klinik und Sanatorium gegründet. Dort war er auch, als er bettlägerig wurde und schließlich starb. Er gab sich als

Dr. Lewis aus, obwohl der Doktor nur eine ehrenhafte Ernennung eines zweitrangigen Instituts war. Wie viel Dreck er am Stecken hatte, weiß ich nicht, denn der AMORC hat alles vertuscht. Eine merkwürdige Sache, oder?"

„Ja, das ist alles merkwürdig, Peter. Gregorius schreibt nämlich in seinem Logenschulvortrag, dass gewisse Geheimgesellschaften in der Lage sind, die Lebenskraft eines Menschen abzuziehen und ihn dadurch zu töten."

„Da sieht man wieder einmal, wo die Analogien liegen."

„Wusstest du, dass der AMORC sich dabei als „der sichtbare Teil der unsichtbaren Großen Weißen Bruderschaft" sieht."

„Ja, das sagte man mir."

„Nichts als Lügen existieren, Lügen über Lügen, sodass man sie gar nicht mehr alle aufzählen kann."

„Kannst du mir etwas über die Lehrinhalte erzählen, falls du als Mitglied sie wissen durftest?"

„Das ist schnell gesagt: Man muss im Orden alles als geheim betrachten. Die Inhalte der Monographien bilden den eigentlichen Kern der Lehre. Es wird viel Wert darauf gelegt, dass die authentische Lehre nie öffentlich in Buchform oder sonst wie publiziert wird. Das Mitglied darf keinesfalls Außenstehenden die Schriften, Ritualtexte und privaten AMORC-Korrespondenzen zeigen. Der Orden empfiehlt weiter, sämtliches Material in einer Holzkiste mit Deckel und Schloss aufzubewahren, an welcher außer dem eigenen Namen der Hinweis anzubringen sei, dass diese nach dem Tod des Mitglieds an die Großloge zu senden sei. Dieser Akt der Geheimnistuerei ist auf den Schlüsselträger Petrus zurückzuführen, welcher die Schlüssel fürs Himmelreich hält und an den die Mitglieder durch ihr Schweigegelübde rankommen wollten!"

„Ach, das gibt's doch gar nicht!"

„Wie ist denn der Aufbau des Studiums?", fragte ich das ehemalige Mitglied.

„Als Heimstudium trägt die AMORC-Mitgliedschaft den Charakter eines Fernunterrichts. Im Mittelpunkt steht das Studium von Manuskripten, die „Monographien" genannt werden. Alles ist streng hierarchisch gegliedert. Man bekommt nur das weiterführende Material, dessen Grad man eingenommen hat."

„Und für jeden Grad muss man zahlen."

„Richtig! Es gibt noch dazu sogenannte Kathedralen der Seele, das sind Imaginationsübungen, für dessen Gelingen der Orden seine Verantwortung trägt. Auch im Rahmen dieser Übung wird der Schüler an das „Gesetz der Wiedervergeltung" gegen den AMORC erinnert, um ihn dazu anzuhalten, nach jedem erreichten geistigen Erfolg eine kleine freiwillige Gabe zu spenden. Wer dafür eine Entschädigung zahlt, der erreicht sein Ziel noch schneller."

„Und die Übungen?"

„Sie betreiben Konzentrationsübungen und Meditationen, Lebenskraftladungen im Wasser zur Stärkung, es werden viele segnende Gebete gesprochen, das positive Denken wird gefördert, abendliche Tageskritik, über die Gesetze jeder Monografie soll man eine Stunde nachdenken, man soll mit seinem menschlichen Willen Öltropfen im Wasser zusammen- führen, oder die Farbe einer brennenden Flamme ändern, Suggestionen vor und nach dem Schlafen, Lenkung von Prana zu kranken Körperteilen zwecks Heilung, Fixierung des Blickes, Aura-Sehen, die Übung des Gedankenaussenden, Vokal-Übungen, das Abhalten von Logen-Ritualen, wie es die Freimaurer machten usw. Dies alles ist in Neophyten-Grade eingeteilt, die zum Tempelgrad führen, wie man in den Monografien nachlesen kann!

Sie verwenden Schlagwörter wie Freiheit, Verfeinerung, Sensitivierung, Hingabe, und Vertiefung der Liebe, damit man sich öffnet, seine Kräfte dem Orden widmet, um für niedere sexualmagische Zwecke benutzt werden kann. Die Frauen werden ohne es zu wissen zum Medium ausgebildet, anstatt ihnen mitzuteilen, dass eine gewisse Härte, Willenskraft und Festigkeit für den Weg von immenser Bedeutung ist. Dr. Franz Hartmann verweist in seinen Schriften immer wieder auf die Festigkeit. Nicht ohne Grund! Ohne die nötige willensmäßige Selbstbeherrschung und Stählung kann keine Gottverbundenheit erfolgen. Jedoch durch die Hingabe und Öffnung kann man leicht medial Sexualkräfte abgeben. Dazu muss man nur sacht in diese Richtung gestoßen werden, welche jedem Menschen als Grundlage zur Verfügung stehen."

„Aber der Orden gab sich blütenrein und klarer als weiß?"

„Nichts als Worte! Ein leerer Schein! In den USA wird alles nur auf Show, auf Schein aufgebaut. Warum ist der Gründer mit den ganzen Sexualzauberern in Kontakt getreten, wenn er nicht von ihnen deren Rituale haben wollte?"

„Du hast Recht!"

„Aus diesem Grunde war die Mitgliedschaft für mich uninteressant, denn ich lasse mich nicht gerne veräppeln."

„Das verstehe ich. Kommt dir nicht auch das Aussehen von Lewis merkwürdig vor?"
„Ich weiß, was du meinst. Das Ziegenbärtchen und der Ring in Dreiecksform."
„Ja, Anion sagte dazu in seiner Biografie, dass man aufgrund der „Symbolik" Rückschlüsse ziehen kann, wofür ich zwar keine Beweise habe, aber welche auf jeden Fall Fragen aufwerfe. Der Ziegenbart deutet auf einen Anhänger der Templergottheit hin, welche im Freimaurer-Orden verehrt wird. Der Ring in Dreiecksform erinnert stark an den Logenring der sexual-magischen Fraternitas Saturni!"
„Aber wollen wir auch mal was positives berichten, dem Ausgleich zufolge. Die Schülerin von Franz Bardon – Pravica – ging zu den Rosenkreuzern, weil das ihr wahrer Weg war. Man sieht, dass es auch gute Aspekte gibt!"

*

Eine Nacht später: Ich war gerade am Tippen, als es plötzlich an die Zimmertür klopfte. Mona kam herein und setzte sich.
„Ich soll dir von Ariane ausrichten, dass es auch inhaltliche Ähnlichkeiten unter den Orden in Ost und West gibt. Die Rituale sollen sich gleichen."
„Aha, davon schreibt auch David-Neel in ihrem Buch „Der Weg zur Erleuchtung"."
„Ja, aber du warst selbst in einer Inkarnation als Mönch in einem Kloster. Ich sah dich als Gelugpa."
„Das sind die Gelb-Mützen-Mönche, einer der vier grundlegenden Sekten im Buddhismus."
„In deinem Kloster gab es einen riesigen Buddha, um dem herum viele Kerzen brannten, denn viele Menschen zog es dorthin, die Götter zu verehren, brachten außerdem Lebensmitteln und Geschenke den Mönchen. Aber wusstest du auch, dass der Kern des Ordens die dunkle Bruderschaft war, dessen äußeres Mitglied du warst, weil das für dich verlockender war, als der direkte Weg zur Gottheit?"
Jetzt war ich baff.
„Ich wusste zwar, dass das ein satanischer Orden ist, aber dass ich dort ein Anwärter war, ist mir völlig neu. Ich weiß auch, dass viele Dalai Lamas dort Mitglied waren. Ob die sich alle schwarz-magisch schulten, das kann ich nicht behaupten."
„So machen es die Orden in Tibet, dass sie die Unwissenden durch ihre Lehren auf die linke Seite ziehen. Hier im Westen sind es die unzähligen

Logen, wo hie und da ein Könner des linken Pfades ein Auge auf einen Novizen richtet.

Die leidenschaftliche Macht fasziniert dich immer noch, der schnelle Erfolg zur Macht reizt dich, deshalb schimpfst du manchmal über deine Gottheit, weil der Weg der Mitte mit schweren Hindernissen gepflastert ist. Darin liegt der Grund für dein Verhalten!"

Ich verstummte.

„Ariane zeigte mir Bilder, wo man dich dort beten sah. Du hast dort Meditationen betrieben und die Schriften studiert. Auch körperliche Arbeiten musstest du verrichten, wie es in diesem Orden üblich ist. Du hast rhythmisch den Boden gefegt im harmonischen Wechsel, und beim Essen wurde Eucharistie durch Vorlesen von religiösen Schriften betrieben. Über das Gehör geht das auch."

„Das ist wirklich mehr als interessant."

„Aber Ariane sagte, dass du das Negative beherrschen muss, denn sonst könnest du immer noch fallen. Daher kommt auch dein ewiger Wissensdurst und das Streben nach Weisheit, durch die Spannung von Plus und Minus, den du nur durch die Mitte stillen kannst. Du darfst dich nicht durch das negative Prinzip mitreißen lassen. Man muss immer selbstbeherrscht sein, bis in alle Ewigkeit."

„Hat sie dir noch mehr berichtet?", fragte ich neugierig.

„Dein Name war Senze und du warst in gewisser Weise ein Lehrer der Neuankömmlinge. Du brachtest ihnen Lesen bei, halfst ihnen beim Studieren und gabst Tipps zu den Meditationen."

„Ach irre!"

„Irre ist auch die Warnung an dich!"

Ich verstand, was meine Zwillingsseele meinte…

*

Dass man auch seine persönliche Gottheit verärgern kann, welches sich in drastischen Folgen äußert, hätte ich niemals für möglich gehalten. Aber ich wurde eines Besseren belehrt. Irgendwie musste ich unzufrieden mit meinem von mir verehrten Schöpfer gewesen sein. Der Grund liegt darin, dass für mich, wie im letzten Kapitel beschrieben, die Arbeit am Ausgleich sehr hart war und demnach langsam vor sich ging. Deshalb wollte ich sie durch eine andere austauschen, obwohl sie für mich die Beste war. Ich meinte, es gäbe noch bei Weitem bessere, die mir mehr auf meinem Wege helfen könnten. Sie hat mir zwar alles erfüllt, aber das war mir zu wenig. Ich wollte mehr! Solche und ähnliche Gedanken durchzuckten mein Hirn.

Da meine Gottheit allwissend ist, hört sie alles. Auch meine Gedanken waren ihr ein offenes Buch. Aber mir selbst war das nicht bewusst. Was war die Folge? Ich hatte einen schmerzhaften Bandscheibenvorfall. Er schlich sich ganz langsam ein. Ich baute ein Regal zusammen, und hatte danach Rückenschmerzen. Ein Stunde später humpelte ich schon, drei Stunden später wurde es so schlimm, dass ich mit dem Rollator meiner behinderten Frau fahren musste, weil ich nicht mehr laufen konnte. Aber was nun? Die Runenmagie musste ich aus begreiflichen Gründen aussetzen. Wie sollte es weiter gehen? Ich kam auf keinen grünen Zweig. Eine ganze Woche lang machte ich Rückenübungen, nahm heiße Bäder, legte meine Beine auf einen Würfel zum Entlasten des Rückens, sodass meine Bandscheibe wieder in die ursprüngliche Lage zurückkehrten konnte. Aber es half alles nichts! Die Schmerzen blieben. Mona meinte, dass ich ein rituelles Gebet machen sollte, das sie von Ariane bekam. Das half auch nicht. Langsam aber sicher verzweifelte ich, wenn nicht Mona plötzlich ein *Bild* eingegeben worden wäre. Man kann das auch mit einem Hellgesicht vergleichen oder einer Vision, wie sie uns die große Magierin manchmal schickte, wenn wir nicht weiter wussten. Andere würden das auch mit einer bildlichen Intuition gleichsetzen.

„Du hast deine Gottheit verärgert, in dem du sie durch eine zweite austauschen wolltest!"

„Ach!"

„Ja, und den Gedanken hattest du während eines Gebetes, wo man normalerweise seine Gottheit verehrt, ihr also Gutes tut."

Ich wurde blass, weil mir das plötzlich wieder einfiel. So link schleichen sich manchmal „Dinge" ein, die man gar nicht bemerkt.

„Und was soll ich machen?"

„Mach doch die Tantra-Formeln, die Bardon in seiner „Quabbalah" über die fünf Elemente aufschrieb."

„Ich bin kein Quabbalist, bei dem diese Formeln wirken."

„Nein, Franz Bardon hat diese Formeln wohlweislich in dieser untypischen Form aufgeschrieben, weil sie rituelle Wirkung haben."

„Ach, ja, er schreibt:
- Lam – Erde
- Vam – Wasser
- Pam – Luft
- Ram – Feuer

- Ham – Äther

obwohl die Chakren anders laufen."
„Wenn du diese fünf Formeln rhythmisch singst, wirken sie harmonisierend auf dich ein und vertreiben sämtliche Gedanken. Verstärkt werden sie noch dadurch, wenn man dabei an die Elemente und die Bedeutung der einzelnen Buchstaben oder an die fünf Gottheiten denkt. Die Schwingung die dabei entsteht, lenkt dich von jeglichen Problemen ab und verbindet dich mehr mit den fünf Aspekten deiner Gottheit. Das sind die fünf Dhyani-Buddha, wie sie Bardon im Bild der vierten Tarotkarte gemahlen hat. Mit diesen arbeitet man dann zusammen, und die helfen einem gerne, seine Probleme aller Ebenen unter Kontrolle zu bekommen. Wenn ich ehrlich bin, dann muss ich sagen, dass ohne die Gottheit eine Beherrschung des Seelenspiegels nie und nimmer gelingt."
„Wie meinst du das?"
„Die negativen Wesen stehen alle irgendwelchen Charaktereigenschaften vor, und nur die Gottheit kann diese Genien in ihre Schranken zwingen. Wer denn sonst?"
„Das leuchtet ein, dann probiere ich das", sagte ich voller Freude. „Damit kann ich auch gegen etwaige charakterliche Probleme vorgehen, oder?"
„Ja, Ariane machte mich auch darauf aufmerksam, weil die Formeln gut gegen Angst wirken."
„Ach, das ist irre", und ich fing sofort an, sie gedanklich zu summen. Und die Wirkung war sagenhaft. Mir ging es augenblicklich besser. Auch die Rückenschmerzen gingen langsam aber sicher weg, aber nicht nur wegen der Formel, sondern auch weil ich meine Verehrung gegenüber meiner Gottheit verstärkte und die Bindung an sie dadurch verbesserte. Da sieht man wieder einmal, wie hilfreich so eine Gottheit **doch** sein kann.

*

Wir fuhren oft in die Stadt, welche die größte theologische Fakultät in ganz West-Europa hat. Dort soll sich auch nach Meister Giovanni – der inzwischen schon verstorben ist – eine FM-Loge befinden, in der er selbst Mitglied war. Man wird sich fragen, warum ausgerechnet in einer Stadt, die solch geistigen und religiösen Unterricht gibt? Und genau das ist der springende Punkt: Die Religion zieht solche Logen und Fraters an, die sich hinter der Religion verstecken und sie für egoistische Zwecke nützen. Auch Parteien mit christlichen Einschlag bieten eine Anlaufstelle für die FM. So berichtete es mir Anion, als er sich in einem Café in Bochum mit dem Satanisten traf. Irgendwo in der Umgebung dieser schönen alten Stadt liegt

das Logenhaus. Ariane sagte dasselbe. Doch danach suchten wir nicht, weil es viel zu viele schöne Herrenhäuser gibt, die für solche Zwecke genutzt werden könnten. Und ein gefährliches Unterfangen wäre das allemal, wenn man bedeckt, dass diese Vereinigungen von mächtigen Wesen gedeckt werden. Selbst das RAF-Mitglied Wolfgang Grams, der gegen den Kapitalismus zu radikal vorging, erfuhr von diesen Logen. Er suchte die *Satanisten,* fand sie zwar nicht, kam ihnen aber gefährlich nahe. Die RAF hatte zu Beginn gute Ideale, kam aber vom reinen Weg ab und wurde von der Organisation verteufelt, weil sie deren Gefüge störte. Alle wurden sofort zu Terroristen gestempelt, was sie später auch waren, obwohl sie als Urgedanke die Abschaffung des Kapitalismus in ihrem Gebäck hatten und gegen die dahinterstehende Logen-Diktatur vorgingen.
Es kommt auch so häufig vor, dass politisch gewollt unabhängige Strafverfolgung unterbleibt. In so vielen politisch bedeutsamen Todesfällen und Mordanschlägen wie etwa den Fällen Uwe Barschel, Prinzessin Diana, Jörg Haider, Petra Kelly, Jürgen Möllemann, Gerd Bastian, Olof Palme und so vielen anderen Todesfällen mehr, ist sonst nichts in der Berichterstattung gewesen. Und es ist ebenfalls schon der naheliegende Verdacht geäußert worden, dass diese fehlende unabhängige Strafverfolgung auf Klüngelei, auf Korruption, Sumpf in Verbindung mit Lobbygruppen und Geheimgesellschaften wie der Freimaurerei und Geheimdiensten beruht. Allzu deutlicher Hinweis darauf ist, dass gesellschaftliche Eliten kein Interesse daran zu haben scheinen, dass auf diesen Gebieten eine Aufklärung stattfindet. Aber was muss man dann über diese Eliten denken?
Wir gingen immer gerne in eine kleine Einkaufspassage, welche von schönen Arkaden umrahmt ist. Dieses Mal setzen wir uns in ein Cafe. Geld hatten wir endlich durch den Verlag, so dass wir uns mal einen Kaffee leisten konnten, was wir seit 10 Jahren nicht mehr gemacht hatten. Ich konnte aufgrund meines Magenproblems nur einen Kakao mit Sahne trinken, der aber sehr gut war. Als ich und meine Frau so vor uns hinsaßen, bemerkten wir am gegenüberliegenden Tisch zwei ältere Herrn, die sich angeregt über wahre Freimaurerei unterhielten. Ich kam nicht umhin, das Gespräch zu verfolgen, denn es interessierte mich sehr, was manch ein Durchschnittsmensch darüber dachte:
„Genuss und Freude sind wichtige Bestandteile harmonischer Lebensführung. Ohne die, ist keine Entwicklung möglich!", behauptet der

erste der Männer.

„Ja, aber das große Geheimnis der Freimaurerei sind immer noch die drei Säulen: Weisheit, Kraft und Schönheit. Weisheit gibt die Lebensrichtung, die richtige Richtung, die Richtung aus der irdischen Verstrickung. Kraft ist zur Tat gewordener Wille zum Edlen und Reinen. Schönheit ziert den quabbalistischen Lebensbaum des kraftvoll Weisen mit Harmonie und Freude!"

„Das wahre Ziel der Freimaurerei ist, wie Ferdinand Runkel in der „Geschichte der Freimaurer" schreibt, aus dem ungeschliffenen Menschen einen reinen und göttlichen Stein zu machen. Oder anders ausgedrückt, aus Mensch Gott zu machen. Der Mensch hat sich durch seine Mitgliedschaft bei der wahren Freimaurerei verpflichtet, dem Sittengesetz, der Moral und der Ethik Folge zu leisten. Dadurch wurde er tief religiös und zum wahren Menschen, der aus dem Mittelpunkt alles objektiv betrachten kann. Er ist bestrebt, aus Dunkelheit Licht zu machen, denn die göttlichen Tugenden wie Allmacht oder All-Liebe sind für ihn das Höchste auf Erden, was es zu erreichen gibt. Durch diese Eigenschaften ist man in der Lage, denn gottgleichen Stein der Weisen durch das verlorene Wort zu schöpfen!"

„Dies scheint sehr einfach zu sein, dieses große Geheimnis der Freimaurerei. Es scheint nur so! In Wirklichkeit ist die „Königliche Kunst" so schwer, dass heutzutage noch kein Meister als wahrer Herr und Meister gestorben ist. Das tatkräftige Sichversenken in das Geheimnis erfordert die unausgesetzte Arbeit eines ganzen Lebens. Es erfordert Opfer, Mut und Entschlossenheit. Man braucht dazu eine übermenschliche Ausdauer und Zähigkeit, das alles zu schaffen! Wie sich der Einzelne in das Geheimnis des Lebens versenkt, ist seine Sache. Nur muss sein Sich-Versenken ehrlich sein, ernsthaft sein. Haben wir einen Maßstab für diese Ehrlichkeit?"

„Woher sollten wir solch einen Maßstab haben. Da ist ja alles persönlich."

„Freimaurerei ist Lebenskunst. Um aber recht leben zu können, muss der Freimaurer dem Geheimnis nachforschen. Viele nennen das den Faustschen Trieb, der einen die Kraft gibt, die Rätsel dieser und der anderen Welt zu ergründen. Es geht nämlich um die gesetzlichen Beziehungen, die uns Menschen mit den Welten verbindet, also das kennenzulernen, was andere richtig als die Naturgesetze benannten. Naturgesetze sind die Gesetze der vier Elemente, dem aber von der Mehrzahl der Gelehrten widersprochen wird. Aber es sind Gesetze, nach denen sich die Natur richten muss, denn sie wurde durch die Vier erschaffen!"

„Aber wie will der Mensch diese Gesetze kennenlernen? Wo steht der Sinn

darüber geschrieben? Selbst die Freimaurer Kerning und Sebottendorf machten Fehler, wie die beiden Mystiker Studinsky und Egloff brieflich bestätigten."
„Aber ist es nicht so, dass wer Frieden findet durch einen Irrtum, dessen Irrtum ist Wahrheit. Wer ein guter Mensch wird durch einen Irrtum, dessen Irrtum wiederum ist Wahrheit. Es kommt nicht auf die Weltanschauung an, sondern auf den Menschen, der aus ihr wird."
Seltsame Philosophie, dachte ich mir und musste meine Frau angucken. Eine Philosophie der Falschheit, die nur einem irdischen Gott entspringen kann.
„Das ist das höchste Ziel wahren Freimaurerei, den Bund der guten, edlen, hilfsbereiten Menschen über die ganze Erde zu schließen. Aus diesem Bunde sollen Strahlen der Aufklärung und der Gewissensfreiheit, wahrer Sittlichkeit und unermüdlicher Arbeit an eigener Vervollkommnung in alle Kreise und menschlichen Gemeinschaften dringen. Schon hieraus ergibt sich der Widerspruch, der in einer national abgeschlossenen, womöglich nationalistisch sich betätigenden Freimaurerei liegt. Es gibt, streng genommen nur Weltfreimaurerei. Oder, deutlicher gesagt, es sollte nur Weltfreimaurerei geben!"
„Aber wie soll es sie geben, wenn sie gefallen ist. Das „Wort" ist verloren und wurde nicht mehr wiedergefunden. Der Ritus, die Rituale verfielen, kamen in Vergessenheit und wurden nicht mehr aus der Versenkung geholt! Wo sind die Meister, die dazu in der Lage sind. Haben nicht sogenannte Freimaurer wie Br. Reuss, Br. Kellner, Br. Grosche und Br. Tränker und viele mehr, aus der Maurerei einen Verein der perversen Sexualmagie gegründet, damit die triebgesteuerten Mitglieder mit ihrem Sexus dem Herrn der Erde dienen können."
„Da stimme ich dir zu", sagte der zweite, führte aber fort: „Die Werke und gegebene Beispiele wirken fort. Innerlich, unbewusst den Empfangenden, läuft die angestoßene Welle weiter, stößt neue Wellen an, lässt neue Ideen geboren werden, schafft am Webstuhl des Lebens. So stirbt der wahre Meister nie. Er lebt in denen, die nach ihm kommen. Alles Leben ist Bauen! Vom Kleinen in das Große, von unten nach oben, vom Einfachen zum Zusammengesetzen, vom Anfang zum Ende. Viele Menschen bauen nicht. Sie erschrecken, weil ihr Bau schief wird, anstatt mit rechtem Winkelmaß der Selbsterkenntnis ihn ständig zu kontrollieren. Sie lassen ihren Bau zusammenstürzen und bleiben untätig und missmutig auf den Ruinen sitzen. Jeder Mensch baut einmal falsch, nein, nicht einmal,

sondern hunderte Male. Darauf kommt es aber an, dass er baut, dass er das Leben und seine Forderungen bejaht, und dass er es einsieht, wenn er irgendwo fehlerhaft gebaut hat. Weisheit heißt nicht: keine Fehler machen. Dann gäbe es keinen weisen Menschen und hätte nie einen gegeben. Weisheit heißt: Seine Fehler erkennen und an ihrer Beseitigung arbeiten. Jene ewig arbeitende, bessernde, kontrollierende Weisheit an sich selbst und an seinem Bau, die ihren Ursprung hat in der großen Bescheidenheit und ihr Ziel in der großen Vollendung. Und deshalb darf auch die Freimaurerei dem Meister als Ziel die Weisheit geben."

„Für mich klingt das irgendwie unverständlich", meinte der grauhaarige Herr. „Wo liegt denn der Grund der Entwicklung. Schreibt nicht der Astrologe Asaboga in seinem Werk „Handbuch der Astromagie", dass das Fundament die Zahl Vier ist. Die sehe ich bei dir nicht."

„Warte noch, denn Meister sein heißt aber nicht, weise sein, sondern den Weg zur Weisheit mit Eifer wandeln. Ob dieses Wandeln freimaurerisch nun in drei Grade abgeteilt ist wie bei der Reformfreimaurerei und bei den Johannislogen, oder aber in zehn Grade drei Johannis-, drei Andreas- und vier Kapitelgrade wie in der schwedischen Lehrart oder endlich in dreiunddreißig, wie im schottischen Ritus, ist nicht so wichtig wie die Erkenntnis, dass der Mensch über das Streben nach Weisheit nicht hinauskommt. Auch wenn er sich dreimal dreiunddreißig Grade konstruieren würde – die 99 Grade der Goldenen – und er selbst den höchsten dieser Grade bekleiden würde, er wäre im besten Falle nur ein strebender, aber nicht im Vollbesitz der Weisheit befindlicher Mensch."

„Du nennst die satanistischen Logen. Diese wurden ja von Quintscher zum ersten Mal erwähnt."

„Ja, derselbe der im ersten Weltkrieg eine Feldloge in Frankreich gegründet hat."

„Aber dein Gerede ist nur bloße Theorie, die Praxis fehlt doch. Die Freimaurerei ist zu einer reinen Hypothese geworden. Das Suchen nach dem verlorenen Wort brachte keine Ergebnisse! Und du erwähntest die 99 Grade. Da sind wir wieder bei der gefallenen Maurerei! Bei der dunklen Bruderschaft oder wie sie Quintscher nannte: den Drachenorden. Wörtlich sagte er in einem Brief an Gregorius: *„Das war der Anfang meines Kampfes gegen F.O.G.C. oder 99er, die „Drachenlogen". Dieses Mitglied war Novize der Stendaler Drachenloge gewesen und hatte die Schweigepflicht verletzt."*

Eine Feldloge, von welcher mein „adonistischer" Freund meinte, dass sie von Quintscher gegründet sein könnte. Rah Omir soll sich auch auf dem Foto rechts hinten befinden.

Ein fotografischer Beweis, dass Quintscher Soldat im 1. WK war.

„Ja, diesen Orden gab es wirklich. Selbst Vlad Tepes, der Pfähler, war dort Mitglied und es ranken sich mysteriöse Legenden um ihn und seinen Tod. Nach Anion soll „Dracula" das Blut als Opfer an seine Gottheit, als leckere Speise für sie, geopfert haben. Er soll sich schwarzmagisch geschult haben und ein sehr sehr bösartiger Mensch gewesen sein. Sein Beiname „Dracul" wird von vielen als von „Drachenorden" abgeleitet."
„Der Drache ist bei uns ja ein böses Symbol, deshalb ersticht St. Michael den Drachen und andere Heilige wie St. Georg folgen seinem Beispiel. Es gibt viele dergleichen Wappen, Statuen und Denkmäler, welche alle die gleiche Bedeutung haben. Der Drache steht nämlich für den übermenschlichen Trieb, den ein jeder Mystiker beherrschen muss, um dadurch die Tore ins Astrale zu öffnen."
„Sehr interessant, was du das berichtest."
„Auch der germanische Siegfried stellt den Drachentöter dar, und alle die den Drachen verehren, verehren das negative Prinzip."
„Eliphas Levi zeigt in seinem Werk „Dogma und Ritual" ein Siegelzeichen von einem gekröntem „Drachen", wobei es sich um einen Dämon handelt."
„Das kann alles stimmen, denn Kurdzral-Kicki stellt sogar die Behauptung auf, dass der Drachenorden parallele Beziehungen zu den Templern hat."
„Von denen ist ja bekannt, dass die das „große Tier", Baphomet, verehrten. Deswegen wird dieses Wesen auch der Gott der Templer genannt, welcher den Trieb verstärkt, mit dem sie gearbeitet haben."
„Was ein Synonym für Gott der Schwarzmagier ist!"
„Aber, für diesen Orden gibt es doch keine Beweise. Hat das nicht der Autor Volker Lechler in seinen Büchern schon bestätigt? Wo sind die Dokumente dafür? Quintscher soll sich diese Geschichte ausgedacht haben."
„Beweise gibt es nicht, weil sie ein Geheim-Orden sind, davon gibt es ja so einige. Vergleichen sie mal den indischen Orden der Thuggs. Von dem nahm man ebenfalls an, dass es ihn nicht gibt. Aber er existierte wirklich und er soll noch am Leben sein!"
„Ja, da muss ich ihnen recht geben. Aber bekannt ist davon nicht viel."
„Doch, z. B. dass das Wort Thuggs „Schlingenmenschen" bedeutet."
„Das wusste ich nicht."
„Sie selbst behaupten, zuerst nach der Ausrottung der Assassinen von Alamut nach Indien gekommen zu sein. Und wir wissen ja, dass der Großmeister der Saturni – Guido Wolther – schrieb, dass die Assassinen in einer engen Beziehung zu den Satanisten standen."

„Die Thuggs verhüllten alles, um ja nicht erkannt zu werden. Sie bezeichneten sich als „Bohras", welche in Hindostan als friedlich Sekte bekannt waren, um ihr schändliche Werk zu verrichten."
„Der Thagismus begeht seine schweren Verbrechen infolge seiner hohen Verehrung der menschenfeindlichen Göttin Bhowani oder Kali (von „kala" = Zeit), die ihr einziges Vergnügen in möglichst vielen Menschenopfern findet. Jedoch verstanden sie die Wahrheit falsch und zogen sie in den materiellen Schmutz. Für sie ist dies dieselbe furchtbare Gottheit, an deren Jahresfest in Indien Tausende von Fanatikern sich von ihrem schweren Wagen freiwillig unter verzücktem Geschrei zu Tode rädern lassen. Nach der indischen Legende entsprang sie, wie Minerva dem Haupte Jupiters, dem brennenden Auge auf der Stirn Schiwas, eines Teiles der brahminischen Dreifaltigkeit. Sie vertritt das böse Prinzip, schwelgt in Menschenblut, ist die Herrin der Pest, lenkt die Stürme und Orkane und denkt stets nur ans Zerstören und Vernichten. Die lebhafte indische Fantasie stellt sich diese Schreckensgestalt folgendermaßen vor: azurblaues, gelbgestreiftes Gesicht; wilder, grausamer Blick; borstiges, aufgelöstes, pfauenschweifartig aufgerädertes Haupthaar mit hineinverflochtenen grünen Schlangen; um den Hals ein bis nahe zu den Knien reichender Kragen aus goldenen Schädeln; Blut ausströmende Lippen; rüsselartige Zähne, die über die Unterlippen hinunterreichen; acht bis zehn Arme; in jeder der acht bis zehn Hände eine Mordwaffe oder ein bluttriefender Menschenkopf; ein Fuß steht auf einer menschlichen Leiche. Das Volk opfert ihr in ihren Tempeln Hähne und Stiere; aber ihre eigentlichen Priester, die Thuggs, die „Söhne des Todes", stillen den Hunger dieses Vampyrs mit Menschenopfern."
„Das ist eine total verkannte Ansicht über eine Gottheit!"
„Richtig, aber die Anhänger sehen das so und nicht anders. Nach der thagistischen Überlieferung wollte Kali ursprünglich das ganze Menschengeschlecht mit Ausnahme ihrer eigenen Anbeter vertilgen; daher befahl sie den letzteren, alle in ihre Gewalt fallenden Menschen umzubringen. Anfänglich wurden die Opfer mit dem Schwert getötet, und zwar so massenhaft, dass die Erde bald gänzlich entvölkert worden sein würde, wenn es der „Erhalter" Vischnu nicht rechtzeitig verhindert hätte, indem er aus dem Blute der Gemordeten immer wieder neue Menschen schuf und dadurch die böse Absicht Bhowanis vereitelte. Der Gegenschachzug der Göttin bestand darin, dass sie ihren Anhängern verbot, weiter mit dem Schwert zu töten und sie anleitete, dies durch Erdrosselung

zu tun, also ohne Blutvergießen. Auch verlieh sie ihnen große Schlauheit und hohen Mut, damit ihnen ihr Vorhaben stets bestimmt glücke. Und um sie vor der Entdeckung durch die Obrigkeit zu schützen, versprach sie, die Opfer selber zu begraben und jede Spur zu verwischen. Sie hielt denn auch Wort, bis ihr einmal ein Thug in frevelhafter Neugier nachspürte, um zu erfahren, was sie mit den Leichen anfange. Sie erwischte ihn beim Spionieren und sagte zu ihm: „Niemand kann am Leben bleiben, nachdem er eine Göttin von Angesicht zu Angesicht gesehen hat; aber ich will dir das Leben schenken und dich, sowie alle deine Bundesgenossen damit bestrafen, dass ich euch nicht mehr beschützen werde. Künftig will ich die Leichen der von euch Umgebrachten nicht mehr begraben und verbergen, sondern es euch überlassen, die zu eurer Sicherheit nötigen Schritte zu tun. Und obgleich ich euch den heiligen Spaten zum Aufwerfen der Gräber überlasse, werdet ihr nicht immer davonkommen; vielmehr werdet ihr zuweilen der weltlichen Gerechtigkeit in die Hände fallen und das soll eure ewige Strafe sein. Nur die euch von mir verliehene höhere Klugheit und Geschicklichkeit soll euch verbleiben. Von nun an werde ich euch nur durch Anzeichen leiten, die ihr eifrig zu Rate ziehen müsst."
Hiervon rührt der ausgeprägte Vorbedeutungs-Aberglaube der Thugs her. Diese weissagen aus dem Vogelflug, aus dem Geheul des Schakals und besonders aus der Art, wie das Beil, das sie werfen, fällt; ihr Weg richtet sich nach der Fallrichtung des Beils. Steht eine Bande im Begriff aufzubrechen, und sieht sie dabei welches Tier immer von links nach rechts über den Weg laufen, so gilt dies für ein so ungünstiges Anzeichen, dass der Streifzug an dem betreffenden Tag unterlassen wird.
Wer in diese fürchterliche Sekte aufgenommen werden wollte, musste ein langwieriges, strenges Noviziat durchmachen, in dessen Verlauf er überzeugende Beweise seiner Würdigkeit zu liefern hatte. War die Zustimmung zu seiner Zulassung einmal erfolgt, so wurde er von dem Mitglied, das ihn eingeführt und empfohlen hatte, zu einer mystischen Taufe geleitet, bei welcher Gelegenheit man ihn in ein weißes Gewand hüllte und ihm die Stirn mit Blumen bekränzte. Sein Pate stellte ihn nun dem geistlichen Oberhaupt (Guru) vor, das ihn in einen Festraum führte, wo ihn zahlreiche Bandenhäuptlinge erwarteten, welche die Frage, ob sie den Bewerber in den Geheimbund aufnehmen wollen, bejahend beantworteten. Jetzt begaben sich alle ins Freie, wo die Häuptlinge rings um den Guru und den Neuling niederknieten, um zu beten. Aufstehend, erhob der Guru seine Hände gen Himmel und sagte:

„O Bhowani, Mutter der Welt! Nimm du, deren Anbeter wir sind, deinen neuen Diener auf, gewähre ihm deinen Schutz und sende uns ein Zeichen deiner Zustimmung!"
Sobald sie in den Bewegungen eines Vogels, eines Säugetiers oder einer Wolke ein solches Zeichen zu erkennen glaubten, erhoben sich die Versammelten und begaben sich in den Festraum zurück, wo sie in Gemeinschaft mit dem Neuaufgenommenen eine Mahlzeit einnahmen. Damit waren die Einweihungsfeierlichkeiten zu Ende."
„Das ähnelt sehr der Freimaurerei?"
„Das sehe ich auch so. Aber es geht noch weiter. Der Novize, der von nun an ein „sahib-zada" ist, beginnt seine thagistische Laufbahn entweder als Totengräber oder als Ausforscher von geeigneten Plätzen zu geplanten Erdrosselungen. Hat er sich einige Jahre hindurch als tüchtig und treu bewährt, so kann er zum Erdrossler aufrücken. Dieses Aufrücken ist ebenfalls mit allerlei Zeremonien verbunden. An den für diese bestimmten Tag begibt der Kandidat sich unter Führung seines Guru in einen in den Sand vertieften, von geheimnisvollen Hieroglyphen umgebenen Kreis, um Kali, besser gesagt die Dämonengottheit, anzubeten. Dort verweilen sie vier Tage, während welcher Zeit der Kandidat nur Milch genießen darf. Am fünften Tag übergibt ihm der Priester die in heiligem Wasser gewaschene und mit Öl gesalbte Erdrosselungsschlinge und erklärt ihn nach einigen religiösen Zeremonien für einen Erdrossler. Dieser leistet einen furchtbaren Verschwiegenheitseid und schwört ferner, unablässig an der Zerstörung des Menschengeschlechts mitwirken zu wollen." (siehe „Geheime Gesellschaften" von Heckethorn).
„Das hat wirklich Ähnlichkeit mit dem europäischen Ordensgefüge."
„Richtig, und es gibt noch immer Thuggs, wenngleich sie nicht mehr sehr zahlreich sind und ihre Opfer nicht mehr erdrosseln, sondern zu vergiften pflegen. Der Thaggismus hat sich jederzeit des geheimen Schutzes einzelner eingeborener Herrscher erfreut, die dafür einen Teil der Beute erhielten, und dem mag wohl noch immer so sein."
„Ja, das klingt logisch", sagte der ältere der beiden Herren. „Die inneren Strukturen kann man bei solchen Geheimgesellschaften nur erahnen. Aber die Freimaurerei ist nicht nur Philosophie. Denn wir haben eine wunderbare Lebensgemeinschaft in unserem Körper", führte der Ältere von beiden Herrn weiter. „Eine Gemeinschaft, die wir gesund nennen, wenn sie in ihrem natürlichen, biologischen Gleichgewicht sich befindet. Und unser Körper hat Hunderte von Mitteln, um diese Gleichgewicht zu erhalten oder,

wenn es geschädigt ist, wieder herzustellen."

„Alles schöne Worte! Dir fehlt jedoch der Bezug zum Tetragrammaton, zum schöpferischen Wort. Das ist alles nur leere Theorie, wie sie von vielen Anhängern der Freimaurerei vor sich hergeplappert wird. Denn alles ist in der Natur aufeinander angewiesen. Es gibt nichts, was allein stünde. Deshalb gibt es die vier Elemente, die in ihren Qualitäten zusammenhängen. Feuer ist trocken und heiß. Wird verbunden mit der Luft – warm und feucht. Nun kommt das Wasser – nass und kalt und am Schluss die Erde: kalt und trocken. Der hervorragende Freimaurer Baron von Hund deutet darauf immer wieder hin!"

„Da hast du Recht." Aber derselbe Herr sprach weiter und wich nicht von seiner theoretischen Einstellung ab: „Wehe dem Menschen, der sich durch unvernünftige Lebensweise die biologische Gemeinschaft der Vier in seinem Körper zerstört! Er muss rettungslos sterben. Wenn die Kraft zum Gleichgewicht in unserem Körper erlischt, dann hilft kein Arzt. Wenn der Geist nicht da wäre, stürben wir an einem Nadelstich, an der leichtesten Erkältung. Wir könnten nicht einen Tag lang leben, denn dieses Gleichgewicht muss täglich und stündlich in unserem Körper durch ein nicht aufhörendes Spiel von Kräften erhalten werden. Wenn nun Menschen eine Gemeinschaft bilden, so gelten in dieser Gemeinschaft ähnliche Gesetze des Gleichgewichtes wie innerhalb der Organismen – der Seele, des Geistes und Körpers – oder innerhalb der übrigen Lebensgemeinschaften in der Natur. Was wir soziale Missstände nennen, sind Störungen des Gleichgewichts innerhalb einer menschlichen Gemeinschaft. Die Besten einer Volksgemeinschaft haben die Pflicht, gegen soziale Missstände vorzugehen. Ihnen obliegt es, das Gleichgewicht in der Gemeinschaft zu erhalten.

Das Gleichgewicht besteht nicht darin, dass alles gleich gemacht wird. Es wird immer verschiedene Menschen geben, mit verschiedenen Anlagen, mit verschieden großem Fleiß und verschiedener Leistung. Daher wird auch der Besitz verschieden groß sein. Es handelt sich nicht darum, dass der weniger Tüchtige das Gleiche verdient wie der Tüchtige! Ganz im Gegenteil! Aber es soll auch wirklich der Tüchtigere sein, der mehr verdient. Nicht Geld soll Geld machen, sondern nur Arbeit soll Geld machen. Nicht Privilegien und Wohlstand sollen Bedingungen für das Vorwärtskommen sein, sondern nur die Leistung. Daher soll jeder junge Mensch die gleichen Bedingungen haben, unter denen er den Wettbewerb des Lebens antritt. Wer dem andern hilft, hilft biologisch gesprochen sich selbst, weil er der Gemeinschaft hilft."

„Das sind alles schöne philosophische Gedanken, die ihre Richtigkeit haben. Aber wie willst du dass alles mit deiner Freimaurerei verwirklichen? Wo ist die Praxis, wo sind die geistigen Übungen? Man findet selbst im „Signatstern" von Baron von Hund, einem echten Freimaurer, nur theoretische Hinweise auf die Verbindung mit der Gottheit. Aber die Praxis?"

Ein kurzes Schweigen trat ein.

„Es gibt keinen Ritus mehr, der richtig durchgeführt werden kann", setzte der Fragesteller fort. „Das Wort ging, wie bereits gesagt, verloren. Da bringt keine Philosophie was, wenn die Praxis fehlt."

„Nein, meine Herrn, " schaltete ich mich bei diesem Satz in das Gespräch ein. „Entschuldigen Sie bitte, wenn ich mich darin einmische. Aber ich kam nicht umhin, ihnen zu zuhören. Die Praxis der Freimaurerei hat Franz Bardon in seinen drei Werken eingehend beschrieben. Seine Bücher bilden den Schlüssel für den Ritus nach den universalen Gesetzen des JHVH."

„Franz Bardon ist gar nicht gangbar. Das haben schon so viele gesagt, wie Dr. Hemberger und andere. Auch der bekannte Frater V.D."

„Ja, alle die, die aufgegeben haben und aus Frust Drogen nahmen, dadurch ihr Bewusstsein verschoben haben, behaupten so etwas. Wie kann man diesen Menschen Glauben schenken. Nur weil sie ein großes Mundwerk besitzen, ohne viel eigene Qualitäten vorweisen zu können? Die wahre Freimaurerei ist eine durchaus geheime Kunst des rechten Lebens, welche sich in der Rit-Rune spiegelt."

„Wie kommen sie auf Runen?"

„Wie es Paul Köthner, Runenkenner und Freimaurer, in den 20ern schrieb, und vor ihm noch der bekannte Ariosoph Guido von List, ist die Praxis der Freimaurerei auf Runen gegründet. Selbst im Buch von Dr. Beyer „Das Lehrsystem des Ordens der Gold- und Rosenkreuzer" steht alles Notwendige für die Entwicklung drin."

„Das habe ich gelesen, aber gefunden habe ich nichts."

„Sie müssen sich angewöhnen, zwischen den Zeilen zu lesen. Dann findet man folgendes:
- Die Man-Runen-Geste;
- die Zahl 9 – der Rhythmus – wird immer wieder erwähnt, welche verdoppelt die Zahl 18 ergibt – die Zahl des Runen-Futhark;
- es wird auch auf Zeichen, Wort und Griff hingewiesen;

– auf die Elemente und deren Farben, die Polarität, die drei Ebenen und Körper, auf das Zentral-Feuer, die zwei Säulen der Polarität (Rit-Rune), die 7 „Planeten", auf das Meisterwort JHVH, auf das Hexagramm (die Hagal-Rune), in welchem das Zentral-Feuer brennt, auf den Ausgleich, die göttlichen Tugenden.
Sätze wie: Um Weisheit, Kunst und Tugend zu gelangen, Gott zu gefallen und meinen Nächsten zu dienen. – Das Geheimnis der Freimaurer ist das wirkende Ritual, denn die Weisheit hat ihren Sitz im Mittelpunkt des Lichtes. – Der Geist ist der Urstoff aller Dinge, usw. usw."
„Also das wusste ich alles nicht. Ich bin sprachlos."
„Die wahren Rosenkreuzer erwähnen genauso wie im „Golden Dawn" in England die atlantischen Runen."
„Was?"
„Ja, denn sie schreiben z. B.: „Die Hände werden kreuzweise auf die Brust gelegt, die rechte über die linke; und man gibt das Wort „Weth" mit dem Zusatz „Das heißt Ruach Gibor oder ein starker Geist". Im Golden Dawn deutet das auf „das Zeichen des auferstandenen Osiris" hin oder auf das „Zeichen des Harpokrates", welches beides hohe praktische Quabbalistik ist. Das Nachstehende möchte ich der Genauigkeit wegen zitieren:
„Das Zeichen besteht darinnen: der Bruder, welcher dem andern das Zeichen geben will, strecket den Daumen und Zeigefinger seiner beiden Hände in Form eines Winkelmaßes aus, die übrigen drei Finger zieht er in seine beiden flachen Hände zurück und zusammen; dann legt er die Spitze des ausgestreckten linken Daumens über das dritte oder Faust-Gelenke des rechten Daumens, dass nunmehr also die Spitzen der beiden Zeigefinger zusammen kommen, und daraus das Zeichen eines aufrecht stehenden Dreieckes entsteht. Der antwortende Bruder tut eben dies, und nun strecken beide Brüder die Spitzen dieser Zeichen gegeneinander hin; also dass die beiden Dreieck sich an den Spitzen berühren, wodurch denn der eine Bruder das Zeichen des Feuers, der andere aber, der diesem gegenüber steht, das Zeichen des Wassers zeigt und formiert, deren wichtige Bedeutung zu seiner Zeit klar wird."
Das dies richtig gestellt und ausgesprochen magisch wirksam ist, dürfte aus dem hier Gesagten klar hervorgehen."
„Aber die Runenmagie soll doch nach so vielen Druiden verschlüsselt sein."
„Hören Sie sich einmal an, was Gustav Meyrink im Buch „Der weiße Dominikaner" darüber berichtete hatte. Dort schreibt er, dass es Orden gibt,

die *„mit Hilfe der rituellen Kunst, die Hände und Finger geistlebendig machen, sei der oder jener des Ordens samt seinem Leichnam aus dem Grabe verschwunden, und wieder andere hätten sich – symbolisch gesehen – in der Erde in Schwerter verwandelt."*
„Das wusste ich gar nicht, dass Meyrink darüber schreibt?"
„Insbesondere weist er daraufhin, dass man die rätselhaften Handgesten auf den Bildwerken des Mittelalters und des asiatischen Altertums damit in Verbindung bringen soll?"
„Es ist mir bekannt, dass die Freimaurer ihre Zusammengehörigkeit einander über Länder hinweg kundgaben, indem sie geheime Zeichen – zumeist Fingerstellungen und Handgesten – verwendeten."
„Selbst die Kirche hat ihnen oft genug, ehe sie ihnen Aufträge für Heiligenbilder erteilte, das feierliche Versprechen abgenommen, derlei zu unterlassen, aber immer wieder wussten sie es zu umgehen", bemerkte der grauhaarige Herr.
„Ja, die Freimaurer besaßen das Geheimnis des Ritus!"
„Doch der Schlüssel zu dieser Kunst ging verloren."
„Durch richtiges Kunstempfinden, oder auch Intuition genannt, hätte man auf den Schlüssel der Symbolik kommen können. Aber wer ist schon ein wahrer Künstler?", fragte der Ältere.
„Ich sag es Ihnen. Ein Künstler ist ein Mensch, in dessen Hirn das Geistige, das Magische, das Übergewicht über das Materielle erlangt hat, so beschreibt es Gustav Meyrink."
„Ah, interessant."
„Wir kommen der Sache langsam näher. Ich berichte weiter: „Bei dem wahren Künstlern – ich will sie die Gesalbten nennen – hat sich der Geist, wie beim Ritter Georg, die Macht über das Tier erkämpft: bei ihnen senkt sich die Waage des Geistes in die Erscheinungswelt hernieder kraft eines eigenen Gewichtes. Dann trägt der Geist das goldene Gewand der Sonne. Das Gleichgewicht der Waage ist nicht mehr zugunsten des Irdischen verschoben, sondern Geist und Materie sind zugunsten des Magischen ausgelegt. Sie befinden sich im Gleichgewicht. Beim Durchschnittsmenschen hat nur das Tier Gewicht; die Sterblichen wie die Gesalbten werden bewegt vom Winde des unsichtbaren Reiches der göttlichen Fülle, vom Hauch des Morgenrots. Der Durchschnittsmensch hingegen bleibt ein starrer Klotz. Dumm wie je zuvor!

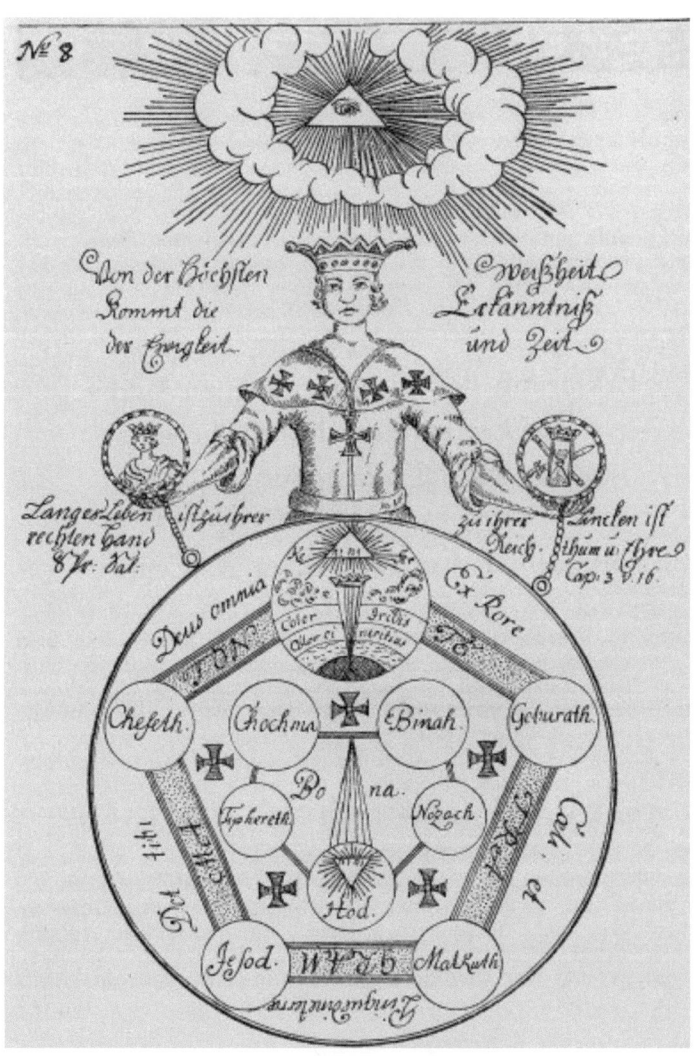

Bei diesem Bild erkennt man unschwer den hermetischen Charakter des Rosenkreuzer-Ordens. Man sieht den gekrönten Magier, der den quabbalitischen Lebensbaum als Grundlage für sein Tun vorweisen kann.

Hier sieht man, wie die Gold- und Rosenkreuzer in der atlantischen Runenstellung des „auferstandenen Osiris" sich befinden.

Wer hat nun jene Macht, die sich der großen Künstler bedient wie eines Werkzeugs, das den Zweck hat, die symbolischen Riten der Magie der Nachtwelt aufzubewahren? Ich sage es Ihnen. Es ist dieselbe, die einst die Kirche schuf. Sie baut zwei lebendige Säulen zu gleicher Zeit, die eine weiß, die andere schwarz. Zwei lebendige Säulen, die einander so lange hassen werden, bis sie erkennen, dass sie nur die Pfeiler für einen künftigen Triumphbogen sind. Erinnern Sie sich der Stelle im Evangelium, wo Johannes sagt: So aber die vielen anderen Dinge sollten geschrieben werden, achte ich, die Welt würde die Bücher nicht begreifen, die zu beschreiben wären. Das sage nicht ich, sondern so schrieb es Meyrink in seinem Roman."
„Das gibt es doch gar nicht. Warum habe ich das überlesen?"
„Es gibt nur sehr wenige, die feurig genug wären, um den Weg der Heiligung zu suchen, um das Himmelsreich mit Gewalt zu nehmen, wie es genommen werden muss! Das laute Hoffen auf die Gnade tut's freilich nicht. Dies bildet nämlich das magisches Arkanum zur Überwindung des Todes."
„Woher wissen Sie dies alles?"
„Manches hängt mit meinem Leben zusammen, manches ist mir zugeflogen, manches habe ich – ererbt, wenn ich das so ausdrücken darf."
„Dass man ein Wissen ererben kann, ist mir neu."
„Das Erbe steckt in den Werken von Meister Arion und diesen Schlüssel stellte der selbige in seinen Werken offen dar. Man kann seine Bücher überall kaufen!"
„Die wahre Freimaurerei stellt also einen wahren Kult gegenseitiger Hilfe dar, so ist sie nichts anderes als ein praktisches Bekenntnis zur Forderung der gegenseitigen Hilfe. Es soll dem Freimaurer die Pflicht der brüderlichen Hilfe eine Schule für das Leben sein. Er soll allmählich lernen, in jedem Menschen einen Bruder zu sehen. Das ist schwer, unendlich schwer. Aber mehr Praxis habe ich nicht gefunden."
„Selbst Kerning, der Meister der Buchstabenmystik, gibt uns dazu nur ein paar rare und ungenaue Hinweise", fügte der Ältere dem Grauhaarigen bei.
„Sie hätten nicht bei Kerning aufhören dürfen zu forschen", hackte ich ein.
„Sie müssen weiter gehen, weiter suchen, dann gelangen sie auch ans Ziel! Denn genau das ist die Philosophie der Hermetik, die man ja schön mit der Freimaurerei in Einklang bringen kann, denn die Symbolik ist nicht nur ähnlich, sie ist identisch!"
„Die Loge wird immer als ein Freundschaftsbund angesehen. Ein Bund

ernstester und innigster Freundschaft von Lebenswanderern, die den gleichen Weg gehen. Sie haftet nicht im Vereinsmäßigen, sondern ist sichtbar gewordenes Symbol. Sie ist Symbol der Einheit unter den Lebenden, Symbol der gegenseitigen Hilfe," meinte der Ältere.
„Das ist nur Theorie, die man aber gut in die Praxis umsetzen kann. Das Fundament wäre hiermit begründet. Dabei kann man an Analogien zu Sarastro in der hermetisch-freimaurerischen Operette „Die Zauberflöte" des genialen Wolfgang Amadeus Mozart ziehen:

> In diesen heil'gen Hallen kennt man die Rache nicht,
> Und ist ein Mensch gefallen, führt Liebe ihn zur Pflicht.
> Dann wandelt er an Freundes Hand
> Vergnügt und froh ins bess're Land.
> In diesen heil'gen Mauern, wo Mensch den Menschen liebt,
> Kann kein Verräter lauern, weil man dem Feind vergibt,
> Wen solche Lehren nicht erfreu'n,
> Verdienet nicht ein Mensch zu sein.

Und solch einen Bund bietet die Hermetik von Franz Bardon, aber nicht im materiellen Sinne, sondern rein auf der geistigen Ebene."
„Und wie soll das gehen? Auf einer Ebene, die materiell nicht greifbar ist?"
„Ganz einfach: Man wird aus dieser Sphäre heraus inspiriert!"
„Richtig, das heißt für uns Freimaurer, dass wenn wir die Säule der Weisheit in unseren Tempel haben, haben wir damit die Weisheit in uns!"
Ich nickte.
„Wir haben dadurch unserer Sehnsucht nach Harmonie zum Ausdruck gegeben. Wir haben die Säule unserer Sehnsucht aufgerichtet und wünschen, dass Weisheit, das ist Harmonie, unseren Bau ziere! Wir wollen lernbegierige Lehrlinge der vierpoligen Natur sein. Wenn uns unser Denken von der Natur entfernt – nur allzu oft kommt es vor –, wenn uns unser krafterfüllter Wille tatenhungrig falsche Wege zeigt, dann leite uns das Licht der dritten Säule, das Licht der Weisheit, welches sie Inspiration nennen, zu harmonischem Tun zurück. Als Diener der wahren und reinen Weisheit finden wir zurück zur Natur und damit auch zum Urquell aller Vernunft und wir finden zurück aus den Verirrungen unseres Willens in den großen Frieden natürlichen Gleichgewichts. Wir können nicht weise und nicht stark sein, ohne harmonisch zu sein. Das geht nicht! Erst dann, wenn das Gesetz der Weisheit uns leitet, wenn wir im harmonischen Werden die

Krönung der Weisheit und die Vollendung der Kraft sehen, erst dann können wir an uns bauen."

„Darum sollte die Säule der Weisheit, die Säule des Meisters heißen, der die reinen Gedanken verbreitet. Harmonie im Denken, Wollen, Fühlen und Handeln – alle vier Elemente vereint. Das ist das Letzte und Höchste, was die Königliche Kunst uns lehren kann."

„Ich hätte es nicht besser ausdrücken können. Nicht die Starrheit ist Harmonie! Nicht die Einseitigkeit! Sondern der Ausgleich im Vielseitigen, in allen vier Seiten! Nicht die Ruhe im Sinne der Bewegungslosigkeit ist Frieden, sondern die Bewegung in Harmonie, das abgetönte Pendelschwingen im Spiel der Kräfte," fügte ich bei.

„Aber man findet wenig über Charakter und Tugend in der Freimaurerei!"

„In seinem Buch „Der Student" schreibt Kerning im Vorwort: *Jede Eigentümlichkeit des Menschen geht aus dem Gefühl hervor. Diese Eigentümlichkeit ist das individuelle Gepräge, welches jeden von dem andern unterscheidet und ihm den bezeichnenden Charakter gibt. Die Moralität muss daher in letzterem ihre Wurzeln haben, wenn sie ein völliges Eigentum des Individuums werden soll, das sich in eigener Sphäre bewegt, seine eigenen Gedanken hat und nach freien Entschlüssen in selbständiger Willenskraft handelt.*

Wer moralische Grundsätze bloß weiß und nicht ausübt, kann nie ein Mensch von Gefühl und Charakter werden, und bleibt, wenn die leeren Worte seines Mundes zu Ende sind, sich selbst verschlossen und verborgen, indessen Derjenige, dem die Ausübung ebenso wichtig als die Erkenntnis ist, sein Gefühl belebt, erweitert und stärkt und dadurch in allen Momenten seines Daseins eine Bürgschaft der eigenen Würde und Festigkeit hat.

Moralität und Gefühl sind dem Wesen nach Worte die gleiche Bedeutung haben. Nur der moralisch Veredelte hat wahres Gefühl!

Wissenschaften werden gelehrt und allem, was sie betrifft, Genüge getan: Der natürliche Charakter aber, der auf dem Gefühle beruht, wird einer zufälligen Entwicklung überlassen, wo der Jüngling, der sich sammeln soll, am Ende nicht mehr weiß, ob er sich selber oder andern angehört. Dieses ist das Übel der Zeit, dass man hier zu leicht zu Werke geht und durch die Wissenschaft alles errungen zu haben meint, indessen das Gefühl, nicht zu unserer Erkenntnis gebracht, in gegebenen Formen erkaltet und endlich zugrunde geht.

Das Gefühl muss seine natürliche Nahrung und Entwicklung haben, dann gedeiht der Mensch und erreicht jene Reife und Charakterfestigkeit, die ihn in allen Angelegenheiten des Lebens führt und aufrecht hält. Wer seinen natürlichen Charakter errungen, der kann nicht mehr verloren gehen oder unterdrückt werden von zufälligen Scheinübeln, die nur den Schwächling zu Boden werfen, dem Starken aber Mittel sind, neue Kräfte in sich zu wecken und die Natur des Menschen noch mehr zu verherrlichen. – Das sagt alles aus!"

„Seltsam ist nur, dass das keiner im Zusammenhang mit der Buchstaben-Mystik gesehen hat", meldete sich der Grauhaarige.

„Ja, das bleibt dem Faustschen Trieb überlassen, durch Forschen von selbst darauf zu kommen."

„Das schafft man unmöglich!"

„Da muss ich Ihnen recht geben, aber dafür hat Franz Bardon seine Werke geschrieben. Aber selbst das gesamte Buch von Kerning ist eine Studie zur Sicherung der Gemüts- und Charakterstärke. Dort schreibt er unter anderem: *Der Mensch ist ein Baum,* sagt er, *dessen Wurzeln bis in die Ewigkeit reichen, denn der Mensch ist ein Geschöpf Gottes. Deshalb muss man sich seiner Gottheit zuwenden, dann verwirklicht sich alles."*

„Er schreibt auch vom Glauben, welcher Festigkeit gibt. Was für ein Glaube vermag das?"

„Der Glaube an eine höhere Wesenheit, die sich in Stabilität äußert."

„Und was hat das mit Buchstaben-Mystik zu tun?"

„Das heißt, dass man den Charakter, mit den Elementen und den göttlichen Eigenschaften verbinden soll und muss, damit man sich veredeln kann. Aus Blei muss man Gold machen, das geht aber nicht ohne den Stein der Weisen, welche die Gottheit selbst darstellt."

„Wenn ich das richtig verstanden habe, bedeutet das, dass man ohne Gottheit sich nicht entwickeln kann?"

„Vollkommen richtig. Nur die Gottheit befreit den Menschen aus der Fessel der Materie! Der Asket, welcher Richtung auch immer, ist kein harmonischer Mensch, da er einseitig den Geist hervorhebt. Der sogenannte Genussmensch ist auch kein ausgeglichener Mensch, weil er nur die Materie vertritt. Zwischen dem Säulenheiligen und weintrinkenden Dionysos liegt ein weites Feld. Die Verachtung des Fleisches ist ebenso unnatürlich und darum falsch, wie es die Verachtung des Geistes ist."

„Wenn wir fühlen, dass unser Wille zum Harmonischen nicht mehr in uns herrscht, so müssen wir ihn wieder zur Herrschaft bringen!"

„Ja, das gelingt uns durch die Gottheit! Dazu haben wir eine große Auswahl an universellen Wesen, die im Grunde nur alle verschiedene Aspekte des einen Schöpfers sind."

„Aber kann nicht auch Askese als Mittel zur Wirkung und gut verwendbar sein?"

„Natürlich, aber die Askese ist ein Mittel, nie ein Zweck. Eine zeitlich beschränkte Einseitigkeit kann notwendig werden, um die eine, vernachlässigte Seite unserer Seele durch besondere Betonung wieder auf den mittigen Platz zu stellen, den die Harmonie des Ganzen ihr anweist. Das mag praktisches Gesetz für die Art unserer Erholung sein. Der Körperarbeiter wird zur Erholung den Geist, der Geistesarbeiter zu gleichem Zwecke den Körper pflegen. Die Seele ist immer der Mittler. Wird aber die Einseitigkeit als Zweck aufgefasst, so bleibt das Pendel stehen, man hört kein Bim, man hört kein Bam mehr. Die Harmonie hört auf; der Ausgleich verliert sich. In der Starrheit einseitigen Zwecks ersterben Schönheit, Weisheit und Kraft, welche gebündelt sind im Sein! Askese als Übung kann Leben errettend sein, als Zweck ist sie unter allen Umständen Leben verneinend und damit Leben tötend."

„Doch bleibt es erste Aufgabe des Freimaurers, erzieherisch als Beispiel zu wirken, als Vorbild für die selbst noch nicht so weit auf den Weg der Lebenskunst fortgeschritten sind. Und solche Logen müssen wir gründen, müssen wir stärken. Das ist die Mission eines Freimaurers!"

„Wenn Sie ganz ehrlich sein würden, so müssen Sie sich eingestehen, dass alle Logen in Wahrheit gar keine Vorbilder sind. Die Arbeit an uns selbst ist noch keineswegs überflüssig geworden, sondern steht am Anfang jeglicher Entwicklung!"

Er nickte.

„In Ihrer gesamten Aussage habe ich nur wunderschöne Theorie vorgefunden", führte ich weiter die Diskussion. „Die ist stimmig, ja, und sinnvoll, jedoch ging dass Wort verloren, die Praxis fehlt, weil die Schüler es missbrauchten. Der Schlüssel dazu ist nicht auffindbar, das schrieb bis jetzt jeder wahre und echte Freimaurer. Selbst Bardon schreibt das in seinem dritten Werk über das Schöpferwort."

„Da gebe ich Ihnen recht, der Schlüssel zum Wort ist in Bardon Gesamtwerk enthalten. Aber wo steht da was von der rituellen Handlung der Maurer, wo steht da was von den Bewegungen, von den Stellungen und Gesten?"

„Er schreibt davon im Kapitel über die Gesten und Ritual in seinem „Adepten": *„Dies ist der eigentliche Zweck des Rituals oder der Gestikulation, Finger- oder Körperhaltung."*

„Und das soll es sein?"
„Die Hermetik beschränkt sich nicht nur auf Franz Bardon, nein, sondern auch auf Dr. Lomer, Marby, Sebottendorff, Kerning, Kummer und einige mehr. Bardon hat im Vorwort seines „Adepten" geschrieben, dass er nicht alles schreiben kann: *„Damit soll aber nicht gesagt sein und auch behaupten will ich nicht, dass dieses Buch sämtliche Probleme der Magie oder Mystik beschreibt; wollte man über dieses hohe Wissen alles zu Papier bringen, müssten ganze Folianten geschrieben werden. Es kann aber mit vollem Recht gesagt werden, dass dieses Werk tatsächlich die Eingangspforte zur wahren Einweihung ist, der erste Schlüssel zum Gebrauch der Universalgesetze."*
„Und wo seht die Verbindung zwischen den verschiedenen Systemen?"
„Die Verbindung besteht in der Mitte, denn alles wird durch die Mitte zusammengehalten! Jedes Schloss hat sein Schlüsselloch, wo der passende Schlüssel exakt die Tür weit öffnen kann. Wenden Sie den Schlüssel doch einfach an, drehen Sie das Schloss und öffnen Sie das Tor."
„Schwer zu verstehen!"
„Wenn ich weiter ausführen dürfte?"
„Aber bitte doch."
„Stellungen, wie Sie vielleicht wissen, werden von jedem gerne gemacht. Sie haben so ein okkultes Flair. Selbst in der Kirche nimmt man die Man-Runen-Stellung ein, Peryt Shou wurde gern gelesen und praktiziert, da er Stellungen zur Verbindung mit dem Logos angab."
„Da muss ich Ihnen Recht geben."
„Bei allen Magiern steht die Gottheit an erster Stelle. Auch Agrippa von Nettesheim kann ich benennen, der ein wahrer Magier war, wie man unzweifelhaft in seinen „Magischen Werken" nachlesen kann. Die Rosenkreuzer stützen sich auf den Mystiker Jacob Böhme, welcher der Gottheit einen entscheidenden Platz gegeben hat."
„Ich merke schon, dass die Gottheit eine Vernachlässigung in der Freimaurerei erfahren hat. Darauf spielen Sie an?"
„Ja, auch Dr. Beyer hat in seinem Werken „Das Freimaurer-Museum" auf die Verbindung des Menschen mit seinem Gott hingewiesen, welches der Inhalt und die Bestimmung jedes Orden ist. Dies ist auch das Ziel der Quabbalah, wie er sagt. Er weist daraufhin, dass wenn das Wort Brahman (Aum) einerseits Stoff und Grund der Welt andererseits Gebet bedeuten kann, so deutet dies auf eine gegenseitige Beziehung. Die Gottheit wurde Mensch, und der Mensch wurde zu Gott."

„Auch Plotin erwähnt die Ekstase als Weg der Vereinigung mit Gott, welche bei den Freimaurern durch die göttlichen vier Qualitäten erreicht wird", pflichtete mir der Ältere bei.

„Die Maurer sprechen in ihrer Quabbalah vom mann-weiblichen Menschen, dem Ausgeglichenen, sprechen von drei Körpern: Neschamah (Geist), Ruach (Seele) und Nephesch (Leib). Dr. Beyer weist nach, das in den Logen immer Magie nach den Gesetzen des Baums des Lebens gelehrt wurde, der Baum mit den 10 Sephirots, den 10 Schlüsseln, mit welchen die Gottheit ihre Schöpferworte sprach, wie es im Sepher Jezirot Erwähnung findet."

„Das tiefste Ziel des Rosenkreuzers wie des Freimaurers ist die Erkennung seiner Gottheit, der Magier will mit ihr eins werden, was auf das Gleiche hinausläuft", sagte der Philosoph.

„Zur Magie in den Orden, Baron von Hund schildert im „Signatstern" sogar Evokationen!"

„Ja, daran kann ich mich erinnern."

„Dr. Beyer sieht auch in den Gottesnamen das schöpferische Element, mit welchem der Quabbalist seine Wunder verrichtet. In diesem Zusammenhang erwähnt er die Zahlen 5 und 7; zusammen geben diese beiden die 12; 12 mal 6 (die Sonne = Metatron) ergibt die 72, welche fünfmal in der 360 enthalten ist. Alle Zahlen stehen mit der Quabbalah in Verbindung. Das Wort birgt die höchste Kraft mit Urim und Thumim, das Plus und Minus, elektrisches und magnetisches Fluid. Das – und +, das Aufrechte und Liegende, welche das Kreuz bilden.

„Die Neunzahl, der Quadratus Ternarii, der sich in den verschiedensten Ausführungen findet, auch für das Swastika-Kreuz – die Hakenkreuz-Rune – bildet sie die Grundlage, erscheint schon in den Katakomben sehr häufig mit dem Kreis, etwa in der Gestalt des Himmelsrades, der rota coelestis, verknüpft, und die hierin sich ausdrückende Symbolik bildet eigentlich den Kern der Quabbalah", schreibt er auf Seite 76 seines fünften Bandes! Des Weiteren schreibt er sogar über die Vierheit, deren Qualitäten und ihre Symbolik, bringt die Beziehungen zwischen diesen und den vier heiligen Tieren zum Ausdruck, dem JHVH. Die gesamte Ritualistik der Freimaurerei bezieht sich einzig und allein auf *„den von seiner ersten Würde herabgesunkenen Menschen emporzuheben und das verunstaltete Ebenbild Gottes wieder herzustellen"*, sagt er wörtlich. Zu erreichen ist dieses hohe Ziel durch reines Denken, durch Meditation und Kontemplation."

„Schade, dass die Freimaurerei in den einzelnen Logen nicht darauf hinweist."
„Schade ist auch, dass selbst die Lehren der Rosenkreuzer oder der Freimaurer über Alchemie sich nicht vermehrt auf die Verbindung zwischen Seele und Gott beziehen, ohne letztere keine Schöpfung vonstatten gehen kann. Goethes Satz: *Dich im Unendlichen zu finden, muss Du unterscheiden und dann verbinden*, leitet sich von obigen Lehren ab."
„Aber die Magie wird in den Logen unterdrückt. Ich kann mir keinen Reim darauf bilden?"
„Man muss viel lesen, darf niemals aufhören zu suchen, muss die Mystik leben, sie lebendig machen, dann findet man das Nötige. Der Rosenkreuzer Schrepffer brachte die Magie in maurerischen Kreisen zur Blüte, da er ein Hauptapostel der Gold- und Rosenkreuzer war. Er war auch der Besitzer und Überbringer der Faust-Schriften, wie J. Scheible in seinem Werk „Das Kloster" bemerkte. Selbst nach dem Treiben eines Logenmeisters wie Cagliostro besteht kein Zweifel mehr, dass die Freimaurerei mit den Beschwörungsschriften gearbeitet hatte, wie ein Manuskript im Bayreuther-Freimaurer-Museum belegt. Um bei Schrepffer zu bleiben. Er zahlte für vier magische Siegel aus Holland 8000 Dukaten, so sehr waren derartige Dinge geschätzt! Dinge, die das Übernatürliche betreffen! Es existieren sogar Beschwörungsschriften mit Freimaurersymbolik des Paters Franziskus Ignatius."
„Und das hat alles Dr. Beyer geschrieben?"
„Ja. Die Freimaurerei spricht in ihren Schriften und Büchern nur vom verlorenen Wort, da mit diesem Schöpferwort selbst sogar beschworen werden kann und wird. Selbst Marby weist in seiner Runenzeitschrift „Der Eigene Weg" ausdrücklich darauf hin, denn er selbst tätigte ebenfalls Evokationen. Somit schließt sich der Kreis. Wörtlich sagt er: *„Nach denselben Grundsätzen arbeitet nun auch die sogenannte okkulte Forschung. Das Laboratorium ist hier der Körper, das menschliche Empfinden (Seele) selbst. Es dreht sich beim okkulten Forschen darum, in und um den Körper solche Zustände zu erzeugen, wie sie in den Gebieten, welche erforscht werden sollen, vorhanden sind!"*
Dies bestätigt die Aussage von Franz Bardon in seiner „Evokation", wo der „Raum" magisch präpariert werden muss, damit Wesenheiten erscheinen können."
„Wau!"
„Die Freimaurerschrift „Der Unterricht des ehrwürdigen Freimaurer-

Ordens" ist eine im Stile der Freimaurer abgehandelte magische Beschwörungsschrift. Ein Beweis, dass selbst die Brüder damit gearbeitet haben. Hierin geht es um die Wesen, den magischen Kreis, die Bedeutung der Utensilien, der Verwendung des Siegels, von Pentakeln, der magischen Waffen, die Kleidung bei der Beschwörung usw., also alles Dinge, die Franz Bardon in seinem zweiten Werk angeführt hat. Auch der Baron von Hund spricht und erzählt von zwei Beschwörungen, die in seinem Orden getätigt wurden."

„Ich bin seit 45 Jahren praktisch am Weg, bin alle Wege gegangen, die es gibt, aber darauf bin ich nicht gestoßen. Noch dazu war ich in unzähligen Orden, von den alten Freimaurern, die alles verloren haben bis zu den neueren Thelemiten, Druiden und Haschbrüdern. Nichts, nichts hat geholfen. Selbst mit den Runenübungen von Spiesberger konnte ich keinen Fortschritt verbuchen, hatte keinen Erfolg!"

„Der kann auch gar nicht kommen, denn das Runen-System, welches selbst Franz Bardon seinem Freund Meyrink empfahl, hat nur F. B. Marby richtig aufgeschrieben, aber nur von Mund zu Ohr wahrlich eingeweiht. Denn Sie müssen immer davon ausgehen, dass man zuerst die kleinen Tarot-Karten absolvieren muss, das sind die fünf Vokal-Runen, wovon Marby in seiner Runenbücherei spricht, bevor man ein großes Arkanum beherrscht. Vom Kleinen zum Großen, von Unten nach Oben! Klingt doch logisch, oder?"

„Aber warum hat das Bardon nicht gesagt?

„Er hat es angedeutet, mehr durfte er nicht. Hätte Bardon nach dem zweiten Weltkrieg die Wahrheit über die rituelle Runenmagie geschrieben, sofort hätte man ihn ans nächste Kreuz genagelt, weil dies in Verbindung mit dem Nationalsozialismus gebracht worden wäre. Jedoch in seinem dritten Werk behauptet er, dass jedes Einweihungssystem auf der Zahl 18 beruht. Er schreibt: *„108 lässt sich auf 9 (1 + 8 = 9) zusammenzählen und die Zahl 9 ist die Rhythmuszahl und Rhythmus ist ununterbrochene Bewegung."* Bewegung ist Leben, und Leben ist Entwicklung! Weiter unten schreibt er: *„Das sogenannte Schem-Ham-Phoras der hebräischen Quabbalah, welches den aus 72 Buchstaben bestehenden Namen Gottes zum Ausdruck bringt und nach verschiedenen Richtungen hin gebraucht werden kann, wird durch das Zusammenzählen der Zahl 72 auf die Zahl 9 (=108 – siehe oben) reduziert, den 7 + 2 = 9. Auch die Grundzahl 9 hat einen analogen Zusammenhang mit dem Jod-He-Vau-He, also mit der Zahl vier. Die quaballistische Entsprechung wird dem Quabbalisten sofort klar. Dass das Schem-Ham-Phoras nicht ausschließlich hebräischen Ursprunges ist und* *schon in den ägyptischen und indischen Überlieferungen erwähnt wird, bestätigt das Buch Toth, welches das Buch der altägyptischen Weisheit ist, die im Tarot verhüllt enthalten ist. Auch Hermes Trismegistos, einer der ältesten Weisen und eingeweihtesten Menschen des alten Ägyptens, wies in seiner Hermestafel und im Buch der Gesetze eindeutig darauf hin. Desgleichen hat die christliche Hierarchie bei ihrer Gründung die quabbalistischen Gesetze respektiert und die christliche Religion mit allen ihren Vertretern in analogen Zusammenhang mit den Universalgesetzen gebracht. So z. B. wird die Zahl vier, das Jod-He-Vau-He, in den vier Evangelisten symbolisiert, ferner die 12 Apostel im Tierkreiszeichen, in welchem gleichzeitig die Zahl drei zum Ausdruck gebracht wird, den 3 x 4 = 12. Weiteres beziehen sich auf das Schem-Ham-Phoras die 72 Jünger Christi und stehen mit der höchsten Zahl der göttlichen Ur-Emanation 9 (7 + 2 = 9) in einem geheimen Zusammenhang. Es wäre zu umfangreich, wenn ich hier alle Religionen, die auf unserer Welt existierten und bis heute noch bestehen, anführen und mit den zehn Grundideen in analogen Zusammenhang bringen wollte. Dem Quabbalisten bleibt es frei, selbst nachzuforschen, falls es ihn näher interessieren sollte.* **Ich habe ihm hier nur einen Hinweis von Bedeutung gegeben, den er nicht außer acht lassen sollte."**

„Ja, den Abschnitt habe ich gelesen. Wenn man ihn richtig deutet, hat man die Beziehung zur Zahl 18. Aber das hat ja Dr. Lomer in seiner Zeitschrift „Asgard" im Aufsatz „Ein vergessener kosmischer Rhythmus" schon angedeutet!"

„Ja, Lomer hat alles nur angedeutet, aber dagegen hatte Franz Bardon die unverschlüsselte Praxis des vierpoligen Wortes ausführlich den Gesetzen gemäß beschrieben. Deshalb hat er den wahren Schlüssel veröffentlicht, womit jeder die verschiedenen Systeme der Zahl 18 bzw. der fünf den Elementen unterstehenden Vokal-Runen des 1. kleinen Arkanum zum Erkennen in die eigene Hand gegeben."

„Jetzt verstehe ich", sagte der Ältere. „Darin liegt das Geheimnis von Bardons Hermetik: im Ritus der wahren Freimaurer!"

*

Eine Woche nach dem anregenden Gespräch im Cafe erwachte ich plötzlich. Um uns, meine Frau stand neben mir, sahen wir den wunderschönen Einweihungstempel, wie in Bardon bildlich in der „Evokation" gezeichnet hatte. Vier in den Elementefarben strahlende Säulen rahmten den Raum. Vor uns ein traumhaft schöner Altar mit seiner universellen Symbolik und mit den magischen Utensilien. Auf ihm stand ein schimmernder magischer Spiegel, der in sieben Farben erstrahlte, wie man sie auf Erden nie zu Gesicht bekommt. Da war Leben im Tempel Salomon, er war geladen mit göttlichen Schwingungen, Wellen und Strahlen. Auf dem Sessel rechts vom Kreis manifestierte sich Ariane wie aus dem Nichts heraus. Sie hatte die Tracht und den Schmuck einer indischen Gottheit. Darum werden die Blauen Mönche auch die Götter des Olymps genannt. Diese Kleidung trug sie, um gewisse Ideen zu verwirklichen.

„Auf unserer materiellen Erde ist die Polarität das höchste Gesetz, dass die Göttliche Vorsehung erschaffen hat. In ihr spielt sich das Karma ab, das auf elektromagnetischen Gesetzen beruht. Diesen Gesetzen folgt die Entstehung der negativen Seite, mit ihren Ablegern, den schwarzmagischen Logen. Über ein Mitglied des mächtigsten Ordens aller Orden, dem Thule-Orden, möchte ich euch heute berichten."

„Über den Orden schrieb ich ja bereits: *Es gibt ihn, aber er ist geheim und soll es auch bleiben. Es wurden nur die äußeren Auffangorden vernichtet. Der eigentliche besteht noch.*"

Sie nickte und sprach:

„Der Orden wird strengstens von Dämonen überwacht und nur ein falsches Wort könnte bereits den Kopf kosten, wie es einem Logenmitglied passiert ist."

„Oh, erzähl bitte."

„Ein hoher Funktionär erfüllte nicht den Auftrag des Großmeisters. Was war die Folge? Seine Frau verstarb plötzlich an Hautkrebs und er selbst landete mit Demenz im Pflegebett."

„Wer war das?"

Sie machte eine Geste und wir sahen im Spiegel, wie sich der Raum änderte. Ein schlankes Gesicht mit Brille und mit schwarzen Haaren kam zum Vorschein.

„Was, der? Das ist doch unmöglich. Ich kann mich noch daran erinnern, wie du zu Anion in der Bahnhofstraße sagtest, dass er sehr machtgierig sei. Ich fragte dann, ob er ein Mitglied der Loge sei. Du sagtest nein."

„Ich musste das damals sagen, denn die Zeit wäre noch nicht reif gewesen."

Mir fiel ein, wie sehr er Deutschland schadete, wie groß sein wirtschaftlicher Einfluss war. Ich begriff die Welt nicht mehr.

„Und das alles wegen den Gesetzen der Polarität?"

„Ja, wegen den Gesetzen des Hermes Trismegistos: Dasjenige, welche

unten ist, ist dasjenige, welches oben ist!"
„Einfach, aber kompliziert zugleich."
„Zurück zum Orden, welcher der materielle Gegenpol der geistigen Welt ist. Die Mitgliederzahl entspricht einer rituellen Basis. Das sind alles wahre Könner und beschäftigen sich rein mit Beschwörungs- und Runenmagie!"
„In verschiedenen Büchern wird auch behauptet, dass sie zu ihren Evokationen Menschen opfern. Das ist aber Unsinn. Wenn, dann Tiere oder es werden die Säfte der Sexualmagie verwendet, oder?"
„Ja, aber darüber wird nur spärlich berichtet. Ich will euch nun aufklären."
Wieder änderte sich das Bild im Spiegel. Wir sahen einen Herrenmenschen, so wie er in den 1920ern ausgesehen hat. Er hatte eine schneidige Friseur, war so angezogen, wie die SS im dritten Reich, mit einer Reiterhose. Er war maximal 40 Jahre alt, also noch sehr jung. Er ließ sich auch ein Hakenkreuz verkehrt auf die Hand tätowieren, als Zugehörigkeitszeichen zum Thule-Orden. Dabei fiel mir ein, dass in der USA die rechte Szene – All right! – stark ausgeprägt war. Dort fand man Menschen, die die gleiche „Tracht" trugen, wie dieser 40-jährige.
„Sie praktizieren die negative Form der Runen-Magie, welche sie durch ihre Dämonen vermittelt bekommen."
„Kannst du mir eine solche Übung schildern."
„In gewisser Weise decken sich manche Übungen mit den Stellungspraktiken von Peryt Shou. Besonders mit der gefährlichen Rune „Wir treten auf den Berg!" Eine andere Übung geht so: Die Stellung ist die der Is-Rune, wie sie Marby aufgezeichnet hatte. Linken Arm in die Luft, rechten auf den Oberschenkel. Aber sie konzentrieren sich dabei auf Sig-Rune, welche die Form der Stellung andeutet und erreichen dadurch nur die negative Beherrschung eines Buchstabens. Bardon sagt dazu in seiner „Quabbalah": *„Es gibt tantrische Zauberformeln, die zwar auf den Universal-Gesetzen beruhen, aber vorwiegend nur für selbstsüchtige Zwecke auf der grobstofflichen Ebene gebraucht werden. Die tantrischen Zauberformeln sind genau nach den Universalgesetzen zusammengestellt und jeder einzelne Buchstabe enthält eine der Formel entsprechende Gesetzmäßigkeit bezüglich Ursache und Wirkung. Auch der Zauberer muss dieselbe vierpolig gebrauchen, wenn er die gewünschte Wirkung mit der ihm anvertrauten Zauberformel erreichen will."*

**Dieses Bild drückt die geistige Haltung des Thule-Ordens aus!
Es gibt Mitglieder, die genau diese Mentalität verkörpern!**

„Ah, ich verstehe, um Einfluss und Macht zu bekommen, müssen sie so arbeiten. Sie verwirklichen sozusagen die Gegenrunen, das negative Prinzip, was wir Hermetik beherrschen lernen, um eines Tages wahre Herrn der Gegengenien zu werden. Die Nekromanten verbinden sich durch einen Pakt mit ihnen, versichern sich, dass sie alle Aufträge getreulich erfüllen, die ihnen das zerstörerische Wesen übermittelt und bekommen dadurch die Übungen. Deren Interesse geht in Richtung der nordischen Ariosophie und Runenkunde. Nur von der wahren Macht der Runen haben sie nicht die leiseste Ahnung."

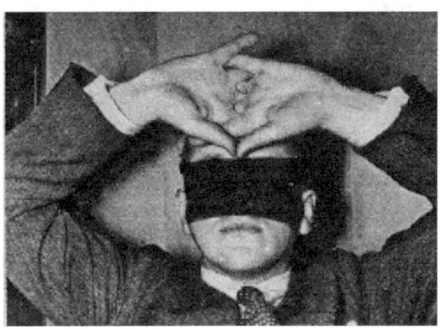

Verschiedene Stellungen der „Enthüllten Welt-Freimaurerei".

„Das eigentlich Swastika läuft auch rechtsum, dem Lauf der Sonne, im Uhrzeigersinn, nicht wie sie es verwenden!"

„Macht Sinn!"
Ariane lächelte.
„Als Prüfung zur Beherrschung des Feuerelementes tätigen sie das Flammenlaufen. Die Anhänger des Thule-Ordens müssen durch die gewaltige Hitze als Beweise dessen, dass sie Herrn der Flamme sind. Sie müssen durch eine hohe Flammenwand gehen, und wenn sie nicht richtig die Elemente beherrschen, dann verbrennen sie elend. Das ist den anderen Mitgliedern egal. Sie zucken nicht einmal mit der Wimper!"
Ein neues Bild erschien im Spiegel, alles andere war verschwunden, und wir sahen diese riesige Feuerwand, die einige Meterlang brannte. Da lebend durchzukommen, blieb nur wahren Könnern übrig!
„Krass ...!", kam es aus meinem Munde.
„Der junge Mann, den ihr davor gesehen habt, tötete viele Frauen als rituelles Opfer für seinen Dämon einerseits, andererseits war das der Wunsch des Dämons."
Plötzlich sahen wir, wie dieser Unmensch eine junge Frau vergewaltigte, tierisch brutal, und nachdem er ejakulierte, stach er mit einem Ritualdolch auf ein aufgetragenes Siegel am Solar Plexus ein. Dolch und Symbol waren für diese widerwärtige Zeremonie geladen. Er schrie dabei wie ein mordlüsterner Serienkiller, völlig erregt von seiner Tat. Seine Augen fingen dabei an zu glühen, und er stach zu. Wie in Ekstase geschah das.
„Der dunkle Frater kam dem Wunsch gerne nach", berichtete Ariane weiter, „da er schon seit mehreren Leben mit diesem Dämon zusammengearbeitet hatte, und dadurch von diesem Wesen immer wieder angezogen wurde, sollte man annehmen, dass das Abtragen der Pakte aus vergangenen Epochen den Mann zum Umdenken bewegten. Tut es aber nicht. Selbst wenn er mehrere Jahrhunderte in einer tiefen dunklen Sphäre, allein ohne Beistand leben muss, die Einsamkeit zerreißt ihm sein Herz, ändert er sich nicht! Er bleibt bei seiner Gesinnung! Er wollte so werden wie sein großes Vorbild: Der Dämon. Deshalb hatte er den Charakter des Wesens angenommen und alles was der Dämon sagt, tut oder macht, wird von seinem Schützling getreu ausgeführt. Er ist vollkommen pervers, sein Charakter hat dermaßen unmenschliche Züge, dass er als Mensch schon gar nicht mehr gelten kann. Er ist ein zum Dämon wandelnder Unmensch geworden, denn er will eins mit ihm werden. Sein Charakter wurde extrem einseitig und dämonisch ausgelegt. Er wurde zum Ebenbild des Gegengenius.
Dieser obige Bruder der nordischen Mysterien muss sich eines Tages

auflösen, denn er ist so mit seiner „Gottheit" verbunden, dass die beiden zu einem Wesen verschmolzen sind! Und sie werden sich nie trennen!
Selbst die Polizei, die hinter dem Täter der sexuellen Ritualmorde fandet, kann ihn nicht überführen, weil er sich ein verkehrtes Hakenkreuz auf die Hand tätowierte, welches geladen ihm den nötigen Schutz bietet. Selbst eine DNS-Probe, die ihn normalerweise des Sexualmordes überführt hätte, führte zu keinem Ergebnis. Die Polizei wunderte dies, denn sie konnte sich das nicht erklären. Seine DNS war nicht zu bestimmen!
Er ist reich, um materiell abgesichert zu sein, ermordete im Auftrage viele dutzende Menschen, auch Männer, um ein rituelles Opfer seiner Dämonengottheit zu geben, die damit zufrieden und glücklich ist. Er ist so sehr mit dem Gegengenius verbunden, dass er gar nicht mehr Mensch sein will. Sein Gewissen ist tot! Deshalb ist es ihm gegeben, sich mit der Zeit aufzulösen, da sein Mentalkörper durch die Schwingung des Wesen zerstört wird.
Ritualmorde sind ja Opfer an blutdürstige Gottheiten und werden unter den Hermetikern als Baalskult verstanden. Man kann es auch so sehen, dass das Opfer als „Sündenbock" herhalten muss, um etwas auszugleichen, meist ein egoistischer Wunsch. Kinder, da sie über eine gewisse Reinheit verfügen, werden dafür gerne verwendet. Selbst der Jesuiten-Papst hat sexuellen Missbrauch durch Geistliche mit einer „schwarzen Messe" verglichen und scharf verurteilt. Dies sei ein schweres Problem, bei dem es für die katholische Kirche nur Null-Toleranz gebe, sagte der Pontifex nach seiner Nahostreise auf dem Rückflug nach Rom. Niemand könne dabei Privilegien für sich beanspruchen. Doch wie kommt ein geistliches Oberhaupt dazu, solche derben Vergleiche zu benennen, wenn er nicht die Erfahrung gemacht hätte. Auch sagte er, dass Kot-Essen der sexuellen Erregung dient. Wieso sagt er so etwas, was in den Bereich der dunklen Sexualmagie fällt?
Aber diese Legendenbildung des Opfers entspricht der Wahrheit und es gibt sie wirklich, wenn man nur etwas tiefer forscht. Solche Vorwürfe trafen meist gnostische Sekten mit ihren brutalen Riten, egal welcher Religion sie angehörten. Im Blut sei das Leben und dieses gehöre ausschließlich dem Schöpfergott JHWH. Damit ist eine wesentliche Begründung für Opfer – das Hingeben und Einverleiben fremder Lebenskraft – erklärt. Der Verzehr von menschlichen Innereien erlaubt die Übernahme derselben Kraft und Eigenschaft. So denken diese „Mörder" und führen das in der Tat um, um an Macht und Kraft zu kommen. Ihre Gottheit überreicht sie ihnen als

Geschenk. Beide Parteien sind zufrieden!"
„Unglaublich, und das soll dem Gesetz der Polarität unterstellt sein. Das kann man schwer glauben, aber es muss stimmen. Der Herr der Erde ist ja Baphomet, und er verfügt über unermessliche Macht und sein Reich ist der Planet Erde, den er mit tyrannischer Gewalt und Unterdrückung als König beherrscht!"
„Eine Beschreibung einer gnostischen Sekte erzählt: *Ein Kind, mit Teigmasse bedeckt, um die Arglosen zu täuschen, wird dem Einzuweihenden vorgesetzt. Dieses Kind wird von dem Neuling durch Wunden getötet, die sich dem Auge völlig entziehen; er selbst hält durch die Teighülle getäuscht die Stiche für unschädlich. Das Blut des Kindes – welch ein Greuel! – schlürfen sie gierig, seine Gliedmaßen verteilen sie mit wahrem Wetteifer. Durch dieses Opfer verbrüdern sie sich!*
In diesen Vorwürfen blieben alte Vorstellungen wirksam, die dem Blut und Körperteilen magische Kräfte zuschrieben, da sie sympathiemagisch mit den ihrigen zusammenhängen. Sie zeigten sich später auch im christlichen Reliquienkult und formten die Mythen über angebliche rituelle Tötungen."
„Frater Daniel schreibt selbst in seiner Schrift „Mondmagie" von Menschenopfer."
Dieser Gedanke fiel mir dazu ein: *Zu seinen Füßen liegt der leblose Körper einer jungen Frau, die offenen Augen starren wie entsetzt ins Leere. Aus der durchschnittenen Kehle fließt mit schmatzenden Geräusch immer noch Blut. Behemoth (ein Dämon der Bibel) – der rote Mördermond hat seinen Durst an dieser Lebensquelle gestillt!*
„Einer der bekanntesten Ritualmorde war die Tötung des J. F. Kennedy, weil er den Vietnamkrieg beenden wollte. Außerdem kam er den Machenschaften der Illuminaten gefährlich nahe. Das wollten aber die reichen und machtgierigen *Freimaurer* nicht, weil sie ihren Einfluss noch mehr ausdehnen wollten! Das Pentagon ist der eigentliche Sitz der Regierung in der USA. Deswegen sagt Herr Rüggeberg in seiner Reihe „Geheimpolitik" zu Recht, dass sich dort ein Orden der 99er befindet."
„Was? Stimmt das wirklich, dass im Pentagon ein Sitz der 99er ist?"
„Wenn ihr wollte, dann erzähle ich euch davon."
„Ja gerne", und unsere Ohren spitzen sich vor Neugier.
„Diese Logen kamen zum ersten Mal an die Öffentlichkeit, als das Pentagon 1943 gebaut wurde. Seine seltsame Form machte schon manche ängstlich. Dieses Gebäude kennt keiner von innen. Den Regierungssitz, das Weiße Haus ist allgemein bekannt. Im Pentagon werden magische

Operationen durchgeführt, es wird evoziert, sexualmagische Experimente werden gemacht, Erscheinungen getätigt, die als „Alien" verschrieen sind. Der Großmeister hat mit seiner Macht den Geheimdienst unter seinen dämonischen Klauen. Er sieht aus wie die chinesische Version von Ken, der Freund von der Barbie-Puppe."
Wir lachten, aber als wir ihn sahen, verging es uns ganz schnell. Im Spiegel erschien sein Gesicht. Unheimlich grausame Augen starrten uns daraus an. Man nahm in seinen Augen nicht Funken Mitleid wahr. Er ist ein Fundamentalist und erzreligiös! Ein furchtbarer Mensch!
Und es ging weiter: „Die Illuminaten wurden zwar verboten, doch man legte sich im Gesetzestext nicht fest, welche von den *gnostischen Kirchen* man genau meinte. So konnten sie ungehindert weiterarbeiten und ihr dunkles Werk vollbringen. Allgemein wird ja gesagt, dass die obigen Logenbrüder nach Amerika ausgewandert sind, um dort einen komplett neuen Staat auf deren materiellen Gesetzen aufzubauen. Und das taten sie. Die Theosophen bestätigen das auch, dass sie dunkle Brüder – sie nennen sie Dugpas, Rot-Mützen, welche nach H. P. B zu den Brüdern des Schattens zählen – zu einer gewissen Zeit sich über den magischen Spiegel treffen, ihre zerstörerischen Gedanken an ein Ziel heften und nach schweigender Weihung der Handlung konzentrieren sie sich im Namen des Großen Tiers, ihres Gottes, auf die Aussendung der Ströme um die ganze Erde, um die Menschen im Bann zu halten, um ihnen die Lust an der Materie und ihre Verlockungen einzugeben. Dieses Streben geht von der Arkan-Schule der Illuminaten aus, mit dem Sitz im Pentagon, und sollte das neue Wassermannzeitalter einleiten. Sie verbinden sich mit der negativen Seite der Welt, mit ihren Dämonengöttern und sprechen die Strom-Formeln, welche sie gleichzeitig aussenden. Dies alles gibt ihnen die Gottheit namens Baphomet ein, der Gott der USA, der das neue Zeitalter in seinem Sinne einleiten will, denn er ist der Herr der Materie und seine Verehrer schwingen in diesem Wahn und fühlen sich wohl und vor allem mächtig. Daher müssen die Brüder des Lichtes je einer von ihnen einen Orden überwachen und eingreifen, wenn der Gott der Templer seine Satanisten zu sehr in das Schicksal der Welt eingreifen lassen will. Diese Zeit ist die Zeit des neuen Geistes, des Fortschrittes in der Materie und seiner darin befindlichen Versklavung."
„Wau!"
„Das Pentagon sollte es ursprünglich am 11.09.2001 härter treffen, als es geschehen ist. Der Gott der Templer verhinderte das, weil das ein Sitz der

dunklen Bruderschaft ist, den er noch für seine Pläne benötigt."
„Das ist der Hammer!" Ich konnte mich gar nicht beruhigen.
„Seltsam ist doch auch, dass man George Washington, den ersten Präsidenten der USA in der Pose vom Gott der Templer darstellte. Wenn man ihn ohne diesen Vergleich sieht, dann würde man ihn als griechischen Gott betrachten, der nur mit einer Toga bekleidet ist und ein Schwert in der Hand hält.
Wenn man fünf Punkte, fünf entscheidende Ort in Washington zusammenzieht, ergibt es ein Pentagramm! Das ist alles bekannt. Weniger bekannt ist, wie ich euch versichere, dass die fünf Spitzen des Pentagons auf jeweils einen Orden der Satanisten im Lande verweisen, wo sie ihren Sitz haben. Dies ist nach dem System des Kriegsgottes Mars eingerichtet worden:

- Chicago – die Stadt von Al Capone
- Utah – das religiöse Zentrum
- Florida – der Sitz der Scientologen
- New York – der „Big Appel"
- Washington – Regierungssitz mit dem Pentagon

Das geht alles nur, weil die USA von klein auf an von den gefallenen Freimaurern gegründet wurde, wie die Geschichte der Freimaurerei es bestätigt hatte. Sie planten einen Staat, der rein unter der Kontrolle der FM stand. Dieser Plan ist ihnen vollkommen geglückt! Sie bekamen auch noch Unterstützung von inkarnierten Dämonen, die sogar einen riesigen Tempel in der religiösen Mitte des Landes errichteten und sich als christliche Religion ausgeben. Diese falsche Philosophie verbreiteten sie im Land, um die Reinheit zu unterdrücken. Ihr Plan ging auf."
Ich starrte Ariane nur noch an. Zu mehr war ich nicht mehr fähig. Aber es ging noch weiter.

Landkarte mit Ausrichtung des gestürzten Pentagramms des Pentagon.

„Zu den Scientologen erzählte mir Peter Windsheimer sehr interessante Dinge. Er lebt ja in Florida, in der Nähe von Clearwater. Er berichtete mir folgendes: Das Sientology-Auditing wird immer überwacht, der Leiter kann überall einsehen, und bekommt so besten mit, wer sich für die weitere Schulung eignet und wer nicht. Die Church of Scientology ist in Clearwater in der Nähe von Tampa. Das Pentagon ist lange vor der Gründung der Scientology erbaut worden. Diese „Kirche" hat totale Kontrolle über ihre Mitglieder. In Clearwater ist sogar die Polizei zum Teil geschmiert worden, bzw. sie arbeiten für die Kirche. Es traten auch seltsame Todesfälle auf, die nicht geklärt wurden! In den letzten Jahren sind einige prominente Mitglieder von der Kirche abgegangen und äußern sich gegen die Scientology öffentlich. Der Gründer, L. Ron Hubbard war ein totaler Versager im Leben, bis er die Kirche gründete und steinreich wurde. John Travolta hat ein Science Fiction Buch von Hubbard verfilmt. Das war

jedoch eine totale Pleite."
„Da sieht man es wieder einmal. Diese Satanisten glauben, sie wären die perfekten Freimaurer, sie sind der Meinung, weil sie so von den Dämonen geblendet sind, dass sie alles richtig machen, das ihre Ideologie der Weltpolizei die richtige Einstellung sei. Doch dem ist nicht so, denn sehr vielen ist mittlerweile ein Licht aufgegangen, was deren Machenschaften betrifft."
Ariane holte Luft, denn nun kam das Magische: „Die schwarze Messe ist eine Verballhornung der eigentlichen reinen Messe für die universelle Gottheit. Sie wird im Namen Baalzebuth, des Herrn der Fliegen, vollbracht, welche eine Verdrehung des reinen Namens des erhabenen Herrn darstellt. Dieser Dämon überträgt dabei die okkulten Fähigkeiten auf seine Verehrer. Eine nackte Frau dient zu diesem Zweck auf dem Altar und über ihr wird das Ritual abgehalten, über ihren Hüften und Bauch wird dazu ein Tuch gelegt, darauf kommt das Ritual-Buch zu liegen, und die Messe wird zelebriert. Auf dem Solar Plexus wird ein Siegelzeichen mit Blut gemahlen. Der Tempel wird schwarz ausstaffiert. Zu Weilen werden dabei auch kleine und unschuldige Kinder geopfert mittels eines magischen Logendolches, wobei man das Herz, das Organ des Rhythmus, aus dem Körper scheidet und dem Dämon opfert."
Als wir das hörten, mussten wie vor Schreck aufschreien. Wir sahen nämlich diese grausamen Bilder richtig lebendig im Spiegel. Wir sahen nur noch Blut.
„Eine solche Messe warf man den Templern vor, als man ihnen den Prozess machte. Selbst all dies, der Satanskult und die Schwarze Messe, werden im Pentagon praktiziert. Es ist bekannt, dass es keine Aufnahmen oder Aufzeichnungen der Räume in den Kellern des Gebäudes gibt. Kein Unbefugter kommt dort rein. Dort unten gibt es nämlichen einen Logentempel, wo sich die Nekromanten treffen. Dieser Logensaal ist schöner, pompöser und gewaltiger als das Weiße Haus selbst. Er ist mit den üblichen Logenutensilien ausgestattet, mit der Symbolik der gefallenen Freimaurer, doch er wurde mehr im amerikanisch-kitschigen Stil erbaut. An den Wänden hängen sämtliche Bilder der Großmeister, seit Gründung durch die Gründerväter. Sie halten auch Andachten über ihre verstorbenen Meister, um sie zu verehren. Weiße und schwarze Säulen zieren den Saal, in dem ein Altar mit den drei Stufen, Sonne und Mond, links und rechts jeweils ein Stuhl sich befinden. Das Pentagon ist deshalb so flach, weil sie immer noch Angst haben bzw. wissen, dass es nach ihrem Herrn der Erde

zum Atomkrieg kommen soll und sich alle Mitglieder dort zu ihrem Schutz aufhalten sollen. Zu essen und zu trinken ist reichlich vorhanden und der Bau dient auch zum Schutz vor der erregenden Masse der Bevölkerung, welche voller Panik sind. Sie glauben ihren Herrn, nicht aber an Franz Bardon, der das Schicksal geändert hatte. Deswegen hassen sie Bardon, denn er ist gegen ihren Gott! Ihr Gott pocht auf sein Recht des Krieges! Dort werden ihre Messen gefeiert, die Losziehung und ihr Weihnachtsfest, das sogenannte Julfest, vom 24.-26.12, wobei sie drei Wünsche ins Astrale legen können. Dazu fasten sie am Tage, und Essen nur nachts, um den Herrn der Erde zu gefallen. Bei ihren Treffen tragen sie ihre Masken vom Horus und Anubis, um dem Göttlichen zu trotzen und Tierischen zu zollen. Die Dämonen sind halb Mensch und halb Tier! Deshalb diese Erscheinung der Satanisten. Dazu bewegen sie sich rhythmisch, singen Hymnen, Lieder und nehmen entsprechende Stellungen ein und trinken zur Feier festliche Getränke.

Alle Mitglieder sind magische Könner, werden genauestens geprüft, ob sie als würdig befunden und im Orden aufgenommen werden. Sie müssen die Gedanken-Kontrolle und -Ausschaltung vollkommen beherrschen und müssen Wesen der vier Elemente sichtbar beschwören können. Sie sind sogar in der Lage, wie Quintscher im „Habu Cadis" beschreibt, sich Bücher oder anderes Material zu entmaterialisieren, um es unrechtmäßig in deren Besitz zu bringen.

Sie alle leben nach den Regeln des Alten Testamentes. Verherrlichen die barbarischen Gesetze und stellen das alte über das neue Buch. Deswegen verdummen sie ihr eigenes Volk mit irrigen religiösen Vorstellungen und Ideen, mit unrealistischen Filmen, modernen Künsten und Ansichten von einer irrealen Freiheit. Abraham hat seinen Sohn für seinen Gott geopfert, deshalb tun wir das auch, ist ihr Motto. Sie halten ihr Volk mit Hilfe der Dämonen in Bann. Sie opfern ihre Verbündeten die Säfte der Schwarzen Messe, welche mit diesen Kräften die Bevölkerung unter Kontrolle des Materiellen hält. Je mehr Besitz, Geld oder Ansehen desto besser – heißt es bei diesen.

Sie schicken sogar Träume den Menschen, damit sie wahnsinnig gemacht werden. Zur Erforschung des Unterbewusstseins und der Träume gründeten sie eigene wissenschaftliche Abteilungen. Sehr gut dargestellt wurde dies im Film „Dreamscape – höllische Träume". Dort wird gezeigt, wie sie medial – okkult – begabte Menschen für ihre Forschungen einsetzen, welche vom Geheimdienst für ihre dunklen Machenschaften benutzt

werden. Die Medien werden von ihnen richtig geschult, bekommen Tipps, wie sie ihre Fähigkeiten gebrauchen können, um sie noch mehr zu vertiefen. Diese Forschungen werden in Wahrheit so weit betrieben, dass sie richtig ausgebildet werden, um Informationen aus dem Unterbewusstsein zu holen bzw. im Traum, im Jenseits, ihre Opfer auf unerklärliche Weise zu töten. Überdies machen sie ihre Bevölkerung zu Freaks in Sachen Ufo und Aliens, mit deren irrigen Glauben an Außerirdische, obwohl das geistige Wesen sind.
Geht irgendein Politiker nicht konform mit deren Anschauungen, wird er entweder abgesetzt oder getötet. Deshalb hat man John F. Kennedy und seine Familie auf den Kicker, ein Fluch lastet auf der Familie, denn mehrere Mitglieder starben auf merkwürdige Art und Weise. Man beauftragte den Kröten-Dämon den Präsidenten zu töten. Deswegen wird dieser bekannte Mord niemals aufgedeckt werden, da im Hintergrund ganz andere Ursachen stecken, als die, die der menschliche Geist fassen kann. Alles zur Aufklärung wurde falsch gemacht. Dazu verwendete man eine Menge an Kraft, damit der Dämon seinen Auftrag durchführen konnte. Man benötigt dazu Matrium, Lebenskraft, was in einer Schwarzen Messe gewonnen und dem Genius in einer feierlichen Zeremonie dargebracht wurde. Es gibt kein Gericht dieser Welt, was die Schuldigen verklagen kann oder auch nur könnte.
Guckt euch mal diese Liste der Krankheiten und Attentate der Familie Kennedy an. Euch wird das Entsetzen kommen."
Plötzlich war der Tempel verschwunden. Eine weiße Wand trat auf, von der man folgende Worte mit Bildern lesen konnte:
1961: Joseph P. Kennedy, der seinen Sohn auf dem Weg ins Weiße Haus mit allen Mitteln unterstützt hat, erleidet im ersten Jahr der Präsidentschaft einen mysteriösen Schlaganfall. Fortan kann er nicht mehr sprechen und nicht mehr am politischen Leben teilhaben. Eine geschickt ausgesuchte Methode, um einen Menschen ruhig zustellen!
1963: Patrick, das dritte Kind von John F. und Jackie Kennedy kommt sechs Wochen zu früh zur Welt. Er stirbt zwei Tage nach der Geburt. Ein Schock für die Familie.
1963: John F. Kennedy wird in Dallas Opfer eines Attentats. Er ist 46 Jahre alt, als er im offenen Wagen erschossen wird. Zuvor hatte der Präsident die Sicherheitsmaßnahmen, die der Secret Service vorgeschlagen hatte, abgelehnt. Ihm wurde der Gedanke der Verneinung dazu eingepflanzt.
1964: Ein Jahr nach dem Mord an seinem Bruder wird Edward M. Kennedy

bei einem Flugzeugabsturz schwer verletzt. Er erleidet schwere Rücken- und Lungenverletzungen. Der jüngste Sohn von Joseph und Rose Kennedy war trotz eines Unwetters zu einer politischen Veranstaltung geflogen. Ein Mitarbeiter und der Pilot sterben bei dem Absturz.
1968: Robert F. Kennedy, aussichtsreicher Präsidentschaftskandidat der Demokratischen Partei, wird im Alter von 43 Jahren in Los Angeles Opfer eines Attentats. Einen Tag später stirbt er an seinen Verletzungen. Noch am Tatort wird der Schütze, der palästinensische Einwanderer Sirhan Bishara Sirhan, verhaftet. Die Tat wurde im *Wahn* begangen!
1969: Als Edward mit seinem Wagen von einer Brücke auf Chappaquiddick Island stürzte, kommt seine Beifahrerin Mary Jo Kopechne ums Leben. Edward selbst flüchtet vom Unfallort und benachrichtigt erst mehrere Stunden nach dem Unfall die Polizei. Ein Schock, der unzweifelhaft tief saß!
1973: Robert Kennedys Sohn Joseph, der später Kongressabgeordneter wird, verunglückt auf Nantucket Island. Seine Mitfahrerin Pamela Kelly ist nach dem Unfall querschnittsgelähmt. Im selben Jahr muss Ted jr., dem Sohn von Edward und Joan Kennedy, wegen einer Krebserkrankung ein Bein amputiert werden.
1984: Robert Kennedys Sohn David stirbt in einem Hotel in Florida an einer Überdosis Drogen.
1991: William, ein Neffe von John F. Kennedy, wird wegen Vergewaltigung angeklagt. Zwar wird er später freigesprochen, doch nicht alle glauben an seine Unschuld.
1994: Jacqueline Kennedy-Onassis stirbt im Alter von 64 Jahren an einer Krebserkrankung.
1997: Michael LeMoyne Kennedy, ein Sohn von Robert und Ethel Kennedy, verunglückt bei einem Skiunfall in Aspen, Colorado, tödlich. Zuvor war er beschuldigt worden, eine geschickt eingefädelte Affäre mit einer 14-Jährigen zu haben, die auf seine Kinder aufgepasst hat.
1999: John F. Kennedy jr. kommt bei einem Flugzeugabsturz ums Leben. Bei dem Unglück sterben auch seine Frau Carolyn Besette Kennedy und ihre Schwester Lauren Besette. John John, wie er genannt wurde, hatte gerade erst seinen Flugschein gemacht und war zudem gesundheitlich angeschlagen.
Das Bild war verschwunden und wir befanden uns wieder im Tempel der Einweihung. Alles war still. Wir mussten das erst verarbeiten, denn das war wirklich alles schwer zu verstehen. Unsere Köpfe rauchten förmlich, so

sehr strengte uns die Verarbeitung dieser Liste an.

„Die USA, einer der mächtigsten Staaten der Erde, dessen Präsident J. F. Kenndey den unbarmherzigen Satz geprägt hat: *Frage nicht, was dein Land für dich tun kann, frage, was du für dein Land tun kannst!* Die USA versucht ihren „Way of live" jedem Staat – sanft, wie angeblich vorgeben – aufzudrängen."

Ariane schwieg.

Ich wusste, dass selbst das amerikanische Freimaurer-System ein vom wahren Freimaurertum abgekupfertes ist. Das gesamte Wirrwarr an Systemen wurde von den gefallenen Brüdern benutzt, um es für ihre egoistischen Zwecke zu missbrauchen. Viele Logenbrüder übernahmen die 33 Grade des AASR und benutzten sie für ihre Gründungen. In den USA regieren aus den Logen heraus die Illuminaten das Land. Deshalb verewigten sie die vier Präsidenten – George Washington, Thomas Jefferson, Theodore Roosevelt und Abraham Lincoln – im *Mount Rushmore National Memorial* in Stein, was die materielle Vierpoligkeit ihrer Gottheit anzeigen soll. Eine Verballhornung der wahren Tatsachen und eine Freude für die Logen.

„Und das alles ist auf magische Wirkungen der Logen zurückzuführen? Aber warum? Hinter all dem stecken diese Organisationen?"

„Ganz einfach. Es werden somit Situationen geschaffen, die die Normalität nicht überschreiten. Es fällt nicht auf, denn es kann alles natürliche Ursachen haben. Leo Taxil, der Gegner der Freimaurerei, sagt: *„Der Zweck dieses weltweiten rituellen Massenmordes liegt auf der Hand: Dadurch sollen dem Herrn der Erde die Wege gebahnt werden.* Aber wer glaubt ihm noch, da er angeblich als Betrüger entlarvt wurde?"

„Ja, Taxil ist mir ein Begriff. Witzig finde ich, dass selbst der Logenbruder Hemberger ihn in seinem Buch „Experimental-Magie" positiv erwähnt."

„Ich weiß, Herr Hemberger veröffentlichte sehr interessante Schriften über die Logen. Es gibt sogar Rituale von Nekromanten, welche die Augen eines Menschen herausschneiden um damit – durch ihre Gottheit abgesegnet – hellsichtig Schauungen vorzunehmen."

„Wahnsinn, Ariane. Da fällt mir ein, dass eine Masseuse zur Mona sagte, dass sie einem Ritual beiwohnte, wo eine Krankheit mit einer abgetrennten Hand geheilt wurde. Auf der Hand sollen sich Zeichen befunden haben."

„Ja, so etwas gibt es auch."

„Viel schlimmer war das im Mittelalter, wo Giles de Rais ca. 140 Kinder brutal abgeschlachtet hatte, um einen Dämon zu rufen."

„Heutzutage läuft so etwas anderes ab, meint Frater Daniel."
„Ja, aber es gibt immer noch rituellen Opfermord an Kindern. Entweder werden illegal lebende gebraucht, oder Drogensüchtige, um die man sich nicht kümmert. Oder es werden welche aus armen Ländern gekauft."
„Warum werden die eigentlich geopfert?"
„Wenn man nur des Öfteren an Satan oder andere Dämonengötter denkt, kommt man geistig in dessen Sphäre und dann steht man unter deren Einfluss, ob man daran glaubt oder nicht. Dann kommt man an die absurdesten Ideen, die man in die Tat umsetzen will. Wenn man deren Namen ruft, dann erscheinen sie, aber so, wie sie es wollen, nicht wie der Anrufer es will! Sie sind ja immerhin Götter und haben die absolute Macht!"
„Manch ein Verehrer von Satan ruft ihn mit dem rückwärtsgesprochenen „Vater unser", welches eine rituelle Anrufung ist. Leider können derartige Beschwörer weder hellsehen noch hellhören, sodass sie den Einfluss dieses allmächtig-negativen Elohim nicht erahnen können. Sie sollten eigentlich wissen, dass der Name übersetzt „Gegner" heißt. Er ist ein allmächtiger Feind, der den Menschen immer von hinten, also hinterrücks tötet, quält oder schändet. Nicht umsonst ist er ein Verführer, ein listiger Blender, ein gemeiner Betrüger, ein Täuscher und Lügner, der aus dem astralen Reich, aus dem Unsichtbaren heraus, wirkt. Und den will ein kleiner Wurm namens Mensch beschwören? Das geht immer nach hinten los."
„Das ist wirklich extrem!"
„Die dafür benötigen Opfer werden an Kindern vollzogen, weil sie noch rein und unschuldig sind. Solche Menschen hasst Satan! Er will deren tot! Jedoch muss auch der Täter dafür bezahlen, denn das Wesen ist sehr hinterhältig und spricht mit zwei Zungen. Dem ist nicht zu trauen!"
„Was wird geopfert?"
„Blut, Säfte, Organe, oder man foltert sie, quält sie und schlachtete sie dann wie Vieh!"
„Das gibt´s doch gar nicht."
„Die Täter werden größenwahnsinnig, sie fühlen sich wie Gott, der kurz vorm Abgrund steht."
„Im systematischen Missbrauch von Kindern und Jugendlichen in Sekten findet die Misshandlung ohne Frage ihren grausamen Höhepunkt in satanistischen Kulten. Die Täter sind keine „Spinner in schwarzem Leder". Im Gegenteil, oft handelt es sich um Menschen mit „ganz weißen Westen" in bürgerlichen Berufen mit bürgerlicher Fassade – darunter Ärzte,

Rechtsanwälte, Funktionäre, Staatsanwälte usw. Sie handeln im Namen der Religion, wählen Schlagwörter wie Frieden, Selbstverwirklichung, Befreiung, Erkenntnis, zu sich selbst finden, ohne zu erwähnen, dass das nur durch einen harten Kampf mit und gegen sich selbst geführt werden kann."

„Friedrich Haack weist ja in seinem Buch „Europas neue Religion" über Sekten nach, dass alle ins Extreme führen, in die Einseitigkeit, ab von der Norm. Und das lockt die Menschen wie die Fliegen ins Spinnennetz, denn sie meinen, sie können sich total gehen lassen. Die vermeintliche Freiheit alles zu tun, steht ihnen offen!"

„Man muss immer und überall das Gesetz: „Trenne das Feine vom Groben" anwenden, um nicht in die Irre zu gehen. Die Mitte stößt ab, weil man darum kämpfen muss!"

„Und schon wieder haben wir die Gesetze der Polarität. Doch wer sie anwendet, geht niemals fehl!"

„Selbst die so oft betonte Ethik, welche die Bedeutung von „Sittengesetz" trägt, muss man im Sinne des JHVH anwenden, denn alles außerhalb ist das Persönliche, das Einseitige, das irdisch Materielle. Die Gesetze des Makrokosmos sind die einzigen Richtlinien, die der Mikrokosmos annehmen muss, um wahrlich frei zu werden."

„Deshalb sagt auch Mathers, der Meister des „Golden Dawn", dass von der Mitte aus nur der steile Fall links und rechts in den Abgrund geht! Die Seiten kann man sich aussuchen!"

„Drauf weist schon der Dichter Hermann Hesse hin, indem er sagt, dass der goldene Mittelweg der einzig richtige ist."

„Ja, die Mitte klärt über alle Randgruppen auf. Macht man sich eigentlich klar, was für eine Geisteshaltung man den derzeit Herrschenden unterstellen muss, wenn man behauptet, dass derartige satanistische Ekelhaftigkeiten bewusst nicht verfolgt, bewusst nicht abgestellt werden? Wenn man berücksichtigt, dass viele Nachrichtendienste von ehemaligen ...-Offizieren aufgebaut worden sind, könnte man zu der Vermutung gelangen, dass hier ungebrochene faschistische und alttestamentarische Traditionen vorliegen."

Wir verstummten. Uns war das unbegreiflich, dass es so etwas wirklich heutzutage noch gibt.

Aber Ariane erzählter weiter. Sie war gerade in guter Fahrt: „Wenn z. B. Bardon das Wissen von den Logen brauchte, musste er nur einen Satz der Gesetze oder von ihren Schriften lesen, dann hatte er das gesamte System

hellsichtig im Kopf und wusste Bescheid über ihre Philosophie, ihren Weg, ihr System. Deswegen musste er ihn alle Orden und Logen Mitglied werden, um in ihr System einzudringen, es zu erkennen."
„Wau, das wussten wir gar nicht."
„Bardon bekam auch Probleme mit dem Thule-Orden, da er für einen Tag den Krieg aufgehalten hatte. Ernst Quintscher berichtete folgendes von seinem Meister: Hellsichtig erschaute Bardon den Überfall der deutschen Truppen auf Polen, mit all seiner Grausamkeit gegen Frauen und Kinder. Nun ergriff den Meister die Liebe und das Mitgefühl, doch er wusste, dass der Krieg unvermeidlich war. So sprach er eine quabbalistische Formel. Diese bewirkte, dass die polnischen Politiker alle Frauen und Kinder ins Hinterland brachten und so schnell wie möglich eine kleine Verteidigungslinie der polnischen Armee Stellung beziehen konnte. Als der Befehl zum Angriff kam, schoss kein Gewehr, keine Kanone, bei keinem Flugzeug sprang der Motor an und Adolf Hitler sprach von der größten Sabotage aller Zeiten. Die Geschichte entspricht der Wahrheit, denn in der Sendung „Österreich II" wurde sie ausführlich behandelt! Die Dämonen beschwerten sich bei der Vorsehung, da ihnen ja freies Spiel versprochen wurde. Für diese Tat musste sich Franz Bardon vor der Göttlichen Vorsehung verantworten."
„Davon hörten wir."
„Wisst ihr, es muss immer einen Magier geben, der von einem Zauberer oder Mystiker ausgeglichen wird, Minus (–) und Plus (+) müssen sein, damit die Polaritäten gegeben werden, zwischen Himmel und Erde! Dann kommt es zwischen Plus und Minus zur Kräftigung und zum Antrieb, etwas zu machen. Franz Bardon (Plus) war mit Quintscher und Weinfurter usw. befreundet, welche das Einseitige, das Minus (–), nur einen waagrechten Strich darstellen. Bardon als vollkommener Mensch stellt das Plus + dar, ein senk- und ein waagrechter Strich, oben und unten, elektrisch und magnetisch. Das war bei Mathers und Crowley oder mit A. E. Waithe so oder bei John Dee und dem Medium E. Kelly. Das Hohe muss immer mit dem Niederen zusammenkommen. Beide müssen verehrt, beide müssen geachtet werden, wenn man auf dieser Welt etwas schaffen will. Das sind die Gesetze des Herrn der Erde, der dem Hohen immer wieder einen Niederen beifügt, zur Schulung und Belehrung beider. Deshalb verkörpert Baphomet den Trieb, den man braucht, um magisch zu arbeiten. Der Trieb wird bei Mann und Frau in ihrer Polarität wiederum dargestellt und nach außen hin im Gleichgewicht gehalten, d.h., jedem Stück entspricht ein

Gegenstück. Jeder Mystiker, der diesen Trieb abtöten will und ihn abgetötet hat, bei dem gibt es kein Strömen, kein Leben! Deshalb das Gesetz: Vater unser – wie im Himmel so auf Erden!
Das Pentagramm symbolisiert das hervorragend. Innen ist das gestürzte, das auf den Kopf gestellte, das Negative. Außen, die 5 Sinne mit den 5 Elementen, verkörpert es das herrschende Positiv über das Negative. Der Fünfstern ist das Zeichen des Mars, der die Beherrschung in den 3 Ebenen angedeutet durch die fünf Dreiecke. Oder man kann es auch so ausdrücken:

           Gott-Mutter   Gott-Vater
           Mikrokosmos   Makrokosmos

Das Hexagramm ist die Vereinigung beider, von oben und unten, und erfüllt somit alle Gesetze der Norm!
Vor dem Ursprung des Seins, das man Nicht-Sein nennt, ist alles vorhanden, weil es alles als Idee in sich geschaffen hat. Doch ist alles anders und nichts gleicht dem Anderen.
Es gibt viele Wege, deswegen gibt es die zwei Polaritäten, das Positive und Negative. Sie wären ein und dasselbe, aber es ist das + und das andere das –. Doch beim – (Minus) fällt was auf. Das Stehende (I) ist nicht vorhanden. Aber nur durch das eine heraus existiert das andere, das Weib und der Mann, wie im Pflanzenreich oder im Tierreich, sowie bei den Menschen. Aus eins wird zwei. Bei den Pflanzen wird veredelt, beim Tiere und den Menschen ist es das Blut und die Hormone, also auch das ist + (Plus) und – (Minus), wobei das + die Unendlichkeit bildet, aber ohne den Einen kann das Andere nicht existieren. Die Addition, die Subtraktion, die Division und Multiplikation sind so wie Jehova – JHVH!
Das Tetragrammaton ist der vierbuchstäbige Name Gottes bei den Juden, das Wort INRI bei den Christen, und das Wort AROT in der zeremoniellen Magie. Die 4 Buchstaben des klassischen Tetragrammatons sind Jod-He-Vau-He (JHVH) in hebr. Schrift – allgemein Jehova gelesen. Die alte wahre Aussprache des Tetragrammatons, wenn es eine solche je gegeben haben sollte, ist nicht bekannt. Der gläubige Hebräer erachtet das Tetragrammaton als so heilig, dass er den Namen nie ausspricht, sondern beim Lesen durch Adonay (Herr) ersetzt. Aber bei den Christen wird immer Jehova gelesen, obwohl manche Jahwe schreiben. Jahwe ist möglicherweise eine ganz frühe Ausspracheform. Der Franziskaner Galatin führte als Aussprache Jehova ein, indem er als Vokale für das Tetragrammaton jene von Adonai nahm –

er setzte die Vokale von Adonai (im hebrä. natürlich von rechts nach links geschrieben, also AI O A = E O A) zwischen die Konsonanten JHVH, wodurch JEHOVAH entstand. JHVH heißt sprachlich sicher entweder Schöpfer oder Seinender. In der Esoterik bedeutet das Tetragrammaton das unendliche Prinzip als zyklischen Dynamismus, besitzt aber auch quabbalistische Deutungen, die ganze Bücher füllen können, wie z. B. dass in der zeremoniellen Magie die Buchstaben A.R.O.T. in Kreisform geschrieben werden, so dass sie wie oben gedeutet werden können.

Yin und Yang oder Yang und Yin ist in China das Symbol der beiden Urgewalten. Yang das männliche, aktive, zeugende, lichte, warme, trockene Prinzip und Yin das weibliche, passive, kalte und feuchte Prinzip. Beide ergänzen sich und lösen einander ab. Der Himmel und die Seele (Geist) bestehen aus dem Yang Fluidum und die Erde und auch der Körper des Menschen aus dem Yin-Fluidum. Im Konfuzianismus spielen diese Auffassungen eine große Rolle. Das Yin-Yang-Symbol stellt die beiden gegenpoligen Kräfte dar, wobei der Deutung ein weiter Spielraum gegeben bleibt: Mann – Frau, Sonne und Mond, Himmel und Erde. Im Okkultismus dient das Symbol zuweilen auch als Meditationshilfe.

In den Gesetzen der beiden Fluide sieht man auch die Zerstörung aller Denkmäler, Tempel oder antiken Bauten, welche von der Islamischen Staat vernichtet werden. Dieser Akt der rohen Gewalt ruft in den hohen Göttern eine Rache hervor, die sich schrecklich auswirken wird. Auch die USA trägt eine hohe Verantwortung dafür, weil sie den Krieg mit Lügen und aus Profitgründen ins Leben gerufen haben. Sie alle werden den Ausgleich bitter zu spüren bekommen. Bim und Bam, der Pendelschlag ist immer und ewig wahrnehmbar!"

*

„Weil wir vorhin gerade über Logen sprachen, will ich euch nun vom mächtigsten Orden auf Erden erzählen: Vom Thule-Orden, " führte die dreimal Große Ariane weiter.

„Der Thule-Orden, von dem ihr schon im Buch „Die dritte Weltkatastrophe" verschwiegen berichtet habt, war der SS sehr zugetan, und vertrat die Ur-Idee des Nationalsozialismus, welche nach außen durch Adolf Hitler in die Öffentlichkeit getragen wurde. Der Dämon, mit dem Hitler besessen gemacht wurde, verkörperte nämlich auch den Orden und wollte, dass die Reinheit der Ariosophie mit den irrigen Anschauungen des Nationalsozialismus von Hitler vermengt wird, denn dadurch machte er die gesamte erhabene Philosophie des Runen-System zunichte. Es wurde und wird mit dem Rassenwahn des Führers gleichgesetzt, sein quabbalistischer Zusammenhang wurde ihm genommen, worüber nur noch ein paar Bruchstücke die Wahrheit darüber berichten. Das, was davon jetzt am Markt erschienen ist, ist mehr als ein bedauerlicher Zustand, der sich aber verheerend auswirkt. Aber genau das wollten die Thule-Mitglieder erreichen, und noch viel mehr, denn ihr Logen-Dämon wusste bereits, das Bardon die drei Schlüssel-Werke schreiben wird, welche 500 Jahre zu früh erschienen sind."

„Das darf doch alles nicht war sein. Das ist doch der nordische Orden, der sich sehr mit der germanischen Mythologie beschäftigt hatte?"

„Ja, er beschäftigt sich mit den nordischen Lehren der Runenmagie, aber mit den negativen Riten des Schöpferwortes. Deshalb ist er die mächtigste irdische Loge der Erdkugel."

„Ah, ich verstehe. Aber deren Riten sind nordisch ausgelegt, nicht so wie bei den Freimaurern?"

„Richtig. Aber nordisch heißt nicht, dass es diese Orden nur in Europa gibt. Frank Jakob hat in seinem Buch über die „Thule-Gesellschaft" den Beweise erbracht, dass dieser und der japanische Orden der „Kokuryukai" die gleiche Entstehungsgeschichte, Ideologie und Ausrichtung haben und sich in ihrer Philosophie treffen. Beide hatten parallele nationale Bestrebungen, beide hatten ähnliche Leitung bzw. Führungspersönlichkeiten, welche sich in der Werbung für national-politische Ziele äußerte. Die beiden Gesellschaften hatten Kontakte zu führenden Persönlichkeiten des politischen und wirtschaftlichen Lebens. Sie nahmen auf das Denken der beiden Länder einen entscheidenden Einfluss, in dem die im Hintergrund arbeitenden Logenbrüder ihre Ursachen ins Akasha setzten, welche unerkannt ihre gewaltigen Wirkungen erzielten."

„Ah, das ist doch der Beweis, dass die Logen international arbeiten, dass sie sich auch gegenseitig kennen und gemeinsam ihre Ziele verfolgen."

„Nein, Beweis ist das noch lange keiner."

„Weil der Kontakt nur auf der Astralebene oder über den magischen Spiegel besteht. Es gibt keinerlei irdische Beweise einer Zusammenarbeit. Hab ich recht?"

„Doch, es gibt ein paar rare Hinweise, wie der von Margaret A. Murray."

„Die kenne ich nicht."

„Sie war Ägyptologin und interessierte sich sehr für alte Kulte. Sie vertrat die Ansicht, dass ein heidnischer Kult um einen gehörnten Gott, welcher unter dem Namen „Gott der Templer" bekannter ist, sämtliche Stände, den weltlichen wie den geistigen Adel unterwandert hatte und seine blutige Spur durch die Jahrhunderte zieht. Sie behauptet, die europäische Hexenjagd und die damit verbundenen Studien waren nicht das Ergebnis eines abergläubischen Wahns und sozialen Drucks, sondern es war ein Versuch der römisch-katholischen (und später auch der auferstandenen evangelischen) Kirchen, eine rivalisierende Sekte zu eliminieren. Diese Sekte praktizierte das baalsche Menschenopfer, wie es W. Quintscher immer wieder erwähnte. Er wurde aber zu unrecht verlacht! Diese „Sekten" bestanden aus einer 13-köpfigen Gruppe, genauer gesagt aus 12 Könnern der Mysterien, die den 13ten als ihren gehörnten Gott, als Herr der Erde, verehrten. Der Name des Ordens ist – Thule! Trotz oder gerade wegen der blutigen Natur des Kults mit Menschenopfern, den Murray beschrieb, war der Kult attraktiv wegen seiner vermeintlichen Befreiung und Gleichberechtigung der Frau, seiner offenen sexuellen Riten und seinen „freien" Handelns nach dem Spruch „Tu was du willst!" Es stellt das Überleben eines Fruchtbarkeitskults vom Altertum über das Mittelalter bis in die Gegenwart dar. Wenn man den Templerorden betrachtet, dann findet man darin seine Widerspiegelung. Ihre Idee barg einen wahren Kern, der nicht unerwähnt bleiben soll.

Im Buch „God of the Witches" von 1933 stellte sie die Behauptung auf, dass der Hexen-Kult einen Gehörnten Gott angebetet hatte, dessen Ursprünge in vorhistorische Zeit zurückgingen, und trifft damit ins Schwarze, denn diesen Gott kennen wir als den Herrn der Erde, oder wie ihn E. Levi nennt als Baphomet, dessen Kopf von Ziegenhörner geziert wird!

Isolierte Individuen oder Gruppen praktizierten Gebräuche und Rituale, die nicht dem christlichen Dogma entsprachen. Zeichen hierfür lassen sich in der Kirchenarchitektur und lokalen Gebräuchen, Legenden und Sagen aufspüren.

Bei genauer Betrachtung können gewisse Puzzleteile einer überlebenden heidnischen Religion in der europäischen Geschichte gesehen werden. Die Arbeit von Murray zog viel Aufmerksamkeit auf diese vorher verborgene Geschichte einer heidnischen Religion, welche nie ausgerottet wurde. Es ist auch schwierig klar zu definieren, ab wann ein „heidnischer" oder „christlicher" Glaube einsetzt, nachdem der Volksglaube über Geister, Feen usw. in den christlichen Kulturen weiterhin existiert. Es hat einige Akademiker gegeben, die, obwohl sie bestätigen, dass Murray übertrieb

und Beweise fälschte, unter den Einfluss ihrer Ideen geraten sind. Wichtigster unter ihnen war Carlo Ginzburg, der in Inquisitionsprotokollen entdeckte, dass es erhebliche Gruppen von Schamanen, genannt Benandanti im italienischen Friaul des 16. Jahrhunderts gab, die die Nachkommen einer alten schamanistischen Gruppe waren. Die in den Inquisitionsprotokollen auftauchenden Äußerungen der Anhänger der Benandanti über jenen Kult sind deshalb so interessant, weil sie inhaltlich keinerlei Verbindung zu den kirchlichen Vorstellungen über Hexensabbat, Teufelspakt und Dämonenglauben aufwiesen, was die Inquisitoren in nicht geringes Erstaunen, ja geradezu in Verwirrung versetzte. Für Ginzburg ist es das Überbleibsel eines alten indo-europäischen Schamanismus. Man kann nur schwer solch geheimes Treiben beweisen, welches überirdische Quellen und Wurzeln aufweist. Es gab einen universalen heidnischen Kult parallel zum christlichen in Europa. Es gibt sogar Überreste der vorchristlichen Zeit in lokalen Elementen von heidnischen Traditionen innerhalb des mittelalterlichen Lebens und einige heidnische Gottheiten können in christliche Heilige umgestaltet oder als Feen und andere ähnliche Wesen gesehen worden sein, wie dies von Lanz vom Liebenfels in seiner Ostara-Zeitschrift bestätigt wurde. Einige andere Okkultisten wie Lomer usw. haben das auch in ihren Studien nachgewiesen.
Die Kritiker machen alle einen Fehler: Sie forschen nicht, sie lesen bloß Bücher, verlassen sich auf das darin geschriebene Wort und – das war's."
„Ja, das ist wahrlich traurig….und denen glaubt man auch noch! Eine Frage: Wie funktionieren die Riten der Thule-Gemeinschaft?"
„Für die sind deren Tempel Weihestätten, welche im ewigen Stein gehauen wurden. Ein Ort der Stabilität, Größe und Unvergänglichkeit, verkörperte im Urgestein, das Symbol, als das Leben noch im Schoss der Erde ruhte. Dieses Urgestein wird noch vorhanden sein, wenn alles Leben längst erloschen ist! Ein Symbol menschlichen Wirkens, das über den Tod hinaus in die Ewigkeit weise. Die linkslaufenden Runen wurden als Symbol für ihre Dämonengottheiten verehrt, es wurden Tänze dieser Runen gemacht, Fackeltänze, rotierende Feuerräder, und dabei wurden Formeln gesungen, während langsam im Kreise gedreht wurde. Dadurch riefen sie ihre Gottheiten an und zollten ihnen Verehrung. Ihre runden Logensäle waren voll mir germanischen Ornamenten, voll von in die Materie verdrehten Runen, von denen jede einen Dämon darstellt. Diese Sinnbilder vermitteln ihre wahre irdische Anschauung. Jedoch teilt der Thule-Orden das Wissen nicht, er behält es für sich, teilt es nicht mit den Menschen. Deshalb arbeitet

er im Verborgenen!"
„Das dachten wir uns."
„Aber die Thule-Gesellschaft wurde doch als Auffangorden vom Freiherr von Sebottendorf gegründet, welcher Ausschau hielt nach fähigen Menschen, die magisch vorgeschult waren, um sie durch seine Gesellschaft hereinzulocken. Er wusste das vom Herrn der Erde, wer fähig war und wer nicht. Er war ja mit dem Dämon über seinem Akasha-Mittelpunkt verbunden, welcher ihm über die innere Stimme die Mitteilungen überbrachte. Der Freiherr fand einen fähigen Jungen, 16 Jahre alt, mit medialen okkulten Fähigkeiten, den er gut für seine Zwecke missbrauchen konnte. Er lebte daraufhin nicht lange, bekam eine schwere Krankheit, Blutarmut, und verstarb. Das war einerseits für den jungen Mann gut, damit er nicht zu viel Mist bauen konnte, und nicht zu sehr in dunkle Bereiche abrutschte. Dem Orden aber war das egal, Hauptsache war, dass sie ihn medial für ihre Operationen wie z. B. Spiegelmagie, Schau ins Mentale usw. benutzen konnten."
„Also war die wahre Macht des dritten Reiches der Thule-Orden, der im Hintergrund magisch die Fäden zog!"
„Richtig, denn Sebottendorf schreibt in seinem Buch „Bevor Hitler kam", dass er es war, der Hitler an die Macht brachte."
„Stimmt das also doch?"
„Ja, er war es auch, der Hitler durch einen Mars-Dämon besessen gemacht hatte, damit der Orden zu Weltherrschaft gelangen konnte. Dieser Dämon machte die Massen mobil zum Krieg, infizierte sie mit Hass und seiner einseitigen Philosophie und machte sie wahrlich blutgeil! Hitler war aufgrund seiner medialen Eigenschaften besten dafür vorbereite, das Wesen bei seinen Reden aufzunehmen, um das dumme deutsche Volk zum Krieg aufzugeilen!"
„Kannst du uns etwas über Sebottendorf berichten?"
„Er hatte einen großen Einfluss im politischen Leben, welcher sich aber in Hintergrund abspielte. Über ihn ist wenig bekannt. Es ist nicht einmal sicher, ob der Roman „Der Talisman des Rosenkreuzer" autobiografische Züge aufweist. Ich bezweifele es mit Recht! Er war zwar in Ägypten und in der Türkei, und wurde dort angeblich in die Lehren der Derwische bzw. von den Rosenkreuzer eingeweiht. Doch das wurde nur deshalb gesagt, damit er ein Fundament bezeugen konnte, auf dem er sein System aufbaute. Doch mit der Wahrheit hat das nicht das Geringste zu tun. Der Thule-Orden maßte sich an, zur Herrenrasse zu gehören, zu den blonden, blauäugigen

Menschen, welche die Welt beherrschen müssen, da sie von den höchsten Göttern abstammen würden und dies wäre in ihrem Blut verzeichnet worden. Doch das entspricht nicht einmal annähernd der Wahrheit!

 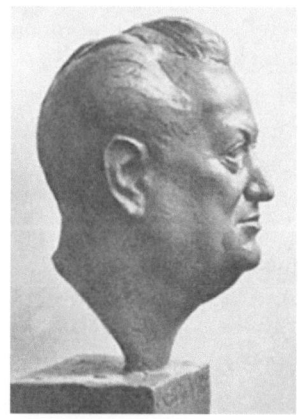

Bild von Sebottendorf, dessen Physiognomie sein wahres Wesen durchblicken lässt.

Symbol des Thule-Ordens.

Sebottendorf tauchte aus dem Nichts mit einem sagenhaften Vermögen auf, dessen Ursprung unbekannt war. Er hatte sich dieses durch einen Teufels-Pakt ergaunert. Der Thule-Orden war die Quelle seiner Macht, aber es musste alles verschleiert werden, um ja nicht aufzufallen.
Er besorgte sich eine noble Wohnung im viertel Bogenhausen in München, und hatte genügend Geld, um alle Pläne zu realisieren. Dort bekam regelmäßige Besuche, nur weiß man nicht von wem, denn er fiel nie auf, so dass keine Fragen gestellt wurden. Noch dazu hatte er ein Zweithaus gepachtet, wo er Freunde traf. Er trat auch bei anderen Logen bei, wie bei dem Germanenorden, um fähige Menschen für seine Zwecke zu finden und unter seine Fittiche zu nehmen. Dort fand er auch den obigen 16-jährigen Jungen. Als er zu ausgelaugt war, ließ er ihn fallen und wie wir wissen, starb er kurze Zeit später.
Der Thule-Orden war mit ariosophischen Gedankengut gegründet worden, ein Orden mit völkischem Grundlagen! Die Mitglieder waren überwiegend Akademiker, Aristokraten und Geschäftsleute, gut situierte, mit Geld und Einfluss. Das Ziel des Ordens war eine „arisch-germanische religiöse Wiedergeburt" im Sinne der Schwarzmagier. Der Orden war zwar nach Freimaurer-Vorbild organisiert, aber eher eine Anti-Freimaurer-Organisation in germanischen Sinne. Das Ritual verband Elemente der Freimaurerei mit solchen der völkischen Ariosophie und mit Musik von Richard Wagner. Zu den verwendeten Symbolen gehörte die Swastika („Hakenkreuz"). Ihr Gruß war „Sieg und Heil".
„Alfred Richter schreibt in seinem Buch „Der Heilgruß", dass Hitler entweder die Sieg-Heil Geste bewusst einführte, oder was eher hinkommt, einer Inspiration folgend diese Handlung verbreitete."
„Richtig, der Thule-Orden veranlasste es, dass Hitler diese Geste in sein Programm aufnahm. Auch dass der Führer F. B. Marby einsperren ließ, weil er über die Macht der geladenen Gesten Bescheid wusste. Diesen Gedanken bekam auch Adolf Hitler vom Thule-Orden eingeimpft."
„Der Autor schreibt weiter, dass *„der Kundige mit der Hand eine segensreiche Wirkung ausüben kann. Es ist aber ebenso bekannt, dass eine Beschwörung mit der Hand, ein Fluch der Hand oder nur ein Drohen mit der Hand einen vernichtenden Einfluss auf Mensch und Tier haben kann."*
Er führt das darauf zurück, dass die Hand odische Strahlen aussendet, die man für positive wie negative Zwecke nutzen kann. Bei einer Großveranstaltung vom Führer sah man, wie zehntausende von Händen gen Himmel gehoben wurden, es wurde dabei angeblich die Strahlkraft des

Menschen wahrgenommen."

„Meister Arion bestätigt dies alles in seinem „Adepten" mit den Worten: *„Es gibt Logen, die ihre Anfänger Rituale vollbringen lassen, mit denen solch ein Kraftreservoir automatisch geladen wird. Die höheren Eingeweihten haben dann billigen Zuschuss für ihr Kraftreservoir und können damit mühelos arbeiten. Macht der Schüler aber Fortschritte, so dass er schon selbst aus dem Reservoir schöpfen kann, wird ihm auferlegt, das Ritual so wenig als möglich zu gebrauchen. So manchem wird hierbei der Gedanke aufkommen, dass einzelne politische Bewegungen und Parteien in der Grußgeste eine indirekte magische Handlung vollziehen und dem allgemeinen Reservoir durch stetes Wiederholen ständig weitere, wenn auch nur kleine Teile der Lebenskraftdynamide zuführen. So z. B. war bei der nationalsozialistischen Partei das den Gruß begleitende Heben der Hand eine gewisse Machtgeste. Wird aber solch ein stark gewordenes Kollektivkraftreservoir zu gierigen und verwerflichen Zwecken missbraucht, wendet sich infolge der Polarität diese geistig angespannte Kraft gegen ihre Gründer, und die Folge davon sind Zerfall und Vernichtung, abgesehen davon, dass die Flüche der zahlreichen, teils im Kerker schmachtenden, teils unschuldig zum Tode verurteilten und dem Kampf auf dem Feld ausgelieferten Opfer unsichtbar eine entgegengesetzte Polarität erzeugen, was zur Zersetzung des Kraftreservoirs gleichfalls beiträgt."*

„Das Wort „Thule" steht offiziell für das sagenhafte Land im Norden, und diente als Deckname zur Anlockung von interessierten Menschen. Thule – ist eine Insel im Norden Europas, eine Insel der Glückseligkeit, ein Auffangbecken für alle suchenden religiösen Menschen, die gegen andersrassige sind, die ihr Ego über andere hervorheben wollen. Sie wurde nach der in der griechischen Mythologie erwähnten Insel Thule benannt und weist auf Atlas (Atlantis) hin. Doch das eigentliche nordische Thule hatte eine ganz andere Bedeutung: Die Ordenssymbolik des linksdrehende Hakenkreuz weißt auf Satan hin, das nach unten gerichtete Schwert auf Baphomet! Das ist die wahre Bedeutung von Thule! Noch dazu verstanden sie nicht den wahren Sinn des Malteser-Kreuzes, des Kreuzes der zwei ineinanderlaufenden Swastikas, und zogen dies in das materielle Bild ihrer Gottheit.

Die Massen wurden vom Orden durch den Dämon gelenkt, der bei den Reden von Adolf Hitler von ihm Besitz nahm. Damit wurde die deutsche Gesellschaft in den Bann gezogen. Hitler fühlte sich dadurch allmächtig

und der Dämon war voll freudiger Arroganz, denn sein Einfluss verwirklichte sich so, wie es vorgesehen war.
Das Hotel „Vier Jahreszeiten" war der anfängliche Ausgangspunkt, wo die Vorträge abgehalten wurden. Sie hatten nach dem ersten WK einen riesigen Zulauf. Um Mitglied in der Gesellschaft zu werden, musste man ein Jahr einem Freundschaftsbund beitreten, wo man auf seine „arische Reinheit" geprüft wurde. Der Orden ging durch die Gründung der Thule-Gesellschaft an die Öffentlichkeit und köderte viele führende Köpfe der NSDAP!"
„Wau, ist das interessant!", musste ich von mir geben.
„Eine spezielle Weiheloge für die Mitglieder des Thule-Ordens wurde geheiligt, nur kontrollierte und ausgewählte Gäste wurden an der Zeremonie zugelassen, um an den Feierlichkeiten teilzunehmen. Alles wurde vom Orden verschleiert, nur um die wahren Ziele zu verheimlichen. Nur der Kern, der aus 12 Meistern bestand, dem wahren Thule-Orden, wusste darüber Bescheid. Deren Zahl 12 ist irdische die Widerspiegelung der 12 Alten und mit Urgaya. Die 12 Sitze in der Wewelsburg mit dem Sonnenrad ist nur eine Nachahmung vom Himmler, der in diese Philosophie tief eingedrungen war. Er war aber kein Könner!
Ein Treffen der Thule-Mitglieder wurde organisiert. Auch fähige Medien nahmen teil, mysteriöse Persönlichkeiten, welche von den Nekromanten ausgenutzt wurden. 1919 versammelten sich die ariosophischen Satanisten mit sehr guten Medien wie Sigrun, dessen Name sich auf die „Sigrune" beziehen sollte und musste, um gewisse analoge *Schwingungen* leichter zu erreichen. Sie sollte eine Walküre (=Götterbotin) darstellen und eine von neun Töchter des Wotan in der nordischen Legende verkörpern. Man gab ihr den Namen, damit die Tat leichter zu erreichen war! Denn der Name lockt die Idee herbei. Maria Orsitsch (Orsic) aus Zagreb war das zweite Medium, welche von Orientalisten Haushofer vermittelt worden war. Doch diese Frauen hatten alle einen abnormen Makel; sie waren durch ihre medialen Fähigkeiten Schizophren und ihr Bewusstsein war total verschoben. Denn um diese Gabe richtig zu betreiben, muss man ausgeglichen sein und alle drei Ebenen und Körper beherrschen. Im Trancezustand versetzt, begab sie sich unter der Leitung der Ordensmitglieder in alte Zeiten zurück, nach Atlantis, da man wusste, dass aus diesem sagenumwobenen Kontinent das Ur-Gut der Runen und eine dermaßen überlegene Technik stammte. Gesagt wird zwar, dass es sich um den Planeten Aldebaran handelt, aber in Wahrheit war es Atlas! Um dieses Wissen aus der alten Zeit herauszuholen und für egoistisch Zwecke zu

benutzen, waren ihnen die politische Tätigkeiten der Nazis nur Mittel zum Zweck, um die hypermoderne Technik der Urzeit mit magischen Urwissen zu verbinden, welche die arische Nation zum Weltherrscher machen sollte. Mit der Technik der Flugscheiben, wovon auch Rudolf Steiner und F. B. Marby in ihren Schriften geschrieben hatten, wollten sie mittels alter Runen-Rituale die Welt beherrschen. Deshalb hat man Hitler von einen Dämon besessen lassen, der in ihrem Auftrag wüten sollte! Denn: Einzig und allein ihr Wille, der Wille der Loge zählte!"

Wieder änderte sich das Bild. Wir sahen Atlas, den alten Kontinent, auf dem eine hochentwickelte Zivilisation ihre magischen Arbeiten verrichtete. Wir sahen, wie die atlantischen Magier mit dem Vril, den Planetenströmen arbeiteten. Dieser Begriff stammt aus dem Babylonischen und beschreibt die siebenfältige Kraft der Gottheit. Diese Kraft wurde bis auf das Materielle verdichtet und hatte damals die Funktion, Schiffe zu lenken, die sowohl in der Luft als auch unter Wasser dahinglitten. Sie konnten damit Roboter bewegen, Hindernisse zerstören, Kräfte drahtlos übermitteln, Hebemaschinen bauen, die klein und handlich waren, aber extrem schwere Lasten tragen konnten. Davon berichtete ein griechischer Philosoph, dass sie mittels dieser Geräte die Pyramiden zum Teil erbauten. Die Strahlungsaktivität der Sonne auf Metalle wurde gewonnen und mit dieser Energie wurden Luftschiffe betrieben.

Die Atlanter hatten für die laserartigen Kristalle gigantische Kraftwerke gebaut, welche zur Speicherung von Kräften oder Daten dienten. Auch heutzutage wird auf dieses Speichermedium zurückgegriffen. In metaphysischen Kreisen werden diesen farbigen Edelsteinen heilende Kräfte nachgesagt, da sie mit den kosmischen Strömen in Beziehung stehen. Aber wie bei den meisten Kristallen und Edelsteinen gibt es keinen wissenschaftlichen Beweis, dass er irgendwelche besonderen Eigenschaften hat. Denn nur die mystische Ladung erzielt eine Wirkung! Mit dieser Kraft waren sie sogar in der Lage, künstliche Menschen herzustellen, in dessen Mitte, im Solar Plexus, sie einen mit Vril geladenen Stein setzen, der ihn am Leben hielt. So wurde der Minotaurus erweckt, der als Wächter die Labyrinthe des königlichen Vrils bewachen sollte. Das ist der Grund, worum im Mittelalter viele Herrschaftshäuser in ihren Gärten sich ein Labyrinth machen ließen, um auf die verschlungenen Pfade der Weisheit hinzudeuten.

Die endgültige Zerstörung von Atlas war zum Teil aufgrund der Überladung der faustgroßen Kristalle mittels der Vril-Ströme, was eine

gewaltige Explosion verursachte und die Insel aus der Erde riss, zurückzuführen. Es gibt alte Landkarten, worin man erkennen kann, dass Atlas, zwischen Amerika und Afrika gelegen, aus dem dazwischen liegenden Erdteil herausgerissen wurde.
Diese Kraft ist zu vergleichen mit der einer gewaltigen Atombombe, die sogar einen Polsprung und extreme Klimaveränderungen verursachte. Viele weise Atlanter wussten von der kommenden Katastrophe und flüchteten in ferne Länder und setzen dort ihre Fähigkeiten ein, um dort ein komplett neues Leben aus dem Nichts zu errichten. Von der Hochtechnologie zur Steinzeit! Die Schuld für die endgültige Zerstörung war dem Verfall der atlantischen Kultur durch Habgier und Begierde zu zuordnen, die mit dem Begriff vom Turmbau von Babel Bekanntheitsgrad erlangte.
„Es gab ihn wirklich? Das wusste ich bis heute nicht."
Und sofort sahen wie die Bilder, wie in einem Film ablaufen. Wie sahen die Gesetze der Zahlen in Bezug auf das Schöpferwort, wo die Zahl 5 die wichtigste Symbolzahl darstellt, nämlich 360 geteilt durch 5 ergibt 72. Dann die Zahlen 6, nämlich 6 x 12 = 72 und 8, nämlich 2^3 (=8) x 9 = 72. Das Obergewand des atlantischen Hohepriesters hat 72 Glöckchen. Nach der babylonischen Sprachverwirrung gab es den analogen Gesetzen gemäß des Planeten Merkur, der der Quabbalah vorsteht, 72 Sprachen und Länder. In China, in Zentralasien, das die Abstammung der materiellen atlantischen Rasse ist, ist die Zahl 72 das Produkt aus 9 Provinzen mal den 8 Himmelsrichtungen. Dieser Zusammenhang mit dem Produkt von 8x9 ist auch im keltisch-germanischen Raum anzutreffen. Das Sephirot-System, der Baum des Lebens, als die zentrale Glyphe der Quabbalah, die 10 Sephirots als Manifestation Gottes weisen auf die 22 wahren Wege und 32 Pfade der Weisheit hin.
Nach diesen symbolischen Offenbarungen sahen wir, wie die Atlanter mit kleinen handlichen Stab-Geräten aus dem Gestein riesige Felsblöcke herausgeschnitten hatten, um sie für einen über allen Maßen gigantischen Turmbau zu verwenden. Sie brachten diese Steine fliegend zum Turm, der in einer grünen Gegend lag und bauten sie perfekt in das Gebäude ein. Rundherum, um diesen hohen Turm, befand sich eine gewundene Treppe, bis hoch an die Spitze, welche die Wolkendecke überragte. Mit Hilfe der Vril-Ströme konnten sie diese Steine herausschneiden und mühelos bewegen. Die Felsblöcke passten perfekt ineinander, wofür die 72 materiellen Genien des Merkur ihr Wort gaben, mit denen die Arbeiter – man kann sie auch Frei-Maurer nennen! – zusammen den Turmbau

vollbrachten. Diese 72 negativen Genien verursachten es dann, dass der materielle Atlanter zu hochmütige wurde, und durch die Sprachverwirrung in den Fall stürzte. Als der Turmbau beendet war, kam der König von Atlas mit seiner Gefolgschaft. Man sah eine Menge schwebender Fahrzeuge in hoher Geschwindigkeit daher rasen. Sie stiegen aus, waren mit fürstlichen Kleidern angezogen, und gingen die Treppen hoch bis zum Himmel. Dort standen auch die atlantischen Magier, der vierten in die Materie gesunkenen Rasse, an der Spitze des Kilometerhohen Turms. Am Boden konnte man schon nichts mehr erkennen. Dann sprachen sie das Schöpferwort JHVH, wodurch sie ihren Bau festigten. Die Quabbalisten machten dazu Gesten, aus denen Blitze und Feuer schoss, welche sich Irdisch verwirklichten. Sie zogen sozusagen des heilig-reine Wort in die Materie und verfluchten sich selbst. Zur Bestätigung ihrer materiellen Größe und egoistischen Persönlichkeit schoss der König einen Pfeil in den Himmel, um Gott zu trotzen, um ihm zu zeigen, was er vollbrachte. Das war der reinste Hohn! Und Gott antwortet. Ein tiefes Grollen war zu hören, Wolken kamen in Sekundenschnelle auf, ein Wind weht ihnen um die Ohren. Plötzlich verstand der eine den anderen nicht mehr, denn die Göttliche Vorsehung fuhr dazwischen, es kam zur Sprach-Verwirrung und dies stelle den Zeitpunkt zum Einleiten des Untergangs von Atlantis dar.

Mit dieser Art von „Feuersteinen", eingefasst in einer Vorrichtung, die wie eine riesige Lampe strahlte, setzte man sowohl für konstruktive wie auch für zerstörerische Kräfte ein. Der Stein wurde in einem Bauwerk aufbewahrt, dessen Innenseite mit nichtleitenden Metallen oder nichtleitenden Steinen überzogen war, zur besseren Isolierung. Das Bauwerk über dem Stein war oval, eine Art Dom, der aber geöffnet oder geschlossen werden konnte, so dass die Aktivität des Steines durch die Sonnenstrahlen oder die *sieben Sterne* verstärkt werden konnte. Die Konzentration der Energien, die von den feurigen Körpern ausgingen, beinhalteten diese universellen Elemente, die in der Erdatmosphäre und im Kosmos vorkamen. Die Konzentration durch Prismen oder Gläser, wie man heute sagen würde, geschah in einer Weise, dass die Energie auf Geräte einwirkte, die mit den verschiedenen Mitteln der Fortbewegung verbunden waren. Und das hatte eine gewisse Ähnlichkeit mit der Fernlenkung von Fahrzeugen durch Funkstrahlen, wie wir sie heute kennen. Aber im Unterschied dazu wirkte die Vril-Kraft, die im Edel-Stein gespeichert wurde, auf die Motoren in den Fahrzeugen selbst. Zur Vorbereitung musste man die Kuppel der Kraftwerke zurückrollen, damit die Anwendung dieser

Kraft nur wenig oder gar nicht behindert wurde, sodass also die verschiedenen Fahrzeuge durch den Raum angetrieben werden konnten. Die Entfernung spielte hierbei keine Rolle, ob unter Wasser oder zu Lande; war egal. Es handelte sich ja um *geistige Energie*! Die Herstellung dieses Steines war in den Händen weniger wahrer Eingeweihter zu dieser Zeit, und die Macht gehörte zu denjenigen, die die Strahlungswirkungen lenkten, welche für das irdische Auge zwar unsichtbar waren, aber die jegliche Fortbewegung ermöglichten. Sie wurden also durch die Konzentration der Vril-Strahlen aus dem Stein angetrieben, der in der Mitte des Kraftwerkes aufbewahrt und gehütet wurde. Diese Kraftwerke dieser Art standen in verschiedenen Gegenden von Atlas.

Mit Hilfe der Beherrschung der Ströme des Vrils, der Weltenergien, hatten die Eingeweihten die Kraft gelenkt. Man versucht heutzutage diese Technik nachzubauen, aber man schafft es nicht, denn die Beherrschung der Ströme fehlt ihnen völlig, da die Wissenschaftler nicht ausgeglichen bzw. nicht annähernd geistig geschult sind. Man wendet sich sogar der Antimaterie zu. Mit diesen Strahlungen, die in den Steinen gespeichert wurden, konnte man sogar den materiellen Körper verjüngen, da sie die kosmisch-analogen Gesetze der vier Elemente in den Körpern nachbilden konnten. Die heutige Gentechnik ist nur ein stümperhafter Versuch, denn die Nebenwirkungen dieser materiellen Wissenschaft sind zu groß. Nur das rein Geistig ist zielgerichtet!

„Oh Mann, das ist ja völlig irre! Das ist ja kaum zu glauben! Eine fantastische Geschichte, die wir hier mit ansehen durften."

Wir kamen aus dem Staunen nicht mehr heraus. Aber es ging noch weiter, noch viel weiter. Ariane zeigte uns weitere Bilder, die wie in einem Film abliefen. Wir berichten weiter:

„Orsitsch war ein berühmtes Medium, welches in Zagreb geboren wurde. Die Brüder des Orden suchten sie, weil sie wahrlich fähig war, für ihre Zwecke zu arbeiten. Deshalb zog sie später nach München, und fand zur Thule-Gesellschaft, welche ihr gefiel, ja gefallen musste. Maria folgte bald der deutschen Nationalbewegung, die zu dieser Zeit populär war. Sie fand Gleichgesinnte – alles sehr schöne Frauen, mit langem Haar, welche als Antennen für die Aufnahme von kosmischen Wellen dienten, wie es Marby schon bestätigte."

Wir sahen, wie die medial begabte Orsic die Augäpfel rollte, warf den Kopf nach hinten und eine fremde Stimme erschall aus ihrem Mund. Sie berichtete von einer fliegende Scheibe, welche in Atlas geflogen ist, ja

geschwebt ist, denn die vierte Rasse beherrschte die Gravitationsgesetze in materieller Weise. Jedoch schafften die Nazis, welche unter der Leitung und Führung des Thule-Ordens standen, nicht die Flugscheibe so nachzubauen, dass sie hätte fliegen können. Die Thule-Teilnehmer dieser Sitzung glaubten fest an das, was Maria ihnen offenbart hatte. Um die Maschine bauen zu können, bemühten sie sich um finanzielle Unterstützung durch vermögende Industrielle, welche entweder Mitglied der Thule-Gesellschaft oder von anderen Gruppierungen waren. Maria, ein Medium, wurde sofort damit beauftragt, Spender zu überzeugen beim Projekt mitzuhelfen. Die Regierung wurde durch einflussreiche Hintermänner beauftragt, sich um den Bau zu kümmern. Dies wurde in die Tat umgesetzt. Aber die damalige Technik war zu primitiv. Die Nazis versuchten sie zum Schweben zu bringen mithilfe von Propellern, es gelang nicht, da sich die schweren Flugscheiben nicht zu heben vermochten. Diese Flugscheiben wurden in Atlas mit den Planetenströmen betrieben, die man auch mit Vril bezeichnen konnte. Hermes Trismegistos schrieb darüber im alten Ägypten die Schrift „Weltenergien", welche von seinem Schüler Rah Omir übersetzt wurde. Vor Millionen von Jahren hatten einige Wenige von der Bevölkerung sich so weit entwickelt, dass sie die Vril-Energie nutzen konnten – ähnlich unserem Verständnis von Elektrizität – und dies bis in die Extreme. Sie hatten mentale Fähigkeiten entwickelt, die es ihnen erlaubten, mit den Vril-Energien zu interagieren und sie für kreative oder destruktive Zwecke zu benutzen. In Atlas gab es auch Flugkörper, welcher der Überwachung und Schutz der Eingeweihten dienten. Ungefähr so, wie im Film Star-Wars „Die Rache der Sith"!
Die Thule-Gesellschaft wollte die Maschine aber auch wegen dem vermuteten Zeitreisen-Potential, denn sie wollten den *Raum, den Äther* brechen! Sie träumten davon, zurückkreisen zu können in die Zeit, als die „Götter auf der Erde wandelten", so dass sie mehr über die spirituellen Wahrheiten lernen und erkennen würden. Mental war ihnen dies nicht möglich, denn ihr unreiner Faust'sche Trieb führte sie, nur nicht ans Ziel. Sie wollten an die Macht und Kraft der Ur-Runen, wie die Kenner der Runen – Köthner, Marby und Kummer – andeuteten, dass diese aus einer mehrbuchstabigen Formel bestehen. Sie hatten über die rituelle Macht dieser Runen gehört. Sie hörten auch, dass die Magier mit ihr den gesamten Kontinent Atlas herausgesprengt hatten. Der Thule-Orden soll die Verbindung zur Urheimat der Arier, zu Atlas wiederfinden. Zum Ursprungsland der Runenmagie. Deshalb hat die Bedeutung des Wortes

„Thule" auch etwas mit Raunen zu tun.
Erneut wandelte sich das geschaut Bild. Wir waren plötzlich in Deutschland. Bilder wurden uns gezeigt, dass selbst die SS den Dolch der Thule-Symbolik übernahm, welcher ein schlechtes Omen trug. Der Sieg-Heil-Gruß wurde auch in ihr magisches Programm aufgenommen, worüber sich der Orden Kraft verschaffte, denn das Verdrehen der reinen Lehre in die bindende Materie kostet Energie!
Auch Spuren und Überbleibsel von Atlantis wurde von der SS erforscht. Himmler wollte das so, weil die Thule ihn dazu unter magischen „Zwang" stellt! Er selbst merkte davon nichts. Der Staat hatte dazu genügend finanzielle Mittel! Weil Atlas die Urheimat und die Quelle jeglichem Wissen war und ist, erforschte man die Tempelstädte in Südamerika und Tibet. Tibet deshalb, weil Beziehungen zwischen ihr und Atlas existierten sollten. Nur gefunden hatte man nichts!
Die Verdrehung des linksdrehenden Hakenkreuzes weist auf die Dämonie der Entwicklung hin, auf die materielle Ebene, dessen Grund die Polarität ist. Diese falsche Gottheit wird als der Wahre verehrt. Dass dann solche Gedanken und Taten aufkommen, wie die Züchtung der reinen arischen Rasse, aber nicht im Geiste, sondern rein materiell zum Ausführen der Befehle der Herrenmenschen, der Thule-Brüder. Mit dem Schwert in der Hand sollten sie sterben für irdische Vorteile, anstatt für geistige Freiheit! Sie wollten den Menschen die Vorzüge der irdischen Gottheit präsentieren und riefen bei der deutschen Bevölkerung einen irrigen Wahn zur absoluten Vernichtung hervor.
„Wir erkennen in allem und jedem zwei Prinzipien, welche die Dinge bestimmen: Licht und Finsternis, Gut und Böse, Schaffen und Zerstören – wie wir auch bei der Elektrizität Plus und Minus kennen. Es heißt stets: Entweder – Oder.
Diese zwei Prinzipien – konkret zu bezeichnen als das Schaffende und das Zerstörende – bestimmen auch unsere technischen Mittel ... Alles Zerstörende ist satanischen Ursprungs, alles Aufbauende göttlicher Herkunft ... Jede auf dem Explosionsprinzip oder auch der Verbrennung beruhende Technik kann daher als satanische Technik bezeichnet werden. Das bevorstehende neue Zeitalter wird ein Zeitalter neuer, positiver, göttlicher Technik werden", sagt Dr. Schumann aus den SS-Archiven und trifft mit seiner Aussage voll ins Schwarze dieser Loge!
Niemand konnten wissen, ob diese Fakten über die Flugscheiben wahr sind oder nur eingebildet, aber die Konstruktionspläne, welche die Vril-

Telepathen erhielten, waren so genau, dass sie zur erfolgreichen Konstruktion der „Jenseitsflugmaschine", wie sie auch genannte wurde, führten. Über die Vril-Maschinen gibt es verschiedene Augenzeugenberichte und auch einige Fotos existieren. Daraus wurde der Ufo-Glaube entwickelt, der den Menschen in komplett falsche Bahnen lenken sollte, weg von den Göttern, hin zu den Außerirdischen!
Die Bilderserie endete. Schweigen war die nächste Reaktion. Die Informationen waren zu überwältigend. Kaum zu glauben. Wir hörten dies alles nicht nur, nein, uns wurden auch die entsprechenden Bilder gezeigt, welche heute noch in unseren Köpfen vorherrschen. Das war es, was uns so richtig sprachlos macht. Die Wahrheit!
„Es gibt auch Literatur über die Verwendung vom Vril für materielle Zwecke."
„Was, nenn´ sie mir bitte."
„Vril, die kosmische Urkraft" von J. Täufer und „Weltdynamismus – Streifzüge durch technisches Neuland anhand von biologischen Symbolen". Herausgegeben von der Reicharbeitsgemeinschaft „Das kommende Deutschland!"
„Wahnsinn, das haut mich um."
„Du kannst ja die beiden Bücher, ja du sollst es sogar machen, in den vierten Band der „Enthüllten Archive geheimer Wissenschaften" von Hermes einbauen, weil dadurch wird alles erklärlicher."
„Danke dir, das mache ich."
Ariane erzählte nun weiter:
„Maria Orsic verschwand 1945 spurlos. Man weiß nicht, wo sie bis heute geblieben ist. Legenden spannen sich, dass sie angeblich mit einer Flugmaschine weggeflogen sei, was jedoch nie und nimmer der Wahrheit entsprach. Sie floh einfach vor dem Krieg aus Deutschland!"
„Immer diese Lügen", und ich schüttelten meinen Kopf.
„Alle anderen Nazi-Größen waren nur billig Handlanger, wie Hess, Haushofer, Dietrich usw. Die Thule-Loge hatte es tatsächlich geschafft, Hitler zum Diktator zu ernennen. Sie hatten alles geistig unter ihrer Kontrolle, sahen im magischen Spiegel alles auf der materiellen Ebene, oder durch Medien, mentale Reisen usw. Die Gesellschaft zog sich aus dem öffentlichen Leben zurück, als alles erledigt war, damit der Orden unerkannt weiterarbeiten konnte. Auch Freiherr von Sebottendorf war verschwunden.
Himmler sollte im Auftrag des Thule-Orden okkulte Gegenstände finden,

die die Macht vermittelten, die Welt zu beherrschen, denn ihre eigene Kraft reichte dazu nicht aus. Darum suchen die Nekromanten immer wieder Leute, wie Franz Bardon oder Ariane, welche von den wahren Satanisten gerne im Orden aufgenommen werden würden, um deren Weisheit und Wissen zu nützen, die sie selbst nicht haben. Der Thule-Orden wollte sich über die Macht der Dämonen setzen, wollten mehr, sie wollten sich über das göttliche Schicksal setzen. Doch es existiert immer noch eine Hüterin der Schwelle, welche nur den Reinen in ihr unermessliches Reservoire des Wissens einlässt. Der Orden war soweit, dass er selbst nach Shamballa, dem Sitz des Wissens, wollte, um dort an Weisheit zu gelangen. Doch materiell existiert es nicht bzw. ist nicht auffindbar. Der Tempel selbst wird alle drei Jahre sichtbar und kann von jedem gesehen werden. Doch gefunden haben sie ihn nicht! Sie wussten nicht einmal, dass das Bermuda-Dreieck die Kehrseite von Shamballa ist. In 1000en von Büchern fanden sie nicht das Entsprechende. Deshalb wollte der Orden die Regierung dazu benutzen, okkulte Gegenstände, Rituale und Wissen zu finden über das „Ahnenerbe"! Selbst nach Spukschlössern und gebannten Dämonen fandete man. Selbst das Alraunenmännchen von Hitler, welches der Führer vom bekannten Hellseher Hanussen bekam, hatte solche magischen Wirkungen, denn seitdem er sie besaß, ging es mit seiner politischen Laufbahn bergauf. Jedoch als sie abhanden kam, begann sein Reich zu zerfallen.

Jedoch sind die wahren und magisch hochwirksamen Rituale alle im Akasha verschüttet, wo die Thulemitglieder nicht herankamen, sie schafften es nicht. Somit ging der Krieg verloren und der Thule-Orden hatte sein Ziel, materielle Mittel zu finden, um die Welt zu beherrschen, nicht erreicht. Aber er forscht heutzutage noch weiter! Die Menschen waren für diese Logenbrüder bloße Marionetten, die sie für ihre niederen machtgierigen Zwecke missbrauchten und schuften mussten. Deren Leben zählte nichts für sie! Der Durchschnittsmensch ist den Dreck unter den Fingernägeln nicht wert! Aber kommt ihnen jemand zu nahe, dann löschen sie jeden aus, auch wenn er nur einen Millimeter näher kommen sollte, als es erwünscht ist.

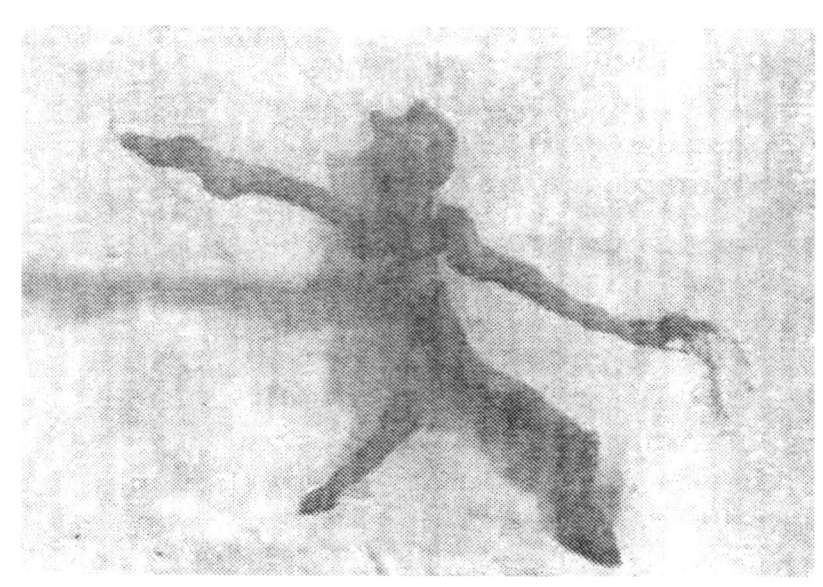

Alraune mit okkulten Kräften, welche Adolf Hitler vom Hellseher Hanussen geschenkt bekommen hatte.

Hier im Koffer, nach einem Bombenangriff 1944, wie er 1945 bei Aufräumarbeiten unversehrt vorgefunden wurde.

> Wem das Träumchen kommt zu eigen,
> Der wird die Ruhmesleiter steigen!
> Das Schwerste immer leicht vollbringen,
> Sich eine Welt zu Füssen zwingen,
> Mit Geistern in den Lüften schweben
> Und ohne Müh' nach Sternen greifen,
> An's Firmament den Namen schreiben,
> Und überall erfolgreich bleiben,
> Solange er auf dieser Welt
> dem „Bund der drei" die Treue hält!
>
> Doch wehe, wird der Bund gebrochen,
> Das böse Wort einmal gesprochen!
> Dann sinkt der Geist der riesengrosse
> Zum Orkus ab in's Bodenlose.
> Das Werk vergeht in Rauch und Flammen,
> Sobald der Zyklus 12 beisammen.
> Der grosse Zauber nicht als Binder,
> Den Eigentümer an den Finder
> Und wenn auch Beide untergeh'n,
> Bleibt das Träumchen doch besteh'n.
>
> Hanussen 1. I. 1933

Hier eine Fotografie des prophetischen Spruches von Hanussen. Solche okkulten Gegenstände waren von den Nazis oder auch vom Thule-Orden begehrt!

Doch aufgrund ihrer Ideologie kamen sie bedingt an das atlantische Wissen. Das wussten die Nekromanten. Jedoch verschwand das Wissen im Akasha. Der Erdgürtel-Vorsteher Astolitu hat es wieder zu sich genommen. Die Mitglieder des Thule-Ordens konnten dazu Mitteilungen erhalten, weil sie im ariosophischen Sinne tätig waren. Sie befassten sich mit Runen und wussten, dass Atlas der Ursprung derselben war. Jedoch konnten sie die Technik der damaligen Zeit in den 1930ern nicht nachbauen, weshalb die „Flugscheiben", wie bereits gesagt, untätig blieben."
Ariane endete mit ihrem Vortrag. Jetzt wurde der Gipfel des Erträglichen erreicht. Ich fiel fast von meiner astralen Hocker, auf dem ich Platz nahm.
„Das klingt für mich immer mehr wie ein Märchen aus 1001 Nacht!"
„Ja, aber auch Märchen haben einen wahren Kern und den versuche ich, euch zu übermitteln, damit ihr seht, wie die schwarzmagischen Orden handeln. Diese arbeiten für den Herrn der Erde, welcher bindend wirkt. Die wahren Eingeweihten hingegen wirken befreiend!"
Sie machte eine Handbewegung und wir sahen das, was die Medien beim Treffen in Bayern wahrnahmen. Schmale Scheiben taten sich uns kund, mit einer leichten Kuppel in der Mitte. Sie bewegten sich mit erstaunlicher Geschwindigkeit. So was kennt man heute noch gar nicht. Diese Fluggeräte wollten sie zum Sieg des Krieges einsetzen, doch zum Glück schaffte es der Orden nicht, sonst würde die Erde heute ganz anders aussehen!
„Die Thule-Brüder machten das so klug, dass sie einen dicker Schleier der Undurchdringlichkeit um den Orden webten. Gleichzeitig vernichteten sie das reine und edle Wissen der Ariosophie, der Runenkunde, welches sie mit dem Sumpf des NS-Regimes, des Antisemitismus, dem Rassenwahn mit hinunterzogen. Wer sich heutzutage mit Runen und deren Philosophie beschäftigt, wird als Neo-Nazi und Judenhasser beschimpft. Wer will das schon! Von ihren verbündeten Dämonen erhielten sie das Wissen und den Auftrag, schon damals gegen die reinen Lehren von Dr. Lomer, F. B. Marby und im Weiteren gegen Franz Bardon vorzugehen, und ein Fundament der Lügen aufzubauen. Das ist ihnen gut gelungen! Alle Achtung!
Sebottendorf selbst kam an die türkische Buchstabenmystik, da er sich ausgiebig mit Runen beschäftigte. Aber sein Werk trägt wie er selbst gefährliche Tendenzen, denn das Negative kann nur Negatives schöpfen.
In Deutschland gab es nur zwei bedeutende Orden: Die Asgard-Vereinigung von Dr. Lomer und der Runen-Bund von F. B. Marby. Das ist Fakt! Alles andere ist dunkle Fiktion!", berichtete die Magiern.
„Aber das nationalsozialistische Wissen, die verdrehte Ariosophie ging aber

nicht mit dem Dritten Reich unter, nein, sie erstarkte im verschiedene Gruppen und Grüppchen. Haack schrieb darüber in seinem Buch „Wotans Wiederkehr." Das lege ich dir ans Herz", und ich erwachte.
Sofort notierte ich mir den Namen des Buches und bestellte es mir. Und tatsächlich: Wortwörtlich schreibt der Autor auf Seite 8: „*Nach 1945 hat der neugermanische und deutsch-völkisch-religiöse Garten wieder zu blühen begonnen. Man hat keine Öffentlichkeit gewollt, blieb unter sich und erstarkte Jahr um Jahr. Heute sind die härtesten Akitvisten eines antidemokratischen neorassitischen Rechtsradikalismus unter den neugermanisch und deutsch-völkisch Gläubigen zu suchen. Sie kämpfen mit Elan, den nur religiöser Glaube vermitteln kann. Sie haben die Durststrecke überstanden, den Schock von 1945 überwunden und die Kehre danach zum inneren Aufbau genützt!*" – „*Inzwischen ist im neugermanischen Lager Adolf Hitler unter die Götter eingereiht worden. Die Götterdämmerung hat nicht stattgefunden. Wotans Scharen stehen wieder auf, um in den Kampf für „ Midgards Morgen" zu ziehen.* "
Folgende völkische Vereinigungen priesen nach dem Verfall des dritten Reiches aus dem Boden:
- Deutschgläubige Gemeinschft
- Die Nordische Glaubengemeinschaft
- Die Artgemeinschaft
- Der neue Armanen-Orden
- Die Goden
- Der Bund für Gotteserkenntnis

Daneben gibt es noch eine große Zahl von ähnlichen Organisationen wie die „Söhne von Asen" und verschiedene Runenbünde. Es sollen sich auch führende Köpfe und Politiker darunter befinden. Doch wird dies nicht zur Kenntnis genommen. Warum auch immer?
„Und dies alles wurde vom Thule-Orden eingeleitet", klangen in mir ihre Worte nach. „Auch die jetzige Rassenpolitik der AfD und die Hasstriaden der rechten Szene sind auf ihn zurückzuführen. Der Orden schürt das Feuer, in dem wir brennen!"
Wie wir später noch erfuhren, verwaltete jedes Mitglied des Thule-Ordens, einen bestimmten Bereich, der unter Adolf Hitler in Gaue eingeteilt wurde. Jedes Mitglied hat das Sagen in und über seinen „Gau". Dies führten sie sogar im Materiellen aus, als die Nazis die Machtübernahme getätigt hatten wie jetzt im rein politischen Sinne. Als wir diese brisanten Informationen

über den Orden erhielten, wurden sie auf uns aufmerksam. Ein Mitglied des Ordens war sogar mentalisch hier, da er erfahren hat, dass wir Interesse für die wahre Runenmagie hatten, an seltene Schriften rankamen und anfingen, die Runen zu praktizieren. Das hasst er und diesen Hass bekamen wir zu spüren. Eines Tages, als wir uns über das Schöpferwort unterhielten, nahmen wir ein Geknister im Raum wahr. Es sah aus, als wollte sich ein Wesen manifestieren. Man fühlte seinen Einfluss, seinen dämonischen Zorn, denn wir bekamen plötzlich starke Herzstiche. Wir brachen daraufhin das Gespräch ab. Aber die Herzstiche blieben, denn er ließ nicht locker, das war noch nicht alles. Er verhexte uns, als er erfuhr, dass wir sogar seinen Namen kannten. Wir wurden krank, ich wurde richtig heißer, und konnte weder schlafen, noch korrigieren. Ich bekam Hustenattacken, und war völlig verwirrt. Ich half mir mit der Is-Rune, die ich immer summen sollte, so wurde mir geraten. Sie half mir, die anhexte Krankheit schneller wieder loszuwerden. Drei Tage später war sie so gut wie überwunden. Auch das Fieber war weg. Dieser Ariosoph war Mitglied in der FM und im Thule-Orden, kannte noch Gregorius und hat in seiner Wohnung eine Nazi-Uniform, weil diese am meisten seiner Mentalität entspricht. Sein gesamtes Wesen strahlt den reinen tyrannischen Herrenmenschen aus. Deshalb wurden wir vorsichtiger und erwähnten niemals mehr seinen Namen, denn er ist wahrlich ein satanischer Unmensch!

*

Doch nicht nur dies versuchte der Orden zu beeinflussen, sondern auch das gesamte okkulte, esoterische Wissen sowie auch die Yoga-Kultur, die durch oberflächliche Schriften, Seminare und angebliche Gurus verwässert wurde und wird. Deshalb ist die Suche nach einem Meister die oberste Priorität, obwohl Franz Bardon immer wieder schreibt, dass es keine Lehr-Meister mehr gibt. Seine Werke ersetzen alles und noch mehr, genauso wie die Werke von Dr. Lomer oder F. B. Marby. Aber das will anscheinend keiner mehr wissen oder sich eingestehen. Anstatt sich selbst als ihr eigener Herr zu betrachten, möchten sie völlig verwirrt von einem Ahnungslosen geführt und in den Abgrund geleitet werden. Einige passende Beispiele dazu schilderten wir ja bereits in den verschiedenen Ausgaben des „Der hermetisch Bund teilt mit!"

Sehr gut passt hier an dieser Stelle ein Brief einer jungen Frau, welchen ich hier zitieren werde. Geschickt wurde er an meinem Freund:

Sehr geehrter Herr Uiberreiter, 28.10.2015

ich wende mich an Sie mit der Bitte, den beiliegenden Brief an Herrn von Hohenstätten weiterzuleiten.
Ich bitte um Verständnis, dass ich Sie damit belästige und bitte vorsorglich dafür um Entschuldigung. Es ist mir ein sehr wichtiges Anliegen, auch wenn ich mir vorstellen kann, dass Herr von Hohenstätten sehr viel zu tun hat. Dennoch meine Bitte, mein Schreiben an ihn weiterzuleiten.

Das Rückporto liegt dem Schreiben bei.

Für Ihre freundliche Mühe danke ich im Voraus – Frau M. B.
*
Nun zum eigentlichen Brief:

Sehr geehrter Herr von Hohenstätten,

als erstes bedanke ich mich bei Ihnen für Ihre Bücher. Ich habe mit Franz Bardon begonnen und die ersten 14 Bücher von Ihnen gekauft. Das jeweilige Buch trage ich bei mir, um in jeder freien Minute darin zu lesen. Als ich das erste Buch von Franz Bardon gelesen hatte (Frabato), war mir klar, dass es für mich nur diesen Weg gibt, den hermetischen lichtvollen Weg. Dafür bin ich hier. Wohlwissend, dass Sie viel zu tun haben, wäre ich Ihnen dennoch dankbar, wenn Sie mir einen Lehrer aus der Schule von Franz Bardon empfehlen können. Bei Ihnen traue ich mich schon gar nicht zu fragen, weil ich immer das Bild vor Augen habe, wie viel Sie arbeiten, dennoch wäre es mir eine Ehre, Sie als Lehrer zu haben. Es ist mir ein Herzensbedürfnis und ernsthaftes Anliegen einen wahren Guru (Raum H.?) zu finden.
Einen frankierten Rückantwortumschlag habe ich beigefügt und würde mich über einen positiven Bescheid von Ihnen sehr freuen.
Für Ihre Mühe danke ich im Voraus und verbleibe mit

herzlichsten Grüßen – B. M.
*
Wie man daraus ersehen kann, suchen fast alle Hermetiker einen Guru, der ihre persönliche Führung übernehmen soll. Er soll ihnen sozusagen die wichtige Selbstständigkeit abnehmen. Sie beachten alle nicht die Worte des

Meister Arion.
Wer unbedingt einen Meister haben will, sollte sich das Meister-Foto von Arion aus „Erinnerungen an F. Bardon" (S. 79) in einen schönen Rahmen einfassen und ihn noch dazu auf einen kleinen Hausaltar stellen. Dr. Lomer schreibt in seiner Schrift „Die Neureligiöse Praxis" darüber. Durch Verehrung, Gebete, Gesten und Stellungen vor dem Bild kommt es zu einem Kontakt, der sich in Intuition und Inspiration äußert. Verstärken kann man das durch sein Lieblings-Lied „Ave Maria". Man kann das schön mit der Geschichte des Shaktipat aus dem Mahabharata vergleichen:
Da jeder das „Selbst" in sich hat, kann ein jeder Mensch „Shaktipat", eine Kraftübertragung erhalten. Wenn man sich dem Meister öffnet, wird seine Shakti, seine „Kraft" in den Schüler einströmen. Dies nennen die Mystiker Pneumaübertragung! Wenn der Guru die Kraft seinem Schüler nicht geben will, kann man sie ihm sogar mit Gewalt entziehen. Im Epos *Mahabharata* steht die Geschichte von einem Guru namens Dronacharya, einem der größten Meister des Bogenschießens, den die Welt jemals gesehen hat. Er gab nur Adeligen der höchsten Kaste Unterricht. Eines Tages kam ein Junge von niederer Herkunft namens Eklavya zu ihm und bat um Unterricht im Bogenschießen.
Der Meister antwortete: „Wie kannst du es wagen als einfacher Knabe zu mir zu kommen? Ich unterrichte ausschließlich Prinzen, und du bist ein Junge ohne Rang und Namen. Ich will nichts mit dir zu tun haben."
Eklavya war nicht entmutigt. Er betrachtete den Meister von Kopf bis Fuß und merkte sich alle Einzelheiten. Dann rief er ihn in seinem eigenen Herzen an und brachte ihm seine Liebe und Verehrung dar. Er ging zu seiner Hütte zurück, fertigte eine Statue vom Bogenmeister an und begann, sie anzubeten. Er hielt sich jeden Tag an denselben Ablauf. Zunächst meditierte er auf das Bildnis seines „Gurus", brachte ihm Dankopfer dar und übte dann mit seinem Pfeil und Bogen. Nach einiger Zeit übertrug sich durch die Lehmstatue das gesamte Wissen seines Bogenmeisters über die Kunst des Bogenschießens auf ihn.
Als Eklavya sich eines Tages wieder im Bogenschießen übte, sah er einen Hund und schoss ihm einen Pfeil zwischen die Zähne. Der Pfeil verletzte den Hund nicht. Er hing ihm nur zwischen den Zähnen. Der Hund war aus dem Ashram gekommen, wo alle Prinzen das Bogenschießen von Dronacharya erlernten. Jaulend lief er zurück. Als der Guru den Pfeil zwischen den Zähnen des Hundes sah, war er überrascht.
„Dieses Geheimnis habe ich noch keinen gelehrt", sagte er. „Wer könnte es

gelernt haben?"

Große Lehrer behalten manchmal die tiefsten Geheimnisse ihrer Fähigkeiten für sich. Dronacharya hatte alle seine Geheimnisse des Bogenschießens an seine Schüler weitergegeben, mit Ausnahme dieses einzigen Schusses. Er rief seine königlichen Schüler zu sich und befahl ihnen, in den Wald zu gehen, um den Schützen zu suchen. Die Schüler taten, wie der Meister ihnen befohlen hatte, und schließlich stießen sie auf Eklavya, der vor der Statue seines Gurus ihn verehrte. Sie holten ihn aus der Meditation und fragten: „Wer schoss den Pfeil, der zwischen den Zähnen unseres Hundes hängt?"

„Das war ich."

„Wer hat dir das gelehrt?"

„Ich habe es von meinem Meister gelernt."

„Wer ist dein Meister?"

„Dronacharya."

Die königlichen Prinzen wurden grün vor Neid. Sie dachten: „Unser Lehrer sagte, dass er uns alles gelehrt habe, aber es gibt noch einen Kniff, den er heimlich diesem Schüler beigebracht hat."

Sie nahmen Eklavya mit zu Dronacharya und sagten: „Hier ist derjenige, der den Pfeil abgeschossen hat. Er behauptet, dass du ihn jenes Geheimnis gelehrt hast, und es ist ganz offensichtlich, dass du es vor uns verborgen hast."

Dronacharya fragte Eklavya: „Von wem hast du dieses Geheimnis gelernt?"

„Ihr habt Euch geweigert, mich zu unterrichten, also ging ich nach Hause und fertigte eine Statue aus Lehm und Wasser von Euch an", erwiderte Eklavya. „Ich habe regelmäßig davor meditiert, habe euch verehrt und ich habe mir mein Eins-Seins mit Euch bewusst gemacht. Dann enthüllte sich dieses Geheimnis von selbst in mir."

*

„Ich werde dir jetzt den Gegenpol des Irdischen, der Materie zeigen, den wahren Pol des Seins, welcher dem Thule-Orden entgegengestellt ist", sagte Ariane zu meiner Frau, als sie eines Nachts vor ihrem Bett stand.

„Johannes, du kannst mir glauben, ich war total überrascht, als ich sie sah. `Gib mir deine Hand´, forderte sie mich auf, was ich ausführte. Und plötzlich waren wir im Raum der Einweihung, dort, wo sie als Priesterin ihre Lehren weitergab. Der Raum ist so etwas von berauschend, das ich mich erstmals sammeln musste. Wenn man sich dort befindet, und eine gewisse Reife hat, ist man in einer gottverbundenen Schwingung, die man

sie hier auf Erden nicht kennt. Obwohl wir noch nicht so weit entwickelt sind, hätten wir dort die Gottheit fühlen können."
„Mona, ich kann nur staunen", musste ich sagen. „Du erlebst ja wahnsinnige Dinge!"
Meine Seelenverwandte erzählte weiter: „Dann hörten wir Glocken läuten, in einem Tone, wie ich es noch nie gehört habe. Eine Wohlgefühl durchzog alle Räume des goldenen Tempels und Ariane machte mich darauf aufmerksam, dass es zur Vollversammlung eingeläutet wurde."
„Komm, Mona", sagte sie, „Wir wollen pünktlich sein."
Wir gingen durch lange wunderschön verzierte Gänge, an den Seiten waren schöne Bilder und Statuten von Gottheiten und weisen Männern und Frauen. Daneben befanden sich Türen von atemberaubender Schönheit. Manche waren im orientalischen Stil, manche im gotischen. Alle waren mit Ornamenten und symbolischen Entsprechungen versehen, welche auf die Qualitäten und Quantitäten des Inhabers des Zimmers hinwiesen. Aber ein einfacher Raum verbarg sich dahinter nicht. Es war der Tempel jedes einzelnen Bruder des Lichtes, in welchem er seine magischen Arbeiten verrichtete, im Einklang mit seiner Gottheit. Ich musste mir das ansehen. Ich musste vor der ersten Tür stehenbleiben.
„Komm, Mona, dafür haben wir jetzt keine Zeit. Wir wurden gerufen, dann müssen wir kommen."
Erneut ertönte der Klang durch das Gemäuer.
„Ich, komme, Ariane."
Dann sah ich ganz unerwartet zu meinem großen Erstaunen eine kleine Schar junger Novizen, die alle nicht älter als 10 Jahre schienen. Es waren noch Kinder.
„Es gibt hier so junge Schüler?", fragte ich Ariane, während wir weitergingen.
„Das sind Novizen, welche für das neue Zeitalter unterrichtet werden in Mathematik und Lyrik. Die vier Formen der Mathematik – Addition, Subtraktion, Multiplikation und Division – unterstehen dem vierpoligen Magneten. Diese Wissenschaft nennt sich Gematria und behandelt die Umwandlung von Zahlen in Buchstaben und umgekehrt. Dabei werden Buchstaben nach unterschiedlichen Schlüsseln in ihre entsprechenden Zahlenwerte überführt, um aus diesen Bedeutungen zu erschließen und Beziehungen herzustellen."
„Warum sind das Kinder?"
„Weil sie am leichtesten lernen können."

Diese Kinder trugen Mäntel verziert mit Bildern von Drachen und Blumen, wie auf den japanischen Kimonos. Jedes Kind hatte seinen Grad, der durch den Gürtel symbolisiert wurde.
„Sie sind die Ausgesuchten, denn im Shamballa wird nicht jeder X-Beliebige zugelassen. Sie bilden die Matrix, die „Gebärmutter", welche eigentlich „Muttertier" heißt. Die Mehrzahl von Matrix heißt je nach Bedeutung eingedeutscht Matrizen, welcher nach Franz Bardon der Träger der Ideen aus der Mentalwelt zum Geist ist. Sie werden fürs neue Zeitalter nach der Weltkatastrophe geschult, wie es Hermes in uralten Ägypten machte, um die Sprache und Schrift der unwissenden Bevölkerung zu geben, damit sie ein neues Zeitalter einleiten konnten."
„Wie lange wird die Katastrophe dauern?"
„Drei Jahre lang. Das will der Herr der Erde so haben."
Wir kamen an ein großes Tor, welches sich von alleine öffnete. Und was ich dann sah, konnte ich nicht fassen. Es war riesig! Das war ein Saal, wie es ihn hier auf Erden noch nie gegeben hat und nie geben wird. Einfach gigantisch! Er hatte Ähnlichkeit mit den Redesälen der Griechen, welcher sich stufenweise erhöht. Er war kreisrund, und die einzelnen Sitze gingen je nach Rang der Brüder nach oben, so dass jeder jeden sah und alles akustisch wahrgenommen werden konnte. Alles war aus erlesensten Marmor, alles war sauber und rein. Ich sah hunderte von Brüdern gemeinsam sitzen. Jeder auf seinem Platz und alle waren durch ihre innere Harmonie vereint. Da gab es keinen Zank zwischen den Parteien, denn alle waren nur daran interessiert, den Menschen auf Erden weiter in ihrer Entwicklung zu helfen.
„Sind das alle Brüder der Bruderschaft?", musste ich vor Verwunderung fragen.
„Ja, Mona, und jeder von ihnen hat das Recht, seinen Beitrag zu dieser Versammlung zu geben. Jede produktive Meinung wird Gehör gegeben und wird augenblicklich auf Erden umgesetzt, also verstofflicht."
„Und wo ist der Uralte von Berg?"
„Urgaya – der Uralte vom Berg, auch Mahum genannt, der auch für den Garten Eden zuständig ist, ist sehr streng und auch ernst, ist mit anderen Aufgaben beschäftigt. Alles was er sagt, hat seinen Sinn und Zweck, sogar seine richtige Zeit. Er hat dunkle Haare und blaue Augen, die den Himmel darstellen. Seine Haut ist so weiß wie Schnee, wie der Tempel Shamballa, der in den Bergen liegt. Er achtet auf alles, was Pflanzen, Tiere, Gestein ist. Der Uralte ist für das Paradies zuständig, in dem alles lebt und gesund ist."

„Also werden hier die Pläne geschmiedet, die auf Erden in Realität umgesetzt werden."
„Ja, sogar der Herr der Erde muss das so zur Kenntnis nehmen, auch wenn es ihm nicht in den Kram passt. Er probiert es aber dennoch auf seine Weise, schafft es natürlich nicht.
Der Thule-Orden ist sein Stadion der Auswirkung des Gottes. Er beauftragt die Brüder, aber ihnen gelingt es nicht, seine Befehle umzusetzen. Sie können es sich nicht erklären, dass so manches nicht funktioniert und tun das als unergründliches Schicksal ab, worin sie keinen Einblick haben."
„Das wird ja auch so im „Frabato" geschildert, wo der Großmeister die Todeskugel zog!"
„Ja, denn das Akasha als Symbol des Schicksals und der kosmischen Reinheit steht weit über ihrer Gottheit."
„Also wird all das, was diese irdische Gottheit uns an Leid präsentiert hätte, von den Brüdern in milderes Karma umgewandelt."
„Sehr gut bedacht, Mona. Aber nun lauschen wir der Versammlung."
„Worauf ich sehr gespannt bin."
Ein weiterer Glockenschlag, aber in einem anderen Tone, erschallt durch den Raum. Ein Bruder aus den oberen Reihen der 12 Alten erhob sich in diesem riesigen Saale, welcher mir so vorkam, wie der Saal der Politik im Film „Star Wars", weil er solch eine Größe einnahm, einfach atemberaubend! Diesen Gedanken der Größe bekam ich einfach nicht aus meinem Kopf!
„Brüder, vielen Dank dass ihr alle erschienen seid. Wir wollen heute bei dieser Sitzung beschließen, wie und was wir unternehmen könnten, damit es den Menschen auf unseren Planeten besser und in die rechte Richtung der Entwicklung gehen kann. Wie ihr alle wisst, ist die momentane Situation auf Erden mehr als angespannt. Die Flüchtlingskrise lässt in Deutschland den Rassenhass aufkommen. Wer hat Vorschläge, was man dagegen machen kann."
Ein asiatisch aussehender Bruder erhob sich.
„Mit dem Einverständnis der Gottheit werde ich die Barmherzigkeit unter den Menschen ein wenig ankurbeln. Denn diese armen Menschen mussten flüchten, damit sie überhaupt eine Überlebenschance haben. Das sollte man bedenken. Ich werde sie in meinen tantrischen Meditationen einschließen, damit es zu einer Änderung kommt."
Er setze sich wieder.
„Danke Bruder für deinen Vorschlag."

„Ich werde gegen die dunklen Machenschaften der einzelnen Großmeister der Logen vorgehen, welche Mitschuld an dieser gesamten Situation haben. Ich werde deren Einfluss bremsen."
„Auch der Thule-Orden, der politisch gesehen die AfD ins Leben rief wie vor 100 Jahren die NSDAP, wird von mir in andere Bahnen gelenkt."
Eine kleine Pause trat ein, in der mir eine Frage aufkam, die ich Ariane unbedingt stellen musste: „Ariane, sag mal, die Mitglieder des Thule-Ordens arbeiten ja mit dem Schöpferwort. Wie kann man gegen dieses Wort vorgehen und deren Einfluss abändern? Es ist ja Quabbalah?"
„Ganz einfach: Es kommt immer auf die Qualität an, die man in das Wort hineinlegen kann. Deren Qualitäten sind sehr zerstörerisch negativ, großteils mittels des Triebes bestimmt. Das quabbalistische Wort der Brüder ist auf Reinheit begründet und das Niedere wird immer vom Hohen beherrscht."
„Ich verstehe!"
„Wieso sind eigentlich so wenige Frauen unter den Mönchen?"
„Das fiel dir auf."
„Ja, müsste doch ausgeglichen sein?"
„Ja, müsste und wird es auch eines Tages. Aber da die Frauen schwerer ihren Sexualtrieb beherrschen, bekommen sie keinen Einlass in diesen Tempel. Die Frauen unterstehen aufgrund ihrer passiven Elemente mehr der Erde und dem Wasser und deshalb ist die Bindung nach unten stärker. Und der untere Pol entspricht dem Trieb."
„Ich verstehe! Das war bei mir auch so."
„Das ist bei jeder Frau so."
Ein weiterer Bruder erhob sich, das führte uns wieder zurück zur Versammlung.
„Aber was hat das für einen Sinn, den Menschen Geschenke oder Vergünstigungen zu geben, wenn ihr Denken sich gegen die Reinheit richtet. Das würde alles wieder zunichte machen."
„Richtig", erhob sich ein weiterer. „Dagegen müssten wir vorgehen!"
„Wir bräuchten einen Propheten, der dies alles zum Besten lenken würde."
„Die Politiker in den USA produzieren mit ihrem falschen Gerede über Freiheit, Brüderlichkeit und Gleichheit völlig falsche Gefühle. Denn dort regiert einzig und allein das Geld, der sogenannte Dollar. Der Staat kümmert sich nur um seine Macht und Interessen in anderen Ländern, um seinen Gewinn zu vermehren. Er strebt auf das rein Persönliche, und tut nichts für seine Bürger. Die USA stellen die verlogene Weltpolizei dar, die

überall ihren negativen Druck und Macht jedem Staat aufzwingen wollen. Das schaffen sie durch ihre Filme und Medien. Selbst die Pyramide mit dem allsehenden Auge auf der Ein-Dollar Note entspricht nicht der wahren Symbolik. Die Pyramide hat zwölf Stufen mit der 13. als Spitze das Auge Gottes. Aber der Thule-Orden hat sich diese Symbolik zunutze gemacht, und sie in der USA ins Materielle gezogen."

„Darum kümmere ich mich", sagte ein inkarnierter Mönch, der in Deutschland seine Mission vollbrachte.

„Den kenne ich", sagte ich zu Ariane und deutet auf ihn. Er war ein gutaussehender Mann mittlere Alters mit langen Haaren. „Er ist Wissenschaftler und trat schon mehrmals im Fernsehen auf."

„Auf ....", meldete sich die Magierin.

„Das weißt du?"

„Wir wissen über alles besten Bescheid", erwiderte die Große.

„Ich werde mich in diesen Geschehen einmischen und eine Änderung herbeizwingen, die die Menschen mehr in ihrem Denken in die Mitte rücken wird."

Er verneigte sich und nahm Platz.

„Zum Denken braucht man gute Luft. Darum werde ich mich kümmern", meldete sich ein Afrikaner. „Die Technik ist so weit fortgeschritten, dass sie mittels neuerer Erfindungen Strom erzeugen können, welche die Natur entlasten wird. Dies ist meine Aufgabe, welche ich gerne übernehmen werde."

Nach weiteren sehr brillanten Vorschlägen, die alle die Genialität der Brüder zur Schau stellte, ertönte für mich überraschend der Gongschlag.

„Die Sitzung ist beendet", sagte Ariane zu mir.

„Oh, es schien mir, als wenn die Zeit stillgestanden hätte."

„Ja, hier ist das so. Auf Erden ist das entgegengesetzt!", und meine Frau erwachte und sah, dass es drei Uhr nachts war.

*

Er hörte und hört nicht auf. Menzis Rache währte ewig, so schien es uns. Wir mussten sogar aufpassen, dass wir nicht mit seinen Anhängern in Deutschland in Kontakt kamen, denn über die hätte er uns angreifen können, da sie alle mit seinem „Wesen" über seine politische Ideologie verbunden waren. Er versuchte sogar, an einem Sonntag meine Frau vom Balkon zu schubsen. Man sah ihn nicht, meine Frau spürte nur den harten Druck von hinten. Von diesem Schlag hatte sie drei Tage lang Schulterschmerzen. Ich konnte das kaum glauben, aber sie zeigte mir die

Schwellung an der Schulter. Unbegreiflich! Bei mir probierte er es mit Darmbluten, weshalb ich keine Energiegetränke mehr trinken sollte. Kein Red Bull mehr, das mir so gut schmeckte. Er war eine echte unmenschliche Drecksau, wenn man weiß, dass er die Ursache für die Herausnahme des Charakterbuches von F. Bardon aus meinem Programm war.
Sogar Peter Windsheimer, Mitarbeiter und Freund von Herrn Uiberreiter, bekam einen Schlag ins Genick. Er wurde so depressiv, dass es ihm am Arbeiten hinderte, die Cover zu designen. Wörtlich sagte er: „Das mit den Nekromanten ist schlimm. Ich wollte die 4. Karte ins Portugiesische übersetzen lassen. Die Frau in Brasilien hatte damit angefangen und hatte nichts als Schwierigkeiten. Ihr Computer ging kaputt und ihre Einnahmen waren plötzlich so gering, dass sie aus ihrer Wohnung flog, da sie die Miete nicht zahlen konnte. Dadurch ist sie nun verhindert, zu übersetzen. Das geht schon nicht mit rechten Dingen zu, so wie du es erzählst. Jedes Mal wenn ich an etwas Arbeiten will (außer der beruflichen Arbeit) wie übersetzen, etc. überkommt mich eine gähnende Müdigkeit und bodenlose Unlust, irgendetwas zu tun. Ich verliere Energie, bekomme einen trockenen Mund und bin nach Minuten total erschöpft oder gestresst." Wie man sieht, trifft die Loge immer genau in den wunden Punkt eines jeden Opfers.
Eines Nachts erschien Menzi wieder, und drohte meiner Frau, ihr astralisch, während sie schläft, die Kehle durchzuschneiden. Auch einen Ritualmord versuchte er, aber vergebens. Ritualmorde werden geplant mittels des Tepaphons, da sich diese Attentate an die Gesetze des Ritus bzw. Rhythmus halten. Und nur durch den Rhythmus ist ein Ritual möglich. Doch wir waren geschützt, sodass er selbst antreten musste. Er erschien in seiner wahren Gestalt, die dem Gott Baphomet sehr ähnelte. Er war mit ihm verbunden, sodass er mehr Macht, mehr Durchschlagskraft bekam. Das sah schrecklich aus. Seine dicken roten Lippen weisen auf Erotik hin, wie es im Lied „Rote Lippen soll man küssen" heißt. Des Weiteren ist ein analoger Zusammenhang zwischen dem Schamlippen und dem Lippen im Gesicht gegeben. Spitze Ohren und Kinn, gewundene Hörner veranschaulichten seine grausame Erscheinung.
„Und bedenke, deine Tochter ist noch Jungfrau. Sie würde sich hervorragend für eine magische Operation eignen", und er war verschwunden und bei uns war der Puls auf 180! Wir verfertigen auch für sie einen magischen Schutz, luden ihn mit der Is-Rune, die dem Feuer untersteht, mit der göttlichen Eigenschaft der Unbesiegbarkeit, und ihr geschah nichts. Aber dafür uns. Alles, was wir darüber in Erfahrung

bringen konnten, war, dass die Loge unseren Verlag vernichten wollte. Wie es Wilhelm Qunitscher und auch Bulwer-Lytton schon richtig beschrieben hatte, verwenden sie dazu immer solche Menschen, die aufgrund ihrer einseitigen Einstellung leicht zu knacken sind. So machten sie es auch bei uns, so machen sie es bei jedem! Fremde Gedanke wurden Menschen von ihnen und von ihrem Herrn der Erde eingegeben, die sie zu solchen Äußerungen und Taten veranlassen. Somit stimmt die Aussage von Musallam in seinen Schriften, dass die Menschheit von der materiellen Welt, dem Planeten Erde, besessen ist und ihr willig dient! Nur der magische Ausgleich verschafft Befreiung. Der Dämon hat uns in seinen Krallen. Nur die Beherrschung der drei Körper macht uns frei!
Eines Tages schnellte es bei meinem Freund und Verleger Herrn Uiberreiter, ein eingeschriebener Brief kam mit folgendem Inhalt an. Davor möchte ich noch bemerken, dass ich den Namen des Klägers nicht nennen werde, noch sonst irgendwelche Hinweise auf ihn gebe. Aber ich möchte betonen, dass ich die Originalschreiben in meinen Händen halte:

Sehr geehrter Herr Uiberreiter,

wir möchten sie aufmerksam machen, dass die Geschichte in dem Buch „Frabato", wo sie als Urheber die genannte Frau Otti Votavova, die Sekretärin von Franz Bardon, einsetzten, nicht der Wahrheit entspricht. Das Bild auf Seite 3 ist eine Fälschung, somit eine rechtliche Unterschlagung. Sämtliche Bilder aus dem Buch „Das Leben des Franz Bardon" sind ebenfalls Fälschungen, gegen die wir gerichtlich vorgehen werden. Der Titel „Frabato" wurde von ihnen im Jahre 2012 aufgelegt. Es ist davon auszugehen, dass dadurch ein Verlust an der hermetischen Welt getätigt wurde, welcher sich für uns auf 19,50 Euro pro Buch beläuft. Wenn man das mit 200 Exemplaren pro Jahr berechnet, wobei wir am untersten Rande sind, und dies mit 4 multiplizieren, kommen wir auf eine Summe von 8.600,00 (Achttausendsechshundert) Euro Schaden an der Idee. Deswegen fordere ich sie hiermit auf, erstens den Betrag von 8.600,00 Euro bis zum 9. Dezember 2015 auf das obengenannte Konto zu überweisen.
Des Weiteren möchten wir, dass Sie den Druck und Vertrieb, der von Ihnen verfälschten Veröffentlichung des Romans „Frabato" und des „Das Leben des Franz Bardon", sofort einstellen. Sollten Sie dieses Schreiben unbeantwortet lassen und der genannte Betrag nicht fristgemäß bis zum 9. Dezember 2015 bezahlt sein, werde ich die Angelegenheit einem

Rechtsanwalt übergeben und Strafantrag stellen.

Mit freundlichem Gruß

Ihr ….

*

Der Schock saß tief, das kann man sich ja vorstellen. Wir dachten, jetzt hat unser letztes Stündlein geschlagen, denn diese Summe Geldes hatten wir unmöglich zur Verfügung. Deshalb riefen wir unseren Rechtsanwalt an, schilderten ihm den Fall und ließen ihm die Unterlagen zukommen. Er schrieb dem Herrn. Die Antwort bekam jedoch nicht der Rechtsanwalt, sondern wurde wieder an die Adresse von Herrn Uiberreiter nach Hause geschickt, rein um uns nervlich zu schädigen

Sehr geehrter Herr Uiberreiter!

Wir sind auf diesen Betrag schätzungsweise geschädigt worden, wobei ich die Exemplare pro Jahr noch sehr niedrig angesetzt habe. Hinzu kommt noch der ideelle Verlust, für die die hermetische Sache steht, der Lügen, die sie verbreitet haben und die Arbeitszeit, die ich für diesen Fall aufwenden muss. Im Gegenzug fordere ich Sie auf, mir mitzuteilen, von wem sie das angebliche Originalmanuskript erhalten haben, weil ich den begründeten Verdacht habe, dass hier ein organisierter Betrug mehrerer Personen vorliegt. Ihre Antwort erwarte ich bis zum 27. Dezember 2015, sonst entstehen Ihnen noch mehr Schulden.

Mit freundlichem Gruß – Ihr …

*

Doch damit hörte es nicht auf. Die Krönung kam erst noch, als ein weiterer Brief eintraf, dessen Inhalt schon an Wahnsinn grenzte, so wie es mir mein Rechtsanwalt mündlich mitteilte.

Sehr geehrter Herr Uiberreiter!

Wegen folgender Punkte klage ich Sie an:

1. Ist es nicht wahr, dass Franz Bardon einen Meister einer Loge des FOGC getötet hat. Das ist Blasphemie ersten Ranges.
2. Nirgendwo steht geschrieben, dass Franz Bardon eine ganze Loge vernichtet hat, wenn er von Liebe und Toleranz in seinen Werken

spricht.
3. Es kann nie sein, dass Franz Bardon einen Dämonengott evoziert hat, wenn er in seinem zweiten Werk nur von positiven Wesen spricht!
4. Franz Bardon hat nie irgendwelche Orden und Logen aufgesucht, um an Material von ihnen für seine Werke zu bekommen.
5. Dass er sich auf der Bühne in einen Affen verwandelt hatte, ist Irrsinn!
6. Es gibt keine Beweise für ihre Aussagen im Buch „Das Leben des Franz Bardon!"
7. Wo seht geschrieben, dass er eine Heilpraktiker-Praxis in Prag hatte.
8. Es kann nie und nimmer sein, dass ausgerechnet Anion und Ariane Einlass bei Frau Nowakowa bekamen, nur weil sie einen Ring vorzeigten. Andere, fähigere Menschen, kamen nicht rein, die schon lange vorher um Einlass gebeten hatten.

Deshalb erhöhe ich meine Forderungen gegen Ihr Buch „Das Leben von Franz Bardon" und den verfälschten Roman „Frabato" auf insgesamt 35.000 Euro. Falls Sie mir binnen von drei Wochen das Geld nicht überwiesen haben, werde ich einen Rechtsanwalt aufsuchen, der meine Klage vertritt.

Mit besten Grüße – Herr ….

*

Zwei Monate später bekamen wir dann einen Brief von einem Berliner Rechtsanwalt, der genau die Punkte klagen wollte, die der Herr …. in seinem letzten Brief hervorgehoben hatte. Mein Freund musste erneut zum Rechtsanwalt, weil es jetzt aus unserer Sicht kritisch wurde. Doch wir hatten Unrecht.

„Herr Uiberreiter, machen Sie sich keine Sorgen, denn vor Gericht würde er deswegen niemals Recht bekommen. Seine Forderung ist irrelevant und seine Behauptungen auch. Das ist alles mehr als lächerlich. Ich werde dem Herr Rechtsanwalt einen diesbezüglichen Brief schreiben."

Und tatsächlich, die Klage löste sich in Luft auf und wir hatten Ruhe. Nur in einem Punkt hatten sie gewonnen: Die ganze Sache kostete uns je Menge Lebenskraft.

All das ging von der negativen Loge in China aus, in der Menzi lebte. Die

Idee der Klage wurde durch ihn ins Aksaha gesetzt und der Herr .... führte sie aus. Dafür habe ich wie immer keine Beweise, das möchte ich betonen, aber so hat man uns das „sehen" lassen. Sie wollten uns einfach und kurz gesagt vernichten! Agrippa von Nettesheim schreibt dazu in seinem Buch „Die magischen Werke": *Jedermann weiß, dass die bösen Dämonen durch böse und profane Künste angelockt werden können, wie sie einst beim Priapusdienste sowie bei der Verehrung eines „Götzen" vorkamen. Diesem nicht unähnlich wäre, was man von der abscheulichen Ketzerei der Templer liest. Durch derartige Dinge werden die bösen Dämonen angelockt und ein Bündnis mit ihnen herbeigeführt."* – „Eliphas Levi bestätigt diese Aussage: *„Um im Bösen Erfolg zu haben, muss man absolut schlecht sein!"*

Denn wie wir erfuhren, wurde obendrein der Dämon Haborym auf mich an angesetzt, damit er meine magischen Taten verhindere, denn er ist der Herr der Feuerbrunst und verbrennt alle guten Werke!

Auf meine Frau wurde Leviatan, die Krake, angesetzt, der sie förmlich zerquetscht und ihr Schmerzen verursacht. Das ist der Grund, warum sie meistens am Wochenende flach liegt und wegen Schmerzen kaum gehen kann. Die Krake saugt mit ihren Saugnäpfen die Lebenskraft meiner Frau ab. Das schwächt! Aber gaben wir auf? Im Gegenteil: Wir arbeiten härter weiter, nur um unseren Gegnern eins auszuwischen. Denn unsere Arbeit ist unser Leben und macht höllischen Spaß!

*

Nach all den Informationen, die wir bekamen, ging ich völlig erschöpft um 20.30 zu Bett. Aber einschlafen konnte ich nicht. Kaum legte ich mich nieder, war ich wieder putzmunter. So wälzte ich mich herum und nach einer knappen Stunde schlief ich endlich. Doch nicht lange, denn plötzlich war ich wieder wach. Darüber war ich gar nicht glücklich. Ich machte die Augen auf, und wo befand ich mich? Im alten Ägypten, und die Priesterin Ariane stand neben mir und begrüßte mich.

„Was mache ich denn hier?", fragte ich sie.

„Ich habe dich zu mir gerufen, weil ich dir einiges zu sagen habe, damit du die ganzen Zusammenhänge besser begreifst."

Ich musste mir, währenddessen sie sprach, die alten Tempelanlagen anguckten. Die waren gigantisch! Monumentale Bauten von einer Übergröße, wie man sie heutzutage nicht mehr kennt. Der Mensch selbst erscheint nur noch als kleines Gewürm im Vergleich zu der Größe dieser erhabenen Pracht, welche man zu Ehren der Götter entworfen hat.

„Du warst, wie du ja mittlerweile weißt, mit Rah Omir als Baumeister in Ägypten inkarniert. Dein Name war Elsitirup. Komm, ich zeig dir was."
Sie führte mich durch unterirdische Gänge zu einem wunderschönen Tempel, der der Göttin Bastet geweiht war. Ich sah an einer Wand ihr übermenschliches Ebenbild, einen traumhaft schönen Körper mit einem Katzenkopf, so wie sie die ägyptischen Künstler zeichneten.
„Diese Gottheit hast du damals sehr verehrt. Deswegen nannte man dich den „Günstling der Bastet", weil du auch wie sie die kleinen Kinder mochtest."
„Ja, die sind so lustig", sagte ich mit einem Schmunzeln.
„Du praktiziertest auch die Runen und bist mehrmals gefallen, um zu wissen, wie das ist, damit dir später nicht das Gleiche passiert, wenn du wahre Macht erlangt hast. Diese wichtige Erfahrung musstest du erleben in der Welt der Polarität. In Ägypten hast du Runen- und Strom-Übungen gemacht, Hilfe durch Wesen bekommen, damit du dein Bewusstsein erweitern kannst."
Das Geschaute veränderte sich. Ich sah mich selbst stehend in der Stellung der Man-Rune und hörte mich Formeln singen.
Neue Bilder traten auf. Ich unterhielt mich mit Rah Omir und seiner Zwillingsseele Atima, die ich beide in Deutschland wiedergesehen habe. Sie waren meine beiden Gegenspieler, die im Kreislauf der Wiedergeburt gefangen waren. Aluna und ich (Azon), durchbrachen ihn. Ich kannte Atmia schon damals, deswegen kam sie mir in Deutschland von Anfang an bekannt vor. Aber ihr dämonisch-sexuelles Gehabe zog mich an, wie in Ägypten. Kein Wunder, dass ich mich in sie verliebt habe. Für mich war sie die Erotik in Person! Doch jetzt kenne ich ihr wahres Wesen!
Doch ganz unerwartet änderte sich die Umgebung. Ich befand mich im Tempel des Hermes Trismegistos, den wir unter dem wahren Namen Arion kennen.
„Wie dir mein Mann Anion schon sagte, warst du unter der Anleitung des Pharao Hermes der Erbauer der Pyramiden. Doch nicht nur deshalb, warst du dort mit ihm, sondern weil dein Name Azon in einer gewissen Beziehung zu Arion steht. Er hatte dich auserwählt, dich mit ihm in Ägypten zu verkörpern, und während der vielen Gespräche mit dir nahm er seinen Einfluss auf dich, und verpflanzte in dich das gesamte altägyptische Wissen und die Weisheit, welche jetzt wieder in dir hervorbricht. In deinen folgenden Verstofflichungen konntest du dieses Wissen in die Tat umsetzen, die dazu nötigen Erfahrungen sammeln, um dieses Material jetzt alles zu

veröffentlichen, um der Menschheit es zukommen zu lassen."
Während der kleinen Pause sah ich, wie Hermes in Geiste quabbalistische Formeln aussprach, welche im Aksaha für mich ein Reservoir bildete, woraus ich mein Wissen schöpften konnte. Ich war direkt mit diesem geistigen Schatz verbunden und konnte allerlei Ideen daraus für mich *ziehen.*
„Jetzt verstehe ich das, warum mir jedes Wissen im Kopf hängen bleibt und in universeller Richtung verarbeitet wird."
„Bei Aluna mache ich das."
„Ach, ja, die war mit dir zur gleichen Zeit verkörpert, nur du warst ihr wegen ihrer Weiblichkeit zuständig, und Hermes weil ich ein Mann bin."
„Deshalb ziehe ich Mona immer aus ihrem Körper, schütze sie aber gleichzeitig vor den astralen Schwingungen, oder lass ihr manch eine hellsichtige Schau zukommen, wohin Arion dir jede Menge Intuition zukommen lässt, die für dich sehr wichtig ist. Das Mediale bei der Frau und bei dir als Mann die Intuition sind für euch beide sehr ausschlaggebend. Ohne diese könntest du niemals deine Bücher schreiben."
„Monia Mathers, die Frau des Meisters vom Golden Dawn hatte auch über mediale Fähigkeiten die Ordensrituale aus dem Akasha gezogen. Ihr Mann setzte diese um und vollführte sie im Orden der goldenen Dämmerung."
„Richtig!"
„Jetzt verstehe ich das alles. Jetzt klärt sich das endlich alles auf, warum das alles so war, wie es bis jetzt geschehen ist. Das war alles von langer Hand her geplant. Du nahmst und nimmst Einfluss auf meine Frau und das gleiche macht auch Arion bei mir."
„Ihr beide seid unsere Vertreter auf Erden!"
„Was? Das klingt jetzt nicht mehr nachvollziehbar. Das ist zu unglaubwürdig!"
„Aber es stimmt, denn wieso hätten euch die Nekromanten so sehr auf dem Kicker, und wollten euch schon mehrmals töten?"
„Die wissen das?"
„Ja, der Großmeister musste seinen Templergott fragen, weil er sich das nicht erklären konnte, woher du solch ein hohes Wissen hattest und an solche Bücher herankamst, die er selber nicht kannte. Dieses Wesen sagte ihm, dass in deinen Adern adeliges, alt-ägyptischen Blut fließt! Deshalb schickten sie euch ein Mitglied der Loge auf den Hals, der euch am Friedhof den Gar ausmachen sollte. Zum Glück seid ihr rechtzeitig noch gegangen, denn sonst hätte es schlecht für euch ausgesehen."

„Wieso?"

„Er hätte euch imaginativ dazu gezwungen, ihm die Hand zu gegeben, und schon wäret ihr von ihm wie mit Pest infiziert worden und unter seinem magischen Befehl gestanden. Ein Fingerschippen, und ihr wärt an den nächsten Baum gefahren! Und du kannst dir nicht vorstellen, wie der Berliner Großmeister geflucht hatte, als er erfuhr, dass ihr seinem Logenbruder entkommen seid! Auch diesen Werwolf musste ich unschädlich machen, weil sein Einfluss einfach zu negativ auf euch wirkte."

„Wie?"

„Da die gefallenen Brüder schon sehr verschoben sind, sehr unausgeglichen sind, ist es eine Kleinigkeit für einen wahren Meister, ihn wahrlich in die Psychiatrie zu schicken, wo er jetzt therapiert wird."

„Ach, das ist ja irre!", konnte ich nur vor Freude sagen.

„Man kann diese Nekromanten nur stoppen, indem man sie wahnsinnig macht oder tötet, denn reden lassen sie mit sich nicht. Sie sind verbohrt bis in Tod!"

Jetzt konnte ich nichts mehr sagen, das musste ich erst verdauen. Das war zu viel für mich. Ich musste mich setzen. Jetzt begriff ich, warum meiner Zwillingsseele als Kind so oft auf den Kopf geschlagen wurde, um ihr den Verstand, das Gedächtnis und die Sicherheit zu nehmen, den ihr wahrer Name Aluna bedeutet: Das Grobe vom Feinen mit Hilfe des Verstandes zu trennen. Schon damals nahm die negative Seite darüber Einfluss auf sie. Aber andererseits hatte das sehr große Vorteile für sie, denn sie musste lernen, sich durch das harte Leben zu kämpfen. Sie konnte jede Menge Willen dadurch gewinnen!

„So sind die Gesetze", dachte ich mir.

Ich schaute stumm in die weite Ferne und sah mir dabei sie wunderbaren Tempelanlagen an, die alle so in Gold glänzten, wie im Film „Gods of Egypt". Ein traumhafter Anblick.

„Johannes", sprach sie mich wieder mit meinen bürgerlichen Namen an.

„Ich habe euch nicht nur die Runen gegeben, damit ihr die Gesetze des quabbalistischen Baumes des Lebens besser und schneller kennenlernt", sagte Ariane zu mir, „sondern auch, weil ihr dann einmal Erfolg in den magischen Übungen haben werdet. Denn den vermisst ihr schon lange. Die magische Macht, die ihr dadurch erlangt, befähigt euch gemeinsam in knapp 300 Jahren sich mit uns zu verkörpern und eine bedeutende Mission auf Erden auszuführen."

„Warum erst so spät?"
„Weil ihr drüben, im Shamballa noch gebraucht werdet. Ihr müsst auch bedenken, dass ihr vom kosmischen Meister weiter in die Geheimnisse der Runen eingeweiht werdet, damit ihr die daraus resultierenden Fähigkeiten in der nächsten Verkörperung anwenden könnt."
„Ah, ich verstehe."
„Im Tempel des großen Arion werdet ihr dies alles erlernen. Aber der wahre Hauptgrund für all diese Einweihungen ist der, dass ihr durch die Runen den magischen Ausgleich erreichen werdet, welcher euch befähigt, mit mir durch die Sphären reisen zu können!"
„Ach, wirklich?"
„Ja, denn wenn ihr weiter in der Entwicklung geht, ausgeglichen und gefestigt seid, kann ich euch erst dann mentalisch aus dem Körper rausziehen bzw. ihr könnt das von allein und mit mir als Führerin durch die Sphären reisen. Die Gottverbundenheit gibt euch den nötigen Schutz und die wahre Autorität. Denn wenn das nicht der Fall wäre, dann würdet ihr schwer erkranken, und früher als später sterben."
„Ui, das ist hart."
„Mir fällt ein, dass dein Mann Anion in seiner Biografie schrieb, dass er mit seinem Lieblingsschüler derartiges unternehmen wollte."
„Ja, genau, das schrieb er in meinem Auftrag. Wörtlich sagt er: *Meine wahre Tiefe wird nur mein Lieblingsschüler erfahren. Dieser wird zuletzt selbst evozieren usw. und Sphären durchwandern, von denen man sich nicht einmal im Traum eine Vorstellungen machen kann.* – Nur sind die Sphären derartig gefährlich, dass es am besten ist, mit einem Lehrer oder Meister sie zu durchwandern, der alle Fallen, Hindernisse und Tricks der Wesen kennt. Der Führer würde euch zu all die wichtigen Stellen und geistigen Wesen geleiten, so dass ihr recht viel Erfahrung und Weisheit schöpfen könnt, welche hier auf Erden nimmer zu finden ist. Niemals! Das werde ich machen, so wahr mein Name Ariane lautet. Wenn ihr wollt, dann lasst mich eure Führerin sein! Komm, Aluna wartet jenseits der Schwelle auf uns! Lass uns ins Land hinter den Spiegeln gehen!"
Ein lautes „Ja" wurde von einem Jubelgeschrei begleitet und sie reichte mir die Hand …

Fortsetzung folgt!

Schluss:

Wir haben all die Dinge, die uns passiert sind, die wir mit unseren astralen Augen wahrnehmen durften, so gut es ging, durch die okkulte Literatur in dieser Autobiografie belegt. All diese Neuigkeiten hatten wir einzig und allein durch die Zusammenarbeit mit der Magierin Ariane erhalten, welche uns diese übermittelte, die jenseits jeglicher Vorstellung liegen. Sie gab und gibt uns reichlich Tipps, Hinweise und Ratschläge mit der okkulten Literatur, klärte uns über ganze Mysterien auf, welche wir alle in unseren Büchern verarbeiten können. Denn das ist der Sinn und Zweck unserer Zusammenarbeit: Die wahre hermetische Entwicklung! Wir mussten nach dem Gesetz: „Gib dem König was des Königs gebührt und Gott was Gott gebührt", mit unserer eigenen Lebenskraft dafür bezahlen. Selbst Ariane bekam durch den Bruch der Gesetze mehrere harte Rügen des Ur-Vorstehers Mahum Tha-Ta zu spüren. Man drohte ihr sogar mit Ausschluss aus der Bruderschaft, da sich die Dämonen und deren Schützlinge schon derbe beschwerten.

Ich hingegen kam kaum mehr aus dem Bett heraus, war total schwach, hatte keinen Schwung, wurde morgens nicht richtig wach, was ich bis dato überhaupt nicht kannte. Aber dennoch: Ich war überaus glücklich darüber, denn der Lohn des heiligen Wissens und der reinen Weisheit überwog alles Leid. Das ist das Gesetz der Polarität.

Zum Abschluss dieses Werkes möchte ich auf eines noch explizit hinweisen: Jeder, der das hier Geschriebene bezweifelt, kann und soll sich die Beweise durch die Praxis holen, er sollte so, wie Wilhelm Quintscher, nichts untätig lassen, sondern experimentieren, probieren und alles studieren, dann hat er die gleichen Erlebnisse, die gleichen Abenteuer, wie sie meine Frau und ich haben. Vorausgesetzt, er geht den Weg von Franz Bardon, denn dann steht für jeden die geistige Welt offen zur Verfügung, damit man reichlich Erfahrung sammeln soll und kann. Darum auf, lasst uns beginnen, diese astrale Welt zu erforschen ....

Nachschlagewerke:

Eschner – Die sexualmagischen Unterweisungen des OTO
Kerning – Der Student
König – In Nomine Demiurgi Saturni
Frater Daniel – Sexualmagie
Wolters – Amor ex Nihil
Schwab – Sagen des klassischen Altertums
Sämtliche Werke von Marby
Kummer – Heilige Runenmacht
Sonderdruck Nr. 12 – Das Tepaphon – der Strahlenapparat des FOGC
Goethe – Faust
Markides – Der Magus von Strovolos
Briefe vom „Meister" Recnartus-Tränker: Briefwechsel Band IV
F. Jacob – Die Thule-Gesellschaft
F. Jabok – Die Thule-Gesellschaft und die Kokuryukai
O. Weigerrt – Am Urquell unseres Volkstum
Enders – Das Geheimnis des Freimaurers
Freymann – Auf den Pfaden der internationalen Fremaurerei
Sünner – Die Schwarze Sonne
Lechler – Fraternitas Saturni
Kudrzal – Der Drachen-Orden
Enthüllte Welt-Freimaurerei
Wirth – Aufgang der Menschheit
List – Sämtliche Werke
Quintscher – Denu val Gumas
Quintschers – Habu Cadis
G. Horst – Dämonomagie Band I-II
Lenz – Die Göttin von Paphos
Nell – Aktenstück Baphomet
Hohenstätten – Kapitel „Baphomet" in „Allzu Unmenschliches"
Prutz – Urkunden zur Geschichte der Tempelherren
Prutz – Geheimlehre und Geheimstatuen des Templerherren-Ordens
F. M. Nell – Aktenstück Baphomet
Karutz – Das Rätsel des Janus
Grandt – Schwarzbuch Satanismus
Phillips – Die Trance-Formation

Demurger – Der letzte Templer
Runkel – Die Geschichte der Freimaurerei
Weathly – Diener der Finsternis
Meyrink – Der weiße Dominikaner
Haack – Wodans Wiederkehr
Haack – Europas neue Religion
Haack - Freimaurer
Daniel – Magische Waffen
E. Cayce – Das Atlantis-Geheimnis
Taimni – Die Lehre des Wachstums
E. Levi – Das Buch der Weisen
Gregorius – Die Erweckung der Chakras
Frater Johannis – Artikel in der Saturn-Gnosis
Der Spiegel – Ausgabe von 1985
Seila Orienta – Das Leben und die Erfahrungen eines wahren Hermetikers
R. Steiner – Blut ist ein ganz besonderer Saft
Freimark – Das Geschlecht als Mittler des Übersinnlichen
Lomer – Magie der Liebe
Lomer – Prophetie der Natur
Weininger – Geschlecht und Charakter
Wilcke – Die Geschichte des Ordens der Templerherrn 1-2
Weishaupt – Das Leben des Adam
Weishaupt – Pythagoras oder Betrachtungen über die geheime Welt- und Regierungskunst
Weishaupt – Über die Wahrheit und sittliche Vollkommenheit
Weishaupt – Über Materialismus und Idealismus
Weishaupt – Der Schottische Ritter
Weishaupt – Korrespondenz
Weishaupt – Nachtrag zur Rechtfertigung meiner Absichten
Von einem Freund – Geheimnis der Bosheit des Stifters der Illuminaten
Haack – Freimaurer
Metzger – Oriflamme 1-150
Engel – Die Geschichte des Illuminatenordens
Bulwer-Lytton – Das Lebenselixier
Frick – Satan und die Satanisten
Bo Yin Ra – Das Buch vom Jenseits
Bo Yin Ra – Das von der königlichen Kunst
Bo Yin Ra – Das Buch vom lebendigen Gott

Bo Yin Ra – Mehr Licht
Weinfurter – Das Lehrbuch des magischen Denkens
Weinfurter – Der Königsweg
Dr. Beyer – Freimaurer-Museum alle 7 Bände
Becker – Der alte und der neue Jesuitsmus
Beckrath – Monita Secreta – Die geheimen Instruktionen der Jesuiten
Graßmann – Auszüge aus der Moraltheologie der Jesuiten
Bauer – Freimaurer, Jesuiten und Illuminaten
Feder – Igantius v. Loyola – Geistliche Übungen
Werfer – Leben ausgezeichneter Katholiken
Duhr – Die Stellung der Jesuiten in den deutschen Hexenprozessen
Duhr – Jesuiten-Fabeln
Sammlung der Nachrichten und Briefe der Jesuiten
Chiniqui – Die Ermordung des Präsidenten A. Lincoln
Maier – Über Jesuiten, Freimaurer und deutsche Rosenkreuzer
G. Hesekiel – Die Jesuiten und ihre Ränke
Dr. Jordan – Die Jesuiten und der Jesuitismus
Gothein – Ignatius von Loyola
Schultze-Pfälzer – Das Jesuiten-Buch
Yallop – Im Namen Gottes
Lennhoff – Freimaurer-Lexikon
Deschner – Kriminalgeschichte des Christentums Band I-VIII
A. Abel – Eins im Einem
A. Abel – Das dritte Reich
A. Abel – Von Gott
A. Abel – Das geht zu weit
A. Abel – Der dritte Bund
A. Abel – Von der Liebe

Weitere Bücher aus dem Christof Uiberreiter Verlag:

Das goldene Blatt der Weisheit
Seila Orienta/Franz Bardon

Zum ersten Mal in der okkulten Literatur wird die 4. Tarotkarte des Hermes Trismegistos verständlich beschrieben und offengelegt. Sie beinhaltet unbekannte Konzentrations- und Meditationsübungen. Des Weiteren gibt sie Hinweise und erklärt die Unterschiede zwischen Magie und Mystik und Gefahren des einseitigen Weges. Am Ende steht die Verbindung mit der universellen Gottheit, dem Herrn der Sonnensphäre, welcher quabbalistisch „Metatron" genannt wird.

*

5. Tarotkarte – Mysterien des Steins der Weisen
Seila Orienta/Franz Bardon

Dieses Buch stellt die Vorderseite der Alchemie dar, die die einzelnen praktischen Übungsschritte erklärt, ohne die verschlüsselten Mystifikationen der alten Alchemisten auch nur annähernd zu erwähnen, wie man es aus den anderen Büchern des Franz Bardon kennt. Es wird erklärt, dass ohne vollkommene Beherrschung der 4 Elemente keine Alchemie möglich ist. Des Weiteren wird mit den einzelnen Ebenen, mit den Matrizen, dem elektromagnetischen Fluid usw. gearbeitet. Doch den Hauptpunkt stellen die göttlichen Eigenschaften wie z. B. die Allmacht dar, mit denen der Göttliche Stein der Weisen durch gewisse Übungen geladen wird.

*

Talismanologie und Mantramkunde
Seila Orienta/Franz Bardon

Zum ersten Mal werden hier (magisch) geladene Mantrams – Gebetssätze – preisgegeben, welche bei nötiger Reife, Ausgeglichenheit und Reinheit durchdringende Erfolge versprechen. Mantrams sind ja nach Bardon nicht irgendwelche „Suggestionssätze", sondern sie sind Ideenausdrücke, mit denen man mit Mächten, Kräften, Eigenschaften, also Gottheiten, in Verbindung kommen kann. Gleichzeitig werden die dazugehörigen Siegelzeichen der göttlichen Ideen preisgegeben, welche im rituellen

Zusammenhang mit den Mantrams stehen. Ein Buch, das nicht nur die Hermetiker, sondern auch die Anhänger der Yogawissenschaften inspirieren wird!

*

Eine Sammlung der schönsten und lehrreichsten Beschwörungsgeschichten
Hohenstätten

Dieses Buch ist einzigartig, denn es zeigt den zweiten Band von Franz Bardon an Hand von interessanten Evokationsberichten, die genau das bestätigen, was Bardon in seinem Buch geschrieben hat, und noch darüber hinaus. Es werden sensationelle Erlebnisse geschildert, die man sonst niemals findet. Auch aus unveröffentlichten Schriften wird zitiert.

*

Verkörperungen des Meister Arion
Hohenstätten

Man wird beim Lesen dieses Buches nicht glauben, wie viele bekannte und unbekannte Inkarnationen Franz Bardon hatte. Die paar, die im „Frabato" bekannt gegeben wurden, stellen nur einen geringen Teil seiner Verkörperungen dar. Wir mussten, da es dermaßen wenig Literatur über die Verkörperungen gab, wieder Hunderte und Aberhunderte von Büchern, Aufsätzen, Zeitschriften und Artikeln durcharbeiten, bis wir genügend Material für dieses Buch hatten. Aber der Leser wird sich beim Lesen sicherlich über unsere Arbeit freuen, denn sie wird ihn in Erstaunen versetzen!

*

Shamballa, der goldene Tempel des Lichts
Hohenstätten

Dieser Tempel dürfte jeden Leser von Bardons Roman „Frabato" fasziniert haben. Dass es aber in der okkulten Literatur noch viel mehr Informationen darüber gibt, die man aber nur findet, wenn man alles Veröffentlichte gelesen hat, dürfte dem einen oder anderen unbekannt sein. Es wurden wieder ganze Stöße von Büchern durchgesehen und das Ergebnis wird hier veröffentlicht. Es wird aber gleichzeitig darauf hingewiesen, wie viel Schundliteratur es darüber gibt, wie viel Lügen im Umlauf sind, damit sich der Schüler der Hermetik ein klares Bild machen kann. Wir bringen in diesem Buch alles, was wir an Material darüber gefunden haben, und es wird auch noch einiges aus der eigenen Erfahrung, was das Wertvollste ist, mitgeteilt. Nicht nur über den Tempel wird berichtet, sondern auch über die damit verbundene „Bruderschaft des Lichts", deren Sitz er darstellt.

*

Auf der Suche nach Meister Arion
Hohenstätten

Diese Autobiographie eines Schülers der Hermetik des Franz Bardon schildert sein magisches Leben, in welchem zahlreiche Erfahrungen zu den Übungen aus dem Adepten geschildert werden, die die Hauptperson selbst erlebt hat. Es wird der schwere Weg des Adepten aus autobiographischer Sicht gezeigt, seine vielen Tiefschläge, aber auch seine glanzvollen Seiten und Zeiten. Der harte Kampf mit dem Seelenspiegel wird bis in alle Einzelheiten aufgezeigt, genauso wie die vielen anderen Wege, in welche der Autor reinschnupperte, um dadurch reichlich Erfahrung sammeln zu können. Darüber hinaus enthält es unzählige Erfahrungen und Berichte betreffs Mantramistik nach Bardon, die wahre Runenmagie, zahlreiche Evokationen sowie Invokationen mit seinem Lehrer Anion, einen magischen Exorzismus, wie er bisher noch nie öffentlich geschildert wurde. Mentalreisen, Beeinflussungen, Übungen zur Gottverbundenheit, Erscheinungen, Alchemie, Heilungen mit den verschiedensten magischen Methoden z. B. Quabbalah oder durch die Elemente, Schutzgeistevokationen und viele andere magische „Wunder" seines Freundes und Lehrers Anion. Auch einige magische Fotos in Farbe, ein bisher von Bardon unveröffentlichtes Akashafoto von Christus und ein Bild des schwebenden Meister Arion werden in diesem Buch preisgegeben. Der Inhalt ist viel reichlicher, als hier kurz beschrieben werden kann.

*

Magisches Gleichgewicht
Hohenstätten

Dieses Buch zeigt eindeutig, dass in allen anderen Systemen das „Gleichgewicht" genauso gebraucht wird, wie bei Bardons Werken. Er war nicht der Einzige, der das erwähnte, aber er war der erste, der es deutlich erklärte, denn die anderen Systeme sprachen nur durch das Symbol, welches nicht jedem Leser verständlich war. Obendrein bringen wir noch Unveröffentlichtes vom Meister Arion zu dieser Grundlage der magischen

Entwicklung.

*

Das Leben und die Erfahrungen eines wahren Hermetikers
Seila Orienta

Diese Autobiographie eines Magiers ist unübertroffen, denn bis jetzt hat kein einziger okkult Geschulter so offen und ehrlich gesprochen wie Seila Orienta. Er gibt in diesem Werk sein Leben bekannt, sowie seine zahlreichen und äußerst interessanten Erlebnisse und Erfahrungen. Es werden auch zum ersten Mal Fotos von Wesen der Sphären gezeigt, welche Franz Bardon höchstpersönlich in den 1920ern gemacht hat. Des Weiteren schreibt Seila Orienta über die Sphären, über Dämonen, Logenkontakte und vieles, vieles mehr, was einem ehrlich strebenden Hermetiker das Herz übergehen lassen wird.

*

Das Leben des Franz Bardon
Hohenstätten

Dieses Buch beschreibt das Leben des Meisters außerhalb des Frabatos, welches seine Sekretärin – Otti V. – geschrieben hat. Es beinhaltet Erklärungen zu seiner „Biografie", weitere Einzelheiten über den Kampf mit dem FOGC, seine Beziehung zu Wilhelm Quintscher und anderen Okkultisten, was alles bisher unbekannt war! Des Weiteren werden viele Erlebnisse seiner Schüler in Prag erzählt, verschiedene magische Leistungen und interessante Geschichten Bardons beschrieben, die bis dato unveröffentlicht sind. Es werden auch seine drei Lehrwerke und deren Wirkung auf die Öffentlichkeit von einem anderen, unbekannten Standpunkt geschildert, welcher durch bisher schwer zugängliche Schriften unterstützt wird. Als Krönung wird seine aus dem Tschechischen übersetzte „Runenschrift" zum ersten Mal veröffentlicht. Auch einige Seiten aus anderen unveröffentlichten Schriften von ihm sowie interessante Fotos des Meister Bardon und seiner Freunde werden hier preisgegeben und vieles, vieles mehr.

*

In Verbindung mit der Gottheit
Hohenstätten

Über das Thema der Gottverbundenheit mit all seinen Formen und

Methoden wurde bis heute noch nie ein Buch verfasst, geschweige denn eine Schrift geschrieben. Man findet in der okkulten wie in der östlichen Literatur nur spärliche Hinweise, die größtenteils verschlüsselt sind oder so geschrieben wurden, dass man sie kaum versteht. Im Gegensatz dazu wird in diesem Buch offen dargelegt, dass das 1. kleine Arkanum der 78 Tarotkarten die Gottverbundenheit in ihrer Reinform darstellt.

*

Hermetische Heilmethoden
Hohenstätten

Dieses Buch stellt in der okkulten Literatur ein absolutes Unikum dar, denn über die Gesamtheit der okkulten Heilmethoden wurde bis jetzt noch NIE etwas Sinnvolles geschrieben. Es werden alle Heilmethoden erwähnt, die der hermetische Schüler mit Hilfe seiner bisher erlangten Konzentrationsfähigkeit ausüben und verwenden kann.

*

Erste hermetische Zeitschrift

„Der hermetische Bund teilt mit" ist eine der wenigen magisch-mystischen Zeitschriften, welche sich soweit als möglich auf die universelle Lehre von Franz Bardon bezieht. Sie versucht sich an die Gesetze des 4-poligen Magneten zu halten und vermittelt Wissen sowie Hinweise für die Praxis, damit der Leser die Möglichkeit hat, sie in seinen hermetischen Weg aufzunehmen und für sich gewinnbringend zu verarbeiten.

Noch viel mehr hermetische Literatur finden Sie auf unserer Website:
http://www.hermetischer-bund.com.

Viel Vergnügen beim Stöbern!

Der Verlag